中国信息经济学会电子商务专业委员会 **推荐用书**

高等院校电子商务专业本科系列教材

网上创业

主编 李玉海 副主编 何小红 刘宏达

重庆大学出版社

内容提要

本书系统、完整地讲述了当前网上创业的基本原理和应用实践。主要内容包括：概述、网络与电子商务、网络盈利模式、网上创业者素质、团队意识及其重要性、网上创业项目、网上创业项目融资、网上商店及网络营销、物流与电子支付、网上创业中的财务管理、网上创业的风险管理等。每章后均附有思考题。

本书可作为电子商务专业、信息管理和信息系统专业、经济与管理专业及其他相关专业的教材和参考书，也可作为有意于网上创业的开拓者的参考手册。

图书在版编目(CIP)数据

网上创业/李玉海主编.—重庆：重庆大学出版社，2013.10(2021.7 重印)
高等院校电子商务专业本科系列教材
ISBN 978-7-5624-7586-6

Ⅰ.①网… Ⅱ.①李… Ⅲ.①电子商务—高等学校—教材 Ⅳ.①F713.36

中国版本图书馆 CIP 数据核字(2013)第 153713 号

高等院校电子商务专业本科系列教材
网上创业
主 编 李玉海
策划编辑：尚东亮
责任编辑：蒋昌奉 版式设计：尚东亮
责任校对：刘雯娜 责任印制：张 策
*
重庆大学出版社出版发行
出版人：饶帮华
社址：重庆市沙坪坝区大学城西路 21 号
邮编：401331
电话：(023) 88617190 88617185(中小学)
传真：(023) 88617186 88617166
网址：http://www.cqup.com.cn
邮箱：fxk@cqup.com.cn (营销中心)
全国新华书店经销
POD：重庆新生代彩印技术有限公司
*
开本：787mm×960mm 1/16 印张：24.5 字数：493 千
2013 年 10 月第 1 版 2021 年 7 月第 4 次印刷
ISBN 978-7-5624-7586-6 定价：49.00 元

修订和新版序

重庆大学出版社"高等院校电子商务专业本科系列教材"出版3年多来,受到了全国多所高校师生的关注,并获得了较好的评价和支持。同时,随着国内外电子商务的实践、科研和教学环境的巨大变化,本套教材的部分内容很有必要进行修订和新编,以适应新的电子商务教学的需要。

电子商务在全球的应用发展到了一个新的阶段,发达国家80%的企业、50%的个人已普遍应用互联网从事商务活动;到2006年年底,信息化500强企业的采购和销售的20%左右已是网上达成;中国网民数量已达到1.44亿,仅次于美国网民数,网民网上购物的比例超过了亚洲的平均水平。到2007年2月,中国网商中的52%已实现了赢利。

从2005年1月以来,中共中央、国务院及多个部委陆续出台了一系列引导、支持和鼓励发展电子商务的法规和政策,极大地鼓舞了已经从事和将要从事电子商务活动的企业、行业和产业,从而推动了电子商务在我国的稳步发展。

2006年春,教育部成立2006—2010年高等学校电子设备专业教学指导委员会,还特聘了商务部信息化司司长王新培、中国电子商务协会理事长宋玲和阿里巴巴公司CEO马云作为领域专家委员。电子商务专业教学指导委员会成立以来,在专业教育的大政方针、师资培养、教材建设、实验和实训建设方面积极努力地工作,从不同方面指导和推动着本专业的发展。2006年在电子商务的课程体系方面提出了三级结构的设想:专业基础课、专业课和前沿类课程,反映了电子商务专业与时俱进的特色。2007年在教育部的统一部署下,电子商务专业教学指导委员会大力推进电子商务专业的知识体系建设,将其归纳为电子商务经济(ECE)、电子商务技术(ECT)、电子商务管理(ECM)和电子商务综合(ECG)四个大类。

本系统教材经过对上述多方面变化的充分调研和分析,对部分教材进行了修订,还增加了部分新编教材,形成了更为全面、科学的系列教材。其中更有多本教材被纳入了国家"十一五"规划教材,这是特别值得庆贺的事。

综上所述,我们希望此套教材的修订和新编为繁荣我国电子商务教育事业和专业教材市场，支持我国电子商务专业建设和提高电子商务专业人才培养质量发挥更好更大的作用。同时我们也希望得到同行学者、专家、教师和同学更好更多的意见和建议，使我们能够不断地提高本套系列教材的质量。

在此，我谨代表全体编委和工作人员向本套教材的读者和支持者表示由衷的感谢！

总主编　李　琪

2007 年 7 月 7 日

总 序

从教育部2000年首次批准电子商务本科专业开始，到2003年年底为止，已有近200所高校获得开办电子商务本科专业的资格，该专业全国在校学生也已达几万人。但纵观电子商务本科专业的教材建设，尚有不尽如人意之处。虽然自2000年以来，国内不少出版社已出版了单本的或系列的电子商务本科教材，但由于教学大纲不统一，编者视角各异，许多高校在电子商务教材的选用中颇感困惑，教学效果令人不甚满意。

教育部从2001年以来，先后在南京审计学院、西安交通大学、华中师范大学和浙江大学等地召开过全国高校电子商务专业建设工作会议和联席会议，并于第一次全国高校电子商务专业建设工作会议和联席会议上成立了全国高校电子商务专业建设协作组，旨在通过协作组实现教育部与全国高校中开办电子商务本科专业的单位的紧密联系，在专业建设、教材建设、师资培训、学生学习和实习等多方面起到组织、引导和互助的作用。教育部高教司对电子商务本科专业的师资培训、教材建设等问题给予了极大的关注和指导。2003年3月底，全国高校电子商务专业建设协作组在福建泉州的华侨大学，召开了电子商务专业本科教学大纲研讨会，集思广益，基本形成了电子商务本科教学大纲。

重庆大学出版社在2002年的首届电子商务联席会议上，就与协作组常务理事会联系，提出要组织力量编写一套电子商务本科专业的教材。到2003年3月，经协商决定：由全国高校电子商务专业建设协作组、中国信息经济学会电子商务专业委员会和重庆大学出版社三家，联合组织编写以讨论后的本科电子商务教学大纲为基础的电子商务本科专业系列教材。

从2003年3月到2004年4月，在重庆大学出版社、全国高校电子商务专业建设协作组和中国信息经济学会电子商务专业委员会的共同努力下，成立了电子商务本科系列教材编写委员会，继而从众多自愿报名和编委会推荐的学校和教师中，选出主编，采取主编负责制。召开写作大纲研讨会，反复征求各方面意见，群策群力，逐步编写出本套电子商务专业系列教材。

该系列教材有如下几点特色：

1. 在专家、学者对教学大纲进行研讨的基础上，吸收了众多学者和学校的意见，使系列教材具有较强的普遍适用性。

2. 集中了协作组和专业委员会内外在电子商务专业教学方面有丰富经验的许多教师、研究人员的宝贵意见，使系列教材有较好的系统性、科学性和实用性。

3. 从教学大纲研讨到编写大纲的讨论，再到按主编负责制进行的编写、审核等，经过一系列较为严格的过程约束，使整套教材趋向严谨和规范。

4. 注重电子商务的理论与实践相结合，教学与科研相结合，课堂教学与实验、实习相结合，把最新的科研成果、实务发展同教学内容有机地结合起来，以促进教学水平的提高。

5. 较全面地包含了我国电子商务教学中的各种课程。不仅把电子商务教学大纲中的各门必修专业课纳入了编写计划，而且还把一些选修课程也纳入了编写计划，从而使开设电子商务本科专业的学校具有更多的选择余地。

应当承认，在全国范围组织编写电子商务新学科的系列教材，碰到的各种困难确实不少。在各方的共同努力下，有些主要困难已被克服，作为系列教材的丛书即将面世，但仍有待于逐步完善。我们相信各教学单位和教师们，在具体授课过程中是会根据教学大纲更好地把握教学内容的。当然，希望本套系列教材的出版，能给开办电子商务本科专业的学校提供尽可能好的教学用书，在这一过程中，还需得到用书单位的宝贵意见，使编者们与时俱进，不断修改和完善这套系列教材。

乌家培

2004 年 3 月 5 日于北京

序 言

以互联网为核心的信息技术飞速发展，特别是近些年来移动终端和3G无线网络的普及应用，人们就像鱼儿沉浸在水中那样，在网络中尽情遨游，可以随时远距离地相互联系沟通，购物、娱乐等个人的生活、学习、工作方式以及组织机构的运行管理模式也都发生了极大的改变。在这种变化中，蕴藏着大量商机，当然也暗藏着种种风险。充满智慧的人们总是善于利用科学技术成就为人类带来利益，为社会创造价值。从我国民众喜欢并使用的腾讯QQ通信软件、百度的搜索引擎，到改变人们购物方式的淘宝网络；从单机杀毒软件的群雄争霸到360网络杀毒的兴起。大大小小，前前后后，利用网络成功创业的案例层出不穷。在知识经济和经济全球化时代，企业所面临的挑战和困难更多更大，企业需要不断提升自己的核心竞争力，才能站稳脚跟，求得更好的发展。所以，个人创业与企业创新已经成为当今理论界和业内人士共同关注的话题。

随着国家对国民创新的重视，特别是教育部、财政部提倡和鼓励大学生创新创业政策的出台，许多大学生的就业观念发生了改变，想自己创业的人越来越多。然而，创业不是一件容易的事情，要看到马化腾、马云成功的背后，付出多少艰辛，经历多少曲折，还要看到还有无数创业失败的人们。因此，我们只有了解网络的功能、创业的基本要素、创业的一般过程以及创业存在的风险，才能更好地实现自己的愿望。本书是根据《互联网创业实务》本科课程讲义编写的。介绍了网络的基本功能、电子商务的基本概念、创业者、创业团队、创业项目、创业过程以及创业风险等相关知识。为想创业或者正在创业的个人和企业提供参考。

本书共11章。第1章概述，论述创业和创新的含义、网上创业和传统创业的比较以及网上创业的要素和一般过程。第2章介绍用于创业的网络、电子商务的基本概念及网上创业的基本环境。第3章先介绍传统的商业盈利模式，再从网络的商业价值讨论网络的盈利模式，包括产品交易型盈利模式、服务销售型盈利模式和信息交付型盈利模式。第4章介绍创业者的基本素质、知识结构和技能、思维、决策能力以及道德修养。第5章分别从意识、类型、结构和组建过程等方面介绍网上创业团队。第6章网上创业项目，讨论网上创业项目的基本特征、创业项目的来源、可行性论证以及核心竞争力保护。第7章项目融资，介绍创业融资的常见渠道、运作过程以及创业融资计划书的撰写。第8章讨论创业网站的基本要素、网上商店的构建、网络销售的基本模式和网络营销的一般方法。第9章介绍网上银行与电子支付、网上交易安全、物流的选择与配送。第10章财务管理，分别从财务的基本功能、报表的解读、财务计划等方面介绍网上创业中的财务管理基本知识。第11章介绍创业中的风险和风险管理。

本书由李玉海教授策划，李玉海、何小红、刘宏达主持编写，彭文、刘段、蒋晨、夏红玉统稿，李玉海审稿。其中，第1章由黄靖靓编写，第2章由余致方编写，第3章由潘玉辰编写，第4章由彭文编写，第5章由朱剑宇编写，第6章由刘段编写，第7章由夏红玉编写，第8章由蒋晨编写，第9章由胡樱编写，第10章由潘玉辰、余致方编写，第11章由李珏编写。

网上创业作为新生事物，其技术与应用发展迅速，加之编者自身水平有限，本书难免有不当之处，敬请读者与专家批评指正。

本书编写过程中参考了相关图书和网站文献资料，对参考文献的作者、出版社和网站单位致以衷心的感谢！

编　者

2013年6月

目录

第1章
网上创业概述

21 世纪随着全球经济一体化、网络化时代的到来，我国经济发展的机遇与挑战并存。我们的生活发生了很大的变化，创业的方式也发生了变化。互联网的广泛使用为创业者提供了很多机会，让创业的方式更加多样，同时，也带来了一定的风险和挑战。消费者的品位和要求日益增高，如何满足和吸引消费者，也给创业者带来一定的思考。随着电子商务的迅猛发展，创业者不再像传统创业那样去分析价格、渠道、产品和促销，而是把更多的注意力放在吸引消费者眼球上。如何利用好互联网这个平台取得事业上的成功，对创业来说是个更大的挑战，对他们综合素质和技能的要求也更高。

学习目标

- 了解创业的含义和特征；
- 了解创新的含义以及创业与创新的关系；
- 了解网上创业和传统创业的异同；
- 了解网上创业的要素；
- 了解网上创业的一般过程。

案例导入

网络创业故事

上海某高校毕业生钱峰，笔名“五子”。两年前，她与从事 IT 工作的丈夫产育林筹备婚事时，灵机一动，开了个“五子与育林的结婚网”，把两人设计的婚礼请柬、婚纱照、视频短片、结婚博客等都放了进去，无论何时何地亲友都可上网分享他们的幸福。网上还有块"恭贺留言板",甚至不相识的网友也不时送上祝福……钱峰说:"每对新人都可能有梦想,幸运的是我们把它变成了现实。"

这个小小的创意,竟产生意外反响;短短两个月里,来自北京、上海、青岛、杭州等地30多对待婚新人,通过留言、电邮、电话等方式前来咨询,觉得这种"结婚网"花钱不多、新鲜时尚,并表示他们也想建个网站。

自己的创意能为别人服务,这不就是商机吗?去年春节一过,钱峰夫妇动手对个人网站进行商业改造,推出很多不同网页模板,提供个性化建站服务,价格从数百元到千余元不等。新版网站名叫"牵手",首批订单随之而来。

(资料来源:上海市人民政府网,http://www.shanghai.gov.vn,2007年3月22日,从创意到创业——上海鼓励大学生创业)

思考题:

如何进行网上创业?

1.1 创业的含义

1.1.1 创业的概念

创业是一种精神,一种理念,一种行动。在汉语中是一个新词,所以各界人士对创业的定义可谓是仁者见仁、智者见智。在英文中,"企业家"和"创业者"是同一个词,即"entrepreneur"。清华大学科技园主任罗建北教授认为,创业首先是一种创新,包括技术上的创新和理念的创新;其次创业是一种事业,基本上要经过融资、进入市场商业运作等过程。创业是一个不断创新,不断发展,创造经济价值和社会价值的过程。它需要经历一个很长的时间,承担各种风险,最后才能得到物质回报和精神上的满足。所以,掌握创业的定义,对学习网上创业非常重要,只有先了解了创业的定义,才能更好地理解创业者,并进行网上创业。

1)有关"创业"定义的介绍与分析

关于创业的定义很多,有人认为,创业就是自己给自己打工,自己做老板。追根溯源,"创业"一词最早出现在《孟子·梁惠王下》:"君子创业垂统,为可继业。""创业垂统"就是创建功业,传给子孙,也作倡业垂统、创制垂基。创业最初的含义与封建帝王统治紧密相连,"创"就是创建,"业"就是帝王基业,"创业"就是创造世代相传的帝王基业。我国《辞海》将创业定义为"创立基业",指开创与创立个人、集体、国家、社会的各项事业以及所取得的成就。它强调的是开端的艰辛和困难,突出过程的开拓与创新意义,侧重于在前人的基础上有新的成就和贡献。

有“创业教育之父”称号的杰弗里·蒂蒙斯(Jeffy A. Timmons)在《创业学》中是这样表述创业含义的:“今天,创业已经超越了传统的创建企业的概念,而是把各种形式、各个阶段的公司和组织都包括进来。创业不仅能为企业主,也能为所有的参与者和利益相关者创造、提高和捕获机会并由此创造出新颖的产品或服务并实现其潜在价值的过程。”

国外学者斯蒂文森(1989)则认为,创业是一个人(既可以是一个独立的人,也可以是一个团队)追踪和捕捉机会的过程,它与当时控制的资源无关。察觉和追逐机会的意愿与获得成功的信心及可能性在创业当中显得非常重要。

国外学者荣斯戴特(1984)认为,创业就是创造并实现财富增长的一个动态过程。财富是由一些创业者通过承担资产价值、时间承诺或提供产品服务的风险来创造财富。他们的产品和服务的价值是由企业家通过获得必要的技能与资源进行配置来注入的。

国内学者罗公利认为:创业就是某一个人或一个团队,不局限于外界现有的资源,运用个人或团队的力量开创性地去寻求机遇,创立企业和实业并谋求发展的过程,通过这个过程来满足其精神和物质的需求和愿望。创业是一个发现和捕捉机会并创造出新颖的产品、服务或实现其潜在价值的过程。

国内学者葛建新认为,创业是一个经济范畴,主要是指“为了创建新企业而进行的、以创造价值为目的、以创新方式将各种经济要素综合起来的一种有目的的经济活动”。

2)创业学的来源与发展历程

之所以学者们给出这样多的创业定义,是因为创业涉及的内容与范围,以及它所产生的社会影响是一个不断演变,不断发展变化并逐渐趋向成熟的过程。因此,我们有必要系统地回顾一下创业学的来源及其发展历程。

(1)传统创业学

传统创业学中,创业就是指创建一个企业。创业学的研究起源于美国。20世纪70年代末80年代初,第二次世界大战给美国大工业经济带来的繁荣发展逐渐走向平淡,经济增长开始减缓。随着第二次世界大战后其他资本主义国家经济的复苏,美国的传统工业受到了巨大的冲击,失业率开始上升,社会开始动荡不安。此时,位于128号公路两侧和硅谷的创业型企业开始受到人们的广泛关注,这些企业快速地建立、成长、壮大,但也有的建立过后快速消亡了。不断产生的新企业,为美国经济的增长注入了新鲜的活力,创业逐渐成为经济与管理学者研究的重点,传统的创业概念就此应运而生。那时,人们对创业的认识仅仅是一个新企业的产生。而同时那些新创企业中的佼佼者成了人们心目中的英雄,如英特尔公司、思科公司、惠普公司、网景公司、康柏计算机公司、亚马逊公司、麦当劳公司、微软公司等。它们成了时代关注的焦点,直到现在它们还在

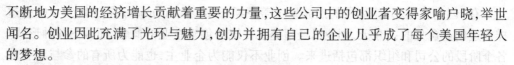

不断地为美国的经济增长贡献着重要的力量，这些公司中的创业者变得家喻户晓，举世闻名。创业因此充满了光环与魅力，创办并拥有自己的企业几乎成了每个美国年轻人的梦想。

(2)现代创业学

随着时间的推移，在进入20世纪90年代，尤其是21世纪后，创业的概念被逐渐广泛地应用。它不仅仅只局限于创办一个企业，它被赋予了越来越多的新内涵，如创新、变革、创造价值、企业重构、业务重组等。这些变化的产生正是由于那些20世纪七八十年代的创新企业，与老牌垄断企业进行竞争产生的结果，一些曾经被认为不可战胜的巨人公司，在这些新创企业面前变得脆弱不堪。例如，IBM先是被苹果计算机公司击倒，后又被微软公司打垮；西尔斯公司被新建的沃尔玛打得七零八落。受此冲击，那些老字号的企业一方面不得不削减企业规模，改善企业结构；另一方面，它们一改过去霸主的面孔，虚心地向行业内的那些后起之秀学习，因而公司创业与国际创业也逐渐兴起。这些变化与发展都为创业研究者提供了良好的素材，创业越来越多地受到研究者们的关注，更多的学者加入了研究的队伍，他们分别运用来自不同学科或专业领域的方法来研究创业的理论、过程与结果，因而创业被不断地赋予全新的内容。

正如美国创业学研究者Low所表述的那样：创业的定义很难界定，因为创业是由管理变革、技术创新、环境动荡、新产品开发、小企业管理、个人或行业革命等一系列错综复杂、交叉重叠的事情交织在一起形成的一种社会现象，创业所涉及的内容如此之多、学科领域如此之广，以致很难形成一个公认的定义和清晰的研究范围。

3)创业的定义

在我们看来，创业的概念有广义和狭义两个层面。

狭义的创业，就是指个人设立公司、开创企业等这类个人色彩较浓、个体性行为较强的创业活动。创业者(企业家)运用组织力量、利用创新理念去寻求机遇、整合资源、创造财富、谋求发展，以实现价值的追求。创业是一个从无到有，从旧到新，从小到大，从弱到强的过程。广义的创业可以理解为：对个人而言，只要从事社会发展所需要的工作，开拓创新，为社会的进步和发展作积极贡献，都应该称为创业。具体而言，创业是指个人在集体的某一个岗位上，按照岗位要求并结合自己的发展目标而努力的活动，是人们为了幸福生活和服务社会所进行的生产经营，组织管理，创造财富，谋求发展的实践过程。同狭义的相比，广义的创业主体所包含的范围更广，可以是法人，也可以是自然人。广义的创业不仅仅局限于经济领域，还延伸到政治、科技、文化、教育等专业；不仅注重经济价值，也关注社会价值。

综合国内外学者的观点，我们认为，创业是一个运用创新理论、整合资源、利用组织来创造和建设新企业的过程，以达到积累财富，谋求发展，创造和实现经济价值、社会价

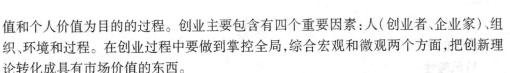

值和个人价值为目的的过程。创业主要包含有四个重要因素:人(创业者、企业家)、组织、环境和过程。在创业过程中要做到掌控全局,综合宏观和微观两个方面,把创新理论转化成具有市场价值的东西。

1.1.2 创业的基本特性

1)社会性

所谓社会性特征:一是指创业对社会发展起促进作用;二是指创业所处的环境是社会,任何脱离社会的创业活动都是不存在的。创业的社会性特征决定着创业的性质、目的,只有促进社会发展的活动过程才是创业,那些对社会无益甚至有害的活动过程不属于创业范围。同时创业也不可能脱离社会和人群而存在,它必须是适应社会发展,并与社会相匹配的。因此,创业的社会性特征也决定了创业的范畴。它体现的是创业的本质。

2)创新性

创新是创业的基本特性之一,它是创业过程的灵魂,没有创新的创业是没有前途的。创业的形式即创造,也就是说创业是在破坏、突破旧事物或旧思想观念的基础上,重新构建新事物、新思想观念的活动过程。创业的最终结果是,通过人们在各种社会实践活动和创业过程中,运用自己的聪明才智,发现新事物、研究新问题、解决新矛盾、开拓新道路、产生新思想或物质成果,以满足人类社会物质生活和精神生活的需要,从而推动社会向前发展。由此可以看出,创新是创业的灵魂。

根据创新程度的不同,人们在创业过程中所创造的成果大致可以分为发现、发明和发展三大类。

发现(Discovery)——对客观事物自身状况及规律的认识有新的突破,是一个由理论向实践转化的过程。在科学领域它主要解决是什么(What)、为什么(Why)、是与否(Whether)的问题,其结果称为科学发现。在创业过程中所取得的某些精神成果往往属于这一类。

发明(Innovation)——在发现的基础上按一定的目的进一步去调整客观对象,从而获得新的事物、状况、结果和方法的过程。在技术领域它主要解决做什么(What to do)、怎么做(How to do)的问题,其结果称为技术发明。这主要是指在创业过程中从事物质产品生产所取得的创新成果。

发展(Development)——指相对于事物的原有状态有所促进和提高。根据其成果的新颖程度又可分为三种情况:其成果是前人或今人所未曾有过的,称为狭义的创造;在已有创造的基础上进一步更新或是将某一领域的创造成果移植于另一新的领域,称为改造;其创造和进步程度不如改造的,称为改进。这是一个指代范围很广的创新概

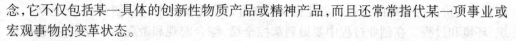

念,它不仅包括某一具体的创新性物质产品或精神产品,而且还常常指代某一项事业或宏观事物的变革状态。

3)风险性

创业即开创一项全新的事业,就是做前人从未做过的事或他们做了但未做好的事,没有成功的经验可以借鉴,道路十分曲折,在此情况下风险性是随时存在的。如何降低风险性,提高抵御风险的能力,是创业者必须慎重考虑的问题。

创业有风险,所以更不可鲁莽行事。首先,要处理好冒险与谨慎的关系。成功需要谨慎,但也需要冒险。谨慎固然可取,但要因时因事而行。在创业准备阶段,比如调查研究情况,制订初步方案,对比优选方案,要做到谨慎小心、面面俱到,把可能出现的问题都考虑清楚。但最后的决定和执行阶段又要敢于冒险。因为在执行阶段,任何事情都有可能发生,应该根据事情的轻重缓急作出适当的调整,以免错失良机。所以,谨慎不等于万无一失,不等于因循守旧,在适当的时候也要敢于冒险。其次,要处理好冒险与科学理论的关系。创业者既要敢于冒险,又要善于冒险,但冒险不等于蛮干。只有结合科学的理论才能提高冒险的成功几率。这是因为,创业者的风险决策,是建立在科学理论和研究的基础之上的,绝不是胡乱进行的。为了应对创业过程中的突发事件,创业者必须熟悉创业的经营环境和经营过程,把握其中的关键,深谋远虑,制订切实可行的应急措施。对创业者来讲,还应注意冒险不等于意气用事,在重大问题的决策上,不能凭自己一时的感情冲动而贸然行动,要三思而后行。

4)合法性

创业者必须遵纪守法,不可做违反法律法规的事情。创业过程中也要遵守相关规定,这也是最基本的要求之一。创业者应该熟悉行业规定,法律法规,并按照这些规定来进行创业。同时也不可以做违反职业道德的事情,虽然有些事情不违反法律,但它触犯了社会公认的道德底线,也是不允许的。

1.2 创业和创新

创新是创业的灵魂,创业离不开创新,创业与创新是一对不可分割的概念。美籍奥地利学者彼得·德鲁克(Peter F. Drucker)在1985年出版的《创新与创业精神》中说道:"创业精神是一个创新的过程,在这个过程中,新产品或新服务被确认、被创造,最后被开发出来产生新的财富。"可见,创新对创业是多么重要,创新是创业的核心和本质。

1.2.1 创新的重要性

我们所处的现代世界中充满了触手可及的、全球性的、爆炸性的知识、经验、劳动力和资本;技术在迅速而残酷地更新和淘汰着。往往一个新产品或新技术在还没有上架或推广就已经被淘汰。科技日益发展,信息快速更替。如今的技术创新已经不仅仅局限于如贝尔实验室和麻省理工这样少数几个卓越的研究中心。未来,技术创新发生在班加罗尔、北京或布里斯班的几率与发生在波士顿、布里斯托尔或巴塞尔的几率是一样的。产品生命周期的缩短和技术的迅速落伍使专利失去了它原本的效力和效用。另外,公司的竞争不再像早期一样仅依靠贸易保护、货币限制、某地优质廉价的劳动力,以及配合默契的知识集群就能获得成功。能够维持优势并得以长期发展下去的唯一方法是持续不断地创新。创新不能只体现在产品上,更要体现在商业活动的所有方面以及持续不断地经济增长率上。当然,企业中的创新早已是家常便饭。正如,威廉·鲍莫尔(William Baumol)认为,没有创新,20世纪的主流经济不可能产生空前的巨额财富。所以在当今社会,企业要谋求更大的发展空间,必须不断创新。

1.2.2 创新的定义

1)创新的概念

"创新"一词早在《南宋·后妃传·上·宋世祖殷淑仪》中就曾提到,创新是创立或创造新东西的意思。韦氏词典对"创新"下的定义是:引入新概念、新东西和革新。也就是说,"革故鼎新"(前所未有)与"引入"(并非有所未有)都属于创新(李满苗、张和仕,2001)。

国际上,美籍奥地利经济学家熊彼特(J. A. Schumpeter)是创新理论的奠基人。他在1912年出版的《经济发展理论》以及1939年出版的《经济循环理论》中最早提出了创新的概念。可是当年这个概念并未得到广泛关注。直到美籍奥地利学者彼得·德鲁克于1985年出版了《创新与创业精神》后,当年熊彼特的研究才引起人们的关注。1928年熊彼特在其首篇英文版论文《资本主义的非稳定性》(*Instability of Capitalism*)中首次提出创新是一个过程的概念,并在1939年出版的《商业周期》(*Business Cycles*)一书中比较全面地提出了创新理论。

按照熊彼特的观点,创新就是把一种从来没有过的关于生产要素的"新组合"引入生产体系。创新就是引入新的技术或要素组合方式从而提高资源配置效率的活动。凡是能改变已有资源创造财富潜力的行为就是创新。

杰克·M.卡普兰、安东尼·C.沃伦在《创业学》第2版中提出:成功创新是在某种商业模式下,使用新的技术知识和/或新的市场知识,以合理的价格为购买产品的顾客提供一个新的产品和/或服务。

自20世纪60年代起,管理学家们开始将创新引入管理领域。现代管理大师彼得·德鲁克在《动荡年代的管理》一书中提出了创新理论。他认为,创新的含义是系统地抛弃昨天,系统地寻求创新机会,在市场薄弱的地方寻找机会,在新知识萌芽时期寻找机会,在市场的需求和短缺中寻找机会。创新是赋予资源以新的创造财富能力的行为。任何使现有资源的财富创造潜力发生改变的行为都可以称为创新。他还在《创新与创业精神》一书中提出:创新是企业家的特定工具。他们利用创新改变现实,作为开创其他不同企业或服务项目的机遇。

2)创新和创新思维

创新思维是多种思维形式协调活动的综合性思维,它存在于多种思维形式之中,没有固定的格式,但是又有共同的机制,就是扩散思维和集中思维的辩证统一。

扩散思维又称发散思维,在思维过程中需要充分发挥人的想象力,突破原有的知识圈,由一点向四面八方散开去,通过知识的重新组合,找出更多更新的可能答案、设想解决办法。这种思考既无一定的方向,也无一定的范围,它允许标新立异,也可以"海阔天空""异想天开",从已知的领域去探索未知的境界,它是一种开放性的思维。

集中思维又称收敛思维,它是从众多的信息中引出一个正确答案或大家认为满意的答案的过程。也就是说,以某个思考对象为中心,从不同的方向和不同的角度,将思维指向这个中心点,以达到解决问题的目的。集中思维能力的高低,取决于一个人分析、综合、抽象、概括判断和推理等逻辑思维能力。

扩散思维和集中思维是相辅相成的,创新思维是扩散思维和集中思维的辩证统一。在创新思维过程中,只有把二者有机结合起来,才能获得创新性成果。也就是说,只有借助扩散思维,才能广泛发散,自由联想,提出多种有价值的设想或方案,为创新发明提供条件。同时,又必须依靠集中思维,对各种设想或方案进行筛选和整合,才能提供条件。同时,又必须依靠集中思维,对各种设想或方案进行筛选和整合,才能确定解决问题的最佳方案,完成创新活动。任何一个创新活动的过程,都是经过从扩散思维到集中思维,再从集中思维到扩散思维,多次循环往复的结果。因此,在创新活动中,我们既要充分重视创新思维的扩散性,又要善于进行集中思维,只有做到扩散度高,集中性好,才能提高我们的创新性思维的水平。

1.2.3　创业与创新的关系

创新是创业的灵魂,企业失去了创新将难以长期生存,就不会产生自己的核心竞争力,很快就会被市场所淘汰。创业者都很重视创新,他们也很欣赏能为企业带来创新的人才。实际上,创业者并不一定要靠开拓创新来获得成功,当他们自己不是创新来源时,也可以在其他地方寻找创新,将之转换并用于自己的公司。因此,创业者抓住创新本质、促进创新的产生和加强对创新的管理是很重要的。

在绝大多数企业的初创阶段都会面临着生存发展的问题。在同类企业较多的情形下,新创企业必须有创新,才能在众多同行中脱颖而出。从某种意义上讲,创业和创新是一对孪生兄弟,它们之间的关系是,创业因创新而生,创新因创业而得以实现。根据不同的需要和目的,对创新的理解和定义有很多种。对创业者而言,做突破自己思维方式与行为习惯的事情就是创新,这些事情可以是别人没有做过的,也可以是自己没有尝试过的。它强调的是创新行为的发生,而不是创新作为科学理论体系中的一个概念。它可以简单地被理解为创业者通过创造性的思维和行动,使自己的某一个方面发生前所未有的变化。

创新的本质不是技术,不是工具,也不是操作,创新对创业者来说是一种概念,是一种意识,更是一种行为方式。创新的前提是创意,创新的延续是创业。比尔·盖茨曾经这样阐述创意:"创意犹如原子裂变一样,只需一盎司,便可带来无以计数的商业效益。"爱因斯坦说:"我们所面对的重要问题,是无法在我们思考和创意的相同层次上获得解决的。"所以创意和创新不能从根本上解决问题,唯有通过创业的途径才能使创意和创新落到实处。

1)创新是创业的基础,是创业的灵魂,是创业的本质

创业通过创新拓宽商业视野、获取市场机遇、整合独特资源、推进企业成长。要进行创业必须具备一定的条件,创新能力、技术、资金、创业团队、知识和社会关系等都是重要的创业资本。其中创新能力可以说是最重要的创业资本,创业者在创业过程中需要具有持续旺盛的创新精神,需要独特、活跃、科学的思维方式,这样才可能产生富有创意的想法或方案,才可能不断寻求新的思路、新的方法,最终获得创业成功。创业企业的不断发展壮大更是必须依靠持续创新。纵览世界,绝大多数今天的工业巨擘,四五十年前大都是名不见经传的小公司,有的在当时甚至尚未创建。它们之所以能够取得今天的辉煌,其根本原因在于以创新开始创业,以不断的创新追求卓越,从而推进了企业持续快速发展。

创新与创业内容的相似,并不说明二者可以相互替代,因为,仅仅具备创新精神是不够的,它只是为创业成功提供了可能和必要的准备,如果脱离创业实践,缺乏一定的创业能力,创新精神也就成了无源之水,无本之木。创新精神所具有的意义,只有作用于创业实践活动才能有所体现,才有可能最终产生创业的成功。创业与创新二者目标同向、内容同质、功能同效。围绕创业实践,通过多种途径,创业与创新要有机结合。创新与创业内容结构相互融合,相辅相成。创新和创业两者的内容在本质上是相通的,创新是创业的先导和基础,创业是创新的载体和表现形式,创业的成败取决于创新的程度。

2)创新价值的体现在于创业

创业活动需要不断打破旧的秩序,创造新的机会。因此,变革和创新贯穿于企业的创业过程中。创新与创业活动无法分开,没有创新的创业不可能持久,而没有创业的创新不可能为社会创造价值和财富。创新的机制是在某种程度上将潜在的知识、技术和市场机会转化为现实生产力,实现社会财富增长,造福于社会。而实现这一转化的途径就是创业。

创新经常被视为创业者获得自身竞争优势的重要来源和创业成功的重要基础与保障。创业需要一个契机,除了市场定位的准确,第一次创业是否成功很大程度上还依赖创业者的个人素质。如果你拥有良好的专业背景、人脉资源、经营智慧,你的创业就大大增加了成功的机会。

从某种程度上讲,创新的价值就在于将潜在的知识、技术和市场机会转化为现实生产力,实现社会财富增长,造福人类社会。否则,创新也就失去了意义,实现这种转化的根本途径就是创业。通过创业实现创新成果的商品化和产业化,将创新的价值转化为具体、现实的社会财富。创业者可能不是创新者或发明家,但必须具有能发现潜在商业机会并敢于冒险的特质;创新者也不一定是创业者或企业家,但其创新成果则必须经由创业者推向市场,使其潜在价值市场化,使创新成果转化为现实生产力。

历史上每次划时代的创新成果往往都是通过创业进入市场,进而催生出一个或若干庞大的产业部门,为社会、企业和创业者带来巨额财富。如1876年发明的电话成就了全球通信产业和诺基亚、摩托罗拉、贝尔、朗讯等一大批跨国公司;1885年发明的汽车造就了通用、福特、戴克等一批世界汽车业巨头;1903年发明的飞机开创了波音、空中客车等公司辉煌的业绩;1941年制造出来的第一台计算机使得IBM和英特尔成了IT界的霸主;个人PC机诞生于1981年,催生了成长业绩惊人的微软、戴尔等作为后起之秀的世界级企业;1995年前后电子商务投入市场,亚马逊书店、阿里巴巴等一批网络企业应运而生。

3)创业的本质是创新

创业的本质是创新,是变革。创业应该是具有创业精神的个体与有价值的商业机会的结合,是开创新的事业,其本质在于把握机会、创造性地整合资源,是创新和超前行为。

创新包括技术创新、制度创新和管理创新。对于创业者来说,光有创新是不够的,但没有创新的创业活动难有后劲。创新与变革紧密关联。创业者不改变自己长期形成的思维模式,就难以识别创业机会,也无法做到创新。对于创业者及其所创建的企业来说,创业与发展的过程永远是不断变革的过程。

美国长期从事创业研究的著名学者加特纳曾调查了36位学者和8位商业领袖,归纳出90个创业属性,最终发现对创业活动强调最多的属性是创新,诸如新事业的创造、新企业的创建与发展、新事物附加价值的创造,通过整合资源和产品或服务创新,为了把握机会的资源筹集创新等。很多创业者依靠新的产品或服务而创业,并努力将创新产品或服务推向市场,创造财富,造福社会。从这点看,创业实际上是一种不断挑战自我的创新过程,正如彼得·德鲁克所说:创业精神是一个创新过程,在这个过程中,新产品或服务被确认、被创造,最后被开发出来并创造新的财富。

可见,企业家精神的本质是创新,创新就是将新的理念和设想通过新产品、新的流程、新的市场需求以及新的服务方式有效地融入到市场中,进而创造新的价值或财富的过程。缺乏创新,就不会有新企业的诞生和小企业的成长壮大,所以创业本质就是创新。

4)创业推动并深化创新

创业可以推动新发明、新产品或新服务的不断涌现,创造出新的市场需求,从而进一步推动和深化科技创新,因而提高了企业或是整个国家的创新能力,推动了经济增长。美国国家科学基金会和美国商业部等机构在20世纪80年代和90年代发表的报告表明,第二次世界大战以后,美国创业型企业的创新占美国全部创新的一半以上,同时占重大创新的95%。

创新的动力大致可以分为好奇心和事业心两大类。好奇心是一种最淳朴的创新驱动力,它往往产生于没有压力的情况下。与好奇心驱动不同,创业是一种事业心驱动。众所周知,创业过程充满了各种挑战,有些挑战甚至是创业者未曾遇到过的。对于有事业心的创业者来说,压力是最好的动力。在压力之下,人往往能最大限度地发挥出创新能力。因此,创业者必须通过不断的创新来战胜各种挑战,为成功奠定坚实的基础。

1.3 网上创业与传统创业

互联网改变了人们的生活,同时也提供了全新的创业方式。网络创业与传统创业有很大的不同,它依靠的是现成的网络资源。且网上创业的优势十分明显:门槛低、成本少、风险小、方式灵活,特别适合初涉商海的创业者。而且,网上创业受到政府的重视,给予了诸多的优惠政策和措施。

1.3.1 网络创业的优势

1)成本低,风险小

实体开店费用大致要包括月租、人工、流动资金、税费和各类杂费,前期包括门面转让费、保证金、办证费用和进货费用等。这笔费用少则几万,多则几十万。相比之下,网上开店的启动成本就极为低廉了,许多大型购物网站免费提供网上店面,有的只收取少量商品上架费用与交易费,店主可以根据顾客的订单再去进货,不会因为库存而占用大

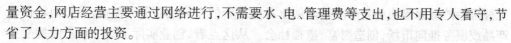

量资金,网店经营主要通过网络进行,不需要水、电、管理费等支出,也不用专人看守,节省了人力方面的投资。

资金场地问题是仅次于专业知识不足和缺乏创业经验的另一主要困难,通过网络创业在运营上可以灵活变通,可以根据需要及时调整服务内容和销售对象,这些就不像实体经营,一旦投资就不好更改,而且出现了问题也不容易调整。网上开店成本低,风险小的特点对那些想在创业上“小试牛刀”的创业者来说就再合适不过了。

2)人员组成简单

创业者初期都是白手起家,一个人或几个人就能处理好所有的事情,没有错综复杂的人际关系,也不需要常常去处理办公室纠纷。大家的关系简单,不需要在同一个空间做事,可以在家或其他地方工作,十分自由。

3)买家众多

网店的消费者范围是极其广泛的,基本上不受经营地点的限制,只要是上网的人群都有可能成为商品的浏览者与购买者,这个范围可以是全国的网民,甚至可能是全球的网民。与传统商店明显受地域限制,只能服务附近消费者的特点相比,只要网店的商品有特色、宣传得当、价格合理、经营得法,网店每天将会有不错的访问流量。好酒不怕巷子深——在网络时代这一句话的正确性再次被印证。

而网上直销对那些直销代理人来说可谓又迎来了一次创业良机,他们不必再为屡遭闭门羹而伤了自尊。

4)网店大小和商品数量种类不受限制

实体经营生意的大小常常被店面所局限,想要扩大规模需要大幅度增加资金投入;而网店则不同,店面面积的大小与实际销售额没有对应关系,商品数量也不会像实体商店那样受到店面面积的限制,只要经营者愿意,网店可以摆成千上万种商品。

有些商品拿到网上去卖,目标市场会更大,比如性保健用品——这是由于中国人特有的传统意识的缘故。对于此类商品,网上经营更为便捷。

5)销售时间不受限制

网上商店延长了商店的营业时间,无须专人值班看店,随时都可照常营业。这节省了人力方面的投资,不用雇用帮手,店主完全可以在享受生活的同时把自家的网上小店打理得井井有条,也避免了因为来不及照看而带来的损失。同时,消费者可以在任何时间登录、自主购物。全天候的交易时间使交易成功的几率大大提高。

6)不受地理位置影响

网上商店所面向的是全国乃至全球的消费者,这个潜在市场是单个商店、甚至大型商场都无法相提并论的。只要商品有特色,经营得道,广告宣传到位,网上商店每天将带来成千上万的客流量,这可以大大增加销售收入。

7)销售渠道众多

网上开店需要一定的投入准备,主要是硬件和软件两部分。硬件包括可以上网的电脑、数码相机、扫描仪、联系电话等,不一定非要全部配置,但是尽量配齐,方便经营。电脑和宽带上网是必配的。数码相机用于拍下商品的照片上传到网上商店,扫描仪是把一些文件扫描上传,如身份证、营业执照等信息。软件包括安全稳定的电子邮箱、有效的实际通信地址、网上的即时通信工具等,如MSN、QQ等。

现在有很多BBS上都有专门的版块可以做广告,发布信息,这些BBS交易版块里交易的商品小到洗发水、护发素等日常品,大到电脑、空调等耐用品,一应俱全。现在的交流工具很多,比如QQ、MSN、博客、飞信等,为创业者与消费者的交流提供了方便。

1.3.2 网上创业与传统创业的比较

传统创业与网络创业有很大的不同,而电子商务也将成为新的潮流,网络可以在短时间内成为人们生活不可缺少的东西,那么它带来的将是多大的商机呢?而网络创业又有什么样的优势呢?下面我们对这些作了一个对比,如表1.1所示。

表1.1 传统创业与网上创业的对比

	传统创业	网上创业
距离、速度	随着团队人员的增加,业务量的扩展,市场的变化,与客户的距离也会发生相应的改变,客户不可能只在一个地区停留,而且客户群也可能分布在全国甚至全球各地,如果单单靠传统交通工具,十分不方便,也会让一些生意机会因为突发事件而丢失,而且时效性也不高。	网上创业所依靠的是互联网,它不受地域和时间的限制,时效性也非常高。无论客户在哪里,只要有一根网线就能解决问题,而且对突发事件的处理也能做到及时高效。
空间	传统的产业范围通常以熟悉的人和地区为纽带和依靠,一般来说不会很大。只在一定的范围内进行,很难面面俱到。	互联网没有国界,可能开始创办时规模和范围都会小些,可是有了因特网这个平台,可以在全世界范围内进行。
人脉	通常传统的创业都会从自己熟悉的人开始展开,人脉资源充足的人更有可能或更快获得成功。这就给那些没有人脉资源的人带来更大的困难。	现在全世界的网民不计其数,这些都是潜在的客户或合作伙伴,这种范围和数量是传统创业无法达到的。而且现在互联网的高速发展也为网上创业提供了更多的机会。

续表

	传统创业	网上创业
传播	一对一，一对多，受时间和空间限制，效率低，费时、费力。尤其不能实现快速即时指导。	在线即时业务指导，零距离快速指导。复制效率高，成功率高。快速提升自身素质。
学习和培训	受时间和地点还有经费的限制，学习和培训效率大大降低。人员更容易流失。	产品知识、业务能力、各种技巧都可以做到全天培训，不受时间和空间限制，让你足不出户就能获得快速提升你各方面能力和素质的机会。
成本	员工工资，电话费，交通费，租房费、会场租赁费等，如要成功，必须投入大量的资金。有时还需要应对一些突发事件。	可以在家里做，节省了场地费用，所需人员也很少，一个人可以身兼数职，节省了员工费。广告的费用也比传统的电视广告和报纸广告低。可以借助的渠道很多，而且很多渠道都是免费的，比如QQ、博客等。
自由度	一般都有严格的考勤制度，有时还需要加班，时间极不自由。	轻松自由型，足不出户就能完成市场开拓、团队培训、学习、复制、产品示范，售后服务。可以合理自由地安排自己的时间。
接触方式	面对面地谈生意或拉客户，会让很多人觉得不自在或不好意思。	接触的都是全国或全球陌生朋友，都是志同道合的目标客户，所以没有这个顾虑。而且隔着电脑，也会让人放松很多。

1.4 网上创业的要素

既然创业是一个创建企业的过程，那么企业所需具备的要素也就成为创业的要素。管理学认为，企业可以被看作一个由人的体系、物的体系、社会体系和组织体系组成的协作体系。具体到一个新创企业，最关键的有以下三个要素。

1.4.1 团队

创业团队就是从事"创业"的"团队",属于团队的一种。

创业团队的含义有狭义和广义之分。狭义的创业团队是指具有共同目的、共享创业收益、共担创业风险的经营新成立的营利性组织的一群人。他们提供一种新的产品或服务,为社会提供新增价值。广义的创业团队不仅包含狭义创业团队,还包括与创业过程有关的各种利益相关者,如风险投资商、供应商、专家咨询群体等。

创业团队一般由如下五大要素组成。

创业者:创业者的能力和思想意识从根本上决定了是否要组建创业团队、组建什么样的团队、团队组建的时间表以及由哪些人组成团队。创业者只有在意识到组建团队可以弥补自身能力与创业目标之间存在的差距时,才有可能考虑是否需要组建创业团队,以及对什么时候引进什么样的人员才能和自己形成互补作出准确判断。

商机:不同类型的商机需要不同类型的创业团队。创业者应根据自身能力与商机间的匹配程度,决定是否要组建团队以及何时、如何组建团队。

创业人员:任何计划的实施最终要落实到人的身上,人作为知识的载体,所拥有的知识对创业团队的贡献程度将决定企业在市场中的命运;团队成员能力的总和决定了创业团队整体能力和发展潜力。创业团队成员的能力互补是组建创业团队的必要条件。而团队成员间的互信是形成团队的基础。缺乏相互之间的信任,将直接造成团队成员间的协作障碍,削弱团队战斗力。

团队成员的角色分配:即明确每个人在新创企业中担任的职务和承担的责任。

创业计划:即制订成员在不同阶段分别要做哪些工作以及怎样做的指导计划。

1.4.2 项目

所谓项目,说得通俗一点就是你要做什么。这里包含"你想做什么""你喜欢做什么""你能做什么""你能够做什么"等一系列问题的思考。曾经历过创业的人士这样告诫大家:第一,考虑你的兴趣,做你最喜欢做的。只有让工作成为乐趣,你才能更好地在这个行业发展。第二,分析你拥有的经验,做你最擅长的事情。做最擅长的事情,人往往能够得心应手。第三,要选择能建立起好的商业盈利模式的项目。没有好的商业盈利模式,产品就很难转换为利润和效益,企业就难以生存。好的项目能带来好的商机,创业成功的几率就大得多。

创业项目属于项目中的一种。创业项目是为了实现创业者的商业目的而进行规划或实施的项目。创业项目具有以下特点:

1)立意新颖独特

网上创业投资项目从计划到实施,到底能否顺利进行,在很大程度上取决于创业项目能否吸引风险投资。风险投资并不是盲目的乱投资,它对项目可行性的要求近乎苛刻。据统计,有95%以上的创业计划因不能得到风险投资商的青睐而无法实施。要想得到风险投资,就必须对它的“习性”有所了解。风险投资是一种追求高利润、高回报的资金,投资者愿意承担风险的同时也可能获得极高的投资回报。风险投资者寻找的是一些有新意的项目和一些从没有出现过的项目。如果一个创业计划立意平平,没有什么独特之处,很难想象它会得到风险投资。

2)有市场前景

网上创业项目一般要有较高的技术含量。风险投资者所感兴趣的项目有网络技术、软件信息、新材料、新能源、机电一体化、节能领域、生物医药及精细化工等。这些项目技术含量高,而且发展前景也较好。市场前景关系到创业能否盈利以及盈利的大小,所以,在选择创业项目时,一定要仔细地分析项目的市场前景。

3)具有可行性

在选择创业项目时,除了要考虑市场前景、技术含量等因素之外,还要考虑其可行性。项目的大小要适合,要便于操作和实施,要能较快盈利。有的创业项目从理论上分析很有市场前景,但如果项目规模太大,资金、技术力量达不到,或者是管理水平达不到,那也是不可行的。

项目的选择是一个非常复杂的系统工程,上述所说的要点只是一些基本的要求。做好项目的选择工作,要做许多的技术性工作,如预选好一个项目后要进行的市场调查、市场预测及项目的评估等。因为项目最终能否成功,要看有没有市场。市场对项目产品的需求情况,是创业能否成功的根本。

1.4.3　资金

创业要有资金,否则,再好的项目也无法成为现实。资金状况包括自有资金和能够吸纳的资金,资金的投入包括前期投入和运营期间的流动资金。企业开张后要运转一段时间才能有销售收入。而企业在完成第一笔销售之前必然需要资金来支付原材料、租金、员工工资、办公和管理费用,这就需要创业者为项目进行融资。

融资是指企业作为资金需求方进行的资金融通活动。广义的融资是指资金在持有者之间流动,以余补缺的一种经济行为,这是资金双向互动的过程,包括资金的融入和融出,既包括资金的来源,又包括资金的运用。狭义的融资,主要指资金的融入,也就是资金的来源。具体是指企业从自身生产经营现状及资金运用情况出发,根据企业未来经营策略与发展需要,经过科学的预测和决策,通过一定的渠道,采取一定的方式,利用内部积累或向企业的投资者及债权人筹集资金,组织资金的供应,保证企业生产经营需要的一种经济活动。它既包括不同资金持有者之间的资金融通,也包括某一经济主体通过一定方式在自身内进行的资金融通,即企业自我组织与自我调剂资金的活动。

任何一个企业从提出构想到企业创立、发展和成熟,存在一个生命周期。通常将一个企业的成长分为种子期、起步期、成长期和成熟期四个发展阶段(衰退期不予考虑)。从企业发展的生命周期看,不同阶段所需资金有不同的特点,不同渠道的资金对不同时期的偏爱程度也有所不同。为此,企业必须从战略的角度对企业整个生命周期的融资问题拟订整体性的规划,并根据自身所处的阶段有针对性地开展融资活动。

1.5 网上创业的一般过程

网上创业的一般过程主要有四点:寻找合适的项目、组建团队、筹措资金、网站的建设和推广。

1.5.1 寻找合适的项目

1)影响网上创业项目选择因素

(1)个人兴趣与特长

兴趣是最好的老师,如果你对某件事情感兴趣一般都容易做好,并且会事半功倍;如果对某件事情不感兴趣,一般都不容易做好,即使最后能做好,往往是事倍功半。一个人只有选择了他喜欢做而又有能力做的事情,他才会自觉、全身心地投入,并忘我地工作,有了兴趣,才有可能在遇到困难和挫折时,百折不挠勇往直前,千方百计地克服困难,实现创业目标。可见,个人兴趣与特长是影响创业者项目选择的最重要的个体因素,正在艰难选择项目的创业者,最好选择自己感兴趣的行业和项目进行创业活动。

网上创业项目与创业者的个人偏好相结合。每个人的爱好、性格各不相同,一个人在做自己喜欢做的事情时能够更投入、更专心,即便工作很艰苦,他也能从中获得乐趣。网上创业是一项艰苦的活动。如果一个人的创业项目正是他的爱好所在,那么他就更容易获得成功。

(2)市场机会及其利用能力

市场机会及其利用能力,也就是调查分析拟选项目是否有市场机会以及创业者本人是否有能力利用这个市场机会。这是影响创业者项目选择的决定性因素。这是因为:其一,项目本身是否科学、可靠是创业成败的关键,如果项目本身不科学、不可行,即使付出再多的努力,最终可能也只是失败。只有查阅大量资料,开展广泛的市场调查，然后加以对比研究，才能确定市场机会的价值。其二，对于创业者来说，客观存在着的市场机会并不一定会成为创业机会。只有创业者具有利用该机会的资源能力和技术能力，并且利用该机会足以实现其经营目标，这一机会才是属于你的市场机会。其三，创业者尽量选择自己熟悉的项目。常言道："隔行如隔山。"在不熟悉的行业中创业要有一个从头学习的过程，这中间免不了要交"学费"，这对白手起家的创业者来说往往是致命的。从事熟悉的行业可以快速进入状态，因为市场熟、产品熟、人脉也熟，所以可以避免一些由于不熟悉造成的低级错误，使创业者少受一些波折，多一些生机。

(3)能够承受的风险

创业存在风险，因为创业过程中存在着许多不可控制的因素，一旦把资金投入进去，谁也不能保证一定能够成功，一定能够赚钱，一定能够长盛不衰。因此，在选择创业项目时，无论你对该项目多么有把握，都必须考虑"未来最坏的情况可能是什么，最坏的情况发生时，我能不能承受"这样的问题。如果对以上问题的答案是明确和肯定的，那么，只要项目的预期报酬率符合你的预期目标，就可以选定并实施。因此，创业者能够承受的风险是影响创业者项目选择的又一项个体因素。

(4)国家相关政策与法律

国家相关政策与法律是影响创业者项目选择最重要的环境因素。一般情况下，国家会出台相关政策与法律，对经济发展的相关问题作出明确规定，一方面会禁止或限制某些行业或项目的发展；另一方面又会鼓励和支持某些行业或项目的发展。因此，创业者选择项目时，一定要知道哪些行业是国家政策鼓励和支持的，哪些是允许的，哪些是禁止或限制的，要选择国家政策鼓励和支持并有发展前景的行业或项目。回避国家产业政策明确限制和压产的项目。

2)网上创业项目选择的原则

(1)知己知彼原则

所谓"知己"，就是创业者在选择项目之前，应该首先对自己的状况有一个清楚的认识和判断。例如，自己可以提供多少创业资金，有哪些从业经验和技能专长，自己的兴趣和爱好是什么，社会关系状况如何，自己在性格上有哪些优势和弱点，家庭成员是否支持等。从创业者本人的角度看，"知己"越深入，越详尽，就越容易找到扬长避短并适合自己的项目，就越能提高创业成功率。所谓"知彼"，就是对社会未来发展趋势的认识，了解社会稳定的、潜在的需要，就是要了解创业的社会经济环境，项目的可行性，竞争对手的状况，宏观环境，市场的竞争强度，包括拟选择项目所在行业的竞争者数量、规模、实力水平等。深入考察创业环境能够帮助创业者开阔眼界，敏锐捕捉到市场机会，增强项目选择的合理性。

(2)自有资源优先原则

创业者在审视了创业环境之后,应该从中甄选出重点利用和开发的资源。甄选应贯彻自有资源优先原则。所谓自有资源,就是创业者本人拥有的或自己可以直接控制的资源,包括行业从业经验、技术水平、投资渠道、私有物质资产等。相对于其他非自有资源,自有资源的使用成本往往较低;同时,这些资源在利用过程中也容易使项目获得主动优势,使创业者在今后的市场竞争中占据主动地位。事物之间是有联系的,认不清事物之间的联系,就不能正确认识事物,在选择创业项目的时候,也要考虑客观事物之间的联系,要充分利用自身的优点。

(3)量入为出、从小开始的原则

在创业行动之前,不少创业者对未来充满激情,于是创业时必须考虑的财务问题往往被忽略,发展前景很好的项目往往因资金周转困难而中途夭折。所以,量入为出是创业者必须切实遵循的原则。要统筹规划,量入为出,不能顾此失彼。

从小的项目起步更加符合创业的规律。小项目的资金要求不多,创业者在很大程度上可以承受资金风险,也不会给自己造成太大的思想压力。不少小项目由于创办成本和运营成本都比较低,经营风险小,盈利能力反而更高。创业是一种有风险的投资,必须遵循量力而行的原则。对于普通老百姓来说,拿自己的血汗钱去创业,应该规避风险大的领域,将为数不多的资金投到风险较小、规模也较小的事业中去,先赚小钱,再赚大钱,最终实现滚动发展。

3)网上创业项目的基本特征

(1)门槛低

网上创业以网络和物流为依托,利用网络来进行营销推广。而最近几年的网络技术的普及,物流业的飞速发展,给网上创业项目创造了良好的条件,从而使得网上创业项目的门槛大大降低,为更多的创业者进行网上创业提供了基本保障。

(2)启动资金少

传统模式的创业,都需要花费大量的人力、物力、财力来注册登记公司。同时传统的商业创业需要有实体的门店或者仓库厂房来进行生产或者储存货物,在过去没有网络的环境下,还需要投入大量资金在报纸杂志电视等传统媒体上做广告宣传等。

网上创业和传统创业相比,则有着诸多无法比拟的优势。首先,网络创业如果是以网上商店为主体,不需要进行注册登记,省去了注册资金。其次,网络创业不需要实体的门店,省去了大额的门面租金,对成本的降低起到了很好的作用。再次,可以充分利用因特网这个平台,进行网络营销,或者利用BBS、博客、微博等工具进行宣传。

(3)成长快

前面我们讲了网上创业的低门槛和低启动资金,这两点就解决了现在人们进行网上创业起步难度的问题,使得网上创业的项目如雨后春笋一般涌现出来。除此以外,在目前我国鼓励发展电子商务的政策环境下,同时又有网上创业几乎零税收这个极大的优势,这些因素都对网上创业项目的成长速度起到了极大的推动作用,也使得网上创业项目的盈利比传统创业更容易,盈利快的项目就意味着这样的项目能够更快地获得回报。创业者越快得到回报,对网上创业项目较快地加大投资的可能性就越大。

(4)风险因素多

网上的创业项目与传统的创业项目一样,都受到很多不确定因素的影响。这些不确定因素可能会对网上创业项目带来不同的影响。有正面影响因素,它们能够促进网上创业项目的成长;也有负面的影响因素,它们能阻碍创业项目的发展甚至是对网上创业项目带来毁灭性的影响,导致网上创业项目失败。而这些对网上创业项目可能带来负面影响的因素,我们称为网上创业项目的风险,主要有市场风险、技术风险、资金风险、竞争风险等。

(5)网络营销需求较大

网上创业项目的推广和开拓市场基本上都是通过网络营销来实现的。这就使得网上创业项目有较大的网络营销需求,同时也从侧面反映了网络营销对一个网上创业项目的重要性。

(6)对项目或产品的创新性要求高

首先,一个网上创业项目要想一炮打响,那么这个项目的创意必须独到,并且符合其目标客户的需求。如果创新性不高,那么这个项目可能很难引起客户的兴趣。其次,网上创业项目的推广需要强有力的网络营销,而一个网上创业项目必须要有卖点来进行网络营销或推广。那么这个网上创业项目的创新性或者其产品的创新性就成了其网络营销的核心点。如果没有创意,可能也影响产品的营销。

(7)中后期融资需求大

从前面我们可以知道网上创业项目前期和中期的投入较小,同时,它的收益速度较快,也就是成长速度快。在项目成长变大后,资金需求变大,这也就使得网上创业项目在中后期有较大的融资需求。这也是网上创业项目一个非常重要的特点。

1.5.2 组建团队

团队和一般意义上的工作群体不同,在工作群体中成员虽然彼此相互熟悉,认同对方是其所在整体的一员,在工作中有一定的相互影响,但各个工作成员之间是相对独立地完成分配任务的(Schein,1980)。作为一个团队,它除了具有一个工作群体的某些特征之外,还包括团队成员彼此协作以完成任务,每个人对共同绩效目标的达成都负有责任,而在群体中,群体的绩效可以认为是单个个体绩效之和。此外团队较之群体,其在信息共享、角色定位、参与决策等方面也更进一步(Katenbach, Smith, 1993)。Adair

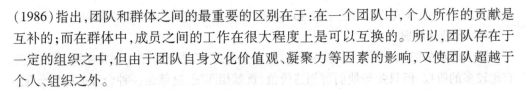

(1986)指出,团队和群体之间的最重要的区别在于:在一个团队中,个人所作的贡献是互补的;而在群体中,成员之间的工作在很大程度上是可以互换的。所以,团队存在于一定的组织之中,但由于团队自身文化价值观、凝聚力等因素的影响,又使团队超越于个人、组织之外。

1)网上创业团队的基本特征

Jon R. Katzenbach(1997)认为团队有如下特征:团队拥有一个共同的任务和目标;成员同舟共济、共同承担风险与责任;成员间知识技能具有互补性;成员之间信息共享,彼此尊重、诚信;对团队的事务尽心竭力,全方位奉献。

成功的创业团队需要在目标、理想、理念、文化、价值等方面有共同的语言,并能取得默契,从而形成一个利益共同体,因而具有如下特征。

(1)坚强的凝聚力

团队并非简单几个人的集合,它是由一群有共同理想、能同甘共苦的人组合在一起的。在这个组合中,成败属于整体而非个人,成员不但同舟共济,而且公开合理地分享经营成果,整个团队具有坚强凝聚力与一体感。

(2)团队利益至上

每一位团队成员都能充分认识到个人利益是建立在团队利益的基础之上的,自觉将团队利益置于个人利益之上,团队中每一位个体的价值,都表现为其对团队整体价值的贡献。

(3)坚持正确的经营原则

一个成功的创业团队必须坚守顾客第一、质量至上、保障工作安全与员工利益、诚信无欺等正确的经营原则,以此作为组建团队的基本理念,并具体落实到企业的各项规章制度之中。

(4)切实做到对企业的长期承诺

对于企业经营成功给予长期的承诺。每一位成员均应了解企业在成功之前将会面临一段艰苦的挑战,因此承诺不会因为一时利益或困难而退出。同时成员应约定将股票集中管理,如有特殊原因而提前退出团队时,必须以票面价值将股权出售给原公司团队。

(5)正确处理好短期利益和长期利益的关系

不能用牺牲长远利益的办法来换取短期利益,尤其是在创业之初,团队成员要发扬艰苦奋斗的精神,不计较眼前的短期薪金、福利、津贴,而将创业目标放在成功后的利益分享上。

(6)致力于创造新企业价值

创业就是一种创造新价值的事业,所以创业团队要致力于创造新价值。团队成员应一致认识到创造新企业价值才是创业活动的主要目标,并认识到唯有新企业得到发展,不断增值,创业团队各成员的利益才能得到保障,由此大家的努力方向都应集中于此。

(7)合理分配股权

团队成员的股权分配不一定要均等,但需要合理、透明与公平。通常主要贡献者会有比较多的股权,但只要与他们所创造价值、贡献相匹配,这就是一种合理的股权分配。平均分配股权并不能体现责、权、利的统一,无助于企业的发展和团队成员积极性的发挥。如果创业者碍于情面,不能根据团队成员的才能、贡献分配股权,就会造成团队的分裂。

(8)公平弹性的利益分配机制

创业之初的股权分配与以后创业过程中的贡献往往并不一致,常会发生某些具有显著贡献的团队成员拥有股权数较低,贡献与报酬不一致的不公平现象。因此,好的创业团队需要有一套公平弹性的利益分配机制,来弥补上述不公平的现象。例如,新企业可以保留10%盈余或股权,用来奖赏以后有显著贡献的创业成员。

(9)合理分享经营成果

合理分享经营成果这里指的范围更广,除了团队成员要有合理的分配机制外,对员工也要有合理的分配机制,能使大家共同分享经营的成果。从而使企业能够长存。国外企业一般是拿出10% ~20% 的利润分配给关键岗位的员工。我国的一些成功创业企业,尤其是一些高新技术企业,用员工持股的办法,使员工合理享受到企业的经营成果。

当然创业团队也并非一蹴而就,往往是在新企业发展过程中才逐渐孕育形成完美组合的。在这一过程中,创业成员也可能因为理念不合等原因,在创业过程中不断替换。有人统计,在美国,创业团队成员分道扬镳的概率要高于离婚率。由此可见团队组成的不易。虽然有诸多不易,团队组成与团队运作水平对创业集资与创业成败都具有关键影响力,因此创业者必须高度重视如何发展创业团队的问题。

2)网上创业团队组建原则

创业团队的组建没有统一的模式,但一般而言有两种情况比较常见。一是某位创业者有了一个好的创业思路或者找到了一个好的商机,打算创办一家企业,接下来他就选择并邀请一些志同道合者加入,或者陆陆续续有一些感兴趣的合作者主动加入团队中。二是某一群人因为创业的共同愿望,大家一起找到了一个创业的思路或发现了一个商机,然后从一开始就以共同的友谊、信念为基础建起一支团队。可以说,创业团队的组建是一项非确定性的活动,常常充满了随机性;创业团队的形成和发展也各不相同,团队成员走到一起的方式多种多样。

一个成功的创业者往往懂得如何根据商机的要求和技术经济特征寻找所需要的人才并组建团队。如果一个创业团队的成员间能够互补和协调,这样的团队将会更具竞争力。

(1)目标一致原则

目标一致原则,一方面是指创业团队所有成员具有相同的目标;另一方面是指每位成员的个人目标与团队的整体目标相一致。只有目标明确一致,团队成员才能认清共同的奋斗方向,才能激发每一位成员的创业热情,为实现这一目标而奋斗。

(2)互补性原则

创业者之所以寻求团队合作,其目的就在于弥补目标与自身能力之间的差距。只有当团队成员互相在知识、技能、经验等方面实现互补时,才有可能通过相互协作发挥出“1 +1 >2”的协同效应。因此,组建团队应坚持互补性原则。

(3)精简原则

为了减少创业期的运作成本、最大限度地分享创业成果,创业团队人员构成应在保证企业高效运作的前提下尽量精简。

(4)动态开放原则

创业过程是一个充满不确定性的过程,团队中可能因为能力、观念等多种原因不断有人离开,同时也有志趣相投、能力匹配的人员能被吸纳到创业团队中来。

3)建立团队应注意的问题

建立团队应注意的问题有以下几点:

(1)规模要适度

团队成员过多,在企业建立初期进行利润分红时,由于没有十分公平的绩效考评机制,难免出现不公平的现象,导致团队工作效率会大打折扣。

团队成员太多,相互沟通很难顺利进行,导致沟通减少,就很难培养成员之间的相互尊重、相互信任的氛围。

成员过多,意见分散,讨论问题时很难达成一致。

(2)优化组合效率

选择团队成员时,一定要考虑整个团队成员的优化组合效率,成功的团队需要三种不同技能类型的成员:

①具有技术专长的成员;

②能发现问题、提出解决问题的各种方案并能进行有效决策的成员;

③善于倾听、反馈、解决冲突及具备其他人际关系技能的成员。

(3)分工协作

团队目标的实现需要全体成员相互分工协作,任一成员对具体目标完成得不好,整体目标就会受挫,而这样导致的结果很可能使团队被淘汰出局。

对于不适合团队发展的人员,要不定期采取有力措施让其退出,使团队真正成为精英的组合。

1.5.3 筹措资金

1)创业资金的主要来源

(1)个人储蓄

这是个人创业资金来源最有效,也是最便捷的方式。这种方式需要处理的问题最少,创业者创业成功后也不会引起权益的纠纷。它广泛受到国内外创业者的青睐。美国《企业》杂志通过对500家发展最快的创业企业进行调查,得到的结论是79%的创业资金利用了个人储蓄。

(2)亲戚朋友的借款

利用个人储蓄进行创业是最稳妥的创业资金来源,但是创业者也要充分考虑其中的风险,投资的额度应以不超过自己的承受能力与心理底线为好。能利用个人储蓄固然不错,可是很多创业者并不具备这样的条件,那么就得考虑亲戚朋友是否愿意帮忙。有时,向亲戚朋友们借款是新创业获得启动资金的唯一来源。创业者通过这一渠道也能迅速筹得所必需的投入资金。但是由于这一融资形式更多的是以个人感情与亲情为基础,因此,有时创业者遇到的烦恼就是这些提供了借款的亲戚朋友们,会经常过问企业经营状况或为企业的发展提很多建议,似乎他们是企业的股东一样。尽管这是一种热心的表现,但有时却会干扰企业的正常经营与管理。一旦出现问题且处理得不好,难免会影响彼此之间的感情,这常常会使创业者背负一个感情的包袱。所以有可能的话,创业者最好制订一个完善的还款计划,以加强对亲戚朋友们的心理安慰,如经营状况允许也可以考虑提前还款。

(3)银行贷款

近年来随着国家对创业者的重视与支持,我国各大商业银行都陆续推出了创业贷款计划。凡是具有一定生产经营能力或已经从事生产经营活动的个人,因创业或再创业需要,均可以向开办此项业务的银行申请专项创业贷款。但一般来讲,在我国绝大部分地区这种专项创业贷款的额度都相对较小,大多不超过3万元。因此,如果有条件的话,创业者最好还是考虑商业贷款,这样得到的额度会大很多,基本可以解决大多数创业者的资金需求。

(4)与他人合伙

与他人合伙也是一个比较有效的创业融资渠道。虽然已有大量的事例证明合伙创业会带来一定的好处,但对一个初次创业的探索者来说,采取合伙创业一定要慎重考虑。在合伙创业开始之前,务必要与合伙者将权利、义务以及如何经营、如何获取投资收益、如何区分工资所得与股东所得等一系列问题进行明确的区分。因为从实践情况来看,合伙创业是最容易产生分歧的创业组织形式,如果没有很好的信任基础,合伙者最终的结果难免是不欢而散。因此，选择合伙创业最应该注意的问题就是，合伙人之间是否具有诚实与相互信任的基础，如果仅仅是因为资金的缺乏而选择合伙，最有效的措施就是在合伙之前合伙人之间将所有可能发生纠纷的地方，用法律合同的形式定下来，以免将来发生不必要的麻烦。

(5)国家政策性扶持

为了扶持与激励创业活动，我国政府在近几年连续出台了许多相关政策，创业者可以充分利用这些有利条件进行融资或贷款。目前，国家在创业小额贷款发放方面已经下了很大的力气，每年都有几十亿的资金进入创业领域，创业者可以通过当地政府有关部门进行了解。此外，国家劳动部推行的“4050 计划”、科技部推行的“中小企业科技创新基金”，也可以为创业者提供相应的资助资金。通过当地中小企业服务机构，创业者可以获得具体的相关信息。

2)创业融资的类型

创业者常用的融资模式主要有间接融资与直接融资两种模式。

(1)间接融资

所谓间接融资，主要是指银行贷款。银行的钱不好拿，对创业者更是如此。但在某种情况下也有例外，即在能提供抵押物或者能够获得贷款担保的情况下，银行就会同意贷款。通常适合创业者的间接融资形式主要有银行抵押贷款和担保贷款两种。

(2)直接融资

直接融资主要是指股权融资、债权融资、企业内部集资、融资租赁等融资形式。其中，股权融资是指不通过金融中介机构，融资方通过出让企业股权获取融资的一种方式，如通过发售企业股票获取融资。风险投资的融资方式一般为股权融资，通常占被投资企业30%左右的股权，而不要求控股权。

债权融资是指企业通过举债筹资金，资金供给者作为债权人到期收回本息的融资方式。民间借贷是债权融资中的一种。

企业内部集资是指生产企业为了加强企业内部集资管理，把企业内部集资活动引向健康发展的轨道，当自身生产资金短缺时，在本单位内部职工中以债券形式筹集资金的借贷行为。资产的所有权最终可以转移，也可以不转移。

3)创业融资的特点

(1)融资市场化

企业在创业初期，自我积累的资金有限，不可能完全满足创业企业技术创新的高投入需求，必须从企业外部取得资金。而取得企业外部资金一般要通过金融市场运用市场机制，其虽然能够享受一定的财政政策，但不可能完全依靠行政手段来完成。创业融资具有明显的市场化特点。

(2)融资多元化

创业企业的发展不仅具有极高的成长性和效益性,而且对国家经济发展具有极为重要的战略意义。为了满足新创业多方面的融资需求,创业企业一般需要从多种渠道、以多种方式筹集资金。其中,既有创业者的自筹资金,又有商业银行的借贷资金;既有政府设立的天使资金的支持,又有合作伙伴以及社会风险资金的投入等。无论是在融资渠道还是融资形式上,都表现出了显著的多元化。

(3)融资组合化

一是由于不同的融资方式其融资风险的大小不同;二是由于创业企业在不同的发展阶段,面临的技术创新的风险不同,投资者的投资风险因此也有所区别。技术风险和投资风险的最大值分别出现在创新过程的初期和中前期,中后期的风险逐步减少。根据技术创新风险收益的阶段性特征,为了分散、转移风险,降低企业融资成本和债务负担,创业企业一般采用合理、有效的融资组合。因此,创业融资具有组合化的特点。

1.5.4 网站的设计与推广

1)企业网站的重要性及设计原则

在信息发达的网络中存在的很多中小企业往往默默无闻,无人知晓。站在另一个角度考虑,这样的情况也使得各个企业站在了同一起跑线上,给各个企业相同的争取客户、推广企业品牌的机会。因此,在网络中建立自己的网站是推广产品和宣传品牌非常重要的手段。

(1)企业网站一定要具有明确的目的

企业在设立网站之前,一定要确定网站所面对的是消费者还是供应商;确定企业网站的主要目标是为了介绍企业还是为了宣传企业的产品,或者是为了实现企业产品在网上的销售。根据不同的网站目标才可以设计出合理的企业网站,因此网站建设的目的是企业网站设计的基础。

(2)企业网站一定要体现足够的专业性

企业网站作为企业在网络中的宣传平台,通过发布产品信息、渠道政策、企业理论来达到创造更多商机的目的,因此网站的信息一定要体现企业的专业性。企业网站一定要比较全面地表述企业的基本信息,这样可以让客户比较全面地了解企业。企业网站一定要注意时时更新,不要提供失效或没用的信息。企业还应该注意在网站中尽量提供一些具有独创性的内容,这样可以使得客户对企业形成更加独特和专业的认识。另外,企业还要注意客户使用网站的习惯,包括客户使用的语言等,因此企业要注意提供相应的语言版本的网站,或者设置网站的其他语言版本。

(3)企业网站一定要为客户提供实用的功能

企业网站一定要提供比较实用的功能,而其所提供的功能需要有比较清楚、简单的操作流程,这样才能使得客户根据意愿来决定继续或再次浏览企业网站。

(4)企业网站页面要具有一定的亲和力和易操作性

由于浏览企业网站的人一定是对企业有一定兴趣的人,因此企业网页的设计要具有一定的亲和力和便于操作的特点。企业网站不仅要进行合理的划分,具有清晰的条理,还要在设计网页各个板块和内部页面时注意整体风格的统一。

(5)企业网站要注意内容的简洁性

企业网站设计中要注意主界面一定不要超过浏览器的200%。企业网站打开的时间也要在客户接受的范围之内,如果需要消耗较长时间的话,那么最好给予明确的提示或显示打开进度。

(6)企业网站设立后要注意维护和定期更新

维护中要注意网站的正常访问性能,包括网站访问的速度、可以容纳的最大同时请求的数量、企业网站的稳定性与安全性及企业网站的抗攻击能力。只有维护好这些正常访问性能,客户才会在访问中更加顺畅,才会愿意再次访问该企业网站。网站的不断更新才可以更好地吸引客户访问,这也是网站的生命之源。企业对网站要定期进行维护和更新,也要根据企业产品的更新进行网站的定期改版。

以上所有原则,企业在设计网站时是需要特别重视的。这样才能够达到吸引客户、扩张渠道、提高企业品牌知名度的目的。

2)企业网站的建设与推广

企业在进行网站建设时基本都会经历三个阶段:第一个阶段属于准备阶段,企业通过分析确定建设网站的目的,并对企业网站进行定位;第二个阶段是企业网站的具体建设阶段,包含很多具体的操作;第三个阶段是网站建设后的推广阶段。

(1)企业网站定位

①对企业的市场进行分析。分析企业所在的行业和市场中的其他对手的情况,同时要对企业自身的特点进行分析。

②对企业网站的目的及功能进行定位。对于企业网站的定位要基于企业的市场分析,也就是企业建立网站的真正目的,从而整合企业的资源,设定企业网站的功能,进而确定网站应该达到的目的和作用。

(2)企业网站建立

在确定好网站所要达到的目的和网站应发挥的作用后,企业可以开始企业网站的设计和建设。

①申请域名。网络中的域名相当于人们现实生活中的门牌号码,可以让网民在网

络中访问所要查看的站点。每个域名都会对应一个 IP 地址,域名和 IP 地址是联系在一起的。一个 IP 地址可以对应多个域名,多个域名也可以解析到同一个 IP 地址。因此,企业要拥有自己的网站,首先要选择适当的域名。

虽然域名与企业的产品名称或商标没有直接关系,网络域名管理机构也没有赋予域名法律上的意义,但是由于域名在网络上是独一无二的,而且是实行先到先得的申请方式,因此域名实际上就与企业的商标、标志有了相似的意义。所以,说企业网站的域名就是企业的“网络商标”也不为过。企业在选择域名时,域名要简单易记,并且要符合企业形象,可以采取英文字母或数字的形式,并且在选择域名时要注意避免文化冲突。

②建立主机。企业在申请注册域名之后,接下来就是要在网络中建立主机,它是企业网站所能够依附的地方。主机就是一台功能相当于服务器级的计算机,而且要进行专线或其他形式的 24 小时与网络的连接。

(3)网站页面设计

企业网站在进行页面设计中要注意网页文字、图片、动画、音乐等的组合。

网站的文字和图片是一个网站最基本的要素。网站中的文字与图片比例一定要适当。如果文字太多,网站就会显得比较枯燥,网站的吸引力就会降低。如果图片太多,可能会降低网页的浏览速度,影响客户的浏览效果。因此,在设计企业网站文字时要使文字简洁生动,并且要根据企业自身的特点选择合适的表达方式。例如,当企业更加关注品牌形象和产品品质时,就要适当运用较正式的用语。而对于一些中小企业或个人网站来说,要让客户产生一种亲切感,就适合采取比较有亲和力的语气来介绍企业品牌或产品。

企业的网站中除了文字和图画之外还要注意运用一些多媒体技术,企业可以选择动画、音乐和视频等方式。多媒体方式也不能够太多,否则会给人一种眼花缭乱的感觉,同时会影响网站的浏览速度。

另外,可以通过一些辅助手段来增加网站的实用性。例如,可以增添网页的搜索功能,这样可以方便客户在网页的大量信息中迅速地找到所需要的信息。企业在进行这个项目时也需要权衡利弊,因为如果要建立搜索功能就需要有相应的程序及完善的数据库支持,这样会产生一定的支出。企业还可以在网站上设置一些表格来搜集客户的意见或进行资料登记等,将搜集的资料进行处理并用于其他方面。

(4)网站建立后的测试

在企业完成网站页面的设计之后,一定要对网站进行测试。在测试的过程中找出网站设计的不足,尽量进行改正,以便客户更好地浏览企业网站。

①测试网站的兼容性。在网站的页面设计结束之后,负责制作网页的人一定要对网页进行测试。首先要测试网页的兼容性,包括要测试网页在不同操作系统中(如

Windows、Mac、Linux 等)、同一操作系统的不同版本中(如 WindowsXP、Windows7 等)、不同的浏览器中(如 IE、遨游等)的显示以及企业网站功能的使用情况。

有很多企业可能会忽略这个环节,因此可能会产生用户打开企业网站出现错误的情况。可想而知,如果用户遇到网站由于不兼容而产生的错误,用户就会放弃继续浏览,以后也可能不会再浏览这个网站。因此,检查和测试网站的兼容性是企业建立网站的基本原则之一。

②网站链接。在检测完网络的兼容性之后,还要检测整个网站的链接情况,检测企业网站是否有无效链接。如果客户在浏览企业网站页面时看到一些无效的链接,这在很大程度上会降低客户对于企业网站的信任度。企业网站会产生无效链接的原因可能是由于网站的结构调整,也可能是由于某些页面信息过时被删除,但是链接并没有及时更新。因此,在检测时要注意这些因素。

另外,企业的网站链接可以适当对网页内容进行一些描述,这样可以让客户在点击之前就知道将要看到的是什么内容,从而决定是否需要点击了解详情,或者不需要点击就可以了解内容。例如,企业想要在某个页面发布一个于某年某月发布某种新产品的信息,那么可以在链接中合适的地方放入新产品的名字作为信息的描述,这样就可以在链接中体现出网页的一些具体内容。

最后,在设计链接时,还要注意设计链接的颜色,可以采用网络中一些约定俗成的配色方案。

③网站的导航系统。想要设计能够吸引人的企业网站,除了要注意网站页面的设计之外,还要注意企业网站的导航系统设计。浏览企业网站的客户可以通过这些导航系统清楚地了解如何更快更好地找到所需要的信息。导航系统首先要解决的就是帮助客户建立位置感,使得客户无论在网站的任何页面都可以简单地跳跃到另外一个想要去的页面。导航条一般采用顶部导航条,当顶部导航链接不能够解决所有的内部地址链接时就要采用下拉菜单或左侧导航条。如果企业网站过于复杂,那么还可以采用网站地图的方式来作为客户的导航系统,使客户无论在什么地方,都可以通过网站地图清楚地了解网站的架构。

(5)网站的推广

网站设计完成仅仅是企业网站建设的第一步,接下来企业要做的就是将网站推广到网络中。如果不进行推广,那么无论设计再怎么出色的网站都没有意义。

企业网站的推广有很多方式,在前文提到各种网络营销方法都可以用来推广企业网站,这里简单介绍企业通常采取的几种方式。

①搜索引擎推广。企业可以通过网站 SEO 来提高企业网站的点击率,也可以通过市场调查和分析来设计更准确和全面的关键词,将关键词利用搜索引擎进行更广泛的推广。在搜索引擎推广时,企业还要注意合适的搜索引擎,并且进行合理的搜索引擎优

化，这样才能达到最好的推广效果。

②广告联盟推广。企业可以与同类或相关类型的企业共同组成网络联盟，利用大家共同的力量推动网站的推广。通过这样的广告联盟方式可以扩大企业广告的宣传能力，在一定程度上还能够节省企业的宣传经费。

③促销活动推广。企业在进行网站推广时可以采取一定的促销活动，在短期内促进销售，提升业绩，增加收益。企业通常可以采取的促销活动基本上有几种：限时折扣，即企业的网站在特定时段内，为客户提供优惠产品，通过这些优惠政策，刺激客户购买的促销活动；面对面的销售，通过邮件列表等宣传方式一对一地对客户进行促销和销售活动；企业还可以通过向客户提供免费赠品的方式来提高销售成果；而最具有效果的促销方式就是免费试用，企业可以在网站中提供免费试用的申请，为客户提供免费试用，这样的促销活动是最受客户喜欢的。

④免费策略的网站推广。在促销策略中，企业可以通过免费试用的申请推广网站，而免费策略不仅仅限于免费试用，企业还可以根据自身特点和产品特点采取不同的免费策略，如为推广企业网站，可以采取赠送免费礼物的方式来扩大企业网站的注册率。企业也可以为客户提供免费送货的方式，来促成企业网页浏览量变成企业销售量。此外，企业可以为客户提供折扣或代金券等来达到吸引客户浏览和购买的目的。

⑤企业网站其他的推广方式。企业在推广网站，除了可以采取上述方式外，还可以采取这样一些方式：采取软文网站推广，即企业可以通过撰写或引用好文章，并在里面巧妙地加入企业网址的方法将企业网站进行推广，进而达到推广企业网站的目的；手机网站推广法，即企业可以通过 Wap 网站、群发短信、彩铃提示等推广企业网站。

企业应该根据自身的状况和经营特点来决定所要选择的推广方式，企业还可以通过委托专业的公共公司或网络营销公司来进行企业网站的推广。

本章小结

在科技和技术日新月异，飞速发展的时代，网上创业越来越便捷，也为更多的人所熟知。创业是一个运用创新理论、整合资源、利用组织来创造和建设新企业，以达到积累财富，谋求发展，创造和实现经济价值、社会价值和个人价值为目的的过程。主要包含有四个重要因素：人（创业者、企业家）、组织、环境和过程。在创业过程中要掌控全局，综合宏观和微观两个方面，把创新理论转化成具有市场价值的东西。创新是创业的灵魂和核心，创业离不开创新。网上创业的优势也十分明显：门槛低、成本少、风险小、方式灵活，特别适合初涉商海的创业者。而且，网上创业受到政府的重视，给予了诸多的优惠政策和措施。本章也着重介绍了网上创业的一般过程：寻找合适的项目、组建团队、筹措资金、网站的建设和推广。在以后的章节学习中，这些内容也会有较为详细的介绍。

案例 聚美优品的成功

“我把自己定义为Leader，画格子的人，我享受从0到100的过程，不是100到10 000的过程。我要从0到100再到10 000！”身为“80后”的创业青年，陈欧比其他同龄人多了一些成熟与坚定，他自信、有野心，却并不会心急，反而更注重点滴的积累和稳步前进。他是美国斯坦福大学最年轻的中国毕业生，他经历了不同领域的三次跨界创业，他受到了从成功到失败再到成功的极度挑战，最终，他用智慧和努力实现了人生的华丽转身。

在很多人的印象中，了解并熟悉陈欧源于他那句经典的广告语：“我是陈欧，我为自己代言。”2011年7月，“80后”创业者陈欧为自己代言的“聚美体”视频在微博上风靡一时，陈欧用“为梦想奋斗，活出自己的色彩，做最漂亮的自己”。为大家刻画了一个为未来奋斗的“80后”形象，引起了众多网友的共鸣。时隔几个月，陈欧创办的中国第一个女性化妆品垂直团购网站“聚美优品”的名气越来越响、订单越来越多、用户量也在稳步攀升。当梦想在靠近，当团队在凝聚，当粉丝在鼓励，陈欧也在更加用心地做着“美丽”事业，聚焦美丽，从而成就更多人的美丽。

陈欧和两位志同道合的朋友刘辉、戴雨森（现均为聚美优品联合创始人）寻找适合国内互联网市场需求的商业模式，那时团购模式在国内逐渐兴起，让陈欧隐约地从中看到了商机。电子商务和团购的火爆发展坚定了陈欧做团购的决心。

聚美优品是中国第一个女性化妆品垂直团购网站，它首创了“化妆品团购”概念：每一天在网站推荐十几款热门化妆品，并以远低于市场价折扣限量出售。打出了外界看来不可思议的“100%正品”和“30天拆封无条件退货”口号，给了用户最高级别的承诺，让用户放心购买、安心购买。陈欧提出的“30天拆封退货”的决定曾让投资人不能理解，但他却极力坚持，因为让用户获得最好的购物和服务体验一直是陈欧最大的目标。

目前，聚美优品网站上的团购商品并不仅仅局限于化妆品，还有像初刻这样的服装品牌，这体现着聚美优品在不断拓展品牌类型。未来聚美优品除了会扩大化妆品的品类选择，还会尝试涉及奢侈品。聚美优品目前正在IT系统、客服团队、后台订单处理能力等方面加大投入，争取给用户带来最优质的服务和最完美的体验，待成为行业领袖后期待能够成功上市。

聚美优品是时尚型的化妆品B2C电子商务平台，不仅陈欧频频出现在各类娱乐节目的现场，就连代言人也选择了娱乐圈中人气颇高的韩庚，陈欧和韩庚的组合为聚美优品带来了更多的人气，也增添了更多的娱乐色彩。无论陈欧出现在“非你莫属”的节目现场，还是做“快乐女生”的微博评委，这个“80后”的大男孩正在用行动将娱乐营销做强做大,并通过这种营销方式,更加快速地让消费者了解聚美优品、了解陈欧。

"我希望聚美优品能为女性的美丽做延伸,让每个来聚美的女性都能感受到美丽和希望,变得更加强大,更有力量。"这是陈欧的心愿,也是他更大的梦想。心有多大,梦就有多大,未来还有更广阔的天空任他去翱翔,相信陈欧的"美丽"事业会越做越好。(来源:李萌.我要从0到100再到10 000!——访聚美优品CEO陈欧[J].互联网天地,2011(11).)

案例分析与讨论题

1. 聚美优品成功的先决条件有哪些?
2. 案例中聚美优品主要开展了哪些网络营销活动?
3. 如果你是聚美优品的营销经理,谈谈你的营销策划方案。

复习思考题

1. 什么是创业,你是怎样理解的?
2. 什么是创新,创业与创新的关系是怎样的?
3. 网上创业与传统创业相比具有哪些特性与优势?
4. 网上创业的基本要素是什么?
5. 网上创业目前还有什么障碍,创业者应采取什么对策?
6. 如何进行网站设计与推广?
7. 请有过网上购物经历的同学针对网上购物的过程、优点、缺点及困难等谈谈自己的感受;请没有网上购物经历的同学通过互联网尽量在最短的时间内购买一件物美价廉的小商品,然后谈谈目前网上营销还有什么不足的地方,应怎样改进。

第2章
网络与电子商务

📖 学习目标

- 了解创业过程中所要利用的主要网络；
- 了解互联网的基本功能；
- 了解电子商务的基本内容；
- 理解创业的环境。

案例导入

科迪团购移动话费　充值延迟两个月

3月10日，王先生参加了科迪团130元返200元移动话费的团购活动，购买了2份，该活动话费分两次打入手机账户，第一笔100元按期打入后，剩余的100元按照团购介绍，应于5月份打入手机账户，而直到7月20日商家仍没有进行有效的处理。王先生的遭遇并不是个例，中国电子商务投诉与维权公共服务平台还受到其他与王先生有相同经历的消费者投诉。

思考题：

简述建立电子商务标准体系的重要性。

2.1　网上创业中的网络

2.1.1　Internet 的概念

Internet 是计算机交互网络的简称，又称因特网。它是利用通信设备和线路将全世界不同地理位置的、功能相对独立的数以千万计的计算机系统互联起来，以功能完善的网络软件（网络通信协议、网络操作系统等）实现网络资源共享和信息交换的数据通信网。

在英语中"Inter"的含义是"交互的"，"net"是指"网络"。简单地讲，Internet 是一个计算机交互网络。它是一个巨大的计算机网络体系，它把全球数万个计算机网络，数千万台主机连接起来，包含了难以计数的信息资源，向全世界提供信息服务。它的出现，是世界由工业化走向信息化和象征。从网络通信的角度来看，Internet 是一个以 TCP/IP 网络协议连接各个国家、各个地区、各个机构的计算机网络的数据通信网。从信息资源的角度来看，Internet 是一个集各个部门，各个领域的各种信息资源为一体，供网上用户共享的信息资源网。今天的 Internet 已经远远超过了一个网络的含义，它是一个信息社会的缩影。虽然至今还没有一个准确的定义来概括 Internet，但是这个定义应从通信协议、物理连接、资源共享、相互联系、相互通信等角度来综合加以考虑。一般认为，Internet 的定义至少包含以下三个方面的内容：

Internet 是一个基于 TCP/IP 协议簇的国际互联网络。

Internet 是一个网络用户的团体，用户使用网络资源，同时也为该网络的发展壮大贡献力量。

Internet 是所有可被访问和利用的信息资源的集合。

2.1.2 Internet 的基本组成

Internet 主要由通信线路、路由器、主机与信息资源等部分组成。

1）通信线路

通信线路是 Internet 的基本设施，它负责将 Internet 中的路由器与主机连接起来。Internet 中的通道线路分为两类：有线通信线路与无线通信线路。

可以使用"宽带"与"传输速率"等术语来描述通信线路的数据传输能力。所谓传输速率，是指每秒传输的比特数，其单位为比特/秒（b/s），其中 1 kb/s = 103 b/s；1 Mb/s = 103 kb/s；1 Gb/s = 103 Mb/s；1 Tb/s = 103 Gb/s. 通信线路的最大传输速率与它的宽带成正比。通信线路的宽带越宽，其传输速率越高。

2）路由器

路由器是 Internet 中最重要的设备之一，它负责将 Internet 中的各个局域网或广域网连接起来。

当数据从一个网络传输到路由器时，根据数据所要到达的目的地、通过路径选择算法，为数据选择一条最佳的输出路径。如果路由器选择的输出路径比较拥挤，路由器则负责管理数据传输的等待队列。

3）主机

主机是 Internet 中不可缺少的成员，是信息资源与服务的载体。Internet 中的主机既可以是大型计算机，又可以是普通的微型机或便携式计算机。

按照在 Internet 中的用途，主机分为两类：服务器与客户机。服务器是信息资源与服务的提供者，一般是性能比较高、存储容量比较大的计算机。服务器根据它所提供的服务功能不同，分为文件服务器、数据块服务器、WWW 服务器、FTP 服务器、E-mail 服务器与域名服务器等。客户机是信息资源与服务的使用者，可以是普通的微型机或便携机。

Internet 提供了很多类型的服务，例如电子邮件、远程登录、文件传输、WWW 服务、Gopher 服务与新闻组服务等。

4）信息资源

信息资源是用户最关心的问题，它影响 Internet 受欢迎的程度。Internet 的发展目标是更好地组织信息资源，使用户快捷地获得信息。

在 Internet 中存在很多类型的信息资源，例如文本、图像、声音与视频等多种信息类型，涉及社会生活的各个方面。

2.1.3 Internet 的产生与其在国内外的发展

1）Internet 的产生

1968 年 8 月，由美国 DARPA 公司建立了 ARPANET 系统。

1969 年，AT&T 公司开发了多任务分时操作系统 UNIX，为计算机网络的发展提供了系统软件支持。

1972 年，美国施乐公司成功开发了以太网，使计算机可以通过电缆与网卡在 500 m 范围内以每秒 10 M 比特速率传输数据，局域网诞生。同时，ARPANET 系统成功传输了世界上第一封电子邮件。1974 年 ARPA 的鲍勃·凯恩和斯坦福的温登·泽夫提出 TCP/IP 协议，定义了在计算机网络间传送报文的方法。

1981 年美国的国家科学基金会 NSF 建立了 NSFNET，实现了网络之间的互相通信，逐步成为 Internet 的骨干网络。

20 世纪 70 年代末期，国际标准组织（ISO，International Standards Organization）提供了 ISO/OSI（OSI，Open System Interconnection）开放系统互联网络体结构参考模型，实现不同网络产品的相互连接和通信。

1991 年美国副总统戈尔发表了“信息高速公路”的演讲，将 Internet 和信息高速公路联系在一起，Internet 在世界范围内迅速发展起来。

1989 年，日内瓦欧洲物理量实验室成功开发 WWW，为 Internet 存储、发布和交换超文本信息提供了强有力的工具。

1993 年,美国伊利偌大学国家超级计算中心成功开发网上浏览工具 Mosaic,进而发展成 Netscape,使得 Internet 用户可以自由地在 Internet 上浏览、下载 WWW 服务器上的各种文件,引发 Internet 发展高潮。美国总统克林顿宣布正式实施国家信息基础设施计划。

到了 1995 年 4 月,NSFNET 停止运作,由 NAPS 计划所代替,从此 Internet 网络进入商业化运作模式时代,Internet 不再是免费的,用户根据每月的通信量付费,Internet 进入新的发展阶段。

2) **Internet 在国外的发展**

计算机网络的发展过程大致可以分成以下四个阶段:

(1)面向终端的计算机网络

为用户共享各个计算机系统中的资源,把多个有通信功能的计算机系统连接成网络。其特点是在网络中有多台主机,各种资源分散在每台主机上。每台主机是一个独立的系统,可以独立地完成本系统内用户的作业。同时,整个网络又是一个统一的系统,网络中的用户可以共享每台主机上的资源。

(2)分组交换网

随着网络的进一步发展,出现了将数据处理与计算和数据通信分开的二级结构网络。在此二级结构网络中,网络由资源子网和通信子网组成。所有用于计算、处理或向用户提供服务的计算机及其软、硬件资源构成网络的资源子网,这些资源原则上可被所有用户共享。通信子网是由通信硬件(通信设备和通信线路等)和通信软件组成的,其功能是为网络中的用户共享各种网络资源提供必要的通信手段和通信服务。

20 世纪 60 年代,美国国防部高级研究计划局的 ARPA net 是这个时期的典型代表。ARPA net 是第二个较完善地实现分布式资源共享的网络,采用分组交换方式。所谓分组交换是将要传输的数据分割成较短的数据块,称为分组。然后采用动态的方式选择每个分组的传输路径,只有在传输分组时才占用线路,从而提高了线路的利用率,增加了传输的可靠性。采用分组交换方式的网络称为分组交换网。在 20 世纪 70 年代又出现了为公众用户服务的公用数据通信网,由于其采用分组交换技术,因此又称为公用分组交换网。分组交换网的出现使网络的发展又向前迈进了一大步。

(3)网络体系结构的形成

初期的网络是建立在各个大公司提出的不同的体系结构和网络协议的基础上,网络的实现方法也各不相同,这对不同网络之间的连接带来了困难。为此,国际标准化组织 ISO 在 1979 年提出开放系统互联的参考模型,并使其成为国际标准。

(4) Internet 的普及与网络技术的发展

Internet 起源于 ARPA net。由于 Internet 的公开性和平等性,使其很快被广大用户所接受。特别是从 20 世纪 90 年代以来,随着 Internet 的迅速发展,网络在各个领域的地位变得更加重要,得到了更加快速的发展。

3) Internet 在我国的发展进程及现状

关于中国公用数据通信网,我国已建立了四大公用数据通信网,为我国 Internet 的发展创造了条件。

(1) 中国公用分组交换数据通信网(China PAC)

该网于 1993 年 9 月开通,1996 年底已覆盖全国县级以上城市和一部分发达地区的乡镇,与世界 23 个国家和地区的 44 个数据网互联。

(2) 中国公用数字数据网(China DDN)

该网于 1994 年开通,1996 年底覆盖到 3 000 个县级以上的城市和乡镇。我国的四大互联网的骨干大部分都是采用 China DDN。

(3) 中国公用帧中继网(China FRN)

该网已在我国的 8 大区的省会城市设立了节点,向社会提供高速数据和多媒体通信。

(4) 中国公用计算机互联网(China Net)

该网于 1995 年与 Internet 互联,物理节点覆盖 30 个省(市、自治区)的 200 多个城市,业务范围覆盖所有电话通达的地区。1998 年 7 月,中国公用计算机互联网(China Net)骨干网二期工程开始启动。二期工程将 8 个大区间的主干带宽扩充至 155 M,并且将 8 个大区的节点路由器全部换成千兆位路由器。

4) Internet 的未来发展方向

①未来 Internet 的用户需求将向 WWW、移动性和多媒体方向发展。

②未来 Internet 的应用将包括与广播媒体、通信业务以及出版媒体的综合。

③Internet 社会就是信息社会。信息社会具有五大特征:技术的多样性、业务的综合性、行业的融合性、市场的竞争性和用户的选择性。

④未来 Internet 将给任何人、在任何时间、任何地点、以任何接入方式和可承受的价格,提供任何信息,并完成任何业务。

2.1.4 常见的 Internet 接入方式

1) PSTN(Published Switch Telephone Network,公用电话交换网)技术

以电话拨号方式实现 Internet 接入。上网的最高速率仅为 56 kbps,已经趋于淘汰。

2) ISDN (Integrated Service Digital Network, **综合业务数字网**) **技术**

ISDN 俗称"一线通",电话线接入,但 ISDN 采用数字传输和数字交换技术,利用一条 ISDN 用户线路,提供两条 64 kbps 用于传输数字图像/语音的承载信道(B 信道)和一条 16 kbps 用于传输控制信号的数据信道(D 信道),从而达到 128 kbps 的上网速率。当有电话拨入时,它会自动释放一个用于传输数字图像/语音的 B 信道来进行电话接听,可以满足中小型企业对 Internet 基本服务的需求。

3) DDN (Digital Data Network, **数字业务网**) **技术**

DDN 也称为"DDN 专线",即通过向用户出租专用的电路,为用户传输数据、图像、声音等信息。DDN 的通信速率可根据用户需要在 N×64 bit/s(N=1~32)之间进行选择,这种线路优点很多:线路运行有保障、永久连接,但费用很高,因此中小企业较少选择。

4) ADSL (Asymmetrical Digital Subscriber Line, **非对称数字用户环路**) **技术**

一种针对普通用户的需求而开发的接入技术。对于普通用户而言,其常见应用如文件下载、视频音频点播等,主要是通过网络向用户端传输数据(称为下行流量),相对而言用户端通过网络上传的流量(称为上行流量)比较少。ADSL 下行带宽高于上行带宽(其下行速率为 512 kbit/s 到 8 Mbit/s,而上行速率则为 64 Kbit/s 到 640 Kbit/s,因其"非对称"而得名)。

5) Cable-modem(线缆调制解调器)技术

Cable-modem 俗称"有线通",它利用现成的有线电视(CATV)网进行数据传输。Cable Modem 连接方式可分为两种:即对称速率型和非对称速率型。前者的数据上传速率和数据下载速率相同,都在 500 kbit/s ~ 2 Mbit/s;后者的数据上传速率为 500 kbit/s ~ 10 Mbit/s,数据下载速率为 2 Mbit/s ~ 40 Mbit/s。采用 Cable Modem 上网的缺点是网络用户共同分享有限带宽,导致在电视信号使用高峰时段网络速率非常低。

6) 卫星接入技术

卫星用户一般需要安装一个专用的天线终端,下行数据的传输速率一般为1 Mbit/s 左右,上行通过 PSTN 或者 ISDN 接入 ISP。终端设备和通信费用都比较低,适合地处偏远又需要较高带宽的用户。

7) 无线接入

随着无线通信技术的飞速发展,越来越多的人通过无线方式接入互联网。无线接入技术为用户提供固定的或移动的终端,具有应用灵活,安装快捷等特点。

2.1.5 Internet 的特点

1）全球信息浏览

Internet 已经与 180 个国家和地区的近 2 亿用户连通，快速方便地与本地、异地其他网络用户进行信息通信是 Internet 的基本功能。一旦接入 Internet 网络，即可获得世界各地的有关政治、军事、经济、文化、科学、商务、气象、娱乐和服务等方面的最新信息。

2）检索、交互信息方便快捷

Internet 用户和应用程序不必了解网络互联等细节，用户界面独立于网络。对 Internet 上提供的大量丰富信息资源能快速地传递、方便地检索。

3）灵活多样的接入方式

由于 Internet 所采用的 TCP/IP 协议采取开放策略，支持不同厂家生产的硬件、软件和网络产品，任何计算机，无论是大、中型计算机，还是小型、微型、便携式计算机，甚至掌上电脑，只要采用 TCP/IP 协议，就可实现与 Internet 的互联。

4）收费低廉

政府在 Internet 的发展过程中给予了大力的支持。Internet 的服务收费较低，并且还在不断下降。

2.1.6 Internet 的应用

Internet 的主要作用可归纳为电子邮件（E-mail）、计算机系统远程登录（Telnet）、网上讨论（Mailing Lists、Newsgroup、BBS）、文件传输（FTP）、网络信息服务（WWW）等几个方面。

1）电子邮件

它是 Internet 上应用最广泛的服务。电子邮件（简称 E-mail）又称电子信箱、电子邮政，它是一种用电子手段提供信息交换的通信方式。它是全球多种网络上使用最普遍的一项服务。这种非交互式的通信，加速了信息的交流及数据传送，它是一种简易、快速的方法。通过连接全世界的 Internet，实现各类信号的传送、接收、存储等处理，将邮件送到世界的各个角落。到目前为止，可以说电子邮件是 Internet 资源使用最多的一种服务。E-mail 不只局限于信件的传递，还可用来传递文件、声音及图形、图像等不同类型的信息。

电子邮件是一种“存储转发式”的服务。这是电子信箱系统的核心，利用存储转发可进行非实时通信，属异步通信方式。即信件发送者可随时随地发送邮件，不要求接收者同时在场，即使对方现在不在，仍可将邮件立刻送到对方的信箱内，且存储在对方的电子邮箱中。接收者可在他认为方便的时候读取信件,不受时空限制。在这里,“发送”邮件意味着将邮件放到收件人的信箱中,而“接收”邮件则意味着从自己的信箱中读取信件,信箱实际上是由文件管理系统支持的一个实体,因为电子邮件是通过邮件服务器(mail server)来传递文件的。

电子邮件的基本原理,是在通信网上设立“电子信箱系统”,它实际上是一个计算机系统。系统的硬件是一个高性能、大容量的计算机。硬盘作为信箱的存储介质,在硬盘上为用户分一定的存储空间作为用户的“信箱”,每位用户都有属于自己的电子信箱,用户名,用户可以自己随意修改的口令。存储空间包含存放所收信件、编辑信件以及信件存档三部分空间,用户使用口令开启自己的信箱,并进行发信、读信、编辑、转发、存档等各种操作。系统功能主要由软件实现。

电子邮件的通信是在信箱之间进行的。用户首先开启自己的信箱,然后通过键入命令的方式将需要发送的邮件发到对方的信箱中。邮件在信箱之间进行传递和交换,也可以与另一邮件系统进行传递和交换。接收方在取信时,使用特定账号从信箱提取。

2)计算机系统远程登录(Telnet)

远程登录就是通过 Internet 进入和使用远距离的计算机系统，就像使用本地计算机一样,远端的计算机可以在同一间屋子里或同一校园内，也可以在数千公里之外。远程登录使用的工具是 Telnet,它在接到远程登录的请求后，就试图把你所在的计算机同远端计算机连接起来。一旦连通，你的计算机就成为远端计算机的终端,你可以正式注册(login)进入系统成为合法用户，执行操作命令、提交作业、使用系统资源等。在完成操作任务以后，通过注销(logout)退出远端计算机系统，同时也退出 Telnet，回到本地系统。

在科学技术交流中，经常需要传输大量的数据和文献,这也是 Internet 使用初期的主要用途之一。在科学技术界和教育界，用 Internet 传输实验与观测数据、科技文献以及数据处理和科学计算软件，是对外进行科技合作与交流的重要手段之一。目前,国内 Telnet 最广泛的应用就是 BBS(电子公告牌)。BBS 可以开设许多专题,供感兴趣的人士展开讨论、交流、疑难解答、开网络会议,甚至可以谈天说地,进行娱乐活动。

3)网络讨论的 Mailing Lists、Newsgroup、BBS 三种主要方式

(1)Mailing Lists

Mailing Lists 是利用电子邮件进行网络讨论的一种方式。Internet 上与医学有关的 Mailing Lists 很多，涉及医学各个方面，而且成员来自不同的国家。经常参与 Mailing Lists 的讨论，可开阔研究人员的视野，动态掌握本领域的最新动向。要参加相关医学专题讨论组，只要向相关讨论组发一封电子邮件，提出申请，获批准后即可收到相应专题的电子邮件。要了解有关 Mailing Lists 的有关情况，可以向 LISTSERV@ ubvm. cc. buffalo. edu 发一封电子邮件，主题写上 HELP 即可。

(2) Newsgroup

在 Internet 提供的诸多功能中，Newsgroup 新闻讨论组是获取信息的非常直接有效的工具。它是一个全交互式超级电子论坛。不同时间、不同地点上网的任何人都可以通过它进行几乎是面对面的交流。重要的是，这种交流不限于几个人之间，可能有成千上万的人在和你讨论一个你所关心的问题。你可以随意发表自己的意见、补充修改别人的观点，甚至组织一次讨论、主持一个论坛。

(3) BBS

电子公告板(BBS, Bulletin Board System)最初是为了使个人电脑可以通过电话线远程传送文件和信息。后来由于用户的需求，BBS 已经不再是一个简单的"电子布告栏"了，它包括了很多的服务，有讨论区、信件区、聊天区等。成为 Internet 上信息最多、最快的交流场所。

4) 文件传输 FTP(File Transfer Protocol) 服务

FTP 与 Telnet 不同之处在于，Telnet 把用户的计算机当成远端计算机的一台终端，用户在完成远程登录后，具有远端计算机上的本地用户一样的权限，然而 FTP 没有给予用户这种权限，它只允许用户对远方计算机上的文件进行有限的操作，包括查看文件、交换文件以及改变文件目录等。用 FTP 传输文件，用户事先应在远方系统注册，不过 Internet 上有许多 FTP 服务器允许用户以"anonymous"(隐名)为用户名(username)和以电子邮件地址为口令(password)进行连接，这种 FTP 服务器为未注册用户设定特别的子目录，其中的内容对访问者完全开放。

由 FTP 应用程序提供的，FTP 应用程序遵循的是 TCP/IP 中的文件传输协议，允许用户将文件从一台计算机传输到另一台计算机并保证传输的可靠性。文件传输协议是一种与 Telnet 类似的联机服务。它允许用户从远程计算机上获得一个文件副本传送到本地计算机上，或将本地计算机上的一个文件副本传送到远程计算机上。同样，远程计算机在进行文件传输时会被要求输入用户的账号和口令。但 Internet 上有许多 FTP 服务器都提供免费软件和信息，用户登录时不记名，这种 FTP 服务称为匿名 FTP 服务。

FTP 采用"客户机/服务器"工作方式，客户端要在自己的计算机上安排 FTP 客户程序。使用 FTP 可传送任何类型的文件，如文本文件、二进制文件、声音文件、图像文件和数据压缩文件等。

FTP 就是完成两台计算机之间的拷贝。从远程计算机拷贝文件至自己的计算机上，称为"下载(download)"文件。若将文件从自己计算机中拷贝至远程计算机上，则称为“上载(upload)”文件。FTP 的传输有两种模式:ASCII 传输模式和二进制数据传输模式。

5) 网络信息服务(WWW)

万维网(WWW,World Wide Web)是一个庞大的消息网络,可利用诸如 Microsoft IE、Netscape Navigator 或 Firefox 之类的浏览器访问该网络。利用浏览器,在客户计算机的屏幕上可以显现文本和图片。将浏览器与其他应用插件相联合的要领还可以播放声音。用户可以很方便地从网站获得丰富的内容,也可以利用该网站中的超链接转到其他网站。

WWW 是以超文本方式提供分布式,多平台、超媒体服务的系统。WWW 是 Internet 上那些支持 WWW 协议和 HTTP 超文本传输协议的客户机与服务器的集合,是一种基于超文本和图形化用户界面的网络系统。超文本传输协议(HTTP)是应用层协议之一,适用于分布式和合作超媒体消息的传输。

2.2　不同网络的初步介绍

2.2.1　电信网

电信网(telecommunication Network)是构成多个用户相互通信的多个电信系统互联的通信体系,是人类实现远距离通信的重要基础设施,利用电缆、无线、光纤或者其他电磁系统,传送、发射和接收标志、文字、图像、声音或其他信号。

电信网由终端设备、传输链路和交换设备三要素构成,运行时还应加上信令系统、通信协议以及相应的运行支撑系统。现在世界各国的通信体系正向数字化的电信网发展,将逐渐代替模拟通信的传输和交换,并且向智能化、综合化的方向发展,但是由于电信网具有全程全网互通的性质,已有的电信网不能同时更新。因此,电信网的发展是一个逐步的过程。按电信业务的种类可以分为:电话网、电报网、用户电报网、数据通信网、传真通信网、图像通信网、有线电视网等。

按服务区域范围分为:本地电信网、农村电信网、长途电信网、移动通信网、国际电信网等。

按传输媒介种类分为:架空明线网、电缆通信网、光缆通信网、卫星通信网、用户光纤网、低轨道卫星移动通信网等。

按交换方式分为:电路交换网、报文交换网、分组交换网、宽带交换网等。

按结构形式分为:网状网、星形网、环形网、栅格网、总线网等。

按信息信号形式分为:模拟通信网、数字通信网、数字模拟混合网等。

按信息传递方式分为:同步转移模式(STM)的综合业务数字网(ISDN)和异地转移模式(ATM)的宽带综合业务数字网(B-ISDN)等。

在我国,电信网是指原邮电部建设、管理的网,如传统的电话交换网(PSTN)、数字数据网(DDN)、帧中继网(FR)、ATM网等。

在PSTN网里,目前一些通信主干线均已实现光纤化,而用户网大都为铜线,一般只用来传输4 kHz的模拟话音信号或9.6 Kbit/s的低速数据,即使加上调制解调器,最高也只能传34 kbit/s的数据信号,但PSTN网覆盖面很广,连通全国的城市及乡镇。它是一个低速的、模拟的、规模巨大的网。此网价值最大的是铜线接入网部分,但其价值与日递减,因为它在适应宽带多媒体业务方面显得无能为力。

在DDN网中,DDN可提供固定或半永久连接的电话交换业务速率为n×64 kbit/s,它的传输通道对用户数据完全透明,它可通过网管中心比较容易地完成多点连接的建立。DDN适合于传输实时多媒体通信业务。

FR网以统计复用技术为基石且进行包传输、包交换,速率一般为64 kbit/s～2.048 Mbit/s,它可以使多个不同连接复用同一信道实现资源共享,帧中继网适合传输非实时多媒体通信业务。

在ATM网里,ATM是支持高速数据网建设、运行的关键设备,ATM采用短的、固定长度(53个字节)的数据包作为传输信息的单元,53个字节中有48个字节为信息的负荷,5个字节用作标志虚电路和虚通道等的控制和纠错信息。ATM支持25 Mbit/s～24 Gbit/s速率传输,ATM所组成的网络不仅可传音频而且可传数据、图像,包括高速数据和活动图像。

2.2.2 移动网络

移动网络是未来另一个发展前景巨大的网络应用。它在亚洲和欧洲的部分城市发展迅猛。2007年推出的苹果Iphone是美国市场移动网络的一个标志事件。这仅仅是个开始。在接下来的10年时间将有更多的定位感知服务可通过移动设备来实现。

随着信息技术革命不断发展和加深,移动电子商务正前所未有地改变着社会生产、交换、分配和消费方式,成为转变经济发展方式的重要推动力量和建设创新型国家的战略性产业。

时间步入"十二五"后,以移动互联网和物联网为代表的新兴技术和产业不断发展壮大,它们受到业内外广泛关注。在未来三到五年里,移动互联网的发展将会给整个电子商务行业带来新格局。传统企业蓄势待发,开启创新营销和二次创业的旅程,移动电子商务将会改变我们生活的这个社会的商业形态。

移动互联网带来的个性化、移动性,结合位置信息、高信息制造能力和高信息交互能力,使信息与人和社会的结合程度将达到前所未有的紧密。企业作为市场经济的主体，在未来的商务活动中必然转向适应用户移动化、个性化的信息获取需求的移动商务中来，有效利用企业移动应用构建完善的移动互联网应用平台是中小企业从“传统互联网”跨越到“移动互联网”的主要转型途径。

我国有着庞大的移动用户基础，移动电子商务在我国有着巨大的发展潜力。虽然目前移动电子商务市场还处于培育阶段，在用户消费习惯、3G 上网资费、移动支付的安全性、商家诚信等多方面还存在着客观条件的限制。但是正如传统电子商务的发展一样，移动电子商务也将以其对传统电子商务的有效补充开拓一片广阔的新天地。

从移动电子商务发展特征看，先期以游戏、音乐、信息等虚拟内容交易为主，中期以电子交易、票务等大额虚拟交易为主，后期则出现了以实物交易为主的发展趋势，支付方式呈现出从初期以短信远程、最后到现场支付的演进趋势。

支付是移动电子商务发展的基石。移动支付主要包括近端支付和远端支付。近端支付主要由运营商和金融机构主导，在远端支付领域，互联网企业有较强的竞争力。无论是近端还是远端支付，创新能力和用户体验都是关键所在，第三方支付企业发展空间较大。

为了支持移动电子商务发展，从中央政府到各个地方政府都将其提升到战略高度，先后出台了一系列政策支持发展。移动电子商务在我国已经发展成为具有成长性、知识性的新兴产业，党中央国务院高度重视电子商务的发展，在“十二五”规划纲要中明确要求，积极发展电子商务，完善中小企业的电子商务服务。在中央支持电子商务发展的大背景下，各地方政府同样嗅到了商机，从重大工程和产业园区着手，推进电子商务以及移动互联网的发展，进而保障移动电子商务的发展。

移动电子商务在未来的快速发展中将至少带动三大产业发展，一是软件开发行业，因为移动支付的发展，涉及很多的平台软件开发；二是信息服务业，移动支付将来更多的是以支付为基础，商务是应用，这将必然带动电子商务信息服务业的发展；三是带动终端服务业的发展，手机的发展趋势非常明显，智能化的趋势是全世界的潮流。

虽然应用前景广阔，移动电子商务发展正处在初级阶段，该领域的诚信建设还很薄弱，需要加强舆论环境、监督环境、法制环境等大环境的建设。目前移动电子商务相关的法律法规存在很多空白，需要相关部门的通力合作来完善。

2011 年是国家开启“十二五”规划的第一年。“十二五”期间，电子商务被列入战略性新型产业的重要组成部分，电子商务将是下一阶段信息化建设的重心。移动电子商务作为电子商务的最新形态，将是中小企业移动电子商务信息化的重心，移动电子商务将进入普及阶段。

据中国电子商务研究中心监测数据显示，截至 2011 年 6 月，中国移动电子商务实物交易规模（实物交易规模包括家电、日用品、服饰等实体商品的交易总额）达到 65 亿元，保持了快速增长的趋势。

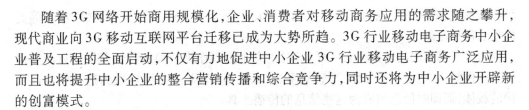

随着 3G 网络开始商用规模化，企业、消费者对移动商务应用的需求随之攀升，现代商业向 3G 移动互联网平台迁移已成为大势所趋。3G 行业移动电子商务中小企业普及工程的全面启动，不仅有力地促进中小企业 3G 行业移动电子商务广泛应用，而且也将提升中小企业的整合营销传播和综合竞争力，同时还将为中小企业开辟新的创富模式。

2.2.3 即时信息(Instant Messaging，IM)

即时信息，又称为网上传呼，是指可以在线时实交流的工具，也就是通常所说的在线聊天工具。即时消息最早在 1996 年开始流行，当时最著名的及时通信工具为 ICQ。ICQ 最初由三个以色列人开发，1998 年被美国在线收购，现在仍然是受欢迎的及时聊天工具。

及时消息有针对个人应用和企业应用的不同类型，目前占主导的是个人应用，并且大多是免费服务的。目前常用的即时信息工具有国外的 ICQ、Yahoo! Messenger、MSN Messenger、AOL 及时信使(AIM)等，以及国内网站经营的 QQ、新浪 UC 等。2010 年火热的微博也是即时信息新拓展的方向。应用即时信息，可以在网上创业中与快速、高效地与顾客实时交流，如果存在信息传递障碍可以及时发现，而不是像电子邮件那样要等待几小时甚至几天才能收到被退回来的消息。及时信息已经部分取代了电子邮件的个人信息交流功能。近年来我国互联网用户收发电子邮件的数量持续下降的事实也说明了这一点。与此同时，即时信息已经成为电子邮件和搜索引擎之后的又一最常用的互联网服务。即时信息的实时交流功能在建立和改善顾客关系方面具有明显的成效，尤其是一个网站内部中的即时信息应用，成为企业与顾客之间增强交流的有效方式。

利用即时信息，可以提供在线顾客服务。随着在线咨询要求的提高，顾客已经不能满足通过电子邮件提问，几个小时甚至几天后才收到回复的状况，许多顾客希望得到及时回复，即时信息工具正好具有这种实时顾客服务功能。由于实时顾客服务对客户服务人员提出了很高的要求，因此，它在一些企业中的应用还需要一个过渡过程。

利用即时信息，可以提供在线销售中心服务。一个在线销售流程需要多个环节，在完成订单前要经历商品查询、阅读产品介绍、比较价格、了解交货时间和退货政策、最终选择商品并加入购物车，然后还要经过订单确认付款等环节才能完成购物过程。在网上购物过程中只要有一个环节出现了问题，这次购物活动就无法完成。利用即时信息的实时顾客服务，为用户提供一对一的咨询，有助于降低顾客放弃购物的比率，提高在线购买的成功率。

由于拥有众多的用户群体，即时信息工具已经成为主要的在线服务广告媒体之一，并且与一般基于网页发布的网络广告相比有其独到的优势，如便于实时用户定位，可以同时向大量在线用户传递信息等。例如，国内用户所熟悉的在线聊天工具 QQ 就有多

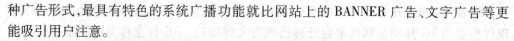

种广告形式，最具有特色的系统广播功能就比网站上的 BANNER 广告、文字广告等更能吸引用户注意。

与电子书等网络营销工具一样，即时信息也可以作为一种病毒性营销信息的传播工具。例如，一些有趣的笑话、情感故事、节日祝福、Flash 等都可以成为这些病毒性营销的载体，而即时信息则成为这些信息的传播工具。

虽然 IM 有许多的优点，但在应用中也还存在一些问题：

1）即时通信软件繁多，不同 IM 互通问题还没有解决

由于 IM 工具较多，不同的用户可能使用不同的即时信息软件，各种软件之间不能直接交流，这样需要同时采用多种 IM 软件才能和多个用户进行交流。不过也存在这样的发展趋势：各种不同的及时通信工具之间将可以实现互通，那时即时信息的应用将更为方便，信息传递也将更有效。

2）传递大量信息或者一对多信息有困难

并不是任何信息都适合实时交流，比如有大量内容的信息、促销信息等。如果采用即时信息的方式，必然给接受者带来麻烦，因此还是需要电子邮件来承担这些任务。虽然从技术上可以做到同时向多个用户发送即时信息，事实上也有一些企业和个人在利用这种方式开展“网络营销”，如 QQ 群发信息等，但由于对接收者造成干扰，因此这种方法很容易受到指责，严重者将会被起诉，总体效果并不理想。

3）传递信息不够规范

在电子商务活动中，通过这种实时聊天的形式进行信息交换显得不正规，也不便对交流信息进行分类管理，用这种方式所发出的要约和承诺目前还无法被确认为有效合同。当出现纠纷时，受损失一方难以提出有效的证据。因此在正规的商业活动中，即时信息还不能代替电子邮件等其他比较正规的电子信息传递方式。

2.2.4　互联网、因特网、万维网三者的关系

互联网、因特网、万维网三者的关系是：互联网包含因特网，因特网包含万维网。凡是能彼此通信的设备组成的网络称为互联网。所以，即使仅有两台机器，不论用何种技术使其彼此通信，也称互联网。国际标准的互联网写法是 internet，字母 i 一定要小写。

因特网是互联网的一种。因特网可不是仅有两台机器组成的互联网，它是由上千万台设备组成的互联网。因特网使用 TCP/IP 协议让不同的设备可以彼此通信。但使用 TCP/IP 协议的网络并不一定是因特网，一个局域网也可以使用 TCP/IP 协议。判断自己是否接入的是因特网，首先是看自己电脑是否安装了 TCP/IP 协议，其次看是否拥有一个公网地址（所谓公网地址，就是所有私网地址以外的地址）。

因特网是基于 TCP/IP 协议实现的，TCP/IP 协议由很多协议组成，不同类型的协议

又被放在不同的层。其中,位于应用层的协议就有很多,比如FTP、SMTP、HTTP。只要应用层使用的是HTTP协议,就称为万维网(World Wide Web)。之所以在浏览器里输入百度网址时,能看见百度网提供的网页,就是因为个人浏览器和百度网的服务器之间使用的是HTTP协议在交流。

然而,只用计算机网络或者计算机网络的网络来描述互联网是不恰当的。因为计算机网络不仅是传输信息的媒介,而且它能够为你提供有价值的信息和令人满意的服务。打个比方,我们去商店买东西时,我们主要关心的是这家商店的商品是否货真价实,以及商店的服务是否和蔼周到,而至于这家商店本身是否华丽富有并不是作为顾客的我们所真正关心的。

互联网是一个世界规模的信息和服务资源。它为人们提供了各种各样的简单而快捷的通信与信息检索手段,更重要的是为人们提供了巨大的信息资源和服务资源。通过使用互联网,全世界范围内的人们既可以互通信息,交流思想,又可以获得各个方面的知识、经验和信息。

互联网也是一个面向公众的社会性组织。世界各地数以万计的人们可以利用互联网进行信息交流和资源共享。而又有成千上万的人自愿地花费自己的时间和精力辛勤地工作,从而构造出全人类所共同拥有的互联网,并允许他人去共享自己的劳动果实。

互联网反映了人类所欣赏的无私精神,互联网使人们学会如何更好地和平共处。互联网是人类社会有史以来第一个世界性的图书馆和第一个全球性论坛。任何人,无论来自世界的任何地方,在任何时候,都可以参加,互联网永远不会关闭。人们不会由于不同的肤色、不同的穿戴、不同的宗教信仰而被排挤在外。通过网络信息的传播,人们可以不分国籍、种族、性别、年龄、贫富,互相传送经验与知识,发表意见和见解。

互联网是人类历史发展中的一个伟大的里程碑,它正在对人类社会的文明悄悄地发挥着越来越大的作用,互联网极大地促进人类社会的进步和发展。互联网在现实生活中应用很广泛,也给我们的现实生活带来很大的方便。我们在互联网上的数字知识库里寻找自己学业上、事业上所需的信息,从而帮助我们的工作与学习。在互联网上我们还可以进行广告宣传和购物,实现网上创业,特别是对于经济实力还处于弱势的大学生来说,利用网络进行创业,会给大学生们带来更多的就业机会。

2.3 电子商务的基本概念

2.3.1 电子商务含义的演变

电子商务是在20世纪90年代兴起于美国以及欧洲一些发达国家的一个新事物。1997年IBM公司第一次使用了电子商务(Electronic Business ,简称EB)一词。后来,电子商务一词慢慢普遍起来。如今,有关电子政务、电子市场、电子银行、电子邮政等词不断涌现出来。

人们在 Internet 上从事电子商务,目前仍然存在着技术,安全,法律,税收等系列需要彻底解决的问题。在这样的情况下,国际一些大公司提出了电子商务新概念 EB。EB 的含义是运用 Internet 进行的各种经营管理活动,包括网上交易,供应链管理(SCM),客户关系管理(CRM)以及企业内部管理(OPS)等内容。EB 所包括的内容远远超过 EC 的网上交易范围,为电子商务的进一步发展拓宽了思路,开辟了前景。

电子商务在中国出现时,其基本概念是电子贸易(Electronic Trade),简称 ET,亦称"无纸贸易",它主要在一些大企业与其客户中运用。由于它简化了交易程序,降低了交易成本,提高了交易效率,这种方式很快得到许多企业的效仿。

目前,人们使用的 EC(Electronic Commerce)电子商务概念,是早期电子数据交换(Electronic Date Interchange,简称 EDI)在同一国际标准的基础上用于因特网的结果,它简化了电子商务程序,降低了成本耗费,已经成为全球电子商务的基本程式。EC 也是利用 Internet 进行的商务交易方式。

由于各企业制订的交易程序不一致,交易过程实际上复杂而困难,加之商务活动的安全性,可靠性,顺畅性都比较差,这就提出了电子商务的统一标准体系问题。后来,按照标准格式进行数据传输达成协议 ,成为电子数据交换协议。

2.3.2 电子商务的定义

目前对于电子商务的描述还没有形成一个比较统一的定义,一般来说,可以用狭义的电子商务和广义的电子商务来总结归纳。

狭义的电子商务(Electronic Commerce,简称 EC)是指各种具有商务活动能力的实体(企业、金融机构、政府,个人消费者)利用 Internet 提供的通信手段而进行的网上的商业交易活动,即在网上实施信息的查询、询价谈判、价格磋商,电子合同的订立、电子支付与认证等一系列的活动,而且整个过程都是借助于电子工具,是无纸化的操作。

广义的电子商务(Electronic Business ,简称 EB)是指包括电子交易在内,利用 Internet 提供的通信手段进行的各种商务活动(如市场分析、客户关系管理、商品管理、资源调配、虚拟商城、企业决策)。它不仅包括企业之间的、企业与个人之间的商务活动,还包括企业内部的商务活动。

正是由于对电子商务有不同的理解,一些组织、机构也从不同的角度对"电子商务"给出了一些定义,这里举些例子,供大家参考。

IBM 公司定义:电子商务是利用"网络计算"技术进行商务数据交换和开展商务活动。公式是:E - Business = IT + Web + Business。

HP 公司定义:电子商务是通过电子化手段来完成商业交易的各个环节,并使其实现电子化和自动化的一种方式。

GE公司定义:电子商务是通过电子方式进行交易,分为B2B模式和B2C模式。

美国权威学者瑞维和安德鲁在其著作《电子商务的前沿》中定义电子商务:一种通过改善产品和服务质量,提高服务传递速度,满足政府组织、厂商和消费者的降低成本的需求的现代商业方法。

ISO对电子商务的定义:企业之间、企业与消费者之间信息内容与需求交换的一种通用术语。

全球信息基础设施委员会对电子商务的定义:电子商务是运用电子通信作为手段的经济活动,通过这种方式人们可以对带有经济价值的产品和服务进行宣传、购置和结算。

《中国电子商务蓝皮书:2001年度》认为,电子商务指通过Internet网完成的商务交易。交易的内容可分为商品交易和服务交易,交易是指货币和商品的易位,交易要有信息流、资金流和物流的支持。

《2011年度(上)中国电子商务市场数据监测报告》认为,电子商务是信息条件下的新兴经济活动,目前已经成为全球一体化生产和组织方式的重要工具,在掌握资源配置主动权,提升国家竞争力过程中发挥了重要的作用。而加快发展电子商务有利于优化调整一个国家和地区在全球产业中的定位和布局,有利于加快进一步融合全球化的步伐,有利于参与国际竞争新的优势。

2.3.3 电子商务的产生

电子商务是IT技术在网络环境下与商务运行结合而产生的一种新型的商务交易过程,是21世纪市场经济商务运行的主要模式,也是新经济含义下的一种有增长和发展潜力的主要经济方式。它是21世纪高科技技术背景条件下,发展建立新型生产关系过程中所必然形成和产生的一种新的经济模式。

电子商务是利用先进的电子技术进行商务活动的总称,它是通过网络和信息传递,以及其他的方式和手段,使用先进的信息处理工具,利用电子这种载体,它将买卖双方的商务信息,产品信息,销售信息,服务信息以及电子支付等商务活动,用相互认同的交易标准来实现,这就是人们所说的"在网上进行买卖活动"。

2.3.4 电子商务的发展阶段

电子商务的发展分为两个阶段,始于20世纪80年代中期的EDI电子商务和始于20世纪90年代初期的Internet电子商务。

1)基于EDI电子商务和发展

EDI(Electronic Data Interchange,电子数据交换)是以公认的标准形式在企业之间通过计算机、专用网络、标准数据交换系统,形成电子表单、文档、邮件以完成商务活动。由于使用 EDI 可以减少甚至消除贸易过程中的纸面文件,所以 EDI 电子商务又被人们形象地称为“无纸交易”。

EDI 在 20 世纪 60 年代末期产生于美国,20 世纪 70 年代就有了行业性的 EDI 系统,主要集中在银行业、运输业和零售业,同时也慢慢形成行业的通用标准,1987 年联合国以管理、商务和运输的 EDI 名义公布了第一个标准 UN/EDIFACT。目前 UN/EDIFACT 作为国际标准已被世界上大多数国家所接受,我国的 EDI 标准也确定以 UN/EDIFACT 标准为基础制定。到目前为止,EDI 的发展主要经历了三个阶段:早期的点对点直接专用方式、基于增值网(VAN)的间接方式和基于 Internet 的互联网 EDI 方式。

2)基于 Internet 的电子商务和发展

由于 EDI 初始局限于局域网,具有费用高、技术不开放,形式僵硬等缺点,使它只在少数大型企业间应用,没有广泛的普及。

1990 年以来,美国政府宣布 Internet 向社会公开开放,由于互联网极大地提高了信息沟通能力和水平,其技术的开放性,低成本性,广域性的特点,互联网开始进入商业贸易活动。同时 XML(可扩展标示语言)、WWW 的出现、SSL 协议、SET 协议等新技术的出现,不仅能融合原有的 EDI 系统,还可协调和集成异构数据、支持不同的应用平台,用电子化处理整个商业信息。从此,基于 EDI 的电子商务发展成以计算机和信息技术为支撑、基于 Internet 的电子商务。

基于 Internet 的电子商务发展非常迅速,它与基于 EDI 的电子商务相比具有以下几个优势:

①成本低。因为 Internet 是覆盖全球的开放性网络通过接入 Internet 来进行商务活动的成本都比传统的 VAN 成本要低很多。

②覆盖广。Internet 覆盖全球,基于 Internet 的应用可以在全球范围内进行,用户通过接入 Internet 就可以方便地与贸易伙伴进行商务信息的沟通和传递。

③功能全。因为 Internet 可以提供许多不同的应用,有着相当丰富的资源,基于 Internet 的电子商务可以支持不同类型的用户实现不同层次的商务目标,如建立商务网站、发布商情信息、在线商务洽谈和建立虚拟商城等。

④更灵活。基于 Internet 的电子商务可以灵活地针对不同的客户提供不同的服务,如针对不同年龄的用户提供个性化的服务界面,针对不同国家和地区的用户提供不同的语言显示。

2.3.5　电子商务的发展趋势

近年来,随着 Internet 的蓬勃发展,电子商务也在迅速崛起。电子商务(E-Commerce)是利用 Internet 提供的信息网络在网上进行的商务活动。电子商务的发展趋势主要有以下几点：

1）纵深化

电子商务的基础设施将日臻完善，支撑环境逐步趋向规范，企业发展电子商务的深度进一步拓展，个人参与电子商务的深度也将得到拓展。

2）个性化

个性化信息需求将会越来越强，个性化商品的深度参与将成为必然。个性化定制信息需求和个性化商品需求成为发展方向，消费者将把个人的偏好参与到商品的设计和制造过程中去。对所有面向个人消费者的电子商务活动来说，能否提供多样化和个性化的服务，是决定成败的关键因素。

3）专业化

专业化趋势有两个方面：一是面向个人消费者的专业化趋势。要满足消费者个性化的要求，提供专业化的产品和专业的服务。今后若干年内上网人口仍将是以中高收入水平的人群为主，他们购买力强，受教育程度较高，消费个性化需求比较强，因此，提供一条龙服务的垂直型网站及某一类产品和服务的专业网站发展潜力会更大。二是面向企业客户的专业化趋势。对 B2B 电子商务模式来说，以行业为依托的专业电子商务平台前景看好。B2B 行业呈现出空前的发展态势。

在电子商务的几种交易方式中，B2C 和 B2B 两种所占分量最重，而 B2B 又是重中之重。从国际电子商务发展的实践和潮流看，B2B 业务在全球电子商务销售额中所占比例高达 80% ~90%。从交易额上看，B2B 交易可说是电子商务交易额的大宗，迄今已超过 6 万亿美元，而 B2C 的交易额只有 4 000 多亿美元。所以 B2B 成为全球电子商务发展的主流。

4）全球化

电子商务必然走向世界，同时也将面对全球电子商务强手的严峻挑战。互联网最大的优势之一就是超越时间、空间的限制，能够有效地打破国家和地区之间各种有形和无形的壁垒，对于促进各国对外经济、技术、资金、信息等的交流将起到革命性的作用。电子商务将有力刺激对外贸易。

5）融合化

电子商务网站经历初期的全面开花之后走向新的融合，包括同类的兼并、互补兼并和战略联盟协作等。目前大量的网站“重复建设”，定位相同或相近，业务内容趋同，同类网站之间的兼并，弱汰强存，乃是大势所趋。处于领先地位的电子商务企业在资源、品牌、客户规模等方面虽然有强大的优势，但是面对国外著名电子商务强手，要生存，发展前景与策略趋向必须采用互补性收购模式。由于个性化、专业化是电子商务发展的两大趋势,每个网站在资源方面总是有限的,客户的需求又是全方位的,所以不同类型的网站以战略联盟的方式进行相互协作势在必行。

2.3.6 电子商务的特点

电子商务与传统的商务活动方式相比,具有以下几个特点。

1)交易虚拟化

通过Internet进行的贸易活动,贸易双方从贸易磋商、签订合同到支付等,无须当面进行,均通过计算机在互联网上完成,整个交易完全虚拟化。对卖方来说,可以到网络管理机构申请域名,制作自己的主页,组织产品信息上网。而虚拟现实、网上聊天等新技术的发展使买方能够根据自己的需求选择商品,并将信息反馈给卖方。通过信息的交互传递,签订电子合同,完成交易并进行电子支付。整个交易都在网络这个虚拟的环境中进行。

2)交易低成本化

电子商务使得买卖双方的交易成本大大降低,具体表现在:

①距离越远,网络上进行信息传递的成本相对于信件、电话、传真而言就越低。此外,缩短传递时间、减少数据重复录入,降低了信息成本。

②买卖双方通过网络进行商务活动,无须中介者参与,减少了交易的环节,减少了流通成本。

③卖方可通过互联网进行产品介绍、宣传,避免了在传统方式下的广告制作及印刷制品等的费用,降低了宣传成本。

④电子商务实行"无纸贸易",可减少90%的文件处理费用,降低管理成本。

⑤互联网使买卖双方即时沟通供需信息,使无库存生产和无库存销售成为可能,从而使库存成本尽可能为零。

⑥企业利用内部网(Intranet)可实现"无纸办公(OA)",提高了内部信息的传递效率,节省了时间,同时降低了管理成本。通过互联网络把公司总部、代理商以及分布在其他国家的子公司、分公司联系在一起,及时对各地市场情况作出反应,及时生产、及时销售、降低存货、快捷配送,从而降低产品成本。

⑦传统的贸易平台是实体店铺,新的电子商务贸易平台则是一台联网的计算机,降低了经营成本。

3)交易效率高

由于互联网将贸易中的商业报文标准化,使商业报文在世界各地的传递能在瞬间完成,计算机自动处理数据,使原料采购、产品生产、需求与销售、银行汇兑、保险、货物

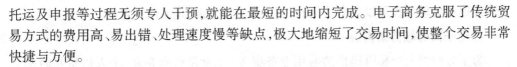

托运及申报等过程无须专人干预,就能在最短的时间内完成。电子商务克服了传统贸易方式的费用高、易出错、处理速度慢等缺点,极大地缩短了交易时间,使整个交易非常快捷与方便。

4)交易透明化

电子商务使买卖双方从交易的洽谈、签约以及货款的支付、交货通知等整个交易过程都在网络上进行。通畅、快捷的信息传输可以保证各种信息之间互相核对自动化、实时化,防止伪造信息的可能性。例如,在典型的许可证 EDI 系统中,由于加强了发证单位和验证单位的通信、核对,假的许可证就不易漏网。

5)提升企业竞争力

电子商务使得许许多多的中小企业也可以通过网络实现全天候、国际化的商务活动,通过网络进行宣传、营销,可以创造更多的销售机会,从而提高企业的竞争力。

6)促进经济全球化

电子商务使得世界各地的人们都可以了解到国际上的商业信息,加速了信息沟通和交流,促进了国际商务活动的开展,跨国商务活动变得越来越简易和频繁,适应了经济全球化的发展趋势。

2.3.7 电子商务的框架

电子商务涉及市场结构、货物交换、服务、物流,信息流、资金流,因此建立电子商务的技术框架是十分重要的。电子商务的技术框架分为:网络基础设施层、多媒体信息发布层、信息传输层和电子商务服务架构层这四个层次,它有两大支柱支持:国家政策法律标准和相关网络协议技术标准。四个层次之上的是电子商务的应用,它们都是以这四层技术和两个支柱为条件的。

1)网络基础设施层

网络层是实现电子商务的最底层的硬件基础设施,包括远程通信网、有线电视网、无线通信网和互联网。

2)多媒体信息发布层

现在最常用的信息发布就是通过万维网,用 HTML 或者 JAVA 将多媒体内容发布到 WEB 服务器上,再通过一些协议将发布的信息传送给接受者。网络上传播的内容包括有文本、图片、声音、图像等多媒体信息。

3)信息传输层

消息传播工具提供了两种交流方式:一种是非格式化的数据交流,比如我们用 FAX 和 E-mail 传递消息,它主要面向人。另一种是格式化的数据交流,EDI 是典型的代表,它的传递和处理过程可以是自动化的,不需要人的干涉,是面向机器的。

4)电子商务服务架构层

为了方便网上交易所提供的通用业务服务(也就是所有企业、个人做贸易时都会用得到的服务),主要包括安全和认证、电子支付、商品目录和价目表等。

贸易服务包括三个基础部分:电子销售支付系统、供货体系服务和客户关系解决方案。

目录服务将消息妥善组织,使之方便增删改。目录服务提供这些贸易服务的基础。

5)电子商务应用层

在其他四个层次基础上,可以一步一步地建设实际的电子商务应用。例如,供货链管理、视频点播、网上银行、电子市场及电子广告、网上娱乐、有偿消息服务、家庭购物等。

2.3.8 电子商务的分类

可以对电子商务按不同的需要进行各种不同的分类,如按照交易对象分类,电子商务可以分为以下五种类型:

1)企业与消费者之间的电子商务(Business to Customer,即 B2C)

B2C 模式是我国最早产生的电子商务模式,是消费者利用因特网直接参与经济活动的形式,类同于电子化的零售商务。B2C 即企业通过互联网为消费者提供一个新型的购物环境——网上商店,消费者通过网络在网上购物、在网上支付。由于这种模式节省了客户和企业的时间和空间,大大提高了交易效率,特别对于工作忙碌的上班族来说,这种模式可以为其节省宝贵的时间。

2)企业与企业之间的电子商务(Business to Business,即 B2B)

B2B 方式是电子商务应用最重要和最受企业重视的形式,企业与企业之间通过互联网进行产品、服务及信息的交换。通俗的说法,B2B 是指进行电子商务交易的供需双方都是商家(或企业、公司),都使用了 Internet 的技术或各种商务网络平台,完成商务交易的过程。这些过程包括发布供求信息,订货及确认订货,支付过程及票据的签发、传送和接收,确定配送方案并监控配送过程等。企业对企业的电子商务经营额大,所需的各种硬软件环境较复杂,但发展迅速。有时写作 B to B,但为了简便干脆用其谐音 B2B(2 即 to)。B2B 的典型是阿里巴巴、中国制造网、慧聪网等。

3)企业与政府方面的电子商务(Business to Government,即 B2G)

这种商务活动覆盖企业与政府组织间的各项事务。例如,企业与政府之间进行的各种手续的报批、政府通过因特网发布采购清单,企业以电子化方式响应;政府在网上通过电子交换的方式来完成对企业和电子交易的征税等。

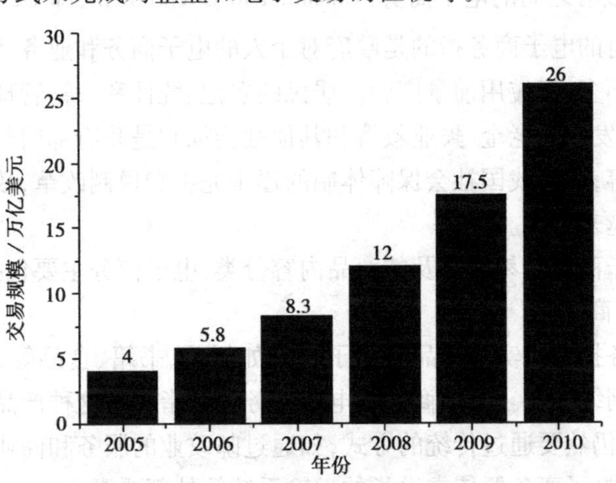

图2.1 2005—2010年全球B2B电子商务交易规模

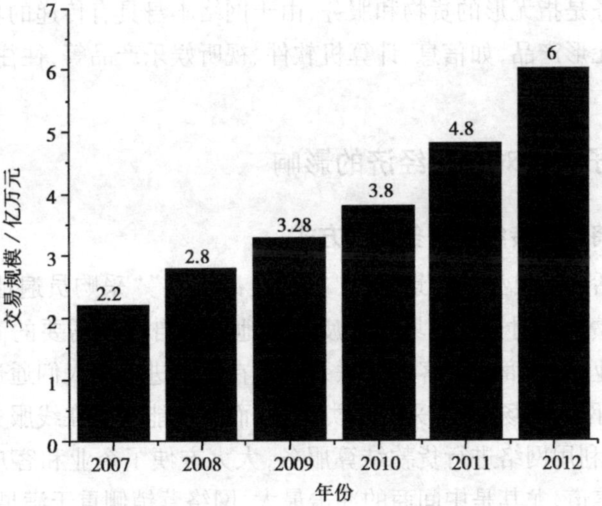

图2.2 2007—2012年中国B2B电子商务交易规模

4)消费者与消费者之间的电子商务(Customer to Customer,即C2C)

C2C同B2B、B2C一样,都是电子商务的几种模式之一。不同的是C2C是用户对用户的模式,C2C商务平台就是通过为买卖双方提供一个在线交易平台,使卖方可以主动提供商品上网拍卖,而买方可以自行选择商品进行竞价。因特网为个人经商提供了便利,任何人都可以"过把瘾",各种个人拍卖网站层出不穷,形式类似于"跳蚤市场"。C2C的典型是淘宝网。

5)消费者与政府之间的电子商务(Customer to Government,即 C2G)

消费者对政府的电子商务指的是政府对个人的电子商务和业务活动。这类的电子商务活动目前还不多,但应用前景广阔。居民的登记、统计和户籍管理以及征收个人所得税和其他契税、发放养老金、失业救济和其他社会福利是政府部门与社会公众个人日常关系的主要内容,随着我国社会保障体制的逐步完善和税制改革,政府和个人之间的直接经济往来会越来越多。

如果按照电子商务交易所涉及的商品内容分类,电子商务主要包括两类商业活动:

(1)间接电子商务

间接电子商务指的是实物商品的电子订货如鲜花、书籍、食品等,这种商品的交付不能通过计算机网络实现。有形商品的电子商务模式指的是这种产品在互联网上进行成交,而实际交付仍然要通过传统的方式,如通过邮政业的服务和商业快递服务来完成送货。因此,间接电子商务要依靠送货的运输系统等外部要素。

(2)直接电子商务

直接电子商务是指无形的货物和服务,由于网络本身具有传递的功能,又有信息处理的功能,因此,无形产品,如信息、计算机软件、视听娱乐产品等,往往可以通过网络直接向消费者提供。

2.3.9 电子商务对社会经济的影响

1)电子商务将改变传统的商务活动方式

传统的商务活动最典型的情景就是"推销员满天飞""采购员遍地跑""说破了嘴、跑断了腿",而消费者同时也在商场中筋疲力尽地寻找自己所需要的商品。现在,通过电子商务这种商业模式,商家和客户的联系都是在网上进行。人们通过互联网,只要动动手,就可以进入网上商场浏览,采购各类产品,而且还能得到在线服务,商家们可以在网上与客户联系,利用网络进行货款结算服务,大大方便了企业和客户。同时,网络营销对传统的销售渠道,尤其是中间商的冲击最大,网络营销侧重于满足客户个性化的需求,充分体现了以人为本的原则。网络广告时间的无限性、空间上的扩展性及广告本身的高效率性都给传统营销带来了巨大的冲击。

2)电子商务将改变人们的消费方式

网上购物的最大特征是消费者的主导性,购物意愿掌握在消费者手中,消费者可以足不出户,直接浏览网上商店,并能得到多层次的服务。同时消费者还能以一种轻松自由的自我服务的方式来完成交易,消费者主权可以在网络购物中充分体现出来,从而激发消费者的购物热情。

3)电子商务将改变企业的生产方式

对于企业来说,物资和劳务的采购是一个复杂的阶段,而电子商务是一种快捷、方便的购物手段,消费者的个性化、特殊化需要完全可以通过网络展示在生产商面前。为了取悦顾客,突出产品的设计风格,制造业中的许多企业纷纷发展和普及电子商务,如美国福特汽车公司在1998年的3月将在全世界的12万个电脑工作站与公司的内部网连接起来,并将全世界的1.5万个经销商纳入内部网,福特公司的最终目的是实现能够按照用户的不同要求,做到按需供应汽车。

4)电子商务将对传统行业带来一场革命

电子商务是在商务活动的全过程中,通过人与电子通信方式的结合,极大地提高商务活动的效率,减少不必要的中间环节,传统的制造业借此进入小批量、多品种的时代,"零库存"成为可能;传统的零售业和批发业开创了"无店铺""网上营销"的新模式;各种线上服务为传统服务业提供了全新的服务方式。

5)电子商务将转变政府的行为

政府承担着大量的社会、经济、文化的管理和服务的功能,在电子商务时代,当企业应用电子商务进行生产经营,银行金融电子化以及消费者实现网上消费的同时,将同样对政府管理行为提出新的要求,电子政府或称网上政府,将随着电子商务发展而成为一个重要的社会角色。政府除了组织和管理市场经济职能外,还可以以消费者的身份直接参与电子商务活动,成为交易主体。例如,网上采购,网上招标等,从而通过先进的交易方式和消费方式,提高政府工作的质量和效益。

6)电子商务将带来一个全新的金融业

随着科学技术不断地发展进步,电子商务迎来一个全新的金融服务的升级。

在线电子支付是电子商务的关键环节,也是其得以顺利发展的基础条件,随着电子商务在电子交易环节上的突破,网上银行、银行卡支付网络、银行电子支付系统以及电子支票、电子现金等服务,将传统的金融业带入一个全新的领域。传统的金融机构是客户和金融机构雇员面对面的交易,而网上的金融机构摆脱了此模式,不再受到距离和空间制约的金融业务。金融服务的电子化加快了资金的流动以及资金流动信息的透明度,从而提高资金的运用效率。

2.4 网上创业环境

计算机和Internet是近几十年发展起来的新事物,是跨国家,民族和信仰界限的超级网络。同时,它也没有统一的管理机构,缺乏普遍适用的法规和秩序。因此,了解网络环境,加强网络安全是迫切要解决的问题。只有规范网络活动,落实网络立法,才能保障网上创业的顺利进行。

2.4.1 网上创业的网络环境

网络系统的硬件,软件和数据受到保护,不因偶然的或者恶意的因素而遭到破坏,更改,泄漏,系统能够持续、可靠的运行,网络服务不中断,这是大家理想的网络环境。本质上来说,网络安全就保证网络上信息的安全。网络作为信息的载体,是为信息服务的,网络安全的内容集中在信息本身的安全和作为信息载体的网络系统的安全两大方面。

目前常见的网络攻击有:口令入侵、放置特洛伊木马程序、WWW 的欺骗技术、电子邮件攻击、通过一个节点来攻击其他节点、网络监听、利用黑客软件攻击、安全漏洞攻击、端口扫描攻击。

(1)口令入侵

所谓口令入侵是指使用某些合法用户的账号和口令登录到目的主机,然后再实施攻击活动。这种方法的前提是必须先得到该主机上的某个合法用户的账号,然后再进行合法用户口令的破译。

(2)放置特洛伊木马程序

特洛伊木马程序可以直接侵入用户的电脑并进行破坏,它常被伪装成工具程序或者游戏等诱使用户打开带有特洛伊木马程序的邮件附件或从网上直接下载,一旦用户打开了这些邮件的附件或者执行了这些程序之后,它们就会像古特洛伊人在敌人城外留下的藏满士兵的木马一样留在自己的电脑中,并在自己的计算机系统中隐藏一个可以在 Windows 启动时悄悄执行的程序。

(3)WWW 的欺骗技术

在网上用户可以利用 IE 等浏览器进行各种各样的 Web 站点的访问,如阅读新闻组、咨询产品价格、订阅报纸、电子商务等。然而一般的用户恐怕不会想到有这些问题存在:正在访问的网页已经被黑客篡改过,网页上的信息是虚假的。一般 Web 欺骗使用两种技术手段,即 URL 地址重写技术和相关信息掩盖技术。

(4)电子邮件攻击

电子邮件是互联网上运用得十分广泛的一种通信方式。攻击者可以使用一些邮件炸弹软件或 CGI 程序向目的邮箱发送大量内容重复、无用的垃圾邮件,从而使目的邮箱被撑爆而无法使用。当垃圾邮件的发送流量特别大时,还有可能造成邮件系统对于正常的工作反应缓慢,甚至瘫痪。相对于其他的攻击手段来说,这种攻击方法具有简单、见效快等优点。

电子邮件攻击主要表现为两种方式:

①电子邮件轰炸和电子邮件“滚雪球”，也就是通常所说的邮件A炸弹，指的是用伪造的IP地址和电子邮件地址向同一信箱发送数以千万计甚至无穷多次的内容相同的垃圾邮件，致使受害人邮箱被“炸”，严重者可能会给电子邮件服务器操作系统带来危险，甚至瘫痪。

②电子邮件欺骗，攻击者佯称自己为系统管理员（邮件地址和系统管理员完全相同），给用户发送邮件要求用户修改口令（口令可能为指定字符串）或在貌似正常的附件中加载病毒或其他木马程序。

(5)通过一个节点来攻击其他节点

攻击者在突破一台主机后，往往以此主机作为根据地，攻击其他主机（以隐蔽其入侵路径，避免留下蛛丝马迹）。他们常使用网络监听方法，尝试攻破同一网络内的其他主机；也可以通过IP欺骗和主机信任关系，攻击其他主机。

(6)网络监听

网络监听是主机的一种工作模式，在这种模式下，主机可以接收到本网段在同一条物理通道上传输的所有信息，而不管这些信息的发送方和接收方是谁。

(7)利用黑客软件攻击

利用黑客软件攻击是互联网上比较多的一种攻击手法。Back Orifice2000、冰河等都是比较著名的特洛伊木马，它们可以非法地取得用户电脑的超级用户级权利，可以对其进行完全的控制，除了可以进行文件操作外，同时也可以进行对方桌面抓图、取得密码等操作。

(8)安全漏洞攻击

许多系统都有这样那样的安全漏洞（Bugs）。其中一些是操作系统或应用软件本身具有的，如缓冲区溢出攻击。由于很多系统在不检查程序与缓冲之间变化的情况，就任意接受任意长度的数据输入，把溢出的数据放在堆栈里，结果系统还照常执行命令。

(9)端口扫描攻击

所谓端口扫描，就是利用Socket编程与目标主机的某些端口建立TCP连接、进行传输协议的验证等，从而得知目标主机的扫描端口是否是处于激活状态、主机提供了哪些服务、提供的服务中是否含有某些缺陷，等等。常用的扫描方式有：Connect扫描和Fragmentation扫描。

2.4.2 网络安全

1)电子商务存在的安全问题

①潜在的安全隐患。原因是未进行操作系统相关安全配置。不论采用什么操作系统，在缺省安装的条件下都会存在一些安全问题，只有专门针对操作系统安全性进行相

关的和严格的安全配置,才能达到一定的安全程度。

②未进行CGI程序代码审计。网站或软件供应商专门开发的一些CGI程序,很多存在严重的CGI问题,对于电子商务站点来说,会出现恶意攻击者冒用他人账号进行网上购物等严重后果。

③安全产品使用不当。由于一些网络安全设备本身的问题或使用问题,这些产品并没有起到应有的作用。很多厂商的产品对配置人员的技术背景要求很高,超出对普通网管人员的技术要求,就算是厂家在最初给用户做了正确的安装、配置,但系统在改动相关安全产品的设置时,很容易产生许多安全问题。

④缺少严格的网络安全管理制度。网络安全最重要的还是要思想上高度重视,网站或局域网内部的安全,需要用完备的安全制度来保障。建立和实施严密的计算机网络安全制度与策略是真正实现网络安全的基础。

2)商务交易安全

①窃取信息。由于未采用加密措施,信息在网络上以明文形式传送,入侵者在数据包经过的网关或路由器上可以截获传送的信息。通过多次窃取和分析,可以找到信息的规律和格式,进而得到传输信息的内容,造成网上传输信息泄密。

②篡改信息。当入侵者掌握了信息的格式和规律后,通过各种技术手段和方法,将网络上传送的信息数据在中途修改,然后再发向目的地。

③假冒。由于掌握了数据的格式,并可以篡改通过的信息,攻击者可以冒充合法用户发送假冒的信息或者主动获取信息,而远端用户通常很难分辨。

④恶意破坏。由于攻击者可以接入网络,则可能对网络中的信息进行修改,掌握网上的重要信息,甚至可以潜入网络内部,其后果是非常严重的。

2.4.3　电子商务安全技术

1)加密技术

(1)对称加密/对称密钥加密/专用密钥加密

该方法对信息的加密和解密都使用相同的密钥。使用对称加密方法将简化加密的处理,每个贸易方都不必研究和交换专用的加密算法,而是采用相同的加密算法并只交换共享的专用密钥。如果进行通信的贸易方能够确保专用密钥在密钥交换阶段未曾泄露,那么机密性和报文完整性就可以通过对称加密方法加密机密信息和通过随报文一起发送报文摘要或报文散列值来实现。

(2)非对称加密/公开密钥加密

这种加密体系中,密钥被分解为一对。这对密钥中的任何一把都可作为公开密钥通过非保密方式向他人公开,而另一把则作为专用密钥加以保存。公开密钥用于对机密信息的加密,专用密钥则用于对加密信息的解密。专用密钥只能由生成密钥对的贸易方掌握,公开密钥可广泛发布,但它只对应于生成该密钥的贸易方。

(3)数字摘要

该方法亦称信息—摘要算法,Hash 编码法或 MD5。采用单向 Hash 函数将需加密的明文"摘要"成一串 128 bit 的密文,即数字指纹,它有固定的长度,且不同的明文摘要成密文,其结果总是不同的,而同样的明文其摘要必定一致。这摘要便可成为验证明文是否是"真身"的"指纹"了。

(4)数字签名

信息是由签名者发送的,信息在传输过程中未曾做过任何修改。这样数字签名就可用来防止电子信息因易被修改而有人作伪,或冒用别人名义发送信息,或发出(收到)信件后又加以否认等情况发生。

(5)数字时间戳

它是一个经加密后形成的凭证文档,包括三个部分:需加时间戳的文件的摘要,DTS 收到文件的日期和时间,DTS 的数字签名。

(6)数字凭证

数字凭证又称为数字证书,是用电子手段来证实一个用户的身份和对网络资源的访问的权限。在网上的电子交易中,如双方出示了各自的数字凭证,并用它来进行交易操作,那么双方都可不必为对方身份的真伪担心。它包含:凭证拥有者的姓名;凭证拥有者的公共密钥;公共密钥的有效期;颁发数字凭证的单位;数字凭证的序列号;颁发数字凭证单位的数字签名。

数字凭证有三种类型:个人凭证,企业(服务器)凭证,软件(开发者)凭证。

2)Internet 电子邮件的安全协议

①PEM。是增强 Internet 电子邮件隐秘性的标准草案,它在 Internet 电子邮件的标准格式上增加了加密、鉴别和密钥管理的功能,允许使用公开密钥和专用密钥的加密方式,并能够支持多种加密工具。对于每个电子邮件报文可以在报文头中规定特定的加密算法、数字鉴别算法、散列功能等安全措施。

②S/MIME。是在 RFC1521 所描述的多功能 Internet 电子邮件扩充报文基础上添加数字签名和加密技术的一种协议,是在 MIME 上定义安全服务措施的实施方式。

③PEM-MIME。是将 PEM 和 MIME 两者的特性进行了结合。

3)Internet 主要的安全协议

①SSL。是向基于 TCP/IP 的客户/服务器应用程序提供了客户端和服务器的鉴别、数据完整性及信息机密性等安全措施。该协议通过在应用程序进行数据交换前交换 SSL 初始握手信息来实现有关安全特性的审查。在 SSL 握手信息中采用了 DES、

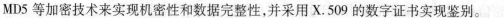

MD5 等加密技术来实现机密性和数据完整性,并采用 X.509 的数字证书实现鉴别。

②S-HTTP。对 HTTP 扩充了安全特性、增加了报文的安全性,它是基于 SSL 技术的。该协议向 WWW 的应用提供完整性、鉴别、不可抵赖性及机密性等安全措施。

③STT。STT 将认证和解密在浏览器中分离开,用以提高安全控制能力。

④SET。SET 1.0 版已经公布并可应用于任何银行支付服务。它涵盖了信用卡在电子商务交易中的交易协定、信息保密、资料完整及数据认证、数据签名等。主要文件是 SET 业务描述、SET 程序员指南和 SET 协议描述。

4) UN/EDIFACT 的安全

UN/EDIFACT 报文是唯一的国际通用的 EDI 标准。利用 Internet 进行 EDI 已成为人们日益关注的领域,保证 EDI 的安全成为主要的问题。

5) 虚拟专用网(VPN)

它可以在两个系统之间建立安全的信道(或隧道),用于电子数据交换。它与信用卡交易和客户发送订单交易不同,因为在 VPN 中,双方的数据通信量要大得多,而且通信的双方彼此都很熟悉。这意味着可以使用复杂的专用加密和认证技术,只要通信的双方默认即可,没有必要为所有的 VPN 进行统一的加密和认证。

6) 数字认证

用电子方式证明信息发送者和接收者的身份、文件的完整性(如一张发票未被修改过),甚至数据媒体的有效性(如录音、照片等)。

目前,数字认证一般都通过单向 Hash 函数来实现,它可以验证交易双方数据的完整性。

7) 认证中心(CA)

CA 的基本功能是:生成和保管符合安全认证协议要求的公共和私有密钥、数字证书及其数字签名。

8) 防火墙技术

防火墙具有以下五大基本功能:

①过滤进/出网络的数据;

②管理进/出网络的访问行为;

③封堵某些禁止行为;

④记录通过防火墙的信息内容和活动;

⑤对网络攻击进行检测和警告。

目前的防火墙主要有两种类型:一是过滤型防火墙;二是应用级防火墙。

9)入侵检测

入侵检测技术是防火墙技术的合理补充,其主要内容有:入侵手段与技术、分布式入侵检测技术、智能入侵检测技术以及集成安全防御方案等。

2.4.4 网上创业法律环境

现阶段,我国网上经营的法律制度还不健全,传统的法律如何在网络环境中应用还处在理论探讨阶段。电子合同、在线支付、产品交付等问题有了初步的法律规范,但还没有全面的法律保护。个人隐私保护,欺诈等问题困扰着消费者,使之不敢大胆地在网上购物。特别是没有一个比较完善的网上信用评价与监控体系,致使"收货不付钱""收钱不发货的"欺诈行为时有发生,导致消费者信心下降,经营者信誉下降。

电子商务不仅为全球经济发展营造了良好的氛围,同时也对社会各领域提出了新的挑战。电子商务的发展面临着新的问题与障碍,迫切要求政府制定相应的法律制度进行管理,法律建设必须不断地适应社会发展的需要。因此,制定新的法律规范,调整电子商务中产生的社会关系,规范人们相应的权利与义务,对于保障电子商务的健康发展十分必要的。

1)电子商务法律阐述

电子商务法律是指调整以电子交易和电子服务为核心的相关法律。电子商务活动发生的社会关系主要有一般商业活动所普遍存在的共有的社会关系和电子商务所特有的社会关系这两个方面。

2)国内外电子商务立法现状

要使我国电子商务快速稳健地发展,除了完备的技术支持和良好的经济环境外,与之相匹配的法律制度更是必不可少。

(1)我国电子商务法的立法原则

①安全性原则。电子商务法要把维护电子商务的安全放在重要位置。

②兼容性原则。电子商务的基础是因特网,因特网开放性的特点决定了电子商务本质上是全球性的商务活动,这也必然会导致法律的兼容性。

③动态性原则。电子商务发展迅猛,且目前仍处在高速发展过程中,新的法律问题还将随着电子商务的发展不断出现,因而能就目前已成熟或已经成共识的法律问题制定相应的法规,并随着电子商务发展而不断修改和完善。

④指导性原则。由于电子商务的主要活动是电子交易,而商业交易的主要特征是平等自愿,因此,电子商务立法应充分体现指导性原则,明确政府在发展电子商务中的地位。

⑤协调性原则。电子商务立法在解决问题的同时,还要注意与其他层面解决方案

的协调，避免法出多门和因立法权与管理权冲突导致整个电子商务法律环境的无序。

（2）我国电子商务法的发展

《中华人民共和国合同法》首次明确了电子合同的合法地位，为我国电子商务的发展奠定了法律基础。随之，《首都电子商城电子商务规则》由首都电子商城起草并主持修订，经北京仲裁委员及相关法律界专家的多次研讨，不断修改完善。《电子签名法》的出台是我国电子商务发展的里程碑，它的颁布和实施必将扫除电子签名在电子商务、电子政务和其他领域中应用的法律障碍，极大地改善我国电子签名应用的法制环境，从而大力推动我国信息化的发展。我国电子签名法的起草，经历了征求意见稿、草案和最终稿三个阶段。整个起草过程也是对电子签名这一新型核证技术的认识逐步深化的过程。

3）电子商务环境中的税收问题

随着电子商务的发展，建立在国际互联网基础上的这种与传统的有形贸易完全不同的“虚拟”贸易形式不能被现有的税制所涵盖。电子商务的流动性、隐匿性及交易本身的数字化又与税务机关获取信息能力和税收征管水平不相适应，使之成为优良的“国际避税地”；导致传统贸易主体与网络贸易主体之间税负不公，给传统税收体制及税收管理模式带来了巨大冲击。

（1）国家税收管辖权的重新确认问题

随着电子商务的出现，跨国营业所得征税就不仅仅局限于国家税收管辖权的划分与两国间的协调问题了，更多的是由于电子商务交易的数字化、虚拟化、隐匿化和支付方式的电子化所带来的对交易场所、提供服务和产品的使用地难以在判断的问题上，从而也就使收入来源地税收管辖权失去了应有的效益。因此，对税收管辖权的重新确认问题已成为加强电子商务环境下税收管理的一个关键性问题。

（2）常设机构概念不清问题

在国际税收中，一国通常以外国企业是否在该国设有机构作为对非居民营业所得是否征税的界定依据。但电子商务是完全建立在一个虚拟的市场上，完全打破了空间界限，使传统意义上的固定营业场所的界线变得更加模糊。因此，电子商务导致常设机构概念不清，成为税收的又一障碍。

（3）课税对象性质模糊不清问题

网络贸易发展速度最快的领域是数字化资讯。电子商务中许多产品或劳务是以数字化的形式通过电子传递来实现的，传统的计税依据在这里已失去了基础。由于数字化信息具有易被复制和下载的特性，改变了产品固有的存在形式，模糊了有形商品、无形劳务和特许权之间的界限，使得有关税务当局很难确认一项所得究竟是商品收入所得、提供劳务所得还是特许权使用费，这将导致税务处理的混乱，使课税对象的性质变得模糊不清。

(4)按目的地原则征税难的问题

增值税通常都是按目的地原则征收的。在互联网上,由于联机计算机IP地址可以动态分配,同一台电脑可以同时拥有不同的网址,不同的电脑也可以拥有相同的网址,而且用户可以利用匿名电子信箱掩藏身份。因此,就销售者而言,不知其用户的所在地,不知其服务是否输往国外,也就不知是否应申请出口退税;就用户而言,不知所收到的商品和服务是来源于国内还是国外,也就无法确定自己是否应缴增值税。

(5)国际避税问题

任何国家都有权就发生在其境内的运输或支付行为征税。任何一个公司只要拥有一台计算机、一个Modem和一部电话就可设立一个网站与国外企业进行商务洽谈和贸易。所以,有些纳税人为了避税,多选择在避税港建立虚拟公司,形成一个合法的经营地,而仅把国内作为一个存货仓库,利用避税港的税收优惠政策避税,造成许多公司在经营地微利或亏损生存,而在避税港利润却居高不下,使得税收漏洞越来越大、税款流失现象越来越严重,极大地削弱了国家的宏观调控能力。

4)电子商务税收法律体系的构建

(1)构建电子商务税收法律体系的基本原则——税法公平原则

按照税法公平原则的要求,电子商务与传统贸易应该适用相同的税法,负担相同的税负。因为从交易的本质来看,电子商务和传统交易是一致的。确定这一原则的目的,主要是为了鼓励和支持电子商务的发展,但并不强制推行这种交易。同时,这一原则的确立,也意味着没有必要对电子商务立法开征新税,而只是要求修改完善现行税法,将电子商务纳入到现行税法的内容中来。

其他方面的原则,包括以现行税制为基础的原则,中性原则,维护国家税收主权的原则,财政收入与优惠原则,效率和便利原则,以及整体性和前瞻性原则等,在电子商务税收立法中也要充分予以考虑。

(2)明确我国目前电子商务税收立法的基本内容

我国目前电子商务税收立法的基本内容如下:

首先,在税法中重新界定有关电子商务税收的基本概念,具体包括“居民”“常设机构”“所得来源”“商品”“劳务”“特许权”等电子商务相关的税收概念的内涵和外延。

其次,在税法中界定电子商务经营行为的征税范围,根据国情和阶段性原则,对电子商务征税按不同时期分步考虑和实施。在税法中明确电子商务经营行为的课税对象,根据购买者取得何种权利(产品所有权、无形资产的所有权或使用权),决定这类交易产品属于何种课税对象;在税法中规范电子商务经营行为的纳税环节、期限和地点等。

(3)修改税收实体法

在明确立法原则和基本内容的基础上,根据电子商务的发展,适时调整我国税收实体法。我国税收实体法主要包括流转税法、所得税法及其他税法。在电子商务税收立法中,要根据实体法受到电子商务影响的不同情况,具体考虑对他们的修订、改动、补充和完善。

(4)完善电子商务的相关法律

①应完善金融和商贸立法。制定电子货币法,规范电子货币的流通过程和国际金融结算的规程,为电子支付系统提供相应的法律保证。

②应完善计算机和网络安全的立法,防止网上银行金融风险和金融诈骗、金融黑客等网络犯罪的发生。

③完善《会计法》等相关法律,针对由于电子商务的隐匿化、数字化等特点,导致的计税依据难以确定的问题,可在立法中考虑从控管网上数字化发票入手,完善《会计法》及其他相关法律,明确数字化发票作为记账核算及纳税申报凭证的法律效力。

(5)在立法过程中加强国际税收协调与合作

在电子商务税收立法过程中,只有进行充分的国际协调,才能最大限度地保证税收法律的有效性。国际税收协调与合作,不仅可以消除关税壁垒、避免跨国所得重复征税,而且可以促进各国互相变换有关信息,携手解决国际税收方面存在的共同性问题,逐步实现国际税收原则、立法、征管、稽查等诸方面的紧密配合,以及各国在税制总体上的协调一致。

5)电子合同

电子商务的出现带动产生了新的合同形式。电子合同有广义和狭义之分。广义的电子合同除狭义电子合同的种类外,还包含电报、电传以及传真方式订立的合同。狭义的电子合同主要有三种类型,即以 EDI 订立的合同、以电子合同订立的合同、电子格式合同等。各国及我国均对电子合同进行了法律承认,但在其成立和生效方面又有特殊性,具体表现为以下几个方面:

(1)电子合同的含义和特征

①电子合同的含义。电子合同是随着现代电子计算机和网络技术以及电子商务的出现而产生的一个新概念。电子合同在含义上有广义和狭义之分,广义的电子合同是指所有通过电子计算机网络形成的合同,包括 E-mail 等传输手段订立的合同和通过 EDI 系统形成的合同,这里的电子合同作广义的理解。狭义的电子合同专指以交易为目的,通过计算机网络形式订立的明确相互权利义务关系的协议。

②电子合同的特征。

电子文本:电子合同是指以一定电脑程序为基础生成的电子文本,非经显示器显示或打印,不具有可读性。这一特点是电子合同和传统合同的本质区别。

网上运作:订立合同的双方或多方在网络上运作,可以互不见面。由于电子合同的超时空特点,合同内容等信息记录在计算机或磁盘等中介载体中,其修改、流转、储存等过程均在计算机内进行。这也使合同双方的身份和性质不易确定。

电子签名:在电子合同中,人们不可能也不需要通过电子方式亲笔签名或签字,它只需要每一方采用电子密码"签名"即可。这种电子"签名"的方法越来越多地获得社会的广泛认可。

易受反击 :计算机电子合同所依赖的电子数据具有易消失性和易改动性。由于电子数据的传播以程序的分解、转让为基础,因而,在传播的路径上易被截取、修改,并重新传播。

(2)电子合同的法律承认

电子商务的发展促使各国均要考虑以电子形式订立的合同在成立和生效方面是否给予法律承认的问题。1996 年,联合国国际贸易法委员会第 29 届年会通过了《电子商务示范法》,该法律的通过为实现国际贸易的"无纸操作"提供了法律保障。

1999 年 10 月,我国开始实施新《合同法》,该法规定书面形式包括电子数据交换和电子邮件,从而在法律上承认了电子合同的合法性。

(3)电子合同引发对我国《合同法》的完善

完善我国《合同法》应遵循的基本原则:

媒体中立性原则。法律对采取纸质媒介订立的合同和采取磁质媒介订立的合同都应该采取一视同仁的态度。不因合同采取的媒介不同而厚此薄彼。根据这一原则,采取了电子形式的合同不应仅仅因为其形式而影响其法律效力,同时还享受法律上的优惠。技术中立性原则,对合同使用的技术手段一视同仁,不应把某一特定技术作为法律规定的基础,而歧视其他形式的技术。

(4)完善我国《合同法》的几点具体建议

①书面形式问题。电子数据没有书面形式,具有易改动性和易消失性。我国新《合同法》已经将传统的书面合同形式扩大到数据电文形式。第十一条规定:"书面形式是指合同书、信件以及数据电文(包括电报、电传、传真、电子数据交换和电子邮件)等可以有形地表现所载内容的形式。"

②完善合同有效需要签名、盖章问题。传统合同法规定,合同必须有当事人的签名或盖章才有效。电子合同很难满足法律对手书签名或盖章的要求。我国《合同法》应对电子签名等能够起到与书面签名、盖章同等功能的方法加以认可,允许采取电子签名。

③完善可变更、可撤销合同的问题。病毒、黑客是威胁计算机信息安全的因素之一,合同受到病毒、黑客的攻击,其内容就会发生变化,当事人的权利义务因此也会发生

变化。为了避免由于病毒、黑客的攻击可能给合同当事人带来显失公平的后果。我国《合同法》应明确规定:电子合同受到病毒、黑客攻击是合同可变更、可撤销情形中的一种。

④完善合同的司法保护。在司法实践中,要认定电子合同的成立与否,必须首先查明合同一方当事人发出的要约。这种要约,因为计算机网络的开放性、自动输入性不难查明。开放性使得多家网络用户可以自动存储这种要约。其次,必须查明合同另一方当事人的承诺。要查明当事人的承诺,必须查明当事人的受价和回复,在国际贸易中,受价具有十分重要的意义。各国法律均规定,发价需到达受发价人,既受发价人确认方能生效。在这一点上,电子合同也应一样。

6)知识产权

随着互联网技术的日渐成熟,以电子数据交换方式的交易逐渐成为21世纪的主要经济贸易方式之一。在这虚拟的世界之中,和现实的世界一样,也存在着违法犯罪和投机取巧行为。代表社会发展先进技术方向的贸易过程电子化的电子商务活动中,不可避免地存在着与传统的知识产权法律保护问题的冲突,需要对电子商务中的知识产权法律保护问题加以认真的研究。因此,正确理解电子商务活动与知识产权保护的关系,在发展电子商务活动的同时加大对知识产权的保护,已经是知识经济时代刻不容缓的问题。

(1)电子商务活动对知识产权保护的挑战

传统观念认为:知识产权是一种无形的、带有地域性范围保护的、由权利人独占的、具有时间限制的智力成果权。知识产权制度主要是一种确立权利和保障权利的制度,此外也是体现一种激励创造的制度。传统的知识产权保护观念认为,权利尚未形成,则无权利保护可言;权利的保护有一定的界限并遵循单个法律判断。但是,网络世界向传统的知识产权观念提出了挑战,如专利的"即发侵权"的制止问题,域名问题迫使人们将商标、厂商名称、商誉、不正当竞争结合起来考虑,甚至提出了"一体保护"的方法。

(2)电子商务中知识产权保护的立法现状

①我国的立法现状。我国关于电子商务方面的立法比较少,缺乏一个专门性的法律。有关的条文体现在有关的法律之中。主要有:《中华人民共和国合同法》第11条关于书面形式包括"数据电文"及第33条关于当事人采用数据电文订立合同可以要求"签订确认书"的规定。两者是关于承认电子合同以及电子合同生效方面的规定。

②国外的有关立法及国际公约。在国际公约的制定和修订方面,1996年6月联合国国际贸易法委员会通过了《电子商务示范法》,于同年12月被联合国大会通过。1996年12月20日由世界知识产权组织主持,129个国家代表参加的外交会议上缔结的《WIPO著作权公约》和《WIPO边沿和录音制品条约》,解决了网络环境下应用数字

技术产生的著作权保护的新问题,比较充分地弥补了《保护文学艺术作品伯尔尼公约》和《保护表演者、录音制品制作者与广播组织罗马公约》的缺陷,在保留"合理使用"的内容基础上,将"计算机程序""数据库""技术措施保护权"等纳入了保护范围。

(3)电子商务中加强对知识产权保护的对策

①加大基础电信建设,为电商务实现全球化创造条件。电子商务的运行系统,直接影响电子商务活动能否正常化实现,也涉及电子商务活动的有效监管。

②建立和完善适合现代科技发展的中国知识产权保护制度。

③在立法暂时"滞后"的情况下,建立自律机制。自律是解决电子商务侵犯知识产权问题的最根本办法。尊重他人的知识产权,首先是体现诚实信用原则的要求。因此,建立起适应时代要求的著作权、标记权、专利权、商业秘密权、反不正当竞争等一系列的自律制度显得尤为必要。2000 年 4 月成立了国际商会中国国家委员会电子商务委员会。这些兼有自律性作用的机构,为形成电子商务中行为的自律规则起到了积极的作用。

(4)完善电子商务及知识产权立法

电子商务在不断发展,仅靠自律是不够的,要构筑的最后一道防线是对权利人和守法者给予法律的保护,将知识经济时代新发展的要求反映到知识产权法律制度之中,尽量减少漏洞。因此,将电子商务活动纳入法律管制的范畴,制定专门性的电子商务操作规范性法制,强调电子商务过程中对知识产权的法律保护,使合法与非法行为有一个明确的界定,减少新形势下出现的新种类知识产权权利不稳定及"游离"状态。

(5)加大执法的力度,强调"一体化"保护手段

我国司法机关通过司法解释,逐步完善了网络条件下的知识产权法律保护。因此,基本上已经解决了"无法可依"的问题。对电子商务中知识产权的法律保护,关键还在于加强执法和实现"一体化"综合保护手段。"一体化"保护,不但要求行政执法机关的协调,也要求在运用法律规定方面实行综合处理。

对侵犯他人知识产权的行为,要给予严厉的制裁。只有严格地执法,才有可能实现竞争状态的良性循环,才能真正体现知识产权制度对科技创新的引导、激励、保护作用。

(6)加强知识产权国际保护的协调工作

目前,国际上对互联网的管理大多还是依赖各国的立法与司法机构,只有一些技术层面的问题才通过一些组织进行管理。因特网的最高国际组织是设在美国弗吉尼亚州的雷斯顿市的 ISOC(Internet Society,因特网协会),其致力于评价网络政策、技术系统及国际协调。另一个重要的国际组织是 1998 年 10 月组建的网络名字数字分配公司,它通过监管域名监管登记工作,来实现各类网络法律纠纷的解决。

本章小结

计算机是成功进行网上创业不可缺少的媒介,为了使网上创业有效地进行,我们必须了解计算机的结构。随着网上创业的发展以及互联网本身存在的不安全因素,需制定有关法律制度标准,保障网上创业的有序进行。

案例 2011年团购的十大案例

网购是目前一种流行的购物方式,中国电子商务报告曝光了2011年上半年中国网络团购十大投诉案例。

案例一:科迪团购移动话费 充值延迟两个月

3月10日,王先生参加了科迪团130元返200元移动话费的团购活动,购买了2份。该活动话费是分两次打入手机账户,第一笔100元按期打入后,剩余的100元按照团购介绍应于5月份打入手机账户,而直到7月20日商家仍没有进行有效的处理。王先生的遭遇并不是个例,中国电子商务投诉与维权公共服务平台还受到其他与王先生有相同经历的消费者投诉。

案例二:电信翼起购团购手机没货 货款迟迟不退

5月13日,陈小姐在中国电信翼起购成功团购华为C8500后,即在网上预约第二天去电信营业厅办理领机业务。陈小姐称,当时电信客服没有任何5月14日无法办理领机业务的通知。到了现场,陈小姐被告知此时营业厅内没有华为C8500的机子,需等待通知再领机。

5月16日,电信客服打电话通知陈小姐华为C8500已到。陈小姐再次去电信营业厅办理领机业务,又一次被告知查询不到购买记录,在又一番沟通交流后,查询到订单,而此时电信客服却表示营业厅里没有华为C8500现货可领。陈小姐要求退款,可翼起购却迟迟未能将货款退回。

案例三:团宝网销售麦当劳套餐券,消费者消费时对方不认账

王小姐5月26日在团宝网团购了麦当劳套餐,原价39的团宝网只要23元。但是当王小姐拿着套餐券去麦当劳消费时却遭遇尴尬,餐券使用并不顺利。麦当劳称,并未与团宝网合作。团宝网客服承诺,将会在2个工作日内退款。但是王小姐等了一个月零两个星期之后仍未收到退款。王小姐十分气愤,在这一个多月的时间里,她给团宝网客服打了无数次电话,可是团宝网迟迟不予退款。

案例四:高朋网发货问题屡遭投诉,客服的解释是"忘了"

6月21日赵先生花费19元团购中国联通3G手机号,直至7月16日还没有收到货。赵先生无奈之下给客服打电话，客服居然说他们忘记发货，要赵先生退款。赵先生表示十分气愤，订单上留了详细的收货人电话和通信地址，也付了款，高朋网说的“忘了”的解释，实在令人费解。

案例五：英伦潮团购 VANS 硫化鞋　专柜验出是假货

中国电子商务研究中心推出的“中国电子商务投诉与维权公共服务平台”(http://b2b.netsun.com/detail—5831524.html)接到消费者田先生的投诉。英伦潮团购网销售的 VANS 硫化鞋，经专柜检验，证实为假货。中国电子商务投诉与维权公共服务平台，打开了英伦潮团购网的首页，发现首页的城市分站只有“全国”，并无任何其他城市分站。而且，网站上并没有客服电话，只有几个 QQ 客服。但是，笔者在用 QQ 与客服进行沟通时，并没有得到回应。

案例六：在爽团网团购代金券过期不退

蒋小姐近日在爽团网购买了 2 张记忆力培训课程的票，但已经过期，于是根据爽团网的服务条款，蒋小姐决定退款。可是当蒋小姐刚打电话过去办理退款手续的时候，得到的答案是：不能退。爽团网的理由是“可使用代金券的商品不能办理过期退款”。这一条款爽团网虽有说明，但是在该产品的购买页面却没有提示消费者，使得消费者利益受损。

案例七：聚齐网客服电话不通　产品页面出错

消费者在聚齐网买的阿迪达斯香水，付款后五天仍未收到货，而且，网页上该商品的信息点进去像是系统出错。消费者本想致电聚齐网客服，询问发货情况，可是多次拨打电话，都没能接通。消费者也曾通过留言的方式希望能够得到帮助，但是聚齐网客服始终没有回音。

案例八：团宜帮无故关停致使消费者利益受损

马先生 6 月 18 日晚上在该网站团购了一个 188 元的床上四件套，可是一直到 7 月 6 日之前，该网站都一直显示的是正在发货中，而马先生却一直都没有收到货。7 月 6 日，马先生再次打开团宜帮团购网，发现该网站已经点不开了。马先生的 188 元钱打了水漂。不管是网站经营不善而关停，还是恶意欺诈消费者，用团购的名义敛财，这种行为严重损害了消费者的利益，更是给团购行业抹黑。

案例九：高朋网与商家合作不成致使消费者利益受损

2011 年 6 月，中国电子商务投诉与维权公共服务平台连续收到三个关于高朋网的投诉。6 月 10 日，高朋网推出一款天王表，但是消费者付款后却未能收到货。对此，高朋网给出的解释是高朋网与天王表厂商合作出现问题，高朋网没能及时支付预付款，所以天王表厂商拒绝发货。对于高朋网的送货速度和内部管理，消费者提出质疑。

案例十：消费者在 871 团购买匡威鞋却半个月未收到货

凌先生在 871 团购网上买了 2 双 99 元的匡威鞋子，网站承诺付款 3 天后发货，可是半个月过去了，凌先生都没有收到货。心急之下，凌先生打电话到871团购网站询问，对方客服电话一直无人接听。

为此，早在2010年9月，中国电子商务研究中心就率先召集了国内近200家团购网站，召开了国内网络团购行业首个行业峰会——“2010中国网络团购行业高层研讨会”，并与参会的百余家团购企业共同发起了“中国诚信网络团购联盟”（b2b. toocle. com/zt/tg/），旨在引导“乱象期”的团购网站采取行业自律监督，维护用户合法权益并保障其利益。

案例分析与讨论题

通过这十大案例，请归纳出电子商务活动过程中存在的问题并给出可行的解决方案。

复习思考题

1. 简述电子商务法的内涵。
2. 简述电子商务环境税收的问题和解决的办法。
3. 网络环境下隐私保护主要涉及哪些问题？
4. 建立信用体系的意义何在？

第3章
网络盈利模式

在上一章的学习中,我们了解了网络创业的一些基本元素,这些都是网上创业的“硬知识”,现在我们还需要一些“盈利模式”方面的“软知识”。只有软硬结合,我们才能利用现有的网络条件,再加上我们的头脑创造财富。

盈利模式是指在竞争条件下,由几种管理要素有机结合而成的,能满足客户价值并实现利润最大化,且具有市场竞争力和动态稳定性的企业经营结构。因此,对于企业经营来说,盈利模式决定了企业是否能持续发展。每个企业只有找到了适合自己的盈利模式,才能为企业带来源源不断的利润。寻找盈利模式的方式有两种:一种是创新;另一种是模仿。

学习目标

- 了解传统盈利模式;
- 理解和掌握网络的特性以及由此产生的商业价值;
- 掌握常见的网络盈利模式。

案例导入

辍学大学生网上创业被称“鞋神”

尹志强,淘宝商城羊皮堂男鞋专营店的创始人。2006 年正在读大学的他,由于在宿舍卖鞋被发现,选择了中途辍学。2009 年,他在广佛边界的郊区,开始自创品牌之路,在淘宝商城设立了“羊皮堂男鞋专营店”。而现在,他的网店发展到日售两千多双鞋,每月取得 300 多万元的营业额,并以每月 15% 以上的速度增长,被人称为“鞋神”。

淘宝卖外贸尾单，赚到第一桶金

尹志强说，大学时的生活费和学费都靠自己赚取。他认识了一名福建人，他向尹志强提供当地加工厂里的外贸尾单鞋，尹志强便把货放在宿舍里，开起了淘宝小店，赚个中间差价来维持生活。后来，他在宿舍里存放鞋子的事情被校方发现，勒令他搬走，理由是这样会影响其他同学的学习生活秩序。

正在读大三的尹志强选择了退学。之前卖鞋也让他积攒了几千元，他就拿着这几千元，跑到了福建泉州，直接跟当地的工厂联系预订外贸鞋。他的生意越来越红火，平均一天就能卖出四五百双，网店的规模也很快从个人店发展到有四十多名员工的大店。到2008年，他已攒下了自己的第一桶金，60万元人民币。

但尹志强渐渐发现，外贸尾单不稳定，遇到质量好的一批货，很快售完也不能再进货；遇到质量平平的一批货，很可能会因销量不佳而积压。他意识到做外贸货并不是长久之计，于是他开始考虑自创品牌。他想以男士休闲鞋作为突破口，因为国外进驻的几个休闲鞋大品牌往往定价较高，但年轻人的休闲鞋领域还是一片空白。

自创品牌，已有几十家经销商

福建的鞋类加工厂是流水线加工方式，只接收大批量的订单。这时，尹志强想到了广东。广州许多中小规模的加工厂流水化作业程度不是很高，有些环节还要靠手工，为小批量生产提供了可能。于是，他就在广佛郊区开始了自己的第二次创业之路，他在淘宝商城推出了自创淘品牌“Mr. ing”。

当弥漫全球的经济危机却成就了尹志强的机会，广州本地的一些外贸加工鞋厂因为接不到国外订单而面临危机，对于尹志强的订单自是十分欢迎。不过，淘宝商城大多数商家是将现下有一定口碑和粉丝的品牌搬到商城上，他这种新品牌自是得不到青睐。所以，2009年1月到5月期间，他的店每天只有二三十双的走货量，大量货物都卖不出。但当年5月上市的一款透气鞋，让滞销局面改写。该款透气鞋上市后每天的订货量都在500双以上。时至今日，这种黑色单款共销售了十万双以上，也带动了其他鞋款的销售，创下淘宝网上的一个奇迹。

思考题：

1. 为什么尹志强会选择在网上销售鞋类？

2. 尹志强自创品牌的风险是什么？

3.1 传统的商业盈利模式

3.1.1 传统商业的表现形式

商务活动可以说由来已久,世界上自从有了人类,就从未间断过商务活动。在人类社会的发展过程中,随着社会生产的发展,逐渐产生了商品交换。商业随着社会生产的发展而发展,对生产力起到了促进和推动作用。以原始社会末期出现的原始形态的交换行为为开端,经历了物物交换(W—W)、简单商品交换(W—G—W)和发达商品交换(G—W—G′)三种形式和三个发展阶段。在商品交换的进化发展过程中,商业活动的范围日趋扩大,商业活动数量不断增加,但是其商品交换的本质并未发生太大的变化。发达的商品交换形式即商业的产生,为商品生产者节省了流通领域的劳动占用和耗费,进一步促进了商品生产的发展。发达的商品交换形式的公式为货币—商品—货币(G—W—G′),买是为了卖,买卖过程是一个使货币增值的过程,这种发达的商品交换形式,至今在社会经济中仍占据着主导地位。商业是以媒介和促进商品交换为基本职能的社会行业,就其本质功能而言,主要是通过一系列的商品交换活动,实现社会资源在各个领域的合理分配,满足人们的消费需要,促进社会经济的健康发展。在传统的商业中,商品交换的主要模式是柜台式,一手钱一手货的交易方式。售货员和推销员是顾客与商品之间的桥梁,售货员和推销员的服务态度和服务效率直接影响商品的销售。

我国经商历史悠久,先民在夏商时期已有经商的记述。早在四千年前,《诗经商颂》云:"天命玄鸟,降而生商。"阏伯便是商的始祖。农牧业的迅速发展,使商部落很快强大起来,他们生产的东西有了过剩,于是王亥便用牛车拉着货物,赶着牛羊,到外部落去交易,外部落的人便称他们为"商人"。从此"商人"一词作为"买卖人"的代称一直沿袭至今。我国的商业经营理论也出现得很早,战国时期洛阳著名商人白圭,也是一名著名的经济谋略家和理财家。《汉书》称他是经营贸易发展工商的理论鼻祖,即"天下言治生者祖"。商场如战场,只有随机应变,巧用计谋,方可立于不败之地。在今天激烈的商战中,商界仍以司马迁的《史记·货殖列传》为经典,奉"治生之祖"白圭为高人。

3.1.2 传统的商业盈利模式

传统商业的盈利模式主要有:"进销差价"模式、"渠道控制"模式、"类金融"模式、"供应链管理"模式和"增值服务"模式五种。

1)"进销差价"模式

"进销差价"模式,顾名思义是指企业通过以高于采购成本的价格将商品销售给消费者赚取利润。“进销差价”模式是最基本、最为传统的一种盈利模式，它伴随着企业的产生而产生，并贯穿于企业的发展过程之中。

（1）利润来源

我国的企业是从计划经济体制下物资流通、商品流通等国有企业转型而来，早期的企业盈利模式以产品的分销为中心，通过帮助生产企业转移商品价值获取利润。“进销差价”模式的来源主要来自两个方面：一是进销差价，企业首先向生产商购得产品所有权，然后以高于购买成本的价格卖给消费者实现价格差，以及建立在一定销售规模上的销售奖励；另一部分是企业通过提供仓储运输等简单的附加服务来获得收入。在传统企业的利润来源中，进销差价是企业的主要业务收入，在企业总体盈利中占有很大的比例，而诸如销售返利以及提供仓储运输服务的收入来源只占有很小的比例。

（2）模式评价

以进销差价作为主要利润来源是企业最传统也最为基本的一种盈利模式，它对企业积累原始资本，为今后的发展壮大起到了促进作用，但是由于其仅仅是通过转移商品的价值来获得收入，因此，本身又存在着一定的局限性，主要表现在以下三个方面。

①它不利于企业的规模扩张。这主要表现在两个方面：一方面这种盈利模式的利润来源方式比较单一，主要是通过以高于采购成本的价格出售给最终消费者赚取价格差，伴随着市场竞争的加剧，企业面临着较大的竞争压力，价格差会不断受到压缩，手段的单一性导致了企业资本积累的过程相当缓慢；另一方面，企业经营业态相对单一。这两个因素导致了企业利润增长有限，规模受到盈利模式“瓶颈”因素的制约而发展缓慢。

②缺乏核心竞争优势。传统的盈利模式以产品的分销为中心，这种模式决定了企业对生产企业具有高度的依附性，企业经营的重点是在同生产企业的价格谈判以及供销合作上，而不是把握消费者需求的变化，因此企业的核心竞争力主要体现在同生产企业关系的维持和发展上，同时企业的客户基础主要是过去交易过程中的老客户。随着新的企业，特别是外资企业的进入，凭借着其强大的分销网络、先进的管理经验、低廉的成本以及优质的服务，大大地削弱了企业的客户基础，弱化了企业原有的核心竞争力。

③企业经营成本和风险较高。在进销差价的盈利模式下，企业对生产企业的依附性强，当生产企业之间竞争加剧，消费者需求偏好发生转移的时候，原有同企业建立良好合作关系的生产企业会被市场淘汰，企业不得不与新的供应商进行谈判、缔约、履约和交易，导致企业交易成本上升，经营风险增强；另一方面，很多企业都拥有自己的运输公司和仓储设备，第三方物流运用很少，企业的信息化程度不高，经营效率低下，不能做到规模经济，这也增加了企业的经营成本。

从以上分析可以看出，进销差价作为一种传统的盈利模式，虽然对企业的发展壮大起到了积极作用，但是由于其获利手段单一，运行模式缺乏灵活性，不能反映市场需求

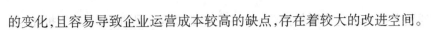

的变化，且容易导致企业运营成本较高的缺点，存在着较大的改进空间。

2)“渠道控制”模式

连锁经营的不断发展壮大使得企业分销渠道的覆盖面越来越广，一些大型的连锁企业拥有了强大的分销能力。而绝大多数生产企业没有显著差异化的产品，没有强势的品牌，自身没有完善的分销体系，同时又要面临市场上同类商品的激烈竞争，这就使得生产企业对企业的分销渠道相当依赖，这导致拥有强大分销能力的企业具备了控制上游生产企业的能力。

“渠道控制”模式指企业凭借强大的分销网络和分销能力，对上游生产企业实施控制，迫使生产企业作出妥协，让渡更多的生产利润给企业的一种盈利模式。“渠道控制”模式是建立在企业不断发展壮大的基础之上的，按其利润来源的不同又可以再分为“通路费用”模式和“类金融”模式。

通路利润是指产生的利润来自商品买卖差价之外，通常是指来自经营场地所产生的效益，即收取场地柜台的租赁费。“通路费用”模式指企业凭借其渠道控制力向上游生产企业收取诸如商品进场费、购货折扣、物流费、仓储费、节庆赞助费、新店赞助费、促销费、场地使用费等通路费用赚取利润的盈利模式。

“类金融”模式是指企业运用渠道控制力迫使生产企业作出融资承诺，通过融资在其他市场中获取高额利润的一种盈利模式。生产企业的融资承诺通常表现企业对采购货款的延期支付。

企业在模式的选择上可能并非仅仅局限于采用“通路费用”模式或者是“类金融”模式中的一种，而往往是两种盈利模式的混合体，如目前市场上的家电零售行业，返利加上各项费用再加上苛刻的货款支付方式，显然是家电连锁企业敢于以超低价格销售的资本，也成为几家家电零售巨头，如国美、苏宁等之间相互竞争利器。

(1)利润来源

盈利模式的利润来源主要包括三个部分。

①进销差价。通过销售商品获取价格差。在这种盈利模式下，通过进销差价获取的利润只占企业总利润的很小的一部分，企业通常在采购成本上加上非常小的一部分价差或者直接以采购成本销售给消费者，部分企业甚至以低于采购成本的价格出售产品。

②销售返利。这是指生产企业根据企业商品销售量的多少对企业给予的一定数额的销售奖励。返利分为年返利、季返利，个别产品甚至有月返利。通常返利额度呈阶梯状递增，销售额越多，返利越高。连锁企业的销售额自然比独门独户的商家高。这就是流通连锁企业敢于低价销售的原因。而大型综合商场和小经销商限于规模往往不敢与其打价格战，所以只有倒闭或转行，由此导致产品的销售量急剧向连锁企业聚集。

③收取的通路费用。这些费用包括企业向生产企业收取商品进场费、购货折扣、物流费、仓储费、节庆赞助费、新店赞助费、促销费、场地使用费等。这种费用不仅仅品类众多,而且具有一定数额,是企业利润的主要来源之一。

"渠道控制"模式虽然是符合新型业态发展的规律,符合中国发展的国情,但是从长远的角度来看,它是不利于中国企业的发展的。

(2)模式评价

一个供应商一般同时为多家卖场供货,为了维护其产品的价格体系,一般不允许卖场价格有大幅度的波动。因此,为了避免价格战,供应商即使可以提供较低的供应价格,也绝不允许其零售价格低于各品牌所限定的范围。而控制价格体系最主要的手段之一,就是将各零售商商品的供应价格进行统一。单一要求进价的降幅谈判是很艰难的,在这种情况下,零售商提升利润的方法无疑就着眼于通路费用的收取了。

厂商出于对价格体系的控制,同时又依存于各零售商创造的销售业绩,为了缓和与各零售商间价格的拉锯战,就倾向采取通路费进行操作。它不像价格那样敏感直接,带有一定的隐蔽性,同时又像润滑剂一样。作为零售商而言,既然你有这笔费用的支出,那我不收岂不是非常不划算?

通路费用的屏蔽作用。在零售商的供应链管理中,对供应商的管理一直是重中之重。如对于超市而言,由于经营品类繁多,供应商的数量自然也不是小数。而进场费本身就是筛选供应商的一道屏障,失去了这道屏障,对供应商的约束能力将大打折扣。取消进场费用的做法,实际上是为机会主义者开了绿灯——部分投机行为的供应商如果销量好就长期合作,如果销量不好就会随时转移,把库存压力和销售风险留给零售商。

但是事实上目前的零售商对通路费用的现状是过分地强调了其调控功能,将费用的比例一提再提,已经把调控演变为榨取。力度的失控必然会导致合作链条的断裂,这只是时间的问题。

同时,供应商自己对价格和费用的含糊态度也是通路费存在的一个重要前提。通路费受到诸如赢利模式、合作策略等因素的影响,但最终走向只能由供应商和零售商的力量制衡决定。

3)"类金融"模式

"类金融"模式利润来源除了包括进销差价和销售返利之外,还可以通过延迟对生产商购货款的支付,利用延迟付款将这部分资金投入资本市场、房地产市场或者设立连锁分店,通过在资本市场和房地产市场赚取利润来弥补零售市场的低利润甚至是负利润,同时利用连锁扩张增加分销渠道的覆盖面,进一步提升对上游生产企业的影响力和控制力。

(1)模式举例

家乐福建立了一个详细的收费标准,它明确规定了收费的种类,包括进店费、条码费、货架费、促销费、节庆费、信息系统使用费等。因此,一家生产企业要想进入家乐福,大致要交纳 6 大门类的费用,包括特色促销活动、店内旺销位置优先进入权、进入商店的特权、良好营销环境的优先进入权、开发市场份额等。据推算,各项进场费用总共占到供应商总销售额的 8% ~25% ,最高可达 35% 。按照家乐福的理念,卖场中不同货架的不同位置体现着不同价值,收取货架费是对这些位置价值的体现。除此之外,每开一家新店,家乐福会在收银台的外面开辟很大的区域出租给一些百货类商店,如服装、鞋帽、化妆品、饰品等。这些商店在共享家乐福的客流量的同时,也给家乐福带来稳定的租金。

(2)模式评价

企业由于缺乏对下游消费者的控制,降价让利就是其聚拢消费群体的主要手段。同时,利用渠道不断加大对上游行业的控制,在上下游产业链利益分配中迅速占据主导地位,向价值链上游环节转嫁竞争压力,挤压上游利润空间,从而巩固并扩大其盈利空间,转移其让利消费者带来的经营风险。企业通过扩大网点规模和维持对消费者的低价优惠市场策略,不断提高其渠道终端的市场影响力。在此基础上,通过提高其销售规模,以提高产品绝对销量和采购量来要挟供应商加大返利力度和交纳更多的通道费,通过从供应商获得返利和通道费获得了丰厚的隐蔽利润,并且在很大程度上抵消了低价销售带来的损失,其弊端如下。

①它会引起供应商与企业矛盾冲突不断升级。向生产商收取通路费用,占用供应商资金从事资本市场和房地产市场的运作获取利润,其本质都是因为对下游消费者缺少控制力,转而凭借强大的分销能力向供应商索取利润,并且分销能力越强,控制供应商的能力也就越强,生产企业的利润就会受到更大幅度的挤压。为此,很多供应商会产生反抗情绪,导致生产和企业之间矛盾冲突升级,一些国际知名品牌就曾经因为货款不到位停止而向一些家电连锁企业供货。

②会降低产品质量。企业凭借强大的分销能力挤占生产企业的利润,会使生产企业不堪重负,生产企业为获得更多的利润,不得不寻求新的方法降低生产成本,而市场上的激烈竞争已经迫使生产企业无法在改进生产工艺、提高劳动生产率上作出更多的改进,于是大量生产企业为降低生产成本不得不选用更为低廉的原材料,于是导致企业产品的质量不断下降。

③容易导致腐败行为的出现。通常,收取通路费用的企业都会拥有一套自己的收费标准,但是由于信息不对称,企业中拥有管理决策权力的人员会利用生产企业,特别是新兴的以及小型生产企业对收费标准不了解的弊端,肆意提高或收取额外通路费用。

④导致经营风险。采取类金融模式的企业的资金内部循环体系是以渠道价值为核

心的，只有不断强化自身的渠道价值，才可以维持资金的循环。而构成渠道价值核心要素中的任何一个一旦出现问题，都有可能带来严重后果。例如房地产投资，在房价不断上涨的时候当然可看作是黄金组合，但地产的风险是不言而喻的，一旦出现问题，对整个内部循环体系都会造成巨大的影响。对于企业来说，如何善用自身渠道价值带来的某种垄断能力，将目前与供应商之间较为紧张的关系，恢复到唇齿相依的伙伴关系至关重要。否则，一旦其运作过程中的某个链条出现问题，马上会引起连锁反应。因此，企业应当合理配置企业资源，控制好采购、销售、人事等方面的经营成本，用好渠道价值这个规模扩张与资金链健康运转的"平衡棒"，与供应商之间形成一种良性博弈关系。

4)"供应链管理"模式

"供应链管理"模式指企业通过与上下游客户之间建立战略合作伙伴关系，以客户需求为导向，运用供应链管理技术，从生产和流通两个角度降低成本、提高盈利空间并且利益共享的一种盈利方式。供应链是将供货商、制造商、分销商、零售商直到最终用户联结成一个整体的功能网链结构。

在"供应链管理"模式下，大型企业仍然是供销关系中的主导，是供应链中的核心企业，企业运用供应链管理模式获取利润，须做到以下七点：

①以顾客为中心，以市场需求拉动上游的生产行为。

②整条供应链上的企业专注于核心业务，建立核心竞争力，在供应链上明确定位，将非核心业务外包。

③链上的各企业必须紧密合作，做到利益共享、风险共担。

④对商流、物流、信息流、资金流进行设计、执行、修正和不断改进。

⑤建立高效、先进的信息系统，利用信息系统优化供应链的运作。

⑥合理预测市场需求，缩短产品完成时间，使生产贴近实时需求。

⑦通过流程优化减少各环节成本，推动盈利的增长。

(1)利润来源

企业运用"供应链管理"模式主要从以下三个方面改善企业的盈利能力。

①通过为消费者和客户创造价值增加收入。企业特别是零售企业应当运用与消费者紧密联系这一独特优势，有效地把握市场需求，并及时回馈给上游企业，为消费者生产更多的满足他们需求的畅销产品，达到增加收入的目标。

②运用供应链管理技术，对流程进行再造，降低在供应链各个环节上的成本，如各种交易成本、物流成本等，通过节约成本，提高盈利空间。

③通过设备共享、降低库存，减少资产的占用(如资金、设备和存货等)，以较少的资源投入，获得最大的投资回报，提高资源利用效率。

(2)模式举例

作为世界500强之首,沃尔玛不仅仅是一家等待上游厂商供货、组织配送的纯粹的商业企业,而且也直接参与到上游厂商的生产计划中去,与上游厂商共同商讨和制订产品计划、供货周期,甚至帮助上游厂商进行新产品研发和质量控制方面的工作。因此,沃尔玛总是能够最早得到市场上最希望看到的商品,当别的零售商正在等待供货商的产品目录或者商谈合同时,沃尔玛的货架上已经开始热销这款产品了。

其次是沃尔玛高水准的客户服务,沃尔玛能够做到及时地将消费者的意见反馈给厂商,并帮助厂商对产品进行改进和完善。零售企业只是作为中间人,将商品从生产厂商传递到消费者手里,反过来再将消费者的意见反馈到厂商那里。虽然看起来沃尔玛并没有独到之处,但是结果却差异很大。原因在于,沃尔玛能够参与到上游厂商的生产计划和控制中去,因此能够将消费者的意见迅速反馈到生产中,而不是简单地充当二传手或者"电话话筒"。

沃尔玛与供应商通过计算机联网和电子数据交换系统,与供应商共享信息,从而建立伙伴关系。除此之外,沃尔玛还为供应商在店内安排适当的空间,有时还让这些供应商自行设计布置自己商品的展示区,旨在店内营造一种更吸引人、更专业化的购物环境。

(3)模式评价

供应链管理模式要求供销环节中各企业从对立走向共生,将商品从生产、流通到消费者的整个活动看成是更高的满足客户需求而存在的连贯的过程,改变原有分散的管理方式和以某一企业所在环节利益最大化为主导的盈利方式,而以信息系统为纽带,通过企业间信息共有化来明确和协调各企业在整个供应链中的作用,使整个供应链高效运转,从而为顾客创造更大价值,也给自身创造更大的利润空间。

由于供应链管理要求上下游企业之间做到紧密合作、利益共享、风险共担,因此对于采取供应链管理盈利模式的企业来说,必须做到相互信任,并公平分配增加的利益。

5)"增值服务"模式

"增值服务"模式是指企业通过向上下游客户提供增值性的服务,从服务市场上获取利润的一种盈利方式。向上下游客户提供增值服务并不是最近几年才出现的盈利方式,但是却一直未受到企业的重视,无论从全社会的角度还是从单个企业的角度来考察,通过增值服务获得的利润仍然只占企业全部利润的很小一部分,伴随着市场竞争的加剧,越来越多的企业认识到增值服务带来的巨大的利润空间。因此,企业内的业务结构设置也开始向这方面偏移。

(1)利润来源

芮明杰认为,现代企业提供的增值服务具体可以分为四个部分。

①自创品牌服务。企业通过搜集、整理、分析消费者对某类商品需求特性的信息，提出新产品功能、价格、造型等方面的开发设计要求，进而选择合适的生产企业进行开发生产，最终由企业使用自己的商标对新产品注册并销售给最终消费者的战略。

②为供应商提供的增值服务。它包括为供应商提供的对产品进行再次加工等服务在内的现代物流服务与分销服务。如钢铁企业根据汽车制造商的不同需求进行再次剪切等再次加工服务或为消费者提供包装服务，等等。

③为消费者提供的增值服务主要包括为消费者提供的相应售后服务等，如设备的运输、安装、维护和更新服务。

④其他类增值服务，如汽车企业与金融资本相结合，为消费者提供汽车消费信贷服务等。

(2)模式举例

英国的马莎百货集团被称为“没有工厂的制造商”，它采用的是单一品牌策略：主要销售其自有品牌“圣米高”系列的产品，虽然品牌单一但产品花色和种类繁多。“圣米高”牌系列商品由遍布全球的800家企业生产。马莎百货向制造商提出原料、生产工艺和品质等方面的要求，并提供技术支持和管理咨询。由于制造商无须投入资金发展和推广品牌，所以可以降低供货价格。“圣米高”现已被公认为是优质和物有所值的象征。

(3)模式评价

从依靠转移商品价值获取利润的盈利模式到为生产企业和消费者提供增值服务为主的盈利模式的转变，为现代企业创造价值起到了积极的作用。

①为企业创造了更多的价值。企业通过提供增值服务拓展了企业利润渠道，增加了利润来源。企业运用自有品牌增值服务可以获得三个方面的利润来源：一是正常的商业利润；二是品牌溢价；三是部分生产利润。

②为客户创造了价值。对于上游生产企业来说，企业通过为其提供包括对产品进行再次加工等服务在内的现代物流服务与分销服务，可以使生产企业专注于核心业务的开发，提高了生产效率，降低了产品成本；对下游消费者来说，企业通过提供设备的运输、安装、维护和更新服务等相应的售后服务，解决了消费者购买产品后最为关心的问题，免去了消费者的后顾之忧。

③有效缓解企业同生产企业之间的矛盾冲突。当今，中国的企业同生产企业之间的矛盾冲突相当严重，主要表现在企业依靠强大的分销能力强占生产企业的利润。事实上，流通并非只能通过销售产品获取利润，通过提供增值服务同样可以获得利润，甚至更多。企业如果把提供增值服务作为自己的盈利模式，可以避开双方冲突的焦点，开辟新的盈利空间。

④提高了企业的核心竞争力。企业受上游供应商的影响，经营的产品同质化现象

十分明显,企业在市场竞争中如果仅仅依靠产品往往无法取得竞争优势,而增值服务是最容易做到差异化的。如果企业能够提供差异化的增值服务,就能够有效地同竞争对手区别开来,树立企业的核心竞争力。

3.2　网络的商业价值

3.2.1　网络的特性

作为信息技术革命产物的互联网,20 世纪 90 年代以来在全球得到了飞速发展和普及。互联网把世界各地和各色人种通过各个终端紧密地连接在一个平台之上,并以极强的包容性和变革性把不同区域的政治、经济、文化放在自己的背景和机制中,从而把人类带入了网络时代。

作为计算机技术和通讯技术的完美结合,网络有着自己鲜明的特性:

1)开放性

互联网是一个四通八达,没有边界,没有中心的分散式结构,体现的是自由开放的理念和设计原则。任何人只要拥有一台计算机和简单的上网设备,就可以接入互联网,向世界发布信息,传播自己的观点和理念,同时也可以选择自己喜欢的信息和内容。在这里,信息跨越了时空界限,实现了自由流动。

2)互动性

互联网的实时互动和异步传输并举的技术结构彻底地改变了信息的传播者和接受者的关系。任何网络用户既是信息的接收者,同时也可以成为信息的传播者,并可以实现在线信息交流的实时互动。

3)平等性

网络水平方向延伸的存在方式决定了网络是一个平等的世界,在网上网民交流的是信息、是思想,不问交流各方的身份和地位,也就是说,网络交流忽略了网民的权力、财富、身份、地位、容貌等因素,在网络组织中成员彼此平等相待。

4)虚拟性

互联网的存在状态是无形的,在网上的交流中,人们看到的文字、形象和听到的声音都变成了数字的终端显现,形成了另外一个时空概念。

随着时间的发展,网络也在不断地发展,今天的网络又有着如下的时代特点:

①网络和基于网络的电子商务不受地域或国家边界的限制,而只受计算机网络覆盖范围的限制。

②从互联网上获取的信息数量、获取信息的速度都发生爆炸式增长,人们面临的不是信息匮乏而是如何从众多信息中选择最有用、最有价值的信息。

③给商家和消费者带来实实在在的利益,如全球消费、全球选择;缩短商品供应链、优化商品交货链;成本减少、价格降低;提供新的商机、新的商品和服务等。

④24 小时服务,提供和获取商业信息。

⑤网络是一种属于成员的虚拟空间。作为一种虚拟世界的网络,提供了一种全新的人际关系的作用与表现空间。在这个世界里,匿名性带来的是人们充分的自我暴露,虚拟性带来的是人们身份与角色的不断转换。这时,网络是人们的另一种生存状态。这也是网络吸引众多网民的一个重要原因。

3.2.2　网络的商业价值

网络的价值,尤其是互联网创造价值主要依托于网络的种种特性,按照新的信息中介理论主要反映在如下四个方面:

1)成本的节约

一方面,由于互联网的电子商务不再借助于传统的分销网络,并使企业能够按照市场需求精确地管理库存与供应链,因此企业的营销、储存的成本大大降低,节约了企业的内部成本;另一方面,越来越多的企业利用企业间的电子商务进行销售和整合供货链,这时的交易成本,即企业之间利用市场机制的成本也大大降低。

此外,这种成本的节约使得计算机网络价值还体现在这一事实中:经销商可以从中获取收益。经销商意识到信息中介会给他们带来前所未有的接触机会。因为信息中介建立的客户信息资料,远比经销商自建的更详细、更全面,并使经销商更有把握接触到潜在的客户并把它们变成真正的客户,这使得经销商获取客户的成本或市场营销成本显著下降。

2)提供创造价值的机会

互联网最重要的功能不仅是降低成本、提高效率,而且还提供了创造价值的机会,即通过对基本的商业模式假设以及创造性地利用互联网的能力给客户提供更多的有价值的信息。目前,互联网上创造价值的最重要的机会是建立新型中介以促成价值从经销商转向客户。

3)无边界的市场

互联网几乎无限地扩大了商业活动的领域,使商业活动不再借助于物理设施的存在,超出了国家、地域、时间等的限制,客户和市场被大大地扩展了。另外,互联网作为一个强大的平台,把人与人、企业与企业联系起来,同时,又通过相关的信息使这个平台本身得到了丰富和改进。

4)信息化的服务

由于信息技术的充分利用,生产者面对更加细分的市场,能够及时了解消费者的需求,并对客户提供技术支持和售后服务。用户足不出户就可得到想要的服务。互联网会使企业活动大规模地集中。这主要是因为:上升的利润所带来的动力,驱使许多客户愿意使用代理功能时向信息中介付费。

互联网为人们带来了许多新鲜的体验与思想,这些新鲜的体验与思想正以一种难以想象的方式冲击着我们现在的各种秩序,虽然没人知道将来会发生什么,但是每个人都能感受到互联网为这个世界所带来的巨大变化,正如蒸汽机的发明引发了工业革命一样,今天的互联网技术正在引发一场新的商业革命。我们所说的网络的商业价值就体现在上述所说的网络的各种特性中。在互联网的发展中,正是开放、平等、协作、分享的互联网精神激励了众多网民投身这一伟大的商业革命中去。

3.2.3 认识网络企业

1)网络企业的含义

网络企业并不是指销售有关网络硬件和软件的实体企业,而是在互联网上注册域名,建立网站,利用互联网进行多样商务活动的企业。这些商务活动包括通过互联网进行商品采购与销售,通过互联网对实体企业进行宣传和对其产品进行网上营销,通过互联网向希望得到特定信息的顾客提供信息服务,通过互联网向上网的人们提供虚拟的社区服务,如聊天、讨论、交友等。

因此,从本质上分析网络企业,它是指以互联网平台为基础,利用网络的种种特点提供相关免费以及增值服务,并因此获得收入的公司,其收入来源主要是依靠网络中介而产生效益,主要经营模式是通过建立自己的网站,提供网络接入、搜索引擎、门户站点、电子商务等众多业务,以吸引大量用户。因此,一方面网络企业要利用互联网的特性;另一方面网上业务能够带来收入,而且大部分网络企业收入均与网上业务的营运相关。

网络企业的建立,有的是个人投资或多人机制在互联网上申请商业或网络域名,建立网站,在网站上推出他们的经营内容,这类网络企业一般为虚拟企业;有的是实体企业投资或实体企业联合在互联网上申请商业域名,建立网站,推出实体企业意欲在网上经营的内容,这样的网络企业不能称为虚拟企业,它实际上是实体企业的业务活动向互联网领域的拓展。

2)网络企业的实质

①网络企业是一种市场,体现着一种契约型的交易关系。网络企业提供了虚拟的交易场所。网络企业的交易是通过互联网实现的,互联网既是交易各方完成交易的手

段，又是交易各方进行交易的虚拟场所。在网络企业中形成的交易关系，不仅包括劳资双方间的契约关系，而且形成了企业与消费者、企业与企业间直接买卖各方的契约交易关系。

②网络企业是对传统市场的一种替代。首先，过去在传统市场中进行的生产要素采购交易和最终产品购买交易，现在已经部分地被网络企业所取代。换句话说，传统市场中的生产要素市场的功能和产品市场的功能已经部分地被网络企业所取代。其次，传统市场中所需要的一些交易程序和过程，如企业产品或服务信息的发布、达成交易意向、交易的谈判、签约、下订单等，已部分地被网络企业通过互联网所取代。

③节约交易费用是网络企业生存的重要原因。网络企业替代传统市场最直接的结果是节约了交易费用，诸如节约了广告费用，节约了搜索产品和发现相对价格的信息费用，节约了谈判费用，节约了签约费用。同时，也正是因为节约了交易费用，才使得网络企业能够生存下来。

网络企业对传统市场的替代程度，既取决于企业的消费者对网络的认识程度和利用程度，又取决于网络企业自身的技术支持程度和发展水平，还取决于社会的信用水平、社会相关的基础设施的完善程度和对网络企业的支持程度、国家的政策和立法情况等。但有一点是肯定的，网络企业虽然是对传统市场的一种替代，但不能完全替代传统市场。

3.3　常见的网络盈利模式

目前，网络企业主要向个人、企业和政府机关团体提供诸如信息、产品或商品的信息服务平台，为实体企业间的交易提供网络平台等内容服务。网络企业作为互联网上的站点，所起的作用类似网络通信中的中转存储站，不过网络企业经营的站点提供服务，成为联系不同的个人、企业、政府机关团体的平台。

网络企业的盈利模式是指网络公司向其客户提供服务以获得盈利的方式。这种模式决定了网络公司的信息流和物流的组织形式，从而也就决定了其收入和成本的结构和数量，并最终影响网络公司的前途。这里关注盈利模式的真正意义在于，在传统经济向新经济的转换过程中企业如何达到盈利模式的更新和实现的目的，以及如何认识和评估这些商业模式在更新过程中其价值的实现程度。一般认为，一个企业的盈利模式至少包括以下三方面内容：企业的经营内容、企业的服务对象和企业的收入来源。企业的经营内容是指企业经营的是产品还是服务，是有形产品还是无形产品。企业的服务对象是指企业的受众，可以是特定的目标群体，也可以是无针对性的大众群体。企业的收入来源是指企业获取经营收入的方式，包括销售收入、广告、佣金、会员费、服务费等。考察任何一个企业的盈利模式大致都可以从这三方面入手。那么，当前网络企业到底有哪几种盈利模式呢?

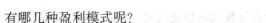

本书根据因特网的商务功用和商务活动中的产品流、服务流和信息流三要素,将网络盈利模式划分为三类:基于产品销售的盈利模式;基于服务销售的盈利模式;基于信息交付的盈利模式。这种分类体系从构成盈利的商业要素角度来分析,区分了不同模式中收入取得方式,即盈利模式的不同,其商业要素体现方式是不同的,收入的体现方式和成本的产生方式以及价值的产生方式也是有差异的。而且这个指标体系与本书认为的网络盈利模式的概念也更加一致,覆盖面也很全面,对指导现实网络企业的盈利模式有很大的启示作用。

3.3.1 产品交易型盈利模式

通过电子商务网站搭建电子商务平台作为盈利手段是大多数人理解中的电子商务网站的盈利模式。网站通过在网上销售商品获得收入,注重的是效率、过程以及成本的降低。简单地说,就是利用电子商务平台优势,扩大产品销售规模,以实现更多利润的获取。由此可见网上销售比传统营销更具有价格方面的竞争力,必将赢得越来越多消费者的青睐。另外电子商务网站还可以通过收取加盟费赚钱,就是在网上开设加盟店,或一起共享资源并取得相应比例的回报。采用产品交易型模式主要有两种企业,一种是以制造商为主导的电子商务企业,另一种是以交易为主导的电子商务零售企业。

以制造商为主导的电子商务企业,也就是传统制造企业通过在计算机网络环境下的商业化应用,把买家、卖家、供应商和合作伙伴通过互联网、企业内联网和企业外联网全面结合起来的一种应用。传统企业商务模式的网上迁移,去掉了“迂回经济”的非经济性,使企业进入了“直接经济”时代,生产直达消费。在这方面应用得最为成功的是计算机(如康柏、戴尔等)和家电企业(如海尔)。拿戴尔公司来说,和传统商务模式相比,它可以实现24小时在线服务,可以为企业降低销售成本和内部管理成本,从而为企业带来更大的盈利空间。在顾客方面,戴尔与顾客保持互动,通过戴尔网站实行直销,不仅可以更深入地了解顾客需求,更能获取传统模式中留给中间商的利润空间,降低了销售成本。

以交易为主导的电子商务零售企业,它表现为一条产业链中上下游企业之间供应、采购活动的网络化,其网站的核心竞争能力表现在如何利用网络为企业更多地降低库存、采购成本和管理成本,从而获取更大的盈利空间。如亚马逊、当当等在线零售商,都是在网上从事实物产品的交易。新兴的企业当当书店,作为全球第一大中文网上书店,它可以在网上提供20万种以上国内出版的图书。相对于传统的实体书店,买书者往往能在当当书店买到更多的专业书籍,而且当当书店还可以帮助解决边远地区或者海外华人买书难的问题。

在中国,由于物流配送水平还不高,配送更多的还是借助于传统物流,如邮寄等,这在一定程度上阻碍了我国产品交易型电子商务模式的快速发展。因此如能有效解决物流问题,产品交易型商务模式在中国现阶段也能得到较好的应用。目前来说,可以在网上销售对时间不敏感的商品,或实现小区域范围内的快速配送都能较好地解决配送难题。

产品交易型盈利模式可以细分为以下几种模式:

1) B2C

网上商店就是网络用户通过网站了解商品信息,网站通过物流配送体系将商品直接送到用户手中,并通过各种传统和网上方式收取商品货款的网上虚拟销售商店。

网上商店的优势在于它直接连接生产厂商和消费者,通过人们对一些知名品牌的认可,将商品直接从生产厂商送到消费者手中。它不仅大大降低了传统销售模式的中间商成本,而且让用户足不出户就可以进行各种消费购物。1999 年 3 月,中国第十家网上商店——8848 网站正式开通,曾一度掀起中国 B2C 投资高潮。但直到目前中国物流配送问题仍然没有根本得到解决,支付信用体系仍然存在一些不足,不过这种网络经济模式却是非常有投资价值的。另外,对于大型网上商店来说,建立有效的客户关系管理系统也是非常重要的,否则大量订单处理起来将会错漏百出、效率低下。

2) B2B 货物采购

1999 年 11 月,两大汽车制造商福特和通用先后宣布将把它们庞大的采购部门转移到互联网上。两家公司的采购部门通过互联网和全球各地的供应商、商业合作伙伴、顾客进行联系和交易,每年就能够节省 20% 左右的成本。

目前对于许多大型企业来说,客户遍布世界各地,每天会收到各种各样的产品和原材料订单,如果按照传统的电话、电报、人员往来进行交易,就需要大量的人员来处理这些订单业务,不仅响应时间和成交时间慢,而且技术出错率也很高。如果将各种订单通过互联网借助网络数据库处理技术,只需很少的人员就能实时地响应。并且借助网上银行的参与,可以大大降低交易成本,产品客户也可以实现产品采购的零库存。但是,这需要一定的信用保证机制和安全机制。

1996 年 11 月,波音公司首次发布了零部件网站,航空公司通过这个网页订购了 9% 的零部件,同时客户可以直接上网了解产品的价格、供货方式及订货状况。航空维护可能发生在任何地方,波音公司的技术文档必须随时提供支持,这些文档包括各种图表、手册、公告等,单独一本手册就达 30 000 页,以往人手一份是不可能的,就连一些航空公司的机械师人手一份也是不可能的。而现在,世界上任何人都可以在任何时候通过互联网获知这些数据库信息,等于说让整个世界人手一份。

3) 网上书店

网上书店是网上商店的一种,但是由于图书这种特殊的商品比其他商品更容易通过网络来进行交易,以致许多网上商店都是通过网上书店发展而来的。世界上电子商务的头号公司亚马逊网站(www. amazon. com)就是通过网上书店这一网络经济模式发展成功的。

网上书店的经营必须有一种非常重要的资源就是全国图书出版商。用户之所以不去现实的实体书店购买图书,就是因为那里的图书非常有限,碰到稍微偏一点的图书就买不到。这就是网络书店能够取得成功的关键,因为对于虚拟网络书店来说只要知道图书是哪个出版商的,就可以通过邮购的方式向全国各地的购书用户提供他们想要的图书。

网络书店在中国比较著名的是当当网络书店(www. dangdang. com)。当当的价值就在于其成功地建立了中国图书出版商数据库,风险投资人如果自己去建立出版商数据库至少需要两年的时间和花费上千万美元的资金。

4) 网上软件销售

软件是地地道道的数据产品,它通过网络进行销售比其他商品销售更为有利的一面是可以下载软件,然后通过用户注册或密码认证来确认软件的购买。因此,许多综合门户也经营软件下载的业务,虽然大部分是小软件和试用软件,但是网络软件销售是非常大的市场,而且可以有效对付盗版软件。

3.3.2 服务销售型盈利模式

和产品交易型模式不同的是,这种模式不是大规模地生产某种产品,而是提供某种服务去满足客户的特定需求,且对于消费者来说收入通常都是预先支付的。在线能提供的服务是多样的,如网络游戏、广告收费、在线交流、在线音乐、在线电影、电子邮箱、虚拟空间、收集短信,等等。

目前有的服务项目是明晰的,如网络游戏,2003 年度福布斯中国富豪排行中,第二名的盛大网络和第十七名的第九城市都是依赖网络游戏盈利的。广告支持模式也是盈利的,中国的几大综合网站,如网易、搜狐、新浪,还有著名的搜索网站,如百度、雅虎等,很大一部分收入都是来自广告业务,但广告支持模式只适合有很大用户群的网站,对一般网站并没有多大的盈利支持。目前很多网站的在线电影和收费邮箱也能带来一些收入,但由于免费电影和免费邮箱网站可以通过广告带来收入,使得收费的电影和邮箱业务增长缓慢。随着手机的不断普及,手机功能的不断完善也是同步进行的。如今手机短信息和彩信收入已成为电子商务网站盈利的另一个重要来源。据腾讯前不久的消息,中国每年仅垃圾短信所创造的收入就已经达到了 13 亿元人民币。

在线提供服务模式的网站应该坚持一个原则:坚持做“离不开”的网站。如果提供的服务能给用户带来效用且离不开,那就是成功的服务网站模式。比如第九城市是代理的“魔兽世界”这款在线游戏，凭借其精彩的故事情节，逼真的3D界面，多样化的角色和发展方向，为众多玩家所痴迷。同时以模拟现实世界的创建工会组织，丰富的游戏角色致富机制和装备拍卖机制等元素的融合吸引了众多年轻人的青睐，甚至有些人愿意直接用现实货币来购买游戏中的虚拟货币。这就是一种离不开的模式，所以它能盈利。而因为人们可以通过其他途径得到新闻、音乐和电影带来的娱乐和享受，目前新闻网站、在线音乐和在线电影还是一种离得开的模式，其盈利模式有待进一步深入思考。

另外，Internet需要专业的分工，如果网站所提供的服务能满足某一特定的需求，网站同样也能带来盈利。如雅虎公司凭借着3721的专业化“翻译”技术，很好地解决了如何把中国企业原有的优势如品牌迁移到网上，如何让消费者更方便地找到企业和相关的产品这个问题，而大举进军中国的中小企业。

服务销售型盈利模式可以细分为以下几种模式：

1）网络广告

网络广告目前已成为一些大的门户网站和知名网站的重要收入来源。这些网站都把网站静态和动态的最佳广告位出让给客户。常见的形式有：①Logo广告，在页面将别的公司或者网站的标志（Logo）做一个链接或者直接做一个页面。②Banner广告，在网站的动态横幅条（Banner）位上置换别的公司和网站的动态广告条幅。③Pop—up广告，当用户访问网站首页或者频道主页的时候，自动弹出一个小的简单窗口，里面有各种广告信息。④动态移动广告，在网站的主要页面上放上一个带有链接的利用网络技术形成的移动广告方式。

2）定制信息

互联网是信息的海洋，一个人要想在如此广阔的海洋中找到自己所需的珊瑚礁小岛是一件费时费力的事，而定制化服务就是一艘方便快捷的“小船”，帮助你获取所需的信息。ICP主要是建立全面的法律网络信息数据库，提供全文检索和其他检索的方式，并且建立自动信息推送系统和信息定制化系统来提供个性化信息服务。

所谓定制化服务是指客户在第一次注册时选择他所需的信息选项，此后他再登录时，只要点击定制化栏，网站会自动推送他所选择的相关信息。比如，当你注册时选择了行政法、宪法这两个选项后，下次再登录时，点击定制化栏，网页上就会自动出现与行政法、宪法的相关最新信息，不用每一次都重复查找，这样极大地方便了客户搜索信息。而对于网站来说，可以通过客户的定制化选项了解客户需求，是一种很好的市场调查方法。

另外，信息定制可以由用户提出信息要求，网站对原始信息进行加工整理，汇总后将加工好的信息包整体发送给用户，从而形成信息增值。还有一些网站建立特别价值信息数据库，对使用这些信息数据库的用户进行收费；也有些网站利用传统渠道，将网

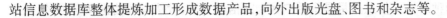

站信息数据库整体提炼加工形成数据产品,向外出版光盘、图书和杂志等。

3)网上游戏

家用电脑最常见的一个用途就是玩游戏。如果把这种游戏搬到网络上,当然更吸引人,因为网络游戏的魅力在于许多游戏的竞争对手不再是几乎固定思维的机器,而是人。这就是网络游戏为什么能够使人上瘾的原因。网上游戏目前受到网络传输效率和网络传输稳定性的影响,用户往往会因此受到极大困扰,尤其是大量用户同时上网的时候。解决这一问题的最好办法就是采用游戏客户端软件,将传输数据量比较大而且稳定的图形和动画打包在客户端软件中,然后用户通过网络下载这些软件进行网上游戏作业。中国联众网、网易、搜狐等就是靠游戏实现的盈利。

4)网上 WAP 服务

WAP(Wireless Application Protocol)就是无线应用协议,是一个用于向无线终端进行智能化信息传递的无需授权、不依赖平台的协议。1998 年初,由诺基亚、爱立信、摩托罗拉和 Unwired Planet 等四家公司发起组成的 WAP 论坛,现已有 100 多个公司和机构参与。WAP 就是以超文本标记语言(HTML)格式检索因特网信息,并通过标签文本标记语言(TTML)将信息转换成短消息。它是由一系列协议组成,用来标准化无线通信设备,例如蜂窝电话、移动终端,可用于 Internet 访问,包括收发电子邮件、访问 WWW 页面等。WAP 将移动网络和 Internet 以及公司的局域网紧密地联系起来,提供一种与网络种类、承运商和终端设备都独立的无地域限制的移动增值业务。移动用户可以像使用他们的台式计算机访问信息一样,用他们的袖珍移动设备(手机等)访问同样的信息。WAP 同时也定义了一个 WAP 的应用环境,包括微浏览器、描述语言解释器、电子邮件、用于移动应用的 WWW 信息等。只要用户拥有一部 WAP 手机,无论身在何处,都可以通过 WAP 手机上网,进行各项线上银行服务,甚至预订旅馆、购买或预订电影和音乐晚会的门票。

WAP 是能够提供增值的经济模式领域。例如,WAP 使得移动用户可以很轻松地使用无线设备从移动电话的屏幕上得到各种信息服务和应用。服务与应用包括电子邮件、用户管理、呼叫管理、天气和交通、新闻、体育和信息服务、电子商务和电子银行、在线地址和目录服务,当然还有 Internet 应用等。再例如,航空公司正在为留住客户的同时缩减票务处理成本而努力,而 WAP 可以很好地解决这些问题,全世界的移动客户要多于 Web 浏览器,移动客户数量的迅速增加将使这一渠道对旅游和运输业务提供者的未来成功更加重要。移动电话用户可以在最方便的时间和地方做好旅游安排和订票。

3.3.3 信息交付型盈利模式

面对网上急剧膨胀的资源信息量,用户对特定信息的查询往往会产生信息过量和信息迷向两种结果。信息过量是指用户找到的信息太多,没法有效消化和应用;信息迷向是指基于目前技术,用户难以有效地表达需求和准确寻找到所需资源。信息交付型盈利模式与服务型盈利模式有些类似,都是提供服务,但信息交付型盈利模式的根本不在于服务,而在于帮助用户解决信息过量和信息迷向问题。采用信息交付型盈利模式的企业可分为两种:一种是信息中介服务,另一种是信息咨询服务。

信息中介服务。它是指网站利用中介技术,为交易的双方提供一个交易的平台,使两个及以上需要交易的客户之间取得联系,并从中收取佣金。这类网站在网上大量存在,如很多的行业网站、招商网站、旅游代理网站等,但做得最好的往往都有自己的核心竞争能力,如先入优势、行业优势或者是其他方面的优势。

信息咨询服务。它是指电子商务网站,利用其自身的信息优势,依托互联网来提供更好、更方便的检索手段,根据有关政府、企事业单位或个人的特殊需要,为其定制一种专业性很强,有一定实用性和实效性的电子读本,订购者通过电子商务网站所给的网络通行证定期收阅。这种网站盈利模式的核心竞争能力不在于信息技术,而在于它能提供给用户高质量的信息内容。

如中经网,作为国家的一个信息中心,网站定位在为政府、为企业提供高质量的经济信息服务。为把内容做专做深,中经网网罗大量专家做信息分析,然后利用网络技术把这些高价值信息内容系统化地进行组织整理,即集中力量解决数据库和网上 WEB 的联系和应变。中经网提供的是对整体经济环境可靠、准确、系统、连续地描述,有利于政府的宏观决策,也有利于企业经营者减少经营风险,提高经济活动的有效性。中经网提供的信息现在对政府免费,对企业是收费的,也许随着政府职能的转变和进一步深化改革,将来也可对政府收费。目前,中经网的主要收入来源是企业信息收费。

又如,CNKI 中国知识基础设施工程把国内 6 600 多种学术期刊搬到网上进行信息资源共享,其市场细分非常明确,为高校和学术团体进行信息查询和学术研究提供服务,CNKINET 自 1999 年开通以来已有 100 多个定向站点,所有的高校都是它的用户,包括一些省市级的图书馆。CNKI 的专业检索技术极大地方便了高校和学术团体进行信息查询和学术研究。现在,CNKI 还只是把期刊、杂志、一部分报纸、博硕士论文、学术会议信息放在网上,还有很多信息没有进行数字化,没有进行深入加工,相信今后还有很多更有前景的市场。

信息交付型盈利模式可以细分为以下几种模式:

1)年费会员服务

这是一些咨询性网站、中介性网站、代理性网站和其他服务性网站提供服务时常用的一种网络经营模式。对于一个网络用户来说,网站提供任何一种单独服务都很难获得收费,但是将这些服务打包,并且在一定程度上结合传统服务,这样就可以向一些富有的网络用户推荐这些服务,这就是网络套餐的概念。

一般来说,许多用户非常希望了解某些方面的信息和享受某些方面的服务,但是不愿意将大量的时间花费在这些信息和服务的整理、收取工作上,网络公司可以将一些信息和服务进行打包加工,通过低价格大量销售的方式推送给网络用户,网络用户非常愿意消费这些服务。例如,一个律师或律师事务所每年要碰到许多官司,但是他无法及时了解和掌握许多领域的新法规和地方性的新法,如果有一个法律网站提供相对比较完整的新法律信息,并按一个律师500元/件的价格出售这些信息,只要能够对十分之一的中国律师服务,那么就至少有上万人接受服务,每年收益就达500多万元。

信息服务只是年费会员服务的一种形式,年费会员服务还可以加入现实的传统服务,这样经济效益会更好。

2)网上调查

网上调查目前是现行调查成本最低的调查模式,它不需要调查人员亲自上门,不需要耗费大量的纸张,不需要调查人员进行大量的统计工作,而且很少会出现一些人为的计算错误。总之,网上调查的种种优势举不胜举。

网上调查需要一定的不同技术支持,首先要进行有效性调查,确认该调查内容填写是符合标准的,同时确认调查不被重复提交,避免产生不必要的偏差。

网上调查已经为一些大型的门户网站所采用,因为这些大型门户网站有大量的用户浏览,调查可信度比较高。所以,网上调查是综合门户网站可以很好地使用的一种网络经济模式。

3)网上招聘

在许多国家就业问题有一个很大障碍,就是就业信息不通畅,劳资双方都急需对方,而双方却都不了解对方。互联网可以有效地连接劳资双方,这也是许多就业网站非常兴隆的原因。搞好就业网站,必须建立网站人才查询数据库和企业招聘查询数据库,同时不断地向劳资双方推销这些数据库,这样网站就可以向招聘企业收取费用。美国的Hotjobs. com网站雇请了大约3 000名注册招聘人员处理已经在网站上登记的30多万人的个人简历。它还提供一种特别服务,就是你在向网站提交个人简历时,可明确说明要禁止哪些公司的查询。Monster. com网站上最令人感兴趣的是它的"人才市场",已经登记"网络自由职业人"有97 000人之多。如果就业人员想找传统一些的工作,可在网站数据库中查询,或者制作一份个人简历在网上应聘以及进行招聘单位的调查。

4)威客网

威客网是互联网上出现的一种新型交易模式,它以创意产品的需求、生产、管理、传递以及交易为主,是创意产业的一个重要的新兴市场。这一新模式是以创意市场的个人和中小企业的创意需求为企业的价值诉求,利用民间闲置的创意智力资源为动力,既满足了这个市场对创意的需求,也使民间的创意资源实现货币化、社会化,极具发展潜力。

3.4 网络盈利模式的选择

3.4.1 各种网络盈利模式的特点

1)服务销售型盈利模式分析

(1)服务销售型盈利模式的本质和特点

随着网络技术的发展,许多原有的线下服务或数字产品(如电影、歌曲、软件等)可以通过网络在线获得。服务销售型盈利模式就是通过寻找和提供这些特定的网络服务或数字产品来获取利润的。

就其本质来看,服务销售型网络盈利模式实际上就是电子商务企业利用电子商务平台,在免费向用户提供基本服务的基础上,为了满足用户的特定需求而推出的增值服务,并从中获取利润的电子商务模式,其根本利润点是提供网络服务和销售数字产品。

与产品交易型模式一样,服务销售型模式也是靠销售自己的产品——网络服务来获取利润。不同之处在于,产品交易型模式销售的是实物产品,一是实物产品的销售需要有相应的物流配送体系;二是实物产品的生产存在着一定的边际成本。相对而言,服务销售模式提供的是网络服务或数字产品,而网络服务或数字产品的销售只要有因特网就能简单实现,而不再需要专门的配送体系;再者网络服务或数字产品主要是需要前期的开发成本,后期生产的边际成本几乎为零。所以说,服务销售型电子商务盈利的模式的特点是:

①更为强大的网络技术支持。服务销售型网络盈利模式与产品销售型模式不同在于,它不需要转移任何财产,它只提供某种设施、因特网平台和信息传输服务等。网络就是它唯一的盈利渠道,那么它就需要强大的网络技术保障其盈利渠道畅通,同时面对用户不断发展的需求,还需要有针对性地开发新网络技术,对新的盈利渠道提供支持。可以说强大的网络技术是服务销售型盈利模式实现盈利的前提条件。

②用户的细分程度高。如何更好地与网络运营商合作,提高原有的因特网、无线网和固网的增值服务水平,更深层次地利用和开发当前巨大的用户资源,把那些活跃用户转变为能给自己带来利润的核心用户,就必须对现有用户进行高程度的细分。以腾讯为例,腾讯凭借着2.2亿的活跃客户,几乎独霸了中国的个人即时通信市场。设想一下,腾讯如果能实现每个月对每人收1元钱,那么腾讯每月就有2.2亿的巨额收入。腾讯正是通过从特征、心理、购买能力等多个角度,对现有用户群进行了划分,分别针对他

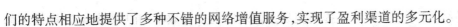

们的特点相应地提供了多种不错的网络增值服务,实现了盈利渠道的多元化。

③组织规模的精简、运营方式灵活。采用服务型盈利模式的电子商务企业,由于其依靠数字产品和网络服务盈利的特点,不需要庞大的生产规模、更不需要完整的物流配送体系,它仅仅只需要几台服务器和对网络服务市场需求和发展前景的敏锐洞察力。正因为其组织机构简单,也就使得其运营更为灵活多变。

如腾讯,虽然其主要盈利来源只分成了三个部分,但每个部分又有若干的可盈利项目。如因特网增值服务又包括:会员服务、社区服务、游戏娱乐服务等;移动及通信增值服务包括:移动聊天、语音聊天、短信铃声等。

(2)服务销售型盈利模式所面对的风险

①服务收费观念。和网上购买实物产品一样,由于在我国尚未培育起一个适合于电子商务发展的外部环境,消费者缺少服务购买意识,通过网络购买服务的意识更是有待提高。从传统的习惯来看,我国消费者对服务特别是网络服务存在着一种想当然的免费心理。再者,我国在知识产权的保护上还存在很大漏洞,盗版现象仍旧非常严重,因此要想通过提供网络服务和销售数字产品实现盈利,还有很长的路要走。

②服务定价问题。一般来说,服务销售型电子商务企业为其用户提供的网络服务包括免费的基本服务和收费的增值服务。对那些收费的服务,如果收多了可能导致用户拒绝享受此服务,如果收少了又会影响企业利润。那么究竟应该怎么收?收多少?既没有依据也没有标准。因此这还是个需要长期研究并在实践中检验的问题。

③盈利方式的易模仿性。由于所有采用服务销售型盈利模式的电子商务企业都使用互联网这一公共的盈利渠道,因此同行业的相互竞争和互相模仿的情况就相当严重。所以,当拥有 QQ 的腾讯在即时通信领域不断演绎神话的时候,也不得不考虑一些潜在威胁和将来的发展方向。微软公司的 MSN 与腾讯的 QQ 在功能上就有着许多的相同点,因此成为了腾讯强有力的竞争者。腾讯凭借其本土化的特点,在内容提供服务上占有优势,特别是移动 QQ 的推出使腾讯在服务的延伸方面占据了主动地位。MSN 则由于其娱乐性相对较弱,再加上其与中国网络运营商的合作还有欠缺,目前在国内和腾讯 QQ 的竞争中还处于劣势。但 MSN 凭借微软的技术优势、能更好地与 Windows 系统软件相结合,再加上强大的资本运作能力,其实力是绝对不能忽略的。腾讯要想稳固自己在实时通信领域老大的地位,就必须不断改善自己的电子商务平台的功能。

2)信息交付型盈利模式分析

(1)信息交付型盈利模式的本质和特点

采用信息交付型盈利模式的企业有两种:一种是信息中介服务,另一种是信息咨询服务。其中,信息中介电子商务企业是通过提供交易信息和交易平台(主要是交易订单和交易结算)等公共服务来提高交易主体之间的交易效率,并从交易双方取得应有收入。它包括:交易服务费、广告费、社区会员费、深层次信息服务费、应用系统运行平台租赁费、应用系统租赁费、应用系统实时咨询费等。信息咨询电子商务企业是利用网络技术把高价值的信息内容系统化地进行组织和整理,再通过其网络平台,提供给有需求的买家并从中获取利润。

信息交付型网络盈利模式的本质就是佣金,即电子商务企业通过自己强大的信息收集整理能力,利用电子商务平台满足用户特定的信息需求,并从中获取利润的电子商务模式。信息交付型网络盈利模式的特点在于:

①中介特征。所谓中介特征是指采用信息交付型的电子商务企业在交易双方、当事人之间实际上是扮演的电子经纪人角色,处于中介地位,它为交易双方提供订约机会,充当媒介。而且其从事中介的目的仅仅只能是基于佣金请求,本身不从事生产或经营。如果电子经纪人直接经营所经纪的商品,由于其掌握着交易双方的商业信息,为了自身利益的最大化,往往就会出现恶意炒作等投机行为,从而损害委托企业的利益。

②知识性与情报性。商品交易的中介要求电子经纪人在从事某项商品的交易中介业务时,不仅要熟悉商品的专业知识、经营业务、市场行情、政策导向、法律规章、交易心理、社会环境,而且还要了解相关商品领域的知识与概况,以利于主动解决或协调处理随机出现的问题。电子经纪人在具备以上知识的基础上,还需要有一种情报意识,即以宽厚的知识面为基础,有善于洞察市场变化的意识,从市场行情中收集情报,从大量事实中分析情报。接受委托和提供参数服务的内容是指上市情报服务,与委托人进行的是一种情报商品的交易,因此,电子经纪人活动的内容有经纪服务的特点。

③有偿服务特征。信息交付型电子商务企业的活动性质是一种服务性劳动,这种劳动本身不创造价值。但这种劳动促进了社会流通渠道的畅通,参加商品流通中的价值分配,这种分配反映了该企业服务活动的有偿性,其具体表现形式就是佣金。而在具体的服务提供当中,为了使佣金得到保证,一般都采用先付订金再提供服务的保证措施。

需要说明一下的是,信息中介服务和信息咨询服务都以提供信息来获取利润,但除开上文所说的共同特点外,两者又有所区别。

①收入的来源渠道不同。从取得收入的来源上来看,信息中介其并不是针对买卖的一方,它是通过其平台提供双方的交易信息,从中抽取一定的交易费用作为收入,其一次收入来源于两个方面;而信息咨询服务每次的收入只来源于一个信息需求买家。

②同一信息的收入获取次数不同。从取得收入的获取次数上来看,信息中介每提供一则信息,其佣金的获取机会将随着该次交易活动的完成而结束,如要再获取佣金,必须再重新提供一则交易信息。而信息咨询服务提供者却可以将同一则信息提供给 N 个该信息的需求者,从而 N 次获利。

(2)信息交付型盈利模式所面对的风险

①经济情报获取能力的高要求。采用信息交付型盈利模式的电子商务企业,在从事某项商品的中介业务时,不仅要熟悉商品的专业知识和信息,还要了解相关商品领域的知识概况。因此,这就对这类电子商务中介企业提出了非常高的专业经纪情报获取能力的要求。阿里巴巴的 B2B 电子商务平台可以说是成功的,但其成功不是偶然的,从其发展的前身一眼就可以看出。阿里巴巴创始人马云 1995—1997 年创办中国第一家互联网商业信息发布站"中国黄页";1997—1999 年加盟外经贸部中国国际电子商务中心,并成功运作该中心所属的国富通信息技术发展有限公司。在不到一年的时间内,开发了外经贸部官方站点、网上中国商品交易市场、网上中国技术出口交易会、中国招商、网上广交会和中国外经贸等一系列站点。1999 年自立门户,在杭州设立研究开发中心,以中国香港为总部,创办阿里巴巴网站。可以说没有前面多年的积累,就没有今天阿里巴巴的成功。

②收费问题。中介对中介信息收费是必然的趋势,但是否开始收费就一定能够实现盈利,结果显然是否定的。淘宝网推出"招财进宝"服务就是一个明显的例子。阿里巴巴是成功了,可阿里巴巴旗下的淘宝却不然。淘宝网通过免费策略从易趣近九成的市场份额中抢夺到近七成的市场份额。然而,即使平台上异常繁荣,但不能获得任何收益就不能算是成功。特别是当淘宝的用户达到了一定规模的时候,淘宝需要解决的问题越来越多,免费策略已经不能成为淘宝用户增长的原动力和市场竞争的杀手锏。2006 年 5 月,"招财进宝"其实是一种竞价排名服务,是淘宝网为愿意通过付费推广,而获得更多成交量的卖家提供的一种增值服务。然而,这一服务的推出却导致了现近 5 000卖家联合罢市的现象,使得淘宝网不得不停止这一服务。因此对什么产品收费、怎么收费——这不仅是淘宝网,也是众多电子经纪人急需解决的问题。

③信用问题。中介网站要解决的还有一个核心问题,就是交易双方的信用问题。市场经济是信用经济,网络经济同样是信用经济,为此,中介网站提出"第三方担保"和"代管契约服务"等方案。中国的阿里巴巴就做得很好,为了解决信用问题,它把自身的用户注册信息库与公安的信息数据库相连,从而可以核实用户信息的真实性,保证了交易的可信性。这一点也是其得以发展壮大的核心竞争能力。另外,在网站上交易后的双方可以为对方就本次交易自由作出评价,作为下次参与其他交易的信用参考,也有力地约束了交易者的败德行为。

3.4.2 网络盈利模式选择的原则

据"2007 第三届中国电子支付高层论坛"大会的最新资料显示,中国电子商务的发展速度很快,2001 年中国电子商务支付市场的规模是 9 亿元人民币,到 2005 年该数字已增长到 160 亿,2006 年为 330 亿元,而 2007 年电子商务交易额已超过 600 亿元,同时

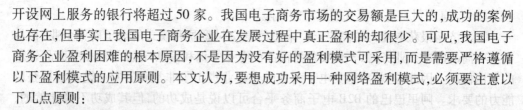

开设网上服务的银行将超过50家。我国电子商务市场的交易额是巨大的,成功的案例也存在,但事实上我国电子商务企业在发展过程中真正盈利的却很少。可见,我国电子商务企业盈利困难的根本原因,不是因为没有好的盈利模式可采用,而是需要严格遵循以下盈利模式的应用原则。本文认为,要想成功采用一种网络盈利模式,必须要注意以下几点原则:

1)客户价值一致性原则

客户价值的创造是盈利模式形成的基础,盈利模式类型的选择应该与客户价值的来源相一致,而且他们是一一对应的,任何盈利模式都是如此。也就是说,每一个电子商务企业都必须拥有其核心的客户价值来源,然后才能应用与之相对应的盈利模式。当然,也不排除一个电子商务企业可以同时应用两种或以上种类的盈利模式,但这种情况是在该企业能够在提供原有客户价值的基础上,又创造出新的客户价值的前提下才能实现。

如:阿里巴巴公司的B2B业务本属于信息交付型盈利模式,但它后来建立的淘宝网却属于服务销售型模式。该现象的本质不是盈利模式的增加,它只是新业务开展中所创造的新的客户价值形成,从而带来了新的赢利模式。

2)战略定位的准确性原则

任何商务活动的开展,企业首先都需要有一个明确的战略定位。开展电子商务的首要问题就是对企业经营带来什么样的价值进行战略定位。它包括三个方面:

一是商品定位要准确。企业开展电子商务是希望开拓新的产品或服务项目,还是延伸现有产品或服务的市场空间?不同的战略定位将带来不同的经营效果。许多企业一开始就追求商品大而全,但因没有比较完善的物流配送体系的支撑而受到严重的制约。

二是客户群定位要准。在客户的定位上,要对客户结构从年龄、性别、购买能力与购买意愿等多个方面进行细分。很多网站虽然访问量较高,但交易额小,其原因就是没有对客户进行细致的划分和定位。

三是合理的价格定位。价格的合理与否也直接影响产品或服务的销路,它是竞争的主要手段,关系到企业盈利目标的实现。大家都知道网上商品销售可以带来很大的成本优势,但由于我国当前传统的分销渠道仍是商品销售的主要渠道,为了不影响分销商的利益,网上商品的定价依然偏高。因此,在确定商品价格时要重点考虑成本、供求关系和竞争等因素,同时还要考虑到网上销售价格是否与传统市场的产品价格结构相一致,要将个性化定价策略、声誉定价策略、自动调价议价策略、网络促销定价策略有机结合起来,形成一种灵活多样的定价策略。

3）模式的可复制性原则

严格地说，任何盈利模式都是可复制的，只是复制的难度不同，而复制难度大则可以使竞争者难以进入，为自己的发展赢得时间。优秀的盈利模式是难以模仿的。企业通过确立自己的与众不同，如对客户的悉心照顾、无与伦比的实施能力等，来建立利润屏障，提高行业的进入门槛，从而保证利润来源不受侵犯。以戴尔公司的成功为例，直销模式人人都知道其如何运作，也都知道戴尔公司是此中翘楚，而且每个商家只要愿意，都可以模仿戴尔的做法，但能不能取得与戴尔相同的业绩，这完全是另外一回事。这就说明了好的商业模式是很难被人模仿的。对一种网络盈利模式而言，抓住时机，利用先发优势、网络效应、切换成本等手段使得其模式难以被竞争对手复制，也是影响其获得成功的重要因素。

4）客户价值独特性原则

电子商务的主要特点是为消费者提供快捷、方便的网上购物环境，如果电子商务不能在服务上比传统商务做得更好就根本没有任何和传统商务相比的优势。

目前国内的很多电子商务平台都是什么赚钱就做什么，而且一做就是一拥而上。它们不去深入挖掘自身的专业优势，从专业化上取胜，因而所提供的产品和服务专业化程度低，功能简单，缺乏创新。这就使得客户流失现象比较严重，平台交易量上不去，直接影响平台的盈利。因此，企业应进行认真的市场调研和信息筛选，注重在 Internet 上与用户的交互作用，通过信息交流了解顾客需求，并为顾客提供更有价值的产品和服务，创造独特的价值，从而形成自己特有的市场竞争优势。

有时候这种独特的价值可能是新的思想，而更多的时候，它往往是产品和服务独特性的组合。这种组合要么可以向客户提供额外的价值，要么能使客户能用更低的价格获得同样的利益，或者是用同样的价格获得更多的利益。例如，美国的大型连锁家用器具商场 Home Depot，就是将低价格、齐全的品种以及只有在高价专业商店才能得到的专业咨询服务结合起来，作为企业的盈利模式。

5）盈利模式的可发展性原则

盈利模式设计的最终目的是为了能够长远获利，因此网络盈利模式应该瞄准长期的目标，而不是短期目标或一锤子买卖，也就是说网络盈利模式应该具有一定的持久性。目前利用因特网赚钱的方式虽然不少，但是作为一种网络盈利模式必须是针对一种长期存在的市场所开发出来的。如果针对的只是一种临时的需求和市场，那不能算是一种成功的盈利模式，因为市场一旦失去了，就没有其存在的必要，这种模式必然失败。当然，也有可能在某种偶然的情况下创造了一个市场并发展起来，然后随着其发展完善并总结出应用模式。如 e-Bay 就是由 Pierre Omidyar 为女友收集 Pez 糖盒建立起的拍卖网站而发展而来的，进而成功地发展了网上拍卖这种电子盈利模式。

网络盈利模式在目前技术发展日新月异、竞争日趋激烈的时代要保持一定的持久性,与盈利模式的可扩展性是分不开的。这里所谓盈利模式的可扩展性,是指可利用现有盈利模式所拥有的顾客基础、相关活动、能力和技术开发新的收入来源,也指盈利模式的一些组成部分和连接环节是可以重新设计和改造的,以便向客户提供更好的价值。

总之,一种网络盈利模式的成功取决于多个方面,除了以上所列举的因素外,还受时机、宏观和微观环境等诸多因素的影响。在构建和实施某种网络盈利模式时,不仅需要找到顾客价值来源和构成形式以设计盈利模式,还要综合考虑各方面的影响,才能保证其成功可能性。

本章小结

盈利模式是基于战略层面的以客户和利润为导向面向企业资源的运营方式,是企业在市场竞争中形成的企业特有的商务结构及其对应的业务结构。

传统企业盈利模式有进销差价模式、连锁经营模式、渠道控制模式、供应链模式、增值服务模式等模式。

现代网络企业是以互联网平台为基础,利用网络的种种特点提供相关免费以及增值服务因此获得收入的公司,其收入来源主要是依靠网络中介而产生效益,主要经营模式是通过建立自己的网站,提供网络接入、搜索引擎、门户站点、电子商务等众多业务,以吸引大量用户。其盈利模式也多种多样,只有选择适合自己产品的模式才是获利的正确途径。

案例　亚马逊的成功之道

亚马逊2009年的年终财务报告显示,它的年收入达到了240亿美元,其中多媒体/图书类别的销售收入为59.6亿美元,占总收入的四分之一。这个数字超过了所有传统出版或数字出版行业中那些最大的公司。Barnes and Noble/B Dalton在2008年的总收入仅为45.2亿美元,Borders/Waldenbooks加起来的收入也不过31.1亿美元。同时,亚马逊的图书收入还在稳步增长中,而Borders和Barnes and Noble却在持续下跌。

然而,亚马逊最早仅仅只是一家卖书的公司而已,现在它们已经扩张成了一个综合性的零售商,所卖的货物从个人电器到吸尘器、鞋子、宠物食品以及一切居家生活所需的东西。

亚马逊为什么能成功?是什么样的战略和价值在促进这样的成长?亚马逊一位管

理人员说:"当我们同时拥有一本书的印刷版和电子版时,我们每卖掉10本印刷版图书的同时能卖掉6本Kindle电子图书。这是今年最新的数据,而且只包括付费图书,如果算上免费的Kindle电子图书,这个比例会更高。这样令人激动的成绩已经持续了27个月了。"毫无疑问,数字图书销售收入的快速增长是亚马逊高速发展的最重要的动力。

自1995年成立以来,亚马逊有着持续的、鲜明的理念,那就是宽广的视野和长期的战略、对削减额外开支的孜孜以求、丰富的创新能力、精明的投资战略以及对客户的极端重视。他们从1995年的一文不名开始,发展到2010年在多媒体/图书类销售领域的收入超过50亿美元,可以说这确实是一个成功案例。因此,更好地理解亚马逊,对我们思考如何更成功地执行市场战略大有裨益。

一、亚马逊的投资战略

2009年12月,《纽约时报》在采访亚马逊CEO杰夫·贝佐斯时问道:"准确地说,什么才是你们最终的目标?"贝佐斯回应道:"我们想成为世界上最大的商品供应商,亚马逊河是世界上最大的河流,那么我们就是世界上最大的商品供应商。"当被问到"将纸质图书转化为对应的数字形式需要多长时间"时,杰夫·贝佐斯回答:"两年前发布Kindle的时候我们只有九万种图书,今天则已经超过了35万种。我们每周都在增加成千上万本书。我们的目标是让每一本书、每一个版本,无论是什么语言,都能在60秒内转化为相应的数字形式。"

2005年,亚马逊在一个月里先后收购了提供按需印刷服务的公司BookSurge和电子书公司Mobipocket。这些收购行动释放了明确的信息,即亚马逊对数字和传统图书出版产业的投资都着眼于未来图书出版模式。

亚马逊的投资对象和方式都体现了相当的复杂性和多样性,这揭示了它们理性精明的投资战略。如果愿意,亚马逊完全有足够的资源去兼并并且扼杀掉一个竞争对手,或者防止一家公司被自己的竞争对手兼并掉。而收购过来的公司既可能会失去它们的独立性,变成一个附庸,也可能作为一家独立的公司继续经营,这完全取决于亚马逊的决定。

亚马逊还有许多其他方面的投资,用于开发有利于吸引客户的技术以及改进从Amazon.com获得产品或服务的用户体验等。它不仅是B2C模式的,同时也有和B2B关联的模式,比如云计算服务。他们正在建立一个全方位的、彻底贯穿横向和纵向的在线购物平台。他们既通过直接向消费者销售商品赚钱,也帮助其他商家向他们的消费者出售商品来赚钱以及最近的向连锁商家提供货物供应支持同样也能赚取收入。这些都不容小觑。

历史上的并购战略一般出于两种目的:获取技术和获得客户。除了那些处于企业发展早期阶段的并购,大部分投资的目的都是既有技术上的也有客户资源上的。亚马逊通过购买技术促使自己商业转型,进而获得相应的客户关系。它们同样也购买客户平台以加速自身的市场渗透。Audible(有声图书)和Mobipocket(电子书)就是平台收

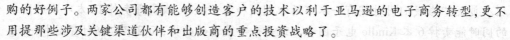

购的好例子。两家公司都有能够创造客户的技术以利于亚马逊的电子商务转型，更不用提那些涉及关键渠道伙伴和出版商的重点投资战略了。

二、亚马逊的企业文化战略

亚马逊在它们最新出版的合作愿景陈述书中将它们的企业目标描述为："我们竭诚为三个基本的客户群：消费者客户、销售商客户以及开发者客户服务，我们力图成为世界上最坚持客户至上精神的企业。"

杰夫·贝佐斯为亚马逊设计了一个简明的四步战略：

第一，围绕客户：从客户开始，然后开发产品和服务解决方案，聆听客户的需求。

与大部分传统出版商不同，亚马逊不再以维护印刷图书的行业现状为中心。它们只关注对客户重要的东西，如果客户想要数字产品，它们不会为印刷出版王朝的崩溃流下一滴眼泪。

对于出版商来说，缺少与他们的读者客户的紧密联系是他们的大忌，只有那些与零售客户有着忠诚关系的公司才会在竞争中处于有利地位。亚马逊最近被客户评选为最值得信任的在线零售商之一，这是它们赢得客户欢心的明证。

第二，创造力：不接受非此即彼的思维。努力去创造解决方案，帮助客户解除任何条条框框的限制。与生气勃勃的技术型公司不同，对于传统出版商来说，如何形成一种有凝聚力的创新文化是最难的挑战之一。

第三，考虑长远：如果投资的收益要到 5 ~ 7 年之后才能看到，那也是没有问题的。不要向短期回报的压力屈服，长远的考虑可以为客户提供比短期考虑好得多的服务，这是企业的竞争优势。

第四，每天都从头开始：每天都带来服务客户的新方法，去创造并从头再来，像吴刚那样永远别在月桂树前停下自己的斧头。

这些战略都不是孤立的，当它们贯穿于整个企业的每一个层面，就会产生连锁反应，竞争优势就产生了。

三、亚马逊的产品战略

1. 电子阅读器 Kindle

Kindle 是亚马逊最主要的产品战略，他们在人员配备、广告投放和市场定位上进行了重大投入。亚马逊现在已经与苹果展开了多方面的竞争：在 2010 年 2 月，亚马逊宣布了建立 Kindle 应用程序商店的计划，鼓励开发者为 Kindle 开发功能丰富、强大的应用程序，正如他们为 iPhone 和 iPad 创造的那样。

Kindle 在 2010 年遭遇了明显的市场竞争。谷歌版本图书馆（Google Editions）是一个基于网页的电子书店，它拥有海量的内容、完善的基础设施、强大的愿景和动力以及大量的资本投资。苹果的 iBookstore 也是一个需要认真对付的数字图书商店。然后还有许多已经存在的设备，在线图书商店以及新的合作伙伴将会成为未来图书市场的组成部分，包括：不想被数字时代抛弃的印刷设备制造商、移动设备（智能手机）、正在与那些有未来成长空间的相关企业合作的电信运营商、电子阅读装置和阅读软件等。

亚马逊的产品战略正在从大型出版商向中小型出版商倾斜，它们在从大型出版商获取内容方面做得很出色。现在它们已经意识到了新的增长点来自于小型和中型出版商。这也正好履行了 Kindle 的使命："每一本书，每一个版本，任何一种语言，都能在60秒之内搞定。"

2. 直接面向作者的出版平台

亚马逊产品战略的另一个重要内容是直接面向作者，这一战略让出版产业深感忧虑。这种战略潜在的结果是出版商被边缘化甚至被抛弃，这显然是它们不能承受之重。亚马逊的系列产品，Kindle、POD、电子书店等，为作者们提供了一个完整的出版平台，并且附带有他们在市场营销影响力上带来的额外利益和好处。

亚马逊的作者中心主义具体表现为，在 Amazon. com 和 Amazon. co. uk 两个网站上都有成百上千专门作家的页面，向读者提供完整的参考书目，推荐著作和视频。这让亚马逊有能力将作者的著作相互连接起来进行交叉销售，与此同时，也可以在服务读者的同时，建立与作者之间的个人联系。

3. 扩大分销渠道（EDC）

亚马逊以名为"CreateSpace"的新品牌推出了它们的自助出版服务，在这里能发现按需印刷服务（前 BookSurge 公司）。在 CreateSpace 网站上，"扩大分销渠道（EDC）"提供了让图书通过更多的渠道向更广大的受众传播的潜在可能，这些渠道包括：零售商、书店、图书馆、学术研究机构、批发商以及分销商。通过 EDC，作者将有机会把著作分销给成千上万的遍及全美的零售商和批发商。无论是否将作品纳入 EDC，所有的 CreateSpace 上的作品都能够通过 Amazon. com 以及各种电子书店渠道进行分销和传播。

大部分的在线零售商、传统书店和图书馆都是通过与大型批发商的采购合作关系来寻找他们想要的书的。如果某本图书没有列入这些批发商的采购名单，即使有读者专门要求购买该书，零售商可能也没有机会向这部分读者供货。而通过 EDC，则可以让这本图书登上这些大批发商的采购名单，紧接着让该作品有机会接触到成千上万的在线零售商、传统书店和图书馆。

四、结论

亚马逊强大的销售能力，已经对出版业产生了深远的影响，亚马逊的盈利能力和盈利方式正在改变出版商的市场战略。亚马逊是市场上的一个大玩家，它通过通盘的战略思考和对有延展性的商业模式的推进来支持自己的长期战略。这造就了它们如流星一般蹿升的成长过程，也给我们上了一课，那就是企业的成功将取决于能否获得与客户的密切关系，是否拥有一个强大的愿景以及如何打造一个以客户为中心的、对未来有着持续创新和投资承诺的企业文化。

案例分析与讨论题

1. 亚马逊的盈利模式有哪些？分别涉及了哪几种模式？
2. 亚马逊的盈利模式有什么优点和缺点？

复习思考题

1. 什么是盈利模式？常见传统盈利模式有哪些？
2. 现代网络盈利模式有哪些？
3. 传统盈利模式与现代网络盈利模式有什么联系？

第4章 网上创业者素质

市场经济的竞争性对各行各业的从业者，尤其是创业者的素质提出了严格的要求。互联网的发展在提供更多便利、带来更多机遇的同时，也要求其创业者拥有相应的知识、技能以及积极进取的开拓精神和创新意识。因此，创业者道德水平的高低，知识技能的强弱和思维眼界的开阔与否都将成为决定创业成败的关键因素。本章主要阐述网上创业者所应具备的各种素质和能力，以供相关人士参照、学习。

学习目标

- 了解创业者的基本素质要求；
- 了解创业者的知识结构和技能；
- 了解创业者的创业思维；
- 了解创业者的道德的组成要素。

案例导入

共同分享铸就大业

若干年前，记者曾在中关村采访过一位创业者。这位创业者当时在中关村做产品供求信息。当时，中关村做这一行的人还很少，因而这位创业者的收入十分可观，他在很短的时间内就买了车、买了房，但是对自己的员工却很抠门，能少给一分，绝不多给一分，他说这叫低成本运作。现在七八年过去了，这位创业者的公司已经搬了几次家，但总是改不了小门脸那种寒酸的模样，员工也总是那么寥寥几个，而且不断地更换。中关村竞争激烈，每天都会有很多人的创业梦化为泡影。这么多年过去了，这位创业者仍然存在，仍然在中关村坚持，自有他的成功之处。但是，与和他差不多时间起步，做同样行业，而且是白手起家的郭凡生相比，他就差得远了。郭凡生的慧聪年产值早已过亿，在现代化的写字楼里拥有了上千平方米的办公面积，在全国各地还有数十家分公司。郭凡生也早就成了千万富翁。

郭凡生和这位创业者的区别，就在于懂得与众人分享。慧聪是1991年创立的，1992年慧聪的章程里已经写入了劳动股份制的内容。学经济出身的郭凡生这样解释他的劳动股份制："我们规定，慧聪公司的任何人分红不得超过企业总额的10%，董事分红不得超过企业总额的30%。当时我在公司占有50%的股份，整个董事占有的股份在70%以上，有20%是准备股，但是连续8年，慧聪总是把70%以上的现金分红分给了公司那些不持股的职工，而我们这些董事规定得很清楚，谁离开公司，本金退还，不许持股。所以我们这些董事又都是公司总裁、副总裁，参与的也是知识分红。慧聪早在1992年初创业的时候，就确立了按知识分配为主的分配方式。"据说郭凡生第一次给员工分红的时候，有一位员工一下分到了3 000多块钱。那是20世纪90年代初，当时3 000元可是一笔大钱。这位员工以为公司搞错了，不相信世界上竟然会有"这样大方的老板"，拿到钱后连夜跑掉了。

郭凡生对中关村的企业和中国的高科技企业为什么做不大也有一番高论："中关村企业有100万元利润就分裂，有200万元利润就打架，为什么做不大呢？就在于这个公司只有一个老板，老板拿走绝对的利益，而这个公司又不是靠老板的资本来推动发展的，当它的主体变为知识推动的时候，企业就要不断地分裂，所以中关村的企业做不大，中国的高技术企业做不大。"

美国心理学家马斯洛有个需要层次理论，说人按层次一共有五种需要，第一是生存需要，第二是安全需要，第三是社交需要，第四是尊重需要，第五是自我实现需要。这五种需要具体到企业环境里，具体到公司员工身上，就是需要老板与员工共同分享。当老板舍得付出，舍得与员工分享，员工的生存需要、安全需要、尊重需要就从老板这里都得到了满足。员工出于感激，同时也因为害怕失去眼前所获得的一切而产生"自我实现的需要"，通过自我实现，为老板做更多的事，赚更多的钱，做更大的贡献回报老板。这样就构成了一个企业的正向循环、良性循环。这应该是马斯洛理论在企业层面的恰当解释。

分享不仅仅限于企业或团队内部，对创业者来说，对外部的分享有时候同样重要。王江民不管什么时候，对他的生意伙伴都是一句话：有钱大家赚。而正泰集团的成长历史，有人说就是修鞋匠南存辉不断股权分流的历史。在南存辉的发家史上，曾经进行过4次大规模的股权分流，从最初持股100%，到后来只持有正泰股权的28%，每一次当南存辉将自己的股权稀释，将自己的股权拿出来，分流到别人口袋里去的时候，企业都在高速成长。但是南存辉觉得自己并没有吃亏，因为蛋糕做大了，自己的相对收益虽然减少了，但是绝对收益却大大地提高了。

思考题:

1. 同为中关村的创业者,为何有人成功有人失败,郭凡生的成功之处在哪里?
2. 你怎样理解分享?对于创业者来说怎样平衡成本与分享关系?

4.1 创业者的基本素质

创业者的基本素质包括思想品德、职业道德、身体素质和心理品格等。身心的健康健全是个人能够正常工作的前提。创业者要想开展创业活动,取得创业成功,必须满足这些基本的素质要求。在日常生活和学习中,我们应该注意提升自己的个人素质和修养。

4.1.1 创业者的优良品质

1)遵纪守法

每个从业人员都要遵守纪律和法律,尤其要遵守职业纪律和与职业活动相关的法律法规。遵纪守法是我国公民的基本义务,也是维系社会稳定,市场公平竞争的必然要求,是建设中国特色社会主义和谐社会的基石。没有规矩,不成方圆。要建设高度文明、高度民主的社会主义国家,实现中华民族的伟大复兴,就必须在全社会形成"以遵纪守法为荣、以违法乱纪为耻"的社会主义道德观念,让遵纪守法成为我们的荣誉。作为网上创业者,除了遵守国家法律之外,还需要遵守行业规范,这就要求我们熟悉互联网的法律法规,掌握相关的行业规则。这样既可以避免因违法而带来的损失,也可以在自身利益遭到非法侵害时,拿起法律武器捍卫自己的权益。

2)强烈的创业意识

要想取得创业的成功,创业者必须具备自我实现、追求成功的强烈创业意识。所谓创业意识,是指在创业实践活动中对创业者发挥动力作用的个性意识倾向,包括创业的需要、动机、兴趣、理想、信念和世界观等心理成分。创业意识的形成主要源自于创业者的一种强烈需要。因此,创业需要的是创业活动的最初诱因和动力。只有当创业需要上升为创业动机时,才能形成心理动力。创业动机对创业行为产生促进和推动作用,有了创业动机,标志着创业实践活动就要开始了。而创业兴趣又能激发创业者的深厚感情和坚强意志,使创业意识得到进一步升华。一般在创业实践活动中获得一定成果后,便会引起兴趣的进一步提高。创业不是投机取巧的活动,必须付出艰苦和持续不懈的努力。随着我国经济活动的日趋成熟,市场竞争会空前激烈,其规则也日益完善,企望一下子暴富几乎没有可能。作为创业者,除了具有创业意识外,我们还必须具备持之以恒、艰苦奋斗的信念,它们帮助我们克服创业道路上的各种艰难险阻,将创业目标作为自己的人生奋斗目标。创业的成功是思想上长期准备的结果,事业的成功总是属于有思想准备的人,也属于有创业意识的人。创业意识是一个创业者最基本的素质要求,如果连创业意识都没有也就谈不上开展创业活动,更不可能取得创业成功。作为一个渴望创业成功,并勇于付诸实践的人,我们应该注重培养自己的创业意识和拼搏奋斗的创业精神,在创业之路上奋斗向前。

3)乐于分享

分享是一种互联网精神,也是互联网的意义所在,当面对相同的消费群体时,如何把潜在竞争对手转变为合作者,这是一种智慧,有时候分享会是一种不错的选择。在经营新产品销售,市场热度不够时,我们不仅不能排斥竞争者,反而应该引入一些竞争者作为合作伙伴,共同迅速地打开市场,吸引更多的消费群体,这就是群聚效应。例如,在开网店时,我们可以与其他卖家相互添加店铺链接和商品链接,这样既可以提升店铺的点击率,也可以提高商品被检索的概率,进而拓展市场达到双赢。

学会分享同样是一个成功的创业家、企业家的必备精神,在企业发展赢利壮大时,要能够与团队共享成果,要善待员工,不能只"共苦"却不"同甘",在满足了员工的精神需求时,还应该同样给予物质奖励,以此激励员工。在一个讲求知识,把知识作为核心力量的时代,创业者们应该将自己的合作伙伴和员工作为自己最宝贵的财富。在与团队及员工分享成果时,我们应该制定合理的分享制度,包括晋升机制、薪资机制、员工股份机制,等等。充分激励员工,使他们的知识、才能得到更充分的发挥,为企业的发展助推。

4)服务奉献

互联网的信息交流极为便利、畅通,这就使得互联网上的经营竞争更加激烈、直接。可以毫不夸张地说,顾客就是我们的生存、发展之源,企业团队员工就是我们发展的推动力。我们应该在今后的创业过程中树立牢固的服务奉献精神,将其上升为一种企业文化,并作为员工奉行不悖的信条,内部的奉献团结犹如巨树之根、大厦之基,是企业稳固发展的保证。对待合作伙伴和顾客时,服务奉献精神同样必不可少。互联网创业首重服务质量和商品品质,买家在进行网购时可供其挑选的卖家和商品成千上万,当卖家实力势均力敌之时,服务的好坏则成为取胜的关键。这就要求我们把服务规范化、标准化、常态化,使优良的服务上升为我们的经营理念,成为一种奉献精神,而不仅仅是赢得竞争的一种手段。在面对同行对手时,我们要严格坚持公平竞争这一原则,适当交流与合作,避免因触怒对手而造成不必要的损失。

4.1.2 提高个人的文化素养

文化是一个内涵十分丰富的概念,泛指一般知识、礼仪、习俗。它包括知识、科学、品德、情感、方式、方法、作风、文风、学风、纪律、机构、制度、传统、习俗、生活、饮食、娱乐、休闲等;包括人类所创造的全部物质文明和精神文明;包括意识形态:政治、法律、道德、哲学、艺术、宗教等;包括国家和社会的组织机构和规章制度;包括人际关系、国际关系以及各种交往、交换、交流关系,还有人与自然的关系;包括人的文性、理性、修养、本质、形象等;包括人的文化品位。

素养是指平时经常有意识地学习、实践和修养以及在社会舆论、环境暗示的影响下,使自己的知识、能力、作风、品德、胸怀境界达到一定的水平。素养的养成,是在素质的基础上不断积累和沉淀的过程,不断理解和深悟的过程,不断提高和丰富的过程,不断完善和丰富的过程。素养,不可能一蹴而就。积极的素养,是综合性的,既是知识,又是能力;既是品德作风,又是胸怀境界。对创业者来说,提高文化素养应从以下两方面入手。

1)夯实专业知识

创业是一项极具挑战性的社会活动,是对创业者自身知识、能力、气魄、胆识的全方位考验。只有具备深厚的专业知识,才能正确分析形势,用敏锐的目光把握事物发展的全局,提出精辟独到的见解和谋略,认清事物的本质,把握其规律,实现自己的创业目标。纵观近几年来在高科技领域创业取得成功的创业者,无不具有深厚的专业知识。用友公司的创办人王文京,大学毕业后被分配到国务院机关事务管理局财务公司。他大学期间学的是会计专业,但他深深地迷恋上了计算机软件编程,参加了与中软公司联合开发财务软件的工作。这一次经验,使他敏锐地察觉到财务软件商机巨大,于是他于1988年毅然辞职,创办起“用友财务软件服务社”,用友公司现已成为国内最大的财务及企业管理软件生产企业,年销售额4亿元。

因此,一个人要想提高自己创业成功的概率,自身必须具备一定的专业知识和专业技能,这一观点也深受俞敏洪的认可。在北京中关村管理委员会举办的2006年度中关村优秀留学人员及企业表彰大会上,俞敏洪谈到他的创业心得时也对专业知识的重要性进行了强调。俞敏洪的理由如下:第一,创业者本人在其所从事的领域或行业中具有相当的专业知识和能力是促成自己创业取得初步成功的一个很重要的因素。特别是在创业初期,创业者一个人要担任很多角色,在具体运作中往往要事事亲为,面面俱到,这就决定了创业者要具备多方面的知识和能力,其中就包括专业知识和技能。尤其对于从零开始的创业者来说,这一点更为重要。专家认为,创业最忌“半路出家”,如果你对自己将要进入的行业的行业动态和专业知识一知半解,没有掌握该行业的独立作业能力和追求利润的方法就贸然创业,那么等着你的往往就是失败的结局。第二,创业者具备相当的专业知识和技能是保证自己在业内游刃有余的必备条件。俞敏洪以自己创业的亲身经历证实了这一观点的正确性。他说,在创业初期,新东方开设的所有课程他都是可以上的,如果有老师甩手不干了,他也能临时救急,代替该老师去上课。正是这一基本技能的支撑,才使得处在社会零资源、赤手空拳的俞敏洪,具备了单枪匹马挑战世界的勇气和资本。学问中蕴藏着无限商机,只有你拥有了系统的专业知识,你才能发现和理解专业知识背后的商业机会。否则,你在创业后将对与自己所从事行业有关的商业机会视而不见,这会大大阻碍事业的进一步发展。切忌让专业知识成为你经营的"短板"。第三,只有你拥有了熟练的专业知识和精湛的专业技能,你才能有威信和说服力,才会有更多有才能的人愿意追随你。正因为俞敏洪本人是搞出国考试辅导出身的,他拥有丰富的专业知识和培训经验,并且对国内同行业的培训学校很了解,所以在创业初期,他能够集众家之所长,召集一帮最符合新东方要求的优秀教师把新东方的出国考试辅导做到最好。①

作为一名网上创业者,除了经营、管理、理财等专业知识外,还要掌握相应的互联网知识、计算机技能,这样才能有效地开展创业活动,实现创业目标。

2)拓展知识面

对于一名创业者来说,仅具备一些基本的专业知识和简单工具的使用技能是明显不够的。创业这一目的要求我们拥有更敏锐的"嗅觉",以便从平常之处发现商机;要求我们接受各方的信息资源,以便洞察市场行情,把握正确的发展方向。因此,我们应养成阅读、观察的好习惯,经常关注新闻热点及相关行业动态,不断拓宽知识面,培养再学习的能力。

只有深厚的专业知识和宽广的非专业知识相结合,才能从战略的高度正确分析形势,用远大目光和敏锐的洞察力,把握事态的发展,产生精辟独到的见解和谋略,才能认清事物的本质,把握其规律,树立并实现自己的创业目标。

4.1.3 保持正确的创业心态

俗话说"态度决定一切",态度是一个人对待事物的一种驱动力,不同的态度将产生不同的驱动作用。好的态度产生好的驱动力,得到好的结果,而不好的态度也会产生不好的驱动力,导致不好的结果。同时,对待任何事物不是单纯的一种态度,而是各种不同心态的综合。

1)良好的创业心理品质

网上创业是一项低门槛、高回报,同时也是高技术、高风险的新型创业模式,正由于这种特性使我们容易在创业初期遭遇种种挫折,这需要创业者具有非常强的心理调控能力,能够持续保持一种积极、沉稳的心态,即有良好的创业心理品质。例如,在选择新

①轶男. 俞敏洪创业思维[M]. 北京:新世界出版社,2009.

产品作为销售主打之时，往往由于产品市场尚未打开，消费者对其知之甚少，这可能会导致网店营业数月后无人问津的窘境，而选择较成熟的产品又会遭遇竞争对手过多的情形。这就要求创业者在创业之初一定要做好充足的市场调研，在确定好战略之后还要能够保持积极乐观的心态，正确看待创业前期的挫折和不顺。只有具有处变不惊的良好心理素质和越挫越勇的顽强意志，才能在创业的道路上自强不息、竞争进取、顽强拼搏，才能从小到大，从无到有，厚积薄发，闯出属于自己的一番天地。

2）积极主动的创业心态

积极的心态就是把好的、正确的方面扩张开来，同时第一时间投入进去。主动就是"没有人告诉你而你正做着恰当的事情"。在竞争异常激烈的时代，被动就会挨打，主动就可以占据优势地位。创业的成功不是上天安排的，是我们主动去争取的。在创业的过程中，我们往往要处理各种纷繁事务，这一过程充满了机遇与挑战，如果我们去主动地行动起来，不但锻炼了自己，同时也为自己抓住这一机遇积蓄了力量，但如果什么事情都需要别人来告诉、指挥，我们就失去了主动抓住机遇的机会。

行动是最有说服力的，言语的雄辩胜不过真实的行动。我们需要用行动去证明自己的存在，证明自己的价值；我们需要用行动去完成我们的目标。如果一切计划、一切目标、一切愿景都停留在纸上，不付诸行动，那么计划就不能执行，目标就不能实现，愿景就是肥皂泡。

3）双赢的创业心态

杀头的事情有人干，但亏本的买卖没人做，这是商业规则。作为创业者必须站在双赢的心态上去处理个人与企业、企业与商家、企业和消费者之间的关系。我们不能为了自身的利益去损坏企业的利益。没有大家怎会有小家？企业首先是一个利润中心，如果企业都没有了利益，我们自己也失去了营利的基础。同样，我们也不能破坏企业与商家之间的双赢规则，只要某一方失去了利益，这一方必定就会放弃这样的合作，到时候损失的会是双方。消费者满足自己的需求，而企业实现自己的产品价值，这同样也是一个双赢，任何一方的利益受到损坏，双方都会付出代价。

4）包容的创业心态

作为创业者，我们会和不同的人和事打交道，会接触到各种各样的经销商，也会接触到各种各样的消费者。这个经销商有这样的爱好，那个消费者有那样的需求。经销商和客户都是我们经营发展的重要资源，我们要为客户提供服务，要满足客户的需求，这就要求我们学会包容，包容他人的不同喜好，包容别人的挑剔。创业者离不开创业伙伴，离不开工作团队，我们的同事也许与自己有不同的喜好，有不同的做事风格，我们也应该去包容。海纳百川，有容乃大。正所谓"君子和而不同"，我们需要站在对方立场设身处地地思考，我们需要去接纳差异，包容差异。

5)自信、自强、自主、自立的创业精神

自信就是对自己充满信心。自信心能赋予人主动积极的人生态度和进取精神,不依赖、不等待。要成为一名成功的创业者,必须坚持信仰如一,拥有使命感和责任感,信念坚定,顽强拼搏,直到成功。信念是生命的力量,是创立事业之本,信念是创业的原动力。要相信自己有能力,有条件去开创自己未来的事业,相信自己能够主宰自己的命运,成为创业的成功者。自强就是在自信的基础上,不贪图眼前的利益,不依恋平淡的生活,敢于实践,不断增长自己各方面的能力与才干,勇于使自己成为生活与事业的强者。自主就是具有独立的人格,具有独立性思维能力,不受传统和世俗偏见的束缚,不受舆论和环境的影响,能自己选择自己的道路,善于设计和规划自己的未来,并采取相应的行动。自主还要有远见、有敢为人先的胆略和实事求是的科学态度,能把握住自己的航向,直至达到成功的彼岸。自立就是凭自己的头脑和双手,凭借自己的智慧和才能,凭借自己的努力和奋斗,建立起自己生活和事业的基础。21 世纪的青年人应该早立、快立志向,自谋职业,勤劳致富,建立起自己的事业。

6)强烈的竞争意识

竞争是市场经济最重要的特征之一,是企业赖以生存和发展的基础,也是一个人立足社会不可缺乏的一种精神。人生即竞争,竞争本身就是提高,竞争的目的只有一个——取胜。随着我国社会主义市场经济从低级向高级发展,竞争越来越激烈。从小规模的分散竞争,发展到大集团集中竞争;从国内竞争发展到国际竞争;从单纯产品竞争,发展到综合实力的竞争。因此,创业者如果缺乏竞争意识,实际上就等于放弃了自己的生存权利。创业者只有敢于竞争,善于竞争,才能取得成功。创业者创业之初面临的是一个充满竞争的市场,如果创业者缺乏竞争的心理准备,甚至害怕竞争,就只能是一事无成。

7)老板的心态

作为一个团队的领导力量,甚至是一个企业的开创者,我们应像老板一样思考,像老板一样行动。当我们具备了老板的心态,我们就会去考虑企业的成长,考虑到企业的费用,考虑到企业的发展;就会感觉到企业的事情就是我们自己的事情,就会知道什么是自己应该去做的,而什么是自己不应该做的。反之,如果我们抱着一种得过且过、不求有功但求无过的心态,就会不负责任,认为自己永远是打工者,企业的命运与自己无关。这样的创业将永远无法真正成功,企业也将难以发展,徘徊不前。

4.2 创业者的知识结构和技能

创业者在创业途中所面临的问题是多方面的,这就需要创业者掌握多方面的知识,拥有多重技能。

4.2.1 创业者的知识结构

所谓知识结构，就是指一个人为了某种目的，按一定的组合方式和比例关系所建构的，由各类知识所组成的，具有开放、动态、通用和多层次特点的知识构架。作为一名网上创业者需要具备以下几种知识。

1）技术知识

创业者选择运用互联网这个平台进行创业，就必然要具备一些基本的计算机操作和互联网运用知识，例如网站设计、数据库知识、搜索引擎的使用以及网络安全等技术知识。然而创业者并非专业的 IT 人员，不可能也不需要具备所有的 IT 专业知识。因此，在涉及建设网站、设计网页等专业性较强的技术知识时，我们可以聘请相关技术人员来操作。

现实当中也有相当多的创业成功者，他们原本并非 IT 行业出身，但是却在互联网上取得了巨大的成功。例如阿里巴巴集团的创始人马云，他毕业于杭州师范学院的英语专业，获得的是文学学士学位。但是他于 1995 年出行美国首次接触到互联网后开始创办网站，1999 年创立阿里巴巴，目前其旗下的淘宝网已经成为亚洲最大的购物网站和网络零售商圈，将其竞争对手 eBay 抛在其后。网络的开放性虽然给予了我们自由创业的机会，但是创业者了解这些技术的基本原理是必不可少的，这样我们才能向技术人员清晰地阐明自己的意图，更好地了解各种电子商务的运作模式，以便选择正确的创业方向，制订可行的创业计划。

2）管理知识

创业者无论是在创业过程中还是在创业成功以后的工作中，都有许多管理工作要做，因此创业者必须具备一些管理知识。主要包括：人事管理、矛盾管理、技术管理、财务管理、创新管理和行政管理等知识。

管理知识对于一个创业者来说是至关重要的，尤其是在创业之初，众多的工作事务需要我们亲力亲为，这就需要我们具有较强的组织协调能力、决策能力、危机处理能力。互联网的信息传播速度是极快的，有时候商机一闪即逝，及时准确地决策往往能抓住先机，给企业带来巨大的利益。试想，在创业之初，工作千头万绪，一个协调、同步和凝聚力强的高效率团队无疑会使创业事半功倍。但是假如创业者不懂得人事管理知识，在团队矛盾产生时不知道如何协调化解，劳动成果也不能很好地分配，更不懂得如何激励团队，树立团队的核心价值，这样就必然导致团队的分崩离析，效率也就无从谈起。

3）财务知识

创业者创业主要是为了获得事业上的成功和实现利润目标，因此创业者必须清楚一些基本的财务知识，以便对公司企业做出一些财务上的管理和调整。其主要包括：资本的筹集，现金流的管理，短期的融资方式，会计和一些其他特定的知识，如盈亏平衡点分析、资产负债表管理等。

此外，创业者掌握这些财务知识不仅仅是为了使企业有一个清晰的财务账目，而且还能帮助创业者很清楚地了解整个企业的盈亏状况，帮助创业者做好财务预算，分析各个项目的预期收益、盈亏平衡点，准确控制各种财务支出。当支出超出预算时，这些知识还能使创业者能够重新调整项目的相关预算，及时处理这些问题，并决定是否将该项目继续下去。

4）电子商务的盈利模式和网络营销知识

对于选择互联网作为创业平台的创业者来说，必须很清楚地了解几种电子商务的盈利模式。只有当创业者对电子商务几种主要的盈利模式和运作机制有了一定的了解后，才能很好地选择自己的创业方向，制订合理的创业计划，并在此基础上打造自己的销售平台。大凡成功的创业者都有一个好的盈利模式，并且他们在创业之初就确定并详细了解了自己所选择的盈利模式。

网络营销知识也是创业者必备知识之一。世界上不乏好的商品和创意，但却并不是所有的好产品都走俏世界，有的产品虽然价廉物美，但因为经营者缺乏营销知识，而只能沉积在仓库里。一个好的发明与创新能不能运用到实践并被转化成有效的需求，关键还在于它的营销。创业者可以利用各种网络营销方式来推广企业的形象和经营理念，并且对企业的产品或服务进行推广和信息发布。此外，创业者还可以了解和掌握客户的详细情况和真实需求，并根据获取到的客户信息提供多元化、个性化的定制产品和服务。总之，网络营销知识对于创业者来说是至关重要的，他直接关系到创业成败。例如现在备受追捧的苹果手机，它的热销甚至脱销除了因为产品本身优良外，还与苹果公司的营销策略密不可分。

5）法律税收知识

除了上述知识外，法律税收知识对创业者来说也是非常重要的。尤其在创业之初，涉及公司的注册等相关问题，这就需要创业者了解公司注册的法规和程序，避免在注册公司时遇到障碍，使创业者少走弯路，争取创业最佳时机。

创业者还应具备一些经济法、合同法等法律知识。目前许多不法分子总是利用一些法律漏洞对刚刚成立的小公司进行诈骗，主要是因为这些公司刚刚建立，急切希望增加自己的客户，提高自己的业务量，因而忽略了一些问题。特别是对一些合同的条款考虑不够周全，使得不法分子钻了漏洞，自己蒙受损失。我们学习法律知识，除了自己要守法之外，还要防止与他人产生经济纠纷，维护自己的利益。

此外，创业者还应具备一些税收知识，要做到既不偷税漏税，又能合理避税。偷税漏税会严重影响企业的声誉和创业者个人名誉，给企业的长期发展带来障碍。但我们却可以通过学习了解税收知识和国家税收政策来调节企业的经营战略，做到合理避税，节约企业成本，提高资金利用率，借此提高企业的竞争力。

4.2.2 创业者的技能

创业所需要的能力是复杂而综合的，这种特殊的能力往往影响创业活动的效率和创业的成功。创业者所需能力包括战略识别能力、策划和决策能力、经营管理能力、专业技术能力、交往协调能力和学习创新能力。

1）战略识别能力

创业要想成功，除了领导决策的正确外，还需要创业者能够洞察先机，从纷繁变化的事务中找到关键点，比其他人更快、更准确地抓住商机。例如，在台湾，旅游业是其经济支柱型产业，因此在当地的各个景点附近会有很多彩印冲洗店，为游客们提供相片的冲洗服务。但在事事讲求快节奏的当今，许多彩色冲印店却未能做到立即可取，而且提供的服务也比较单一。而36岁的周正章和32岁的周正文兄弟俩却注意到了这一点，并从中发现了商机，他们立即决定制作一台取名为“百达彩色世界”的流动彩印车来为游客们提供服务。这台创意十足的流动彩印车可以很快捷地为游客提供冲印照片的服务。此外，它还可以将游客喜欢的照片图像印在一些纪念品和T恤上。因此，这一创意一出现便大受欢迎，每台彩印车的纯利润甚至达到每月13万~14万台币，两兄弟的生意也越做越大。目前，兄弟俩雄心勃勃，已制订好周详的发展大计，哥哥周正章负责市场营销，弟弟周正文负责研究开发新的产品线。最近已新增两台“百达彩色世界”的流动彩印车在台湾各地投入营运，连锁加盟是兄弟俩今后快速扩张的首选策略。

创业者不论选择何种经营模式，要想取得成功，都必须善于发现并抓住机遇，即具备战略识别的能力。1903年吉列先生发明了可替换的剃须刀，从此风靡全世界，公司也成功上市；1971年日清的王牌产品“出前一叮”推出了杯装即食面，随即风靡全球，而方便面也被日本人评为“20世纪最伟大的发明”；1992年戚石川兄弟发明了罐装甜粥“泰奇八宝粥”，十多年来“泰奇八宝粥”为他们创造了数十亿元的财富，这样的例子不胜枚举。

2）策划和决策能力

在创业过程中创业者们所拥有的许多资源都是有限的，甚至是稀缺的，这就需要我们根据自身所处的环境和掌握的创业机会进行合理的策划，以期资源的分配利用最优化。所以策划能力对于创业者来说是非常重要的，创业者在进行发展策划时需要注意以下三个方面的问题：第一，创业者在进行某项策划时必须考虑策划涉及的范围和有关限制因素，然后决定由谁来进行策划；第二，创业者还要考虑策划的价值和代价；第三，创业者还必须考虑策划的时机，一个好的策划只有时机恰当才能取得成功，太早或太迟均会失去创业机会；第四，创业者还应该考虑策划的根据和实行的后果。

决策能力是创业者根据主客观条件，因地制宜、正确地确定创业的发展方向、目标、战略以及具体选择实施方案的能力。决策是一个人综合能力的表现，一个创业者首先要成为一个决策者。创业者的决策能力通常包括分析能力、判断能力和创新能力。我们进行网上创业，首先要从众多的创业目标以及方向中进行分析比较，选择最适合发挥自己特长与优势的创业方向和途径、方法。在创业的过程中，能从错综复杂的现象中发现事物的本质，找出存在的真正问题，分析原因，从而正确处理问题，这就要求创业者具有良好的分析能力。所谓判断能力，就是能从客观事物的发展变化中找出因果关系，并善于从中把握事物的发展方向，分析是判断的前提，判断是分析的目的，良好的决策能力是良好的分析能力加果断的判断能力。创业实际就是一个充满创新的事业，所以创业者必须具备创新能力，有创新思维，无思维定势，不墨守成规，能根据客观情况的变化及时提出新目标、新方案，不断开拓新局面，创出新路子。可以说，不断创新是创业者能不断前进的关键因素。

3）经营管理能力

经营管理能力是指对人员、资金的管理能力。它涉及人员的选择、使用、组合和优化；也涉及资金聚集、核算、分配、使用、流动。经营管理能力是一种较高层次的综合能力，是运筹性能力。经营管理能力的形成要从经营、管理、理财几个方面去努力。

（1）经营

创业者一旦确定了创业目标，就要组织实施，如果只有好的创意，却没有一个好的经营策略，创业是不会成功的。经营能力主要包括以下几个方面：市场研究和评估、市场营销计划、产品定价、销售管理、服务管理、产品管理以及新产品的开发计划。

（2）管理

学会行政管理，一个企业要想正常地经营运行必然离不开行政管理。创业者应该拥有的行政管理能力有沟通能力、计划能力、决策能力、项目管理能力、谈判能力、管理外部专业人才的能力和人事管理能力。学会质量管理，要始终坚持质量第一的原则，质量不仅是生产物质产品的生命，也是从事服务业和其他工作的生命，创业者无论是网上经营还是实体经营都必须严把质量关。学会效益管理，要始终坚持效益最佳原则，效益最佳是创业的终极目标，可以说，无效益的管理是失败的管理，无效益的创业是失败的创业。做到效益最佳要求在创业活动中人、物、资金、场地、时间的使用，都要选择最佳方案运作。做到不闲置人员和资金，不空置设备和场地，不浪费原料和材料，使创业活动有条不紊地运转。学会管理还要敢于负责，创业者要对本企业员工、消费者、顾客以及对整个社会都抱有高度的责任感。

(3)理财

学会理财首先要学会开源节流。开源就是培植财源,在创业过程中除了抓好主要项目创收外,还要注意广辟资金来源。节流就是节省不必要的开支,树立节约每一滴水、每一度电的思想。大凡百万富翁、亿万富翁都是从几百元、几千元起家的,都经历了聚少成多、勤俭节约的历程。其次,要学会管理资金。一是要把握好资金的预决算,做到心中有数;二是要把握好资金的进出和周转,每笔资金的来源和支出都要记账,做到有账可查;三是把握好资金投入的论证,每投入一笔资金都要进行可行性论证,有利可图才投入,大利大投入、小利小投入,保证使用好每一笔资金。总之,创业者心中应时刻装有一把算盘,每做一件事,每用一笔钱,都要掂量一下是否有利于事业的发展,有没有效益,会不会使资金增值,这样创业才可能成功。

4)专业技术能力

专业技术能力是创业者掌握和运用专业知识进行专业生产的能力。专业技术能力的形成具有很强的实践性。许多专业知识和专业技巧要在实践中摸索,逐步提高发展和完善。创业者要重视在创业过程中积累专业技术方面的知识、经验和职业技能的训练。我们作为网上创业者还应该掌握基本的计算机和互联网使用操作技能,尤其是互联网安全技术,在自己的创业团队中应该有专门的技术人员,以做好安全控制,防范黑客的袭击。

5)交往协调能力

交往协调能力是指能够妥善地处理与公众(政府部门、新闻媒体、客户等)之间的关系,以及能够协调下属各部门成员之间关系的能力。企业作为一个系统的组织,其内部和外部必然存在着种种联系。作为创业者应该能协调好与外界的关系,尤其要争取政府部门、工商以及税务部门的支持与理解,同时要善于团结企业内部各部门,处理好领导与员工的关系,做到不失原则、灵活有度,善于巧妙地将原则性和灵活性结合起来。

协调交往能力在书本上是学不到的,它是一种社会实践能力,需要在实践活动中学习、积累。这种能力的形成主要靠以下三点:一是要敢于与不熟悉的人和事打交道,敢于冒险和接受挑战,敢于承担责任和压力,对自己的决定和想法要充满信心、充满希望。二是养成观察与思考的习惯。社会上存在着许多复杂的人和事,在复杂的人和事面前要多观察多思考。观察的过程实质上是调查的过程,是获取信息的过程,是掌握第一手材料的过程。观察得越仔细,掌握的信息就越准确。观察是为思考做准备,观察之后必须进行思考,做到三思而后行。三是处理好各种关系。可以说,社会活动是靠各种关系来维持的,处理好关系就要善于应酬。应酬是职业上的"道具",是处事待人接物的表现。心理学家称:应酬的最高境界是在毫无强迫的气氛里,把诚意传达给别人,使别人受到感应,并产生共识,自愿接受自己的观点。搞好应酬要做到宽以待人、严于律己,尽量做到既了解对方的立场又让对方了解自己的立场。协调交往的能力并不是天生的，也不会在学校里就形成了，而是走向社会后慢慢积累社会经验，逐步学习社会知识而形成的。

6)学习和创新能力

网上创业对我们的要求很高，需要创业者具备多方面的知识技能，然而很少有人在一开始就具备创业所需要的所有知识和能力。加之企业在不同发展阶段所面临的外部环境和内部情况是不同的，所掌握的资源也在不断变化，这就要求创业者拥有极强的学习能力，使自己能够适应社会、环境的变化以继续推进事业的发展。所谓学习并不单指从书本上或向他人具体系统地学习，包括从细微平常之处发现自己的不足，通过与人交流沟通来提高自己，取长补短，在实践中学习。

创新是知识经济的主旋律，是企业化解外界风险和取得竞争优势的有效途径，创新能力是创业者能力素质的重要组成部分。它包括两方面的含义：一是创新思维的能力，即创造性思维、创造性想象、独立性思维和捕捉灵感的能力；二是创新实践的能力，即人在创新活动中完成创新任务的具体工作的能力。创新能力是一种综合能力，与人们的知识、技能、经验、心态等有着密切的关系。具有广博的知识、扎实的专业基础知识、熟练的专业技能、丰富的实践经验和良好的心态的人容易形成创新能力，它取决于创新意识、智力、创造性思维和创造性想象等。

4.3 创业者的思维和决策能力

4.3.1 创业者的思维能力

不同于普通的工作，创业具有高风险性和开创性等特点，作为一名创业者应该具备一些与常人不同的思维能力，这样才能运筹帷幄、决胜千里。在这里，我们采用习小林与郭启金的观点，将创业者的思维能力分为机会思维能力、风险思维能力、产权思维能力、管理思维能力、市场思维能力和战略思维能力六种特殊的思维能力。②

1)机会思维能力

机会思维能力是指创业者对本行业的基本状况或发展走向具有异常敏锐的感知能力和分析能力。这些“机会”包括一些珍贵的生产资料和高额的市场回报等稀缺资源。创业者的机会思维能力要求我们不仅能够认识、发现机会，还要能把握住机会，只有这样，创业者才能抓住先机，抢占市场制高点，在竞争中获得优势。对于机会思维的培养

②习小林，郭启金．创业者所需要的特殊思维与特殊素质初探[J]．山东商业职业技术学院学报，2003(3)．

我们应着手于细微之处，善于从生活中发现商机，锻炼自己思维的敏锐性。南京邮电大学大二学生陈峰伟正在仙林大学城内建一个500平方米的IT卖场，这个名为“华盛电器”的大卖场将投入300万元，所有投资都是陈峰伟个人的投资和融资。作为一个大二学生陈峰伟的成功无疑让人瞩目，他在商业上的成功离不开其对商机的把握能力。刚入大学军训时，学校只发了衣服，却没配鞋子，在其他同学只想到给自己配一双解放鞋时，他却马上到校外大批购入，然后积极向新生们推销。就是这种日常生活中的“小打小闹”锻炼了陈峰伟的机会思维能力，为他的成功奠定了基础。

对于机会重要性的认识我们应该将其提升到一个更高的层次，一个机会或许错过还会再有，但是其带来的损失可能是难以弥补的。例如麦当劳对中国餐饮业判断的失误使得肯德基在中国市场上抢占了先机，这使得近二十年来麦当劳都无法在中国市场上与肯德基相抗衡。

2)风险思维能力

风险思维能力指的是创业者应该具有冒险精神，具备应对风险挑战的能力和承受失败的能力。无论主客观因素如何，风险都是客观存在的，因此创业者需做好随时应对风险的准备。创业受外部环境的影响很大，市场风云变幻，往往很难预料，而政府行政指令的下达或政策的变更也可能使创业遭受极强挫折或是夭折。作为创业者自身来说，也很难保证在复杂诡谲的情况下始终考虑周详，在投资时往往一个因素没有考虑到就会造成投资失败。因此，在风险始终存在的情况下，创业者就必须具备一定的冒险精神，如果因为害怕风险而踌躇不前，机遇可能会被对手抢占，而对手一旦成功，将会使自己处于竞争中的不利地位。

敢于冒风险并不表示一味冒险，莽撞行事。创业者应善于权衡比较种种方案的风险系数，根据风险的大小和收益的大小来决定是否冒险。总之，创业者必须具备风险思维能力，并做好冒险准备，但同时也要谨慎思考，周密计划。

3)产权思维能力

在知识经济时代，科技知识是社会财富的核心，这一背景下的现代企业首要看重的是知识创新和产权维护。产权思维能力要求创业者必须具备一定的现代企业财产权知识和专利知识，重视知识产权的维护。在国内产权意识比较淡薄的情况下，侵犯知识产权的行为时常发生，而互联网的开放、互通的特性使得侵权行为更加严重且难以监管、评判。这就要求我们创业者具备产权思维能力，重视维护自己的知识财产，对于专利技术要及时申请注册，而无法注册的内容，如网站上的产品信息、图片文字等，我们要通过技术手段予以保护，增加盗用难度。积极保护知识产权，维护其稀少性将会赢得极大的竞争优势。例如目前已经成为全球最大市值的苹果公司就非常注重产权的维护，苹果公司利用专利申请来保护自己同时打击竞争对手。2011年10月3日，澳大利亚法院宣判暂时禁止三星 Galaxy 平板电脑在澳大利亚销售。这个结果,是继德国法院宣判后,苹果对三星专利官司的第二个阶段性胜利。目前苹果公司正在为其"滑动解锁"效果申请专利,如果这一专利得到注册,那么凡是使用这一功能效果的手机都将向苹果公司缴纳专利费。

此外,在注重自身产权保护的同时,还要注意避免侵犯他人知识产权,避免因此产生法律纠纷给企业和创业者造成名誉、经济上的损失。

4)管理思维能力

管理思维能力指的是创业者需要具备对其创业过程和创业之后的常规工作进行一系列有组织、有计划的领导和调控的能力。创业并不仅仅是个人的天赋或突如其来的灵感闪念,创业也不是一个可以瞬间完成的单独事件,而是必须长期进行和运作的过程。这就要求创业者不仅有智慧和灵感来开始创业,还必须具备才能、精力来对后续工作进行长期的协调管理。只懂得抓住灵感而不懂得管理它们的人只能是一个优秀的发明家,却不能成为一个出色的创业者。19 世纪最伟大的科学家爱迪生就是一个例子。爱迪生虽然是一个成功的发明家,但却不是一个成功的创业家。爱迪生所发明的许多产品都具有很高的市场价值,而且他也能筹集到创业资金,但是他所掌握的数家企业在发展到一定规模以后相继遭到了惨痛的失败。其原因就在于他没能将创业规划成功地转变为拥有完善管理的企业实体。爱迪生以发明家的身份管理企业,拒绝建立管理团队。后来这些企业只好将爱迪生赶走,代之以专业管理人才,才挽救了公司的命运。将创业构想转化为健康的企业实体的过程就是创业过程,这个过程要求创业者进行有效的管理。

德鲁克认为,新企业的创业管理应满足四个方面的要求:第一,要以市场为导向。第二,需要一个前瞻性的财务计划,特别是现金流量与未来资金需要的规划。第三,及早建立一个最高管理团队。第四,创业家必须设定自己的角色、工作范围以及与各方面的关系。因此,创业者在创业的过程中必须保持敏锐的管理意识。这些管理包括战略导向、机会把握、资源获取、资源控制、结构优化以及酬薪制度等工作子项目。

5)市场思维能力

市场思维能力是指创业者必须具备强烈的竞争意识和利润意识。在一定的市场环境下,竞争是不可避免的,互联网上的竞争更为激烈。而作为创业者来说,不论其创业目的和个人思想境界如何,必须把获取利润并将其最大化作为企业的首要目标。创业者必须始终以市场为导向,将市场的观念融入创业过程的方方面面。创业过程中主要注意以下五个方面的问题:一是要紧盯市场热销卖点,开发好的产品,要想随时到市场销路,包括近期、中期和长期的销路;二是要把握所做产业、产品的生命周期,对各个周期的特征与策略了如指掌,安排好竞争步骤;三是要在创业的方方面面进行市场化运作，统筹兼顾，妙设神机，使各项工作都纳入效率效益较高的市场运作之中；四是要极力追求利润最大化，一切工作都要以目标利润最大化展开；五是要把握住整个社会发展的市场化脉搏与趋向，未雨绸缪。

在生活中我们可能会见到很多知识面很广或是智商很高的人，他们有好的点子或想法，但在创业过程中却屡遭挫折，究其原因就是市场思维能力薄弱，不懂得把握市场规律，不知道如何将自己的产品市场化。作为创业者我们要时刻关注市场的变化，把握并运用好市场规律，这样才能获得成功。

6)战略思维能力

所谓战略思维能力，就是创业者要能从宏观上把握行业和市场的发展动向，并以此制订一个长期发展计划。这就要求创业者在创业之初认清目标，把握趋势；对目标进行评估，并制订实施步骤；同时创业者还要对自身有一个清楚的认识，以评估自身的能力。

总之，创业者应该从大处着眼，平衡当前利益和长远利益，尤其是在一些特定情况下，要能着眼于长远目标，不拘泥于一时一地的得失，以全局、大局为重。

4.3.2 创业者的决策能力

决策能力是指领导者或经营管理者对某件事拿主意、作决断、定方向的领导管理效绩的综合性能力。领导能力包括：经营决策能力、经营管理能力、业务决策能力、人事决策能力、战术与战略决策能力等。

如何提高创业者决策能力包括以下几个方面[③]：

1)正确的创业心态

创业者心态影响其创业目标的制订。创业者应该摆正创业心态，树立积极、乐观、不断学习的心态。Ardichvili 和 Cardozo 指出乐观性会影响企业家对创业机会的发现。陈魏将这种积极、乐观、不断学习的主动性视为内控制源的表现特性。内控制源就是创业者的一种心理特征，即相信自己的努力，而不相信创业的成功取决于命运、运气等外界力量。作为创业者应该具有坚定的创业信念，能够奋勇拼搏、持之以恒。

2)丰富的经验知识

网络创业者可以通过各类 BBS 网站或新闻门户网站等，获取为他们所提供的创业成功案例，实现创业信息资源共享。网络创业者还需积累网络资源，特别是社会网络资本。此外，还要具备一定的营销技能、营销渠道、融资支持等资本条件。对于创业者来说，先验知识对创业机会的识别很关键。网络创业的特殊性，要求其创业者必须具备一定的计算机知识，熟悉网络运行环境和掌握一定的网络信息技术。对此，我们认为网络

③孙文素. 网络创业者创业决策研究浅析[J]. 商业现代化，2011(3).

创业者还应该具备一种新的知识——网络知识。有网络购物经历的个体可能更了解网络经营的特点，更有可能引发创业行为。因此，我们所说的网络知识不仅包括计算机知识、信息技术知识，还包括个体的网络购物经历等。除此之外，创业者还需实时掌握社会动态，及时更新自己的知识，不断丰富自身阅历和经验。

3）敏锐的风险感知能力和分析推导能力

创业者要能凭借对事物表象某种特有的直觉，判断事物未来的走向，这种预见性往往一时找不到事物的理性和客观论证，因此难以使外人理解和接受。创业者还要能够透过众多繁杂的现象，挖出有价值的第一手客观材料，并按一定的线索或科学原则，对材料进行综合归纳处理，为决策提供可靠的客观依据。同时，能够运用一定的技巧和方法，对事物作辩证的分析，从中发现其他相关因素和潜在的系列信息，逐步理顺事物内部及事物之间的各种矛盾关系，找出影响事物发展的主要症结，并按照有关的逻辑关系及事物运作的内在规律，探索客观物质变化的新动向或新规律，指导今后的工作实践，以此提高决策的价值和可行性。

4）较强的创业动机

创业动机是个体的一种意愿和自发性，我们认为在发现创业机会、评价创业机会和寻求资源开发机会的过程中都需要这种意愿，即创业动机。创业动机是激发和维持个体进行创业活动，并导致创业活动向某一目标发展的心理倾向或动力。许多人进行网上创业是为摆脱就业困境，满足生存需求；还有一些人特别是职场白领选择网上创业则是基于成就需求。创业者成功决策的前提就是要有强烈的创业动机。

5）克服从众心理

从众心理是指个体对社会的认识和态度常常受到群体对社会的认识和态度的左右。从众行为者的意识深处考虑的是自己的行为能否为大众所接受，追寻的是一种安全感。从众行为者认为群体的规范、他人的行为是正确的时候，就会表现出遵从。当他认为群体的规范、他人的行为并不合适，而自己又没有勇气反抗时，就会被动地表现为依从。从众心理重的人容易接受暗示，他们依赖性强，无主见，人云亦云，容易迷信权威和名人，常说违心的话，办违心的事。决策能力强的人，能摆脱从众心理的束缚，做到思想解放、冲破世俗、不拘常规、大胆探索，因此他们能独具慧眼，可以发现一般人不能发现的问题，捕捉到更多的成才机遇。

6）增强自信心

拥有自信心是具有决策能力者明显的心理特征。没有自信就没有决策。要想增强自信心首先要有迎难而上的胆量。丘吉尔就说过："一个人绝对不可以在遇到危险的威胁时，背过身去试图逃避。若是这样做，只会使危险加倍。但是如果立刻面对它毫不退缩,危险便会减半。决不要逃避任何事物,决不!”其次要变被动思维为积极思维。“凡事预则立,不预则废”,平时善动脑筋,关键时自然敢做决定。再次要培养自己的责任感和义务感,跳出个人的小天地,如此自信心才能坚实可靠。在平时交往时,我们也要注意选择一些自信心强、敢作敢为之人与之交往,所谓“近朱者赤,近墨者黑”,这样也能提升个人的自信心。

7)把握大局

做事勿十全十美,如果不想有任何挫折或失误,那只能作茧自缚。如能识大体,把握大局,权衡出利弊得失,当机立断,就能尽快达到自己的理想目标。持之以恒,决策能力和水平就会有很大提高。

4.4 创业者的道德修养

俗话说:君子爱财,取之有道;成大事,先成人。在创业之路上,创业者不可为了一己私利而损人利己。然而,在当今中国,种种假冒伪劣商品层出不穷,各种违背道德的商业行为屡见不鲜。因此,这里特别强调道德修养对创业者是非常重要的。

4.4.1 合法创业

创业的合法性指的是我们所选择的创业方向和实施的创业行为必须符合法律规定,遵循一定的道德标准。创业如今已成为许多应届大学生和社会人才的就业选择,创业在给个人带来成功的同时也会为社会增加财富,帮助解决社会问题。我国的政策鼓励大学生创业。但是,在我们选择创业方向时一定要遵守法律规范,不能只追求眼前利益而做出违法行为。很多人为了牟取暴利,或是为了“另辟蹊径”,贩卖假冒伪劣产品,甚至销售违禁物品,在利益面前丧失道德,成为一个贪婪而疯狂的人,最终害人害己。网络的虚拟性对网上创业者的道德素质给予了更高的考验,在网络上销售商品,由于买家事先只能通过图片、视频等广告或咨询来了解商品信息,无法确切知道其真实信息,这给假冒伪劣产品带来可乘之机,许多创业者在实体经营时可能是货真价实、童叟无欺,可一旦在网络上经营店铺就无法抑制住自己,钻起网络的空子,最终信誉流失,以失败收场。例如,近年来团购网站由于其购物的经济便利吸引了大批消费群体,获利极为丰富,成为不少上网上创业者的选择。自2010年以来,大批团购网站如雨后春笋一般涌现,但由于缺乏监管,其中良莠不齐、鱼目混珠的现象极为严重。许多不法商家利用后台管理系统人为地修改参团人数,任意标注商品原价,以次充好的现象极为严重。自2011年下半年以来,众多小型团购网站迅速倒闭,而大型团购网站如窝窝团、高朋网也进行了大规模裁员。由独立团购导航网站“团800”发布的《2011年8月份中国团购统计报告》显示,8 月份全国团购网站达到 5 039 家,总销售额突破 12.5 亿元,然而,这些销售额仅被不到 10 家网站分食。地方小网站倒闭数量远超新增数量。一些不法商家的行为严重损害了消费者利益,甚至危害到了整个行业的发展。

4.4.2 诚信经营

如果说守法是开展创业的必要条件,那么诚信则是成功创业的必要条件。尤其是在互联网上创业,诚信显得尤为重要。如今,诚信已经成为制约电子商务发展的首要因素。由于在互联网上无法眼见为实,许多消费者基于对商家的不信任以及对网络交易的不了解而放弃网上消费,这就给电子商务的发展带来很大障碍,也给我们进行网上创业带来困难。

在当今社会,信用就是一种资本,尤其是在自由竞争的市场经济条件下,诚信显得极为重要。市场经济的经营之道有五大根本④:①企业生存之道:信誉第一;②产品质量第一、服务质量第一,“优招天下客,誉盈客自来”;③名牌战略:讲信誉,建立质量服务体系,提高企业声誉,增强用户信任;④企业用人之道:诚实可靠,精明能干;⑤企业长盛不衰要诀:勤以创业,俭以敛财,诚以待人,谦以处事,信誉第一。以上五点,无一不体现了诚信对于企业的重要性,特别在创业之初,讲诚信显得更为重要,创业者在创业之初就应该具备诚信为本的道德思想。

1)组建诚信团队

诚信并不仅指企业经营的真实可靠,还应融入创业者的个人品格,进而上升为整个团队的合作基础和精神。在选择自己的合作人或者团队时,个人的人品和信用是影响合作成败的重要因素。俗话说物以类聚,人以群分,诚实守信的创业者能够吸引具有共同品质和理想的人才,可以建立一个优秀、具有开创精神的合作团队。然后凭借团队的优良品质,通过共同努力赢得市场,开创事业。Google 的成功来源于他们的合作团队,尽管他们发现了一个技术和商业相结合的模式,而这一模式也的确是前所未有的,并为他们带来极大机遇。但真正使他们能把握机遇,并取得成功的还是他们所建立的杰出团队。2004 年春天,在 Google 上市前夕,它的创始人给所有投资者写了一封信,信的开头就指出:不作恶。拉里·佩奇这样写道:“Google 从来就不是流俗的公司,我们也不打算成为那样的公司。通过这句格言,我们希望能准确地表达出,最可贵的力量在于——永远只做正确的、符合道德观念的事情。”他更进一步指出,“不作恶”会比“做好事”更能得到大家的认可。正是安德森和佩奇这两个天才的相遇和其正确的经营理念才成就了 Google 这个获得“最佳声誉”和“最值得工作”称号的企业。

---

④刘光明. 诚信[M]. 北京:经济管理出版社,2006.

2）打造诚信品牌

诚信是企业核心竞争力的基础，是企业最可靠的力量，也是消费者消费的重要参考标准。企业一旦树立了诚信的形象，就赢得了消费者的信任，其声誉就转变成了企业的竞争力，成为原有优势的补充。例如，我们在购买商品时首先想到的就是大品牌，如影音产品的索尼，摄影设备的佳能等，一些人们所不了解的小品牌甚至不予考虑。这是因为这些企业通过多年的经营已经形成了较稳固的企业形象，他们信誉良好，得到消费者们信任，消费者不用担心所购买的产品有质量或售后问题。这时，企业的品牌信誉已经成为其无形资产，使其在竞争中获取极大优势。这一点在互联网上体现得更为明显，人们往往用信用等级来标识企业，信誉成为消费者选择的最重要因素。

诚信不仅仅是一个企业成功的经营之道，更是企业的责任。企业如果树立了对客户负责、为消费者服务的心态，诚信也会自然而然地成为企业的免费广告；反之，企业如果抱着欺瞒哄骗的心态，其声誉最终也会毁于自己的行为之中。1999 年日本东芝笔记本电脑曾因存在严重质量问题被起诉。事件发生后，东芝对美国用户实行经济赔偿，对东南亚用户却一拖再拖，妄图轻描淡写敷衍了事。这种“给美国人美金，给中国人补丁”的做法引起社会各界的强烈不满，结果是东芝销售额暴跌，从此无法在东南亚市场上立足。相反，国内的电脑厂商如联想集团，凭借其精良的做工和优质的售后服务赢得了市场的信任。在2011—2012 财年第二季度，联想超越戴尔，跻身为全球第二大个人电脑生产商，其在中国及日本均排行第一。

4.4.3 回报社会

创业者不仅要有诚信的品德，还应该有回报社会、造福社会的道德理想。许多创业者在他们成功之后都会做许多回报社会的事情，如向慈善机构捐款、向山区儿童捐款等。

许多创业家都认为应该提倡创业者为他人着想。利他主义在商界同样是行得通的，这并不与追求利润相矛盾。事实上，利他的行为也是在利己。我国首善陈光标就认为，没有哪个企业家会因为做善事把企业做垮。他谈道：“表面上，做善事花了钱好像亏了，其实我认为不但不亏，反而赚了。一个企业家做了善事，并且长期行善，合作伙伴、政府和社会大众都会提高对这个企业家的认可度，合作会更加愉快。”“一个人活着如果能影响更多的人，并能使更多的人活得更好，这样的生命是有价值、有意义的生命，是值得骄傲和自豪的生命。”松下幸之助也曾说过：“经商是否只需注重人们的物质需求，而将人类的精神留给宗教或道德规范来管理？我认为不是，商人同样应该在创造一个物质充足、精神丰富的社会方面贡献自己的力量。”因此，许多企业家后来成了慈善家，或非营利机构的赞助者，为不同领域的研究开发作出自己的贡献。因为他们相信，只有在生意中融入人情味，将他人的利益考虑进去，才能给自己和他人带来益处。回报社会对于企业和社会来说是一件双赢的事。

本章小结

个人的德行是由其世界观、人生观和价值观所主导的，通常表现为个人思想和其行动是否有益于社会和他人及其有益于他人的程度。作为创业者，我们在成就自我的同时，还应该兼顾社会和他人；创业是一项创造性活动，在开展之前，我们首先需要完善自己。通过本章的学习，我们了解了创业者所必备的几项品质与能力，在今后的学习生活中，我们需要从这几个方面培养自己，通过不断地积累来提高自身的素质。

案例　创业的奇迹和教训——“巨人”集团的兴衰

曾创造“一年百万富翁，两年千万富翁，三年亿万富翁”这一神话，被称之为当代中国比尔·盖茨的“巨人”总裁史玉柱，靠4 000元起家，勇敢地背水一战，创立了巨人品牌，创造了巨人奇迹。

史玉柱，1962年生，安徽怀远人。史玉柱1984年毕业于浙江大学数学系，分配到安徽省统计局工作。1989年1月，史玉柱毕业于深圳大学研究生院，获硕士学位。与此同时，他在安徽省统计局的工作岗位上研制开发的统计系统软件包让他的前途一片辉煌，但他却出人意外地决定辞职经商。当时他对朋友们说：“如果下海失败，我就跳海！”一种创业的豪情使人感到无限悲壮。

史玉柱对其创业有着大胆的设想，他要开发中国计算机文字处理市场。经过9个月的艰苦努力，史玉柱研制出了M-6401桌面排版印刷系统。1989年8月，他和3个伙伴以自己的产品和仅有的4 000元钱承包了天津大学深圳科工贸公司电脑部，开始了巨人的创业。

在M-6401汉卡销售宣传中，史玉柱巧妙地赌了一次：

利用《计算机》杂志广告登出和付款期限的时间差，史玉柱作了8 400元的广告，在15天的付款期限内，他收到了15 820元的定金并及时交付了广告费。自此，史玉柱艰难而又成功地迈出了创业的第一步。之后，他继续采用高广告投入策略，让人们不断了解巨人汉卡的卓越性能，扩大了市场范围，不到4个月时间，就实现利润近400万元。

史玉柱坚信高科技带来高技术和高效益，他通过不断地研发使产品更新换代，M-6402、M-6403相继推出，M-6403汉卡销售量居全国同类产品销量之首。到1992年底，销售额近2亿元，纯利润达3 500万元，企业年发展速度达500%，成为中国电脑业和高科技行业的一颗耀眼的新星。1992年，巨人总部从深圳迁移至珠海。“史玉柱效应”和“巨人形象”在全国引起轰动。1993年,巨人推出M-6405、中文笔记本电脑、中文手写电脑等多种产品,其中仅中文手写电脑和软件的当年销售额就达3.6亿元。巨人成为位居四通之后的中国第二大民营高科技企业。史玉柱成为当年珠海第二批重奖的知识分子。至1993年底,史玉柱已在全国范围内成立了38家全资子公司,实现销售额3.6亿元,利税4 600万元。至此,巨人集团发展顺利,史玉柱也被视为高科技行业成功创业家的典型。

应该说,在当时,巨人集团在电脑及软件业的发展态势和前景非常光明。1994年,史玉柱当选为中国十大改革风云人物。但此时史玉柱却以激情和狂想作出一个重大决定:跨越当家产品桌面排版印刷软件系统,把生物工程这个利润很高的行业作为巨人集团新的支柱产业,向多元化方向发展。巨人集团的多元化同时涉足保健品、房地产、药品、化妆品、服装等多个新的产业,甚至开发中央空调。

在保健品方面,1994年8月,史玉柱注册了“康元公司”将“脑黄金”投入市场,“脑黄金”一炮打响,效益显著。“脑黄金”的成功使史玉柱激动起来,竟一举向市场推出12种新的保健品产品,一年内在生物工程上投入的广告费猛增到1个亿,并在全国设立了8个营销中心,下辖180个营销公司。网络商铺开业后,康元公司的管理却成了问题。在市场没摸清的情况下,公司一下子生产了价值上亿元的新产品,成本又控制得不好,结果产品大量积压;同时,财务管理混乱,扣除债权还剩余5 000万元左右的债务。康元公司的巨额亏损,明显暴露出巨人集团管理人才缺乏、管理不善等问题。

在房地产方面,史玉柱从流动资金和卖楼花收入中共筹集2亿元的资金,拟建18层“巨人大厦”,未向银行贷一分钱。由于主观和外界的各种因素,巨人大厦不做任何可行性分析论证,贸然将大厦由最初设计的18层追加到54层,最后竟然追加到70层,成为当时中国第一高楼。以2亿元的资金兴建需要投资12亿元的巨人大厦,巨人集团背上了沉重的债务和巨大风险。1994年初,巨人大厦动工,计划三年完成。1995年,巨人推出12种保健品,投放广告费用1亿元。史玉柱被《福布斯》列为内地富豪第8位。1996年,巨人大厦资金告急。巨人大厦在打地基过程中遇上了地层断裂带,珠海发大水又两淹巨人基地。由于工期拖长,巨人大厦的建设资金面临枯竭,史玉柱面临巨大的财务危机。而此时,史玉柱仍将巨人大厦看得过重。从开工到1996年6月,史玉柱没有因为资金问题让大厦停工一天,主要靠生物工程提供的6 000万元资金来支撑,巨人集团危机四伏。管理不善加上过度抽血,生物工程一下子被搞得半死不活,这一新兴产业开始萎缩,以致后来不能造血,使巨人集团的流动资金完全枯竭。就在同一时期,巨人集团还投资4.8亿元在黄山兴建旅游工程;投资5 400万元购买、装修上海巨人集团总部;投资5个亿上新的保健品……其结果,新产业非但没发展起来,还导致本业病入膏肓。

此后,连续出现巨人公司内部员工贪污、挪用巨额资金;软件开发人员将技术私自卖给其他公司，子公司私自贷款，下属私自侵占公司财产等一系列事件，使巨人的市场占有率一落千丈。1997 年初，巨人大厦到期未完工，酿成全国有名的巨人风波。国内购楼花者天天上门要求退款，媒体地毯式报道巨人的财务危机。不久，只建至地面三层的巨人大厦停工，陷入财政危机的巨人因为 1 000 万元的资金缺口而轰然崩塌。2004 年 8 月，史玉柱出任香港四通控股集团 CEO，年薪仅一元。上海一家媒体把他列入中国悲剧企业家之“英雄末路企业家”十人榜。

案例分析与讨论题

从巨人集团的兴衰中我们得出了怎样的教训？作为创业者如何才能准确把握投资“度”的问题？

复习思考题

1. 创业者应该具备怎样的知识结构？
2. 创业者应该具备哪些技能？
3. 创业者应该具备哪些思维能力？
4. 创业者如何提高决策能力？
5. 企业是否应该回报社会？慈善事业是否会影响企业发展？

第 5 章
团队意识及其重要性

📖 学习目标

• 了解团队意识，网上创业团队的重要性，网上创业团队与传统创业团队的不同之处以及如何对创建的团队进行管理；

• 深入了解创业团队的基本要素；

• 一般了解网上创业团队的类型、结构，以及各种类型的特点等；

• 一般了解创业团队组建，其中包括原则、流程、团队成员素质及其挑选。

案例导入

网上创业团队的诞生

随着信息技术，特别是计算机技术、网络技术的发展，电子商务已经成为越来越多国民所认同的商务模式，这种模式正在改变着人类的生活方式。利用计算机，人们能够方便灵活地进行各种商业交易，由于这种交易方式有着能够降低交易成本，提高交易的安全性以及缩短交易周期等优势，网络交易势必会改变传统交易的格局。彼得·德鲁克(Peter F. Drucker)曾说过："信息革命的真正革命性影响才刚刚开始……互联网作为主要最终产品也将是最重要的商品，它的出现彻底地改变着经济、市场和行业的结构，产品、服务和它的质量，消费者份额，消费者价值标准和消费者行为，以及工作和劳动力市场。"他简洁地总结了互联网将会给全球市场带来的巨大影响。大量的统计数据也证明了"互联网爆炸"这一结论的正确性。

根据国际信息有限公司(IDC；马萨诸塞州 Framingham 市)的数据，美国的企业在1999 年花费了 857 亿美元来增强它们的互联网能力，比前一年高 39% 而据中国商务部的数据:2003 年第 93 届广交会在电子商务、网上交易方面取得了良好效果——“在线广交会”的点击率上升了 50%,通过网络达成的意向成交额达 13 亿美元,占全部成交额 44.2 亿美元的 1/3。2006 年 10 月 30 日,第 100 届中国出口商品交易会圆满闭幕。此届广交会出口累计成交额达到了 340.6 亿美元,创历史新高,比 2005 年秋交会增长了 15.7%。而广交会的电子商务——广交会各网站累计访问量为 1.2 亿次,比 2006 年春交会增长了 3.2%;网上意向成交额为 4.4 亿美元,比春交会增长了 5.9%。

网络交易以不可逆转的形式出现在人们面前,因此网上创业有很大的生存空间。这对于众多有志于网上创业的人来说无疑是个巨大的好消息。同时,创业需要集体,通过个人力量很难创业成功。因此,就越发突出了网上创业团队的重要性。但是,一个网上创业团队诞生之后,它需克服哪些方面的困难才能走向自己的“星光大道”? 这些问题将在本章节一一与大家探讨。

思考题:

网上创业团队的诞生背景是什么?

5.1 团队意识及其重要性

5.1.1 什么是创业团队

在讨论团队意识之前,我们有必要探讨一下创业团队的定义。这是一个十分重要而又容易引起混淆的概念。Kamm 和 Shuman(1990)对创业团队的定义是:创业团队是指两个或两个以上的个人参与企业创立的过程并投入相同比例的资金。这个定义着重于创业团队的创建和所有权两方面的特性。郭兆村(1998)对创业团队的定义稍有修改,他认为创业团队是指两个或两个以上的人,他们共同参与创立企业的过程并投入资金。其他学者对创业团队的定义和理解都有自己不同的见解,这里不赘述。

综合各学者的观点,我们认为可以从两个层面理解创业团队。狭义的创业团队是指有着共同目的、共享创业收益、共同承担创业风险的一群经营新成立的营利性组织的人,他们提供一种新的产品或服务,为社会提供新增价值。广义的创业团队不仅包含狭义创业团队,还包括与创业过程有关的各种利益相关者,如风险投资商、供应商、专家咨询群体,等等。在新创企业成长过程的某几个阶段中起着至关重要的作用,同时也为社会提供了一定的新增价值。

5.1.2 团队意识

团队意识是一种整体配合意识,它指的是其成员从团队的角度出发去思考问题,不计较个人或部门眼前利益得失,目的是为企业创造最大效益。具体包括其目标、角色、关系和运作过程四个方面。具体来说就是:①团队意识表现为企业的"系统效应",即 1+1>2。②团队意识也表现为企业全体成员的向心力、凝聚力。个人能为集体利益而放弃个人利益。③如果把企业比作一棵树的话,成员就是树上的果子。自己作为企业的一员应该感到骄傲,要把自己看成企业不可或缺的一部分。并将自己的全部,包括物质生活和精神生活都寄托给企业。④当每个员工都深深体会到企业是获得基本生活保障和立命安身之所时,这种团队意识无疑就形成了一种安全感意识。当然,团队意识的培养并不是一朝一夕的事,这要求管理者必须在团队建立之前就要制订出各种规章制度来约束员工。一般来说,要注意以下几点:

1)营造团队合作气氛

这种气氛的营造最好是在团队成立之初,一个高明的管理者应该是在确立了终极目标之后,给予团队成员一些资源和权限,让他们在实践中磨合并且鼓励通过彼此沟通和合作来解决问题,而不是事事亲为。但在这个过程中,管理者需要注意防范成员间的一些矛盾和误会,并且要用一些激励机制来鼓舞团队士气。

2)组织相关培训

人与人之间难免在性格、处事方式等方面会不同,因此工作中有时候有些摩擦、矛盾等也是很正常的事情。领导平时应该在员工身上花点时间,了解他们的喜好、特长等。将合适的人安排到恰当的岗位上去。另外,培训也要根据他们的心理接受能力以及性格特点,多准备些针对性培训方案,多安排案例讲解,少提理论;多一些笑声,少一些严肃;多一些参与,少一些故弄玄虚。

3)成立临时小组解决疑难问题

有些问题需要跨部门协商才能解决,这时成立一个临时问题小组是一个很好的办法。每个部门可派一个代表出来协商,由于大家部门不同,经验各异,看待问题的角度也不同。这样能够将问题分析得更加透彻、明朗,然后大家一起商量对策,再对症下药。

4)制订优秀团队奖励制度

对优秀团队设定奖励制度是对团队工作的一种肯定,也是团队意识培养的一种有效方法。这能激起团队成员的满足感、成就感和归属感,也在一定程度上加速了团队合作意识的普及速度,从而使企业内部潜能得到尽快的挖掘。

5.1.3 网上创业团队的重要性

当今社会,一个不争的事实就是:个人英雄主义的时代一去不复返了。取而代之的是团队,可以说,团队是英雄的最小单位。就目前的情形来看,由团队创建的新企业通常要比个人创建的新企业的业绩表现好得多。特别是某些高科技行业,它所要求的能力远远超过个人所拥有的。因此,要想创业成功,一个优秀的创业团队是非常关键的。

另外,团队和群体之间的最重要的区别在于:在一个团队中,个人所做的贡献是互补的;而在群体中,成员之间的工作在很大程度上是可以互换的。许多研究和实践都证明了团队工作方式能够有效提高企业绩效。Robbins(1996)认为在企业中采用团队形式至少能起到以下几个方面的作用:①能促进团结与合作,提高员工的士气,增加满意感;②使管理者有时间进行战略性的思考,而把许多问题留给团队自身解决;③提高决策的速度;④促进成员队伍的多样化;⑤提高团队和组织的绩效。

也许有人说,网上创业一开始并不是一定得一个团队,自己单打独斗也行。我们并不是说没有创业团队的创业一定失败,但可以说要建立一个没有团队而仍然具有高成长潜力的企业极其困难。在如今的电子商务领域,已不是十几年前马云的那个时代了,如今的创业不能像过去那样摸索着前进,那个时代已经过去了。

以马云为例,1995 他第一次在西雅图接触到互联网就意识到这是一座金矿。回国当晚,他就邀请了 24 个做外贸的朋友去他家,道出自己的想法,结果 23 人反对,一人说可以试试。这也难怪,因为国内人们当时对此一无所知。但他毅然坚持一个人做下去,同年 4 月,他凑齐了 2 万元。经过不懈努力,在 1996 年营业额竟然做到了 700 万元。后来马云多次讲到当时自己算是尝到了没有一个强有力的团队的苦头。于是,从 1996 年与杭州电信合作到 1999 年离开中国国际电子商务中心期间,他以自己独特的人格魅力和领袖气质到处网罗人才。辞职时,其团队成员几乎放弃其他高薪机会决心跟随。至此,阿里巴巴有了自己初步的团队。

我们可以试想一下:如果马云当初是一个人创建并经营自己的阿里巴巴,肯定就没有今天中国最大的电子商务平台。由此可见,如今无论是创业者想以何种方式创办自己的企业,一定要打造一支强大的团队。无论我们创业与否,我们也应从自身的角度来反思自己平时的所作所为是否符合和谐团队的要求,同时好好学习知识和技术,让自己有一技之长并不断拓宽自己知识面,使自己在未来的团队中起着更加重要的作用。

5.1.4 网上创业团队的管理

我们知道,一支军队如果没有军纪军规来约束它,任凭士卒烧杀抢掠,则和土匪强盗无异,创业团队也是如此。一个各方面实力不错的团队,如果不加以整顿,也不能发挥应有的效力。可以说,对团队的管理比建立团队更加任重道远,这里重点阐述如何对创业团队进行人性化的管理,希望能给创业朋友们一些帮助。

1)树立正确的团队理念

(1)诚实正直

这是一条有利于个人、公司、顾客三方的行为准则。它排斥纯粹的利己主义,拒绝

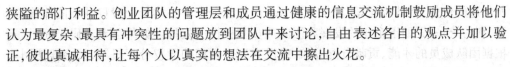

狭隘的部门利益。创业团队的管理层和成员通过健康的信息交流机制鼓励成员将他们认为最复杂、最具有冲突性的问题放到团队中来讨论，自由表述各自的观点并加以验证，彼此真诚相待，让每个人以真实的想法在交流中擦出火花。

(2)汇集的凝聚力

管理层要让手下员工明白团队并非只是简单的几个人的组合，它是由一群有着共同理想、能同甘共苦的人组成的。在团队中，成败是属于团队整体而非个人，成员不但要同甘共苦，而且要公平合理地分享成果。只有这样，整个团队才具有强大的凝聚力和一体感。其实，优秀的创业团队都具有很强的凝聚力，正是这种凝聚力使团队成员紧紧地团结在一起，从而最大限度地发挥自己的作用，形成组织发展的强大生命力。

(3)目光长远

团队成员不仅要立足于企业长期利益和目标的实现，而且要正确地处理眼前利益和长远利益的关系。尤其在创业之初，团队成员要发扬艰苦奋斗的精神，不计较眼前的薪金待遇，不因一时利益或困难而退出。要让成员们把企业当成自己的事业，而不是一个快速致富的工具。

(4)实现价值创造

创业就是一种创造新价值的事业。所谓创造企业价值，就是要通过不懈努力为顾客增加价值，为团队的所有支持者和各种利益相关者谋利。要想做到这一点，要求每一位成员都能充分认识到个人利益是建立在团队利益的基础之上的。要知道，团队中每一位成员的价值，都表现为其对于团队整体价值的贡献。

2)明确团队发展目标

目标在团队组建中具有特殊的价值。首先，目标是一种有效的激励因素。如果一个人了解了企业的发展目标，并认为随着目标的实现，自己可以从中分享到很多利益，那么他就会把它当作自己的事，并为实现这个目标而努力奋斗。其次，目标也是一种有效的协调因素。团队中各成员的性格、能力会有所不同，但是“步调一致才能取得胜利”。创业团队对所要达到的目标有清楚的了解，并坚信这一目标所包含的重大意义和价值。建立在愿景之上的清晰目标，既切实可行，又能激励团队成员将个人目标升华到企业目标中去。

3)建立责、权、利统一的团队管理机制

(1)妥善处理创业团队内部的利益关系

股权是团队成员根本利益关系的体现和行使权力的基础。公平合理的股权分配机制，关系着团队的团结稳定和公司的治理结构，也直接决定了团队的工作效率。所谓公平合理，就是要体现成员的贡献与其所持有的股权相匹配的原则。股权分配不一定要均等，但需要合理、透明与公平。通常主要贡献者会拥有比较多的股权，但只要与他们所创造的价值、贡献相配套，就是一种合理的股权分配。平均分配股权并不能体现权、责、利的统一，无助于企业的发展和团队成员积极性的发挥。如果创业者碍于面子，不根据团队成员的才能、贡献分配股权，或没有一个合理的股权分配机制，就会挫伤团队成员的积极性，也会导致团队的分裂。一个新创企业的报酬体系不仅包括诸如股权、工资、奖金等金钱报酬，而且包括个人成长机会和提高相关技能等方面的因素。每个团队成员所看重的并不一致，这取决于其个人的价值观、奋斗目标和抱负。有些人追求的是长远的资本收益，而另一些人不想考虑那么远，只关心短期收入和职业安全。由于新创企业的报酬体系十分重要，而且在创业早期阶段财力有限，因此要认真研究和设计整个企业生命周期的报酬体系，以使之具有吸引力，并且使报酬水平不受贡献水平的变化和人员增加的限制，即能够保证按贡献付酬和不因人员增加而降低报酬。

(2)合理分享经营成果

合理分享经营成果的范围更广，除了创业团队成员要有合理的分配机制外，对员工也要有合理的分配制度，这样大家才能共同分享经营的成果，从而使企业能够长存。国外企业一般是拿出10% ~20%的利润分配给关键岗位的员工。我国的一些企业，尤其是一些高新技术的企业，用员工持股的办法，使员工合理享受到企业的经营成果。但是这种做法将会影响高素质人员未来的流向，从而影响创业者新的商业机会。

(3)制定创业团队的管理规则

要想处理好团队成员之间权力和利益之间的关系，创业团队必须制定相关的管理规则。并且这些规则的制定要有前瞻性和可操作性，要遵循先粗后细、逐渐细化、逐步到位的原则，这样才有利于维持管理规则的相对稳定，而规则的稳定影响团队的稳定。

5.2 网上创业团队

任何团队都是需要磨炼的，其到达成功的彼岸不会一帆风顺。人人都有自己的性格、脾气、做事方式、思维习惯，等等。所以说每个成员从进入团队到真正融入团队都需要花大量的时间、精力来与他人交流或讨论。创业团队在这点上更是容不得半点马虎。一个真正强大的创业团队不仅需要做到以上这几点，还要求每位成员在处理事情上都能够从团队的角度出发，而不是以个人的角度为出发点，并坚持这种思想在工作生活中不停地实践它。但是，左右一个创业团队成功的因素还有其他方面，由于篇幅有限，在此不再对其一一阐述。下面我们将重点讨论对创业团队的一些基本的素质要求，或者说创业需要什么样的团队。

1)激情与创新能力

读者可能会纳闷：这不是两个素质吗？我们认为，两者是有关联的。因为激情和创新永远是连在一起的，拥有激情，你才会不断创新，才会不断地开拓与进取。如果没有，则很难去开创一个新的事业。激情能使每个人都变得积极主动，发挥出自己最大的潜能和智慧。但是创业不是蛮干，创业也需要科学和理智。总有激情没有理智，创业是不能成功的，总有理智没有激情，那也办不好企业；而创新能力对企业的发展也是非常重要的，在创业管理研究领域，德鲁克(Drucker，现代管理之父)认为创新对创业有着特殊的意义。通过创新，创业者们要么创造出新的财富来源，要么赋予现在的资源更大的创造财富的潜力。所以对于创业者来说，创新是企业赢得创业成功的关键因素。那么，怎样培养创新意识呢？这需要创业者不停地问自己："如果……就会……"或是"为什么不……"。一般而言，创新分为以下四个阶段：知识积累、构思过程、产生创意以及评价和实施。

2) 良好的资金规划能力

俗话说："巧妇难为无米之炊。"没钱，再好的创意也难以转化为现实的生产力。有些创业者没有一个明确的预支和相对充足的预备资金。比如在创业初期就在项目、办公地点、成员、所需办公物品等方面就超支了，这是很糟糕的；但是更糟糕的是他们并没有备用资金去帮助他们渡过当前难关，特别是前期，企业无法融资的情况下，这无疑是对团队的巨大打击，甚至可以说是致命的。这并不是说钱少不能去创业。马云曾说："很多人创业失败的原因不是钱太少，而是钱太多。"有些并不差钱的创业者没有节俭的习惯，往往有多少就用多少，当风险来临时，就扛不住了，垮了。所以说，对资金的合理安排利用是影响创业成功的一个因素。但网上创业的环境不同，相同项目，他们所需要的资金要比传统的少，因为他们在某些环节上并不需要成本支出且更容易对预期作出相对正确的判断。另外，需要说明的是不同的创业背景往往会有不同的融资需求。

3) 团队合作意识

团队合作意识是指团队和团队成员表现为合为一体的特点。团队成员间相互依存、同舟共济、互敬互重、彼此宽容和尊重个性的差异；良好合作气氛是打造高效团队的基础，没有合作就无法取得优秀的业绩。这种意识当然也是一个优秀创业团队所必须拥有的素质。例如，独狼并不是很可怕，但是当狼以集体力量出现在攻击目标面前时，就可以表现出强大的攻击力。同理，有时项目的进度因为某位同事进展缓慢的时候，团结的表现就在于能够主动提供帮助，携手并肩，而不是站在一旁不停地抱怨、指责。

4) 良好的心态

"忆往昔峥岁月稠"。在创业的过程中会存在这样那样的困难，例如实施策略过程中遇到挫折，但顺利跨越障碍的关键首先是要有平和的心态。心态平和了，处理难题的时候，思维自然冷静了。而这种平和的心态主要取决于对创业清醒的认识，首先就要看到什么是最重要的，其次还要考虑企业以后的发展道路、发展模式等。正如启明星辰的

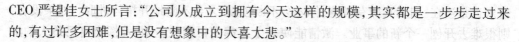

CEO 严望佳女士所言:“公司从成立到拥有今天这样的规模,其实都是一步步走过来的,有过许多困难,但是没有想象中的大喜大悲。”

5)企业文化

也许在某个阶段,企业的营业额和利润是很重要的,但是从企业的长久发展来看,企业的文化更重要。如果利润是企业的血液的话,那么文化就是它的灵魂。组织文化是组织内部员工共有的价值观、规范以及行为举止的组合,制约着员工之间以及与其他利益相关者互相交流的方式。一个组织的文化,对促进企业的发展以及激发员工的斗志甚至是引领企业发展方向都起着至关重要的作用。对于特别是刚刚成立的创业团队而言,如何建立符合自己发展方向的文化值得许多团队深思。苹果公司在其创办初期,公司曾在楼顶悬挂海盗旗,向世人宣称“我就是与众不同”,其核心价值观是鼓励创新、勇于冒险,然而正是这种价值观造就了苹果的成功。自创办起,苹果公司在技术领域进行了两次变革,迫使包括 IBM 和微软在内的每一家软件公司都加入它开启的新潮流。

6)企业凝聚力

我们所说的企业凝聚力绝不是指没有人员流动。据有关专家测算,优秀企业的人才流动率应在 15% 左右为宜。但是有的民营企业人才流动十分频繁,从而使企业既缺乏一个稳固有力的团队大幅度地降低了企业的运行效率,严重浪费企业的资源,并且使得员工人心惶惶。那么,怎样造就一个有很强凝聚力的企业呢? 最简单也是最有效的方法便是让团队成员有归属感。事实上,在一个成功企业中,大约 1/3 是核心或骨干力量;1/3 以上是积极分子,小部分(不足 1/3)人员处于流动状态。正如时代集团的董事长彭伟民所说,“我们所说的凝聚力是对现有人才和将要进入时代集团的人有着吸引力,并且对公司无用以及有害之人有着排斥力。我们要求公司内部人才结构有上、中、下的梯度,这样既便于领导,也便于优秀人才发挥其才能。”

7)专业技能

我们知道,人才是整个团队的核心。因此,建立各种人才的优势互补机制是创业成功的关键。一个创业团队的所有成员必须做到“各尽所能,各司其职”。一个团队最起码要有技术班子、销售人员、会计专员、出纳等。专业能力是硬性的,作为团队的成员,光有热情而没有专业能力,或者说能力不强也不能很顺利地做好自己的本职工作。比如,在当今很多网上创业团队中,通常创始人都是技术班子,他们往往缺乏市场开拓能力,如果一味地专注技术而没市场的话,再好的技术也不能转化为生产力。

8)不断学习的意识

当今社会,随着知识经济时代的到来,各种知识、技术不断推陈出新,竞争日趋激烈,要创业成功,你就要随时准备学习新的东西,并且快速地掌握它。成功的创业者应该具备较强的人际交往能力,并且擅长通过良好的沟通来弥补自己的不足。对于网上创业团队更是如此,因为现在关于互联网的新技术和商业模式就像年轻时的青春痘一样层出不穷,你需要一颗澎湃的心去不断地学习和完善企业。同时,这些知识不仅仅是行业专业知识,还包括创业的实务知识。创业不分大小,“麻雀虽小,五脏俱全”。也就是说老板甚至员工都要懂法律,要懂管理,要懂销售,也要懂财务。

9)领导才能

一个或两个有着领袖才能的企业家,对新的创业型企业至关重要,因为其他人愿意加入该团队是基于这些创始人的丰富经验、奉献精神以及他们的人格魅力。他们通常具备企业家所具有的一切品质:热情、承诺和远见卓识。同时,创业团队领导者必须要有充沛的精力,并全身心地投入。作为领导者还要懂得分权,不应该把大事小事都揽在自己身上。一方面领导者是整个团队的核心,要时刻保持高昂斗志;另一方面企业自身可能也是组织最薄弱的环节。特别是组织刚起步阶段,由于资源和能力基础有限,团队成员尚未很好地磨合,这就要求领导者自身具有很强的协调能力。另外,外部环境的变化和资源的有限性等客观因素也迫使领导者必须熟悉本身并不精通的领域,同时也从侧面反映了创业团队成员要有较强的学习能力。总之,一个合格的创业团队领导者需有以下几个特征:智慧与精力、正直的品行、丰富的阅历、良好的协调能力和学习能力、恰当的自负与谦虚以及奉献精神。

5.3 创业团队的类型和结构

我们知道,团队有很多种类型,而且不同的团队有各自不同的优劣势。我们不能说哪种类型的团队就一定会比另一种类型的团队更好,但是可以通过比较让我们了解各种类型团队的特点,参照这些内容创业的朋友们就可以根据自己的需要来组建适合自己的团队,从而最大限度地提高企业效益。

5.3.1 创业团队的类型

创业团队由少数具有技能互补的创业者组成,共担风险、共享收益,为了实现共同的创业目标而形成的利益共同体。创业团队有很多种类型,每种类型都有各自的特点,每种创业团队没有绝对优劣之说,创业者在确定团队类型的时候要考虑其目标、组织发展方向、人员性格、规章制度等方面。总之,适合自己的才是最好的。这里我们主要讲三种创业团队类型:星状创业团队(Star Team)、网状创业团队(Net Team)以及虚拟星状创业团队(Virtual Star Team)。

1)星状创业团队

一般而言,在团队中有一个核心主导人物(Core Leader),充当了领军的角色。这种团队在组成之前，Core Leader 有了创业的一些想法，并且很清楚自己需要什么样的人才，然后根据自己的设想和实际需要进行创业团队的组织。因此，在团队形成之前，他对即将选入团队的成员就心中有数了，这些成员也许是他以前熟悉的人，也可能是不熟悉的人，但是这些成员在企业中更多时候是支持者角色(Supporter)。

星状创业团队的优点有以下几点：一是稳定性较好，能够做绝对核心的位置，说明他(她)有着非常强劲的实力，而且其领导能力、人品等都得到了大家的认可。这种团队通常稳定性较强，一般而言团队成员流动性不是很大。二是组织结构紧密，向心力强，主导任务在组织的行为对其他个体影响非常大。三是决策程序较为简单，组织效率较高。

但是这样的团队也有其不足之处，其表现为：一是容易形成权力过分集中的局面，使决策失误的风险加大。二是由于核心主导人物的特殊权威，使其他团队成员在发生冲突或者矛盾时往往处于被动地位，比较严重的时候，其成员有离队的可能，因而对组织的影响较大。

这种组织的典型例子是太阳微系统公司(Sun Microsystem)，它的成立当初就是由维诺德·科斯拉(Vinod Khosla)确立了多用途开房工作站的概念，接着他找到了 2 位软件和硬件方面的专家 Joy、Bechtolsheim 和一位具有实际制造经验和很好的销售技巧的麦克尼里(Mc Neary)，就这样组成了 SUN 的创业团队。

2)网状创业团队

这也称群体型创业团队。这种创业团队的成员一般在创业之前都比较熟悉，比如同学、亲友、同事等。他们通常在交往过程中都认同某一创业想法，达成共识后共同进行创业。在刚刚建立团队时，没有明确的核心任务，大家都是根据各自的特点自发地进行定位。因此，在初期，各位成员基本上扮演的是协作者或者伙伴角色。这种团队的优点是：一是团队的成员关系较密切，容易达成共识，发挥各自的作用；二是成员的地位相对平等，有利于沟通和交流；三是发生冲突时，一般采取平等协商、积极解决的态度消除冲突，团队成员不会轻易离开。

网状创业团队的缺点也比较明显，主要表现为：一是团队没有明显的核心，整体结构较为松散；二是组织决策时，一般采取集体决策的方式，通常有很多的沟通和讨论，组织的决策效率会相对较低；三是各个成员在团队的地位相似，容易形成多头领导的情形，不利于命令的下达；四是一旦团队成员间的冲突升级，使某些团队成员撤出团队，就容易导致整个团队的涣散。

这种创业团队的典型例子，比如，微软的比尔·盖茨和保罗·艾伦，惠普的戴维·帕卡德和他在斯坦福大学的同学比尔·体力特等。这些知名企业的创业团队的建立都是由于各种关系而相识，然后互动激发创业点子，然后合伙创业。

3)虚拟星状创业团队

这种团队是由网状创业团队演化而来,也可以说是前两种的中间形态。在团队中,有一个核心成员,他的地位的确立是团队成员协商的结果。因此,这个核心人物从某种意义上说是整个团队的代言人,而不是主导型人物,其在团队中的行为必须充分考虑其他团队成员的意见。

虚拟星状创业团队的优点有以下几点:一是该核心成员由于是团队成员协商的结果,因此有一定的威信,能够作为团队的领导;二是团队的领导是在创业过程中形成的,这就既不像星状创业团队那么集中,又不像网状创业团队那么分散。

它的缺点也明显,主要是核心人物没有充分的自主权,他的行为必须考虑其他团队成员的意见,不像星状创业团队中的核心主导人物那样有权威。这三种类型创业团队的比较如表5.1所示。

表5.1　三种类型创业团队的比较

类型	概　念	优　点	缺　点
星状	有一个核心主导人物,是领军角色。	1.决策程序简单,效率较高。 2.组织结构紧密,稳定性较好。	1.容易形成权力过分集中的局面。 2.当成员和主导人物冲突严重时,成员往往选择离开。
网状	由志趣相投的伙伴组成,共同认可某一创业想法,共同进行创业。	1.成员的地位平等,有利于沟通和交流。 2.成员之间关系密切,容易达成共识。 3.成员不会轻易离开团队。	1.结构较为松散,容易形成多头领导。 2.决策效率相对较低。 3.容易导致整个团队的涣散。
虚拟星状	有一核心成员,但是核心成员地位的确立是团队成员协商的结果。	1.核心成员具有一定威信。 2.既不过度集权,又不过于分散。	核心人物的行为要充分考虑其他成员的意见,不像星状创业团队中的主导人物那样有权威。

5.3.2　创业团队的组织结构

组织结构是表明组织各部分排列顺序、空间位置、联系方式以及各要素之间相互关系的一种模式。简单地说,就是组织内部各组成部分或各部门之间关系的一种模式,它反映和规定了组织成员之间的分工合作关系。在讲组织结构之前，有必要先讲讲组织设计。因为只有对组织的结构进行了精心的设计，才能把该组织的任务、责任和权力进行最有效率的协调分配。

1）组织结构的设计

组织设计就是对组织活动和组织结构的设计过程，主要是对组织结构的设计。其基本功能是协调组织中各种人员与任务之间的关系，使组织永远保持灵活性和适应性，从而有效地实现组织目标。在实际工作中主要体现在以下几点：工作岗位的专业化和部门的划分；完成直线指挥系统和职能参谋系统的相互关系等方面的工作任务组合；建立职权、集权与分权、指挥系统、控制幅度等人与人相互影响的机制；建立有效的协调手段。

设计组织结构要从组织的垂直分工和水平分工的合理性、组织的统一性和灵活性以及效率等几方面出发，一般应遵循以下几个原则：①效率原则。效率原则是设置组织结构的基本原则。因为效率是组织结构合理的标志，也是设置组织结构的目的所在。②目标一致性原则。组织结构应与组织目标和组织经营理念相适应，根据组织目标设置机构，不然整个组织就会效率极低。③灵活性原则。这体现在组织内部的部门和机构能最大限度地发挥自身的主观能动性，同时根据内外部环境的不断变化，自行调整一部分的组织工作，又不牵动整体结构的变化。④统一指挥的原则。这主要指组织设计能够使组织的各个部门和各个员工在执行任务的过程中必须服从一个上级的命令和指挥，以达到协调统一，从而避免“多头领导”造成的权责不清、管理混乱的现象。⑤职权和职责对等原则。这是指组织中每一位管理层次上的各个职位既要给予其具体的权限，也要规定对该职位职权相对应的职责。

2）组织结构的类型

组织结构随着社会的发展变化和生产力的发展而不断发展的，每一种类型的组织结构都有其优缺点，都有自己的适用范围。我们不能认为哪一种组织结构能十全十美，适用于一切情况。但是相对于某一组织特定的条件而言，必然会有一种更有利于提高组织效率和管理才能等，因此是最佳的组织结构。比较常见的组织结构的类型有：直线式、职能式、事业部式和矩阵式结构等。下面具体介绍这几种常见类型。

（1）直线式组织结构

直线式组织结构是指上下级职权关系贯穿组织内部的最高层和最底层，形成指挥链的组织结构形式。直线式组织结构按照一定的职能分工，各级各部门都建立了职能机构来担负计划、生产、销售、人事以及财务等方面的管理工作。各级领导都有自己的职能机构作为助手，从而发挥职能机构的专业管理作用。这种结构分工细密，工作效率高，稳定性强，有利于发挥组织的协作效率。不足之处就是各部门之间缺乏信息交流，

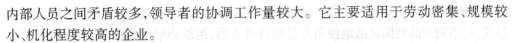

内部人员之间矛盾较多，领导者的协调工作量较大。它主要适用于劳动密集、规模较小、机化程度较高的企业。

(2)职能式组织结构

职能式组织结构是企业最常见的组织结构形式，它的作用是将企业的全部任务分解成分任务，并交与相应部门完成。当外部环境稳定，而不同职能部门间的协调相对不复杂时，这种结构是最有效的。组织的目标在于内部的效率和技术专门化。职能式结构的核心优势就是专业化分工。比如它能让一组人专注于生产，而另一组人专注于销售，这样的话比两者都兼做的效率要高很多。不过，在这种组织里，纵向控制大于横向控制，正式的权力来自于职能部门的高层管理者。这就造成了员工都习惯等高层决策，从而缺少横向联系和自主解决问题的意识。如果外部环境变化快，则会出现纵向决策信息超载、高层决策缓慢等现象。职能式组织的其他缺点还有：组织内部缺乏创新意识，每个职员对组织目标认识有限。

(3)事业部式组织结构

所谓事业部式结构，就是一个企业内具有独立的产品、责任、市场，部门实行分权管理的一种组织形态。采用事业部的组织结构是把政策制定与行政管理分开，政策管制集权化，业务营运分权化。企业的最高管理层是企业的最高决策管理机构，以制订企业长期计划为最大任务，集中力量研究和制订公司的总目标、总计划、总方针以及各项政策。这种活动在不违背总目标和方针的情况下完全由事业部自行处理，因从事业部成为日常经营活动决策的中心，是完全自主的经营单位，可以充分发挥其自身的主观能动性。事业部式结构最大的优势是能适应由外部环境带来的各种变化，追求的是将注意力瞄准客户、技术、产品和市场，并用具体量化指标加以衡量。在内部，每种产品设一个独立的分部，顾客能够与确切的分部联系，同时部门间协调很好，这就能最大限度地提高顾客的满意度。这种结构的不足之处是组织失去了规模经济以及不知道如何协调各事业部与总部的关系。

实施事业部结构的企业首先要发展到一定的规模，小企业不适合此结构。只有当企业的管理层级过多，高层管理人员与市场的距离过大，无法及时作出正确决策时，才可以考虑将职能式结构调整成事业部式结构。另外，当企业的产品过多但产品的研发、生产和采购等环节又无法实现资源共享时，也可以考虑实施事业部式结构。

(4)矩阵式组织结构

可以说这种结构的出现，是企业管理水平的一次飞跃。当内外部环境一方面要求更加系统的专业技术知识，另一方面又要求每个产品能快速做出变化时，就需要矩阵式结构的管理。职能式结构强调纵向的信息沟通，事业部式结构强调横向的信息流动，而矩阵式能将这两种信息流动在企业内部同时实现。

企业是否要实行矩阵式的管理，要从以下三方面加以判断：

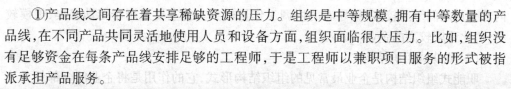

①产品线之间存在着共享稀缺资源的压力。组织是中等规模,拥有中等数量的产品线,在不同产品共同灵活地使用人员和设备方面,组织面临很大压力。比如,组织没有足够资金在每条产品线安排足够的工程师,于是工程师以兼职项目服务的形式被指派承担产品服务。

②环境对两种或更多的重要产品存在要求。例如,而对技术质量和产品快速更新的要求这种双重压力,意味着在组织的职能和产品之间需要一种权力的平衡。为了保持这种平衡,就需要一种双重职权的结构。

③组织所处的环境是复杂多变的。频繁的外部环境变化和部门之间的高度依存要求企业无论在纵向还是横向方面都要有大量的沟通协调与信息的处理。

以上四种组织结构是创业团队中最为常见的结构,也是运用得最多的结构。这里再次强调,没人敢说哪一种组织结构是世界上最好的。创业家们在创业时要"量体裁衣",要根据自己的实际需要与现阶段的资源进行组织结构的设计。只有这样,才能构造一个既经济又实用的组织。

5.4 创业团队的组建

5.4.1 团队的基本要素

关于团队的定义,不同领域的有不同的定义。本书引用一个普遍采用的定义:团队是由员工和管理层组成的一个共同体,它合理利用了每一个成员的知识和智能协同工作,解决问题,达到共同的目标。团队的构成有五个要素:目标(Purpose)、人(People)、定位(Place)、权限(Power)、计划(Plan),简称5P。当然,创业团队也需具备这五个重要组成要素,它是由一定数量且技能互补的创业者组成的团队,创业者为了实现共同的创业目标和一个能使它们彼此担负责任的程序,共同为达成高品质的目标而努力。创业团队的组建涉及诸多因素,如成员的素质及其挑选、组建原则、组建程序、资金、市场、盈利模式等,但资金、市场等不是本书的重点,这里我们先从五个要素着手,然后就组建原则、方法、团队成员挑选等方面来展开讨论。

一般来讲,我们说团队的五个要素主要是指以下五点:

1)目标

创业团队应该有一个既定的共同目标,为团队成员起导航作用,没有目标,这个团队就没有存在的价值。此外,目标在企业的管理中以企业远景、战略形式等方面得以体现。

2)人

人是团队最核心的力量,也是创业成功与否的决定性因素,因为任何目标和项目都是通过人来实现和完成的。所以说,在创业之前,人员的选择是至关重要的。我们认为,挑选成员首先应该从道德品质方面入手,如果一个成员有才无德,不应该选他入伙;其次,我们也要考虑团队成员的技能互补、经验等要素。

3)定位

这里的定位包含两层意思:一是创业团队的定位,即团队在企业中处于什么位置,由谁选择团队的成员、团队最终应对谁负责等;二是个体的定位,作为成员在团队中所处的位置、他的任务以及相应的职责和权力。

4)权限

权限即领导人的权利大小,它与团队的发展阶段相关。一般来说,在团队发展的初期需要一个把握全局的人,领导权会比较集中;到后期团队成熟时,相应地,领导者的权限会适当分散一部分,但是大的问题如发展方向还得由领导者作出决策。

5)计划

常言道:"凡事预则立,不预则废",创业道路漫漫长远,有很多不可预期的困难。团队要实现自己的目标,就要制订计划,有时候更是要根据外部环境的变化以及组织战略目标调整等因素去调整作战计划。

以上五点是对团队的一般素质要求,如果一个创业团队拥有以上五点素质,我们就说这个创业团队基本上已经形成初步的战斗力,同时还要不断地进行磨合和改善,才能更大地发挥团队的力量。

5.4.2 创业团队的组建原则

创业团队组建需要遵循一些原则,这样才既能保证团队的稳定性,也能全面发挥团队的优势,完成组织定下的各种目标。这里简要介绍创业团队的组建原则:

1)目标明确合理性原则

目标必须明确,这样才能使团队成员清楚地认识到共同奋斗的方向是什么,他们才会有动力,就好比一辆跑车,发动之前要清楚自己的目的地。与此同时,目标也必须是合理的、切实可行的,这样才不至于打击员工的积极性,从而真正达到激励的目的。

2)互补性原则

创业者之所以寻求合作,其目的就在于弥补目标与自身能力之间的差距。当团队成员在知识、能力、经验等方面处于互补时,才能通过相互协作发挥出"1+1>2"的整体效益。在一个创业团队中,尽量避免几个人的主要能力一样。例如,创业团队中两个成员都是做销售的，出现这种情况是很危险的。因为只要优势重复，职位重复，一旦对问题的看法有分歧，那么今后必然少不了各种矛盾的出现，甚至会导致团队散伙。

3）人才适用性原则

任何企业肯定都需要在一定领域具有丰富经验的人才。但是如今，很多创业者，尤其是中小型企业的创业者通常盲目地追求高级人才，结果最终却适得其反。其实，起步期企业与成熟期企业所需要的人才类型是不一样的，当你一味地追求高级人才，而又不能提供相应的资源的话，他们首先从思想、心理上就接受不了。用马云的话说："这就好像给一辆拖拉机安上了波音 747 的引擎，只要一启动，拖拉机根本无法承受，甚至会粉身碎骨。"

4）动态开放性原则

创业过程是一个充满不确定性的过程。在此期间，团队中某些成员可能因为能力、观念、外部诱惑等各种原因而离开团队。同时，也有人要求加入团队。因此，在组建创业团队时，应注意保持团队的动态性和开放性，使一些真正有能力、认同企业文化的人员能被吸纳到创业团队中来。需要指出的是，有了人才，还要会用人才。西楚霸王项羽几乎每方面都比汉高祖刘邦强很多，但刘邦更会用人。他统筹不行，找萧何做"大管家"；智谋不行，找张良当军师；诡计不行，找陈平代劳。像刘邦这样知人善用者，是创业成功的必要前提。

5）精简高效性原则

所谓精简，就是在创业期间用最少的运作成本获得最大的效益。但是精简的前提是不能影响成员正常的工作效率，如果在一些不能节省的地方节省，会适得其反；所谓高效，就是团队成员在外部环境不断变化和内部资源有限的情况下，能够以最快的速度完成自己的任务。这要求其成员必须具备一定的抗高压能力。

5.4.3 创业团队的组建流程

1）明确创业目标

创业团队的总目标就是团队领袖领导其成员通过完成创业阶段的技术、市场、规划、组织、管理等各项工作实现企业从无到有、从起步到成熟的过程。总目标确定之后，为了推动团队最终实现它，还要将总目标加以分解，设定若干可行的、阶段性的子目标。

2）优劣势分析

创业者首先要对自己即将从事的创业活动有足够清醒的认识，并用 SWOT 法即分析企业竞争、优势劣势、机遇和威胁的方法，来分析自己的优缺点，同时找出组织的不足

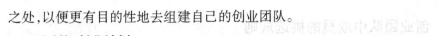

之处，以便更有目的性地去组建自己的创业团队。

3）制订创业计划

在确定了总目标和子目标后，紧接着就要研究如何制订周密的创业计划来实现这些目标。创业计划的制订须是在对目标加以分解的基础上，以团队为整体来考虑的计划。同时要规定在不同阶段要完成的任务，通过逐步实现这些阶段性目标最终实现创业的总目标。

4）招募合适的人员

关于创业团队成员的招募，主要应考虑两个方面：一是互补性。一般而言，创业团队至少需要技术、营销和管理三方面的人才。只有这三方面的人才不断磨合形成良好的沟通协作关系后，团队才能稳定高效地运行；二是规模适当。团队人员太少则影响团队运行的效率，过多可能会产生沟通的障碍。更严重的甚至会使团队内部组成自己的小团体，进而大大削弱团队的凝聚力。

5）职权划分

当团队有了清晰的目标和一定数量的成员时，就必须在团队内部划分职权。我们认为，有效的职权划分应该是根据计划来具体确定每个成员的职责以及相应的权限。在此基础上，还要避免职权的重叠和交叉，也要避免无人承担造成工作上的疏忽。此外，由于企业外部和内部环境的变化，其职权也应根据需要不断地进行调整。

6）构建创业团队制度体系

团队的制度体系对成员也可以形成约束和激励能力。一方面，创业团队要通过各种约束制度避免成员做出不利于团队发展的行为，从而保证团队的稳定运行；另一方面，创业团队要制订相应有效的激励机制，使成员能看到完成目标后自身利益得到改善，从而达到充分调动员工积极性的作用。

7）团队的调整融合

强大的创业团队并非一开始就能建立起来。很多时候团队成员之间的交流以及配合都是随着企业的发展逐步形成的。很多创业团队任务分配等方面在创建之初往往看起来还比较合适，但是在实际工作中，又会暴露出这样那样的问题，比如人员配置、职权划分不合理等。这时就需要对团队进行调整磨合。在这个过程中，最为重要的是保证团队成员间能经常进行有效的沟通、理解、协调、鼓励等，培养并强化团队精神，提升团队士气。

以上就是组建创业团队的大致流程。这一过程并不是按照一个完全的先后顺序来执行的。事实上，很多创业团队的组建过程并没有明确的步骤划分界限，需根据实际情况灵活加以运用。

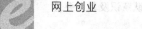

5.4.4 创业团队中成员的挑选规则

任何团队中最重要的因素都是人，人员选择对一个企业来说举足轻重，而对于创业团队来说，如果选人出了问题，后果可能是致命的。人员的选择首先应该尽量避免亲友，因为里面掺杂了些许人情味，而企业在发展的过程中，应该要理性多于感性，人情味往往会束缚团队的发展；成员选择也要考虑其“德”，因为无德之人最终会拖企业的后腿。另外，我们认为，团队人员选择还应从以下几个方面着手：

1）创业团队需要有激情和自信的人

创业者在组建团队时，要选择对项目有激情的人加入，即使他的专业技能并不是很突出。因为任何企业在创建初期，基本上都要经过工作量大、压力大、困难大时期，一个没有激情、自信的成员会影响整个团队的士气，造成很坏的影响。

2）创业团队需要有牺牲精神的人

团队成员应该认识到团队利益要优先于个人利益。企业在创业初期，往往会遇到各种各样的问题，个人利益可能与集体利益冲突，这就要求成员能够做到牺牲个人利益来换取集体利益，保持团队的凝聚力。

3）创业团队需要各方面的专业人才

人才是团队的核心，所以建立各种团队的优势互补是很有必要的。例如，在IT企业创业中，往往创始人是技术出身，他不一定具备管理或者市场营销能力，这时团队就要吸纳管理型人才以及销售型人才。当然，其他类型的人才也必不可少。正如复星的创始人之一郭广昌所说：“我能有今日的成功，能坐拥200多亿元的资产，源于我们五个人的创业团队。我们五个人就像五根手指，哪根都少不得。五根手指握紧，就是一只拳头。”

4）创业团队需要有共同价值观的人

这主要表现在两个方面：一方面是在创业初期由于各种资源的限制，企业的待遇福利、办公环境等不一定很好，这就需要团队成员不要退缩，要有与企业共同成长的意识；另一方面体现在对企业文化的认可程度上，在未进入团队之前，成员可以就自己的看法与团队成员进行讨论。但是一旦加入团队，就必须认同企业的文化和大致发展方向。

5）创业团队需要开朗大度的人

无论是什么团队，相互之间的信任显得非常重要。对于创业团队来讲，这点尤其重要。如果团队成员之间一旦出现了信任危机，那是极其危险的。因为信任危机是一种极其脆弱的东西，一旦出现危机，就很难再博得信任。其实，人与人的相处中难免会有摩擦与矛盾，这时候需要大家不断沟通，不要相互猜忌。此外，领导应使用各种方法增

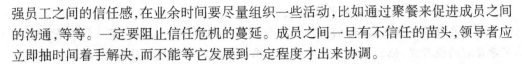

强员工之间的信任感,在业余时间要尽量组织一些活动,比如通过聚餐来促进成员之间的沟通,等等。一定要阻止信任危机的蔓延。成员之间一旦有不信任的苗头,领导者应立即抽时间着手解决,而不能等它发展到一定程度才出来协调。

本章小结

事实证明,无论是传统的制造业、服务业,还是现代的高科技产业由创业团队创立的企业要比个人多得多。特别是在当前高速发展的高科技产业中,创业所要求的能力涵盖了管理、技术、营销、财务等各个方面,远不是个人单枪匹马所能及的。因此,组建团队提高创业的成功率就显得必不可少了。

团队组建好了,并不意味着万事大吉。这是因为管理团队往往比组建团队的困难要大得多。因此,制订一些良好的规章制度是团队发挥效益的前提,也是必要条件。所以说,好的制度和企业文化对于企业来说,就如同新鲜流动的血液对人体一样,是必不可少的。另外,一个优秀的团队领导者身上所具备的各种优良素质也能左右团队的成长。总之,对于如何建立一个优秀的网上创业团队,我们的观点是:如同学习一样,没有任何捷径可走,都需要大家摸着石头过河,或者更大胆些:创新。而本章所讨论的只是他人的一些经验而已。

案例　百度的创业团队

百度公司 CEO 李彦宏和徐勇的相识源于李彦宏刚从东部闯荡到硅谷的时候,当时徐勇在一家制药公司做销售。1999 年 11 月,徐勇邀请李彦宏到斯坦福大学参加《走进硅谷》一片的首映式,李彦宏并约好第二天与徐勇谈回国创业的大事。第二天下午,徐勇应约来到李家谈"大事"。在那里他们签订了一份"保密协议",商量好各自在未来公司里的股份比例、职责分工、发展规划等。对创业的躁动以及前景的向往,就像突然喷发的火山,一时之间,让他们激动不已。他们就这样达成了坚固的联盟,一起走过以后的风风雨雨。

李彦宏和徐勇算是一对最佳搭档。这不仅是指他们两人在技术特长上形成互补:李彦宏 1991 年毕业于北京大学信息管理专业,随后赴美国布法罗纽约州立大学继续深造,后来拿到了计算机科学硕士学位。而在美国的 10 年,徐勇先后担任两家著名的跨国高新技术公司的高级销售经理,并且获得过杰出销售奖,在销售领域绝对能独当一面。而且两人在性格上也截然不同,李彦宏沉默寡言且严谨,很讲原则,而徐勇开朗热情且擅长沟通。就拿开会来说吧,如果员工因故迟到,会遭到李彦宏毫不留情的批评;而徐勇的处理方式则不同,他会问长问短,让下属感觉温情如沐春风。很多时候,不同的领导风格往往更有益于公司的良好成长。

公司在硅谷成立之后,他们把目光投向国内,招兵买马。其实,有一个人早就进入了李彦宏的视野里,他就是北京大学计算机系最年轻的副教授刘建国,刘建国在搜索圈子里有很强的影响力,是北京大学当时天网搜索的主力。早在1998年夏天去清华大学作技术讲座之前,李彦宏就给刘建国发了E-mail,共同探讨搜索世界的主题。讲座之后,他们的联系更加密切,李彦宏很喜欢这位搜索技术高手,温文尔雅的刘建国和李彦宏一样,热切地想把自己的想法变成现实,而不只是停留在理论领域。1999年底,刘建国终于同意放弃在中国最高学府的学术发展,加入百度公司,为"为网络用户提供最高端的网络技术服务,创造中国互联网络企业的经营奇迹"的企业使命而拼搏。2000年1月,百度公司在中国成立了她的全资子公司——百度网络技术有限公司,刘建国挑起重任,带领技术研发小组,在简陋的条件下,为开发中文搜索引擎而努力。

在谈到他们往后的合作时,李彦宏笑道:"开会时,经常有人站起来反对我,因为公司已经有一种根深蒂固的思想:我说的不一定是对的,于是有人敢于并且愿意表达自己的观点。我认为这是个非常好的传统,而且我的面子并不重要,在这里你想说什么就说什么,只要是从公司最高利益角度出发。当然,意见不统一的时候还是由我来拍板决定。"管理者的决策是这样形成的:听多数人的意见,和少数人商量,自己作决定。李彦宏做到了。良好的共事氛围,造就了百度公司内部高度的决策效率,且决策一旦形成,就能得到很好的执行。

其实,直到2000年3月,百度公司才真正开张。当时,团队成员中除了财务、出纳、行政外,几乎全是技术人员。最早的技术班子包括中国科学院的崔姗姗、北京邮电大学的王啸、北京交通大学的郭丹以及一直跟着刘建国做天网搜索的北京大学的雷鸣。谈到当时所遇到的最大困难时,李彦宏说:"那个时候整个互联网泡沫很狂热,比我们早回国的,创办域名后缀为.com的互联网企业可以轻易地拿到千万美元的风险投资,他们的办公室是在国贸、嘉里中心这种极其奢侈的地方,铺张浪费的地方很多。而按照我的理念,作为创业型公司,一开始应该是艰苦奋斗,所以困难在于怎样让我们的员工理解这其中的道理。那时候的环境非常浮躁,有的公司三个月给员工涨一次工资,还承诺了许多将来不一定能兑现的东西,我们的员工经常在外面遇到这种诱惑,难办的是让大家的心态稳定下来。"为了"稳定军心",李彦宏展现出了领袖气质,他诚恳地对员工说:"企业在早期阶段不是靠政策而是靠文化,我自己深信我的理念是对的。我们现在不要那么铺张,因为如果情况不好,形势天天往下走,我们的心情会很不好。我现在可以给你们的是公司的股票期权,一旦公司做大了,大家都会从中受益……"久而久之,大家感受到了他的真诚,都不再盲目攀比,而是死心塌地地跟随他。

在研发阶段大家都很辛苦,房间常常是整夜亮着灯,有人实在困极了,躺在椅子上就睡;有人扛不住睡意,就去厕所洗把脸;"烟民"们则端一把椅子,在厕所旁的过道吸烟提神。当时公司有一块小黑板，上面经常写着："工程师，晚上10点40开会"，而且通常一开就开到午夜12点。当进行联合调试的时候，谁都不愿走，一直到凌晨两三点。就这样，刘建国带着攻坚小组夜以继日地奋斗者，谈起那段经历，他的脸上仍然充满留恋之情："那时候，虽然条件比较艰苦，但大家都很快乐，我们成天泡在一起讨论技术上的难题，分享每一个小小的进步；起初觉得任务很大，要完成难以想象的任务，这个时候我就把任务一层一层地分解，到最后大家都如期完成了。"2000年5月，百度终于成功地完成了研发工作，取得了自己的第一个产品——百度中文搜索引擎。

究竟是什么吸引了百度的员工对公司如此忠心并全力以赴呢？我们不觉想起那句话：如果要我在一流的项目二流的团队和一流的团队二流的项目中选择的话，我选择后者。在打造自己的团队时，李彦宏不仅使员工充满内在驱动力，同时又在外在激励上下了一番工夫，所以他做到了既有一流的项目又有一流的团队。

实践证明，李彦宏的理念和公司的企业文化取得了大家的认同，并且深深影响着百度公司的每一个员工。直到今天，百度公司早期的创业团队中，除了雷鸣去美国学习外，其他人至今仍团结在一起，为百度公司的使命而努力。

案例分析与讨论题

1. 你认为李彦宏和徐勇从相识到联手是机遇还是巧合？
2. 上述案例中，两人身上的互补性对公司的成长有哪些好处？
3. 怎样才能在团队内部形成一个愉快和谐的工作气氛？
4. 百度公司在早期让员工克服内心的焦躁对你有什么启发？
5. 从李彦宏身上你可以看到他有哪些领袖气质？

复习思考题

1. 什么是团队意识，如何培养团队意识？
2. 网上创业模式与传统创业模式相比有哪些特性？
3. 你认为应该怎样对创业团队进行有效的管理？
4. 一般来说，一个优秀的创业团队需要哪些素质？
5. 如果企业暂时还不具备这些素质，要做哪些改进？
6. 创业团队有哪些类型？在进行组织设计时有哪些地方需要注意？
7. 创业团队的组建原则有哪些？
8. 在挑选创业团队成员时需要注意哪些问题？

第6章

网上创业项目

随着现代物流业近几年的迅猛发展,电子商务呈现了爆炸性的增长。电子商务的发展使得网上创业如同雨后春笋一般发展起来,网上创业的项目得到极大的丰富和扩展。

网上创业项目总结起来主要有以下几种:①选用独立的网站进行创业,就是创业者自己申请一个独立的域名和空间,自己开发网站程序,然后通过网站对产品进行推广,同时也通过网络营销来推销产品或者服务。②选用独立的网店系统。从网站上下载免费的网店代码,上传到自己注册开通的虚拟空间中,然后进行域名指向之后就可以使用了,这种方式的安全性好,同时也有一定的优化和推广功能。③选用网站平台开店。进行网上开店,是最直接的也是最常见的创业体验。这种体验只需要在 C2C 模式的网站上注册一个 ID,就可以出售自己的商品。成本低、回报快、容易操作的网上开店眼下已经风靡全国,这些网店交易的商品小到铅笔、橡皮等日常文具用品,大到冰箱、空调等耐用品,一应俱全。

学习目标

- 掌握网上创业项目的基本概念;
- 熟悉网上创业项目的特征属性;
- 了解网上创业项目各种来源的区别;
- 了解网上创业项目的核心竞争力包括哪些方面。

案例导入

网上创业项目从何而来?

在广州市区的一幢幢写字楼里,提起网上餐厅的老板衣欣,在那里工作的白领们几乎没有人不知道，提起衣欣餐厅的饭菜，没有不竖起大拇指的，因为这些白领都是衣欣的忠实客户，他们每天通过电子邮件、电话、QQ 等通信工具，向衣欣的餐厅订购可口的饭菜，正是由于这些忠实的客户，才使得衣欣餐厅成为了人气最旺的网上餐厅。

衣欣餐厅的老板衣欣之所以会选择在网上开餐厅，是因为一个非常偶然的机会，这次机会使得她有了这样的想法。衣欣并不是高考时代的幸运儿，她没有考上向往已久的大学，而是自费上了一所民办大学。毕业后，在就业压力严峻的情况下她没有找到合适的工作。为了生计，她去了一家专门针对外国人而开设的酒吧做服务员，在那灯红酒绿的环境中，衣欣虽然收入不菲，但做得并不开心，因为时不时会遇见那些素质低下的外国人，他们不免会对衣欣动手动脚，致使衣欣越来越不能忍受那里的工作。

一天，衣欣给自己的男友做了一顿可口的饭菜送到办公室，以慰问一下辛苦工作的男朋友，当开启饭盒的一刹那，诱人的饭香吸引了身边的同事，大家都用羡慕的眼光注视着衣欣的男友。因为广州是一个生活节奏比较快的城市，午餐很少有人有时间去张罗，大家都是吃一些小吃匆匆了事。这样一个细节被细心的衣欣注意到了，于是她便萌生了开餐厅的想法。

回去之后衣欣开始着手准备，一方面她不断更新稳固自己的厨艺，另一方面寻找合适的店铺。但是广州繁华地段的租金惊人，这让衣欣刚刚萌生的想法又有点退却。这时候有着一定网络知识的男友建议衣欣大胆尝试一下在网上开餐厅，并给衣欣做了一个精美的网页。经过半个月的忙活，衣欣的网上餐厅终于新鲜出炉了。为了宣传自己，衣欣做了好多名片，上面印有衣欣的联系方式和自己餐厅的网站，在各个商业区域发放，但开业的第一天连一单生意都没有接到，衣欣并不气馁。终于在开业的第四天接到了第一单生意。衣欣秉着诚信的态度，不仅在饭菜质量上下工夫，而且在服务态度上也是胜人一筹。

开张 3 个月后，衣欣房间里的电话接连不断，E-mail 里的订单邮件也是爆满，生意红火之后的衣欣雇用了几个员工，她的精力则放在了饭菜制作和网络上。每到周一，衣欣就把一星期的配餐计划发布到网页上，让客户依据自己的口味进行选择，并对饭菜的制作亲力亲为，从原料选购到整个制作过程都严格细心，争取让每一个客户都满意。

此外，衣欣还非常注重自己餐厅的信誉度，因为她知道在网上做生意，特别是食品生意，诚信是必不可少的。即使是饭菜再好，服务态度差也是不会招揽更多生意的。一天在从邮件中得知一位送餐员在把饭菜送到一位客户手中时，饭菜已经不是太热了，她立即做了一份热气腾腾的套餐和可口的汤，免费送到这位顾客面前。因为她这样热情、周到的服务，从此订单如雪片一样飞来。

主人公的成功除了利用网络来进行创业外，还坚守了一个创业的诚信负责的品质。

假如不是运用电话、邮件、QQ、网站等工具在网上进行创业，她的生意只能在很小的范围内有客源，并且还会交纳一大笔的摊位费，正是运用了网络这个平台才使得她的餐厅的知名度越来越大并获得更多的客源。当然，还有诚信的态度，才会让她的网上创业之路如鱼得水般顺利畅通。

思考题：

请读者思考在自己的生活中，是否有和案例中主人公网上创业类似的项目？

6.1 网上创业项目的基本特征

网上创业项目基本都是以大型电子商务网站为依托，通过便捷的物流来进行货物运输，利用网络平台进行营销推广，同时吸纳最新的创业创意和创业思想，在因特网上进行的商务活动。网上创业项目有优势，也有劣势。其基本特征主要有以下几点。

6.1.1 创业门槛低

网上创业以网络和物流为依托，利用网络来进行营销推广。而最近几年网络技术的普及，物流业的飞速发展，给网上创业项目创造了良好的条件，从而使得网上创业项目的门槛大大降低，为更多的创业者进行网上创业提供了基本保障。而且网上创业多以商业性的买卖为主，对技术知识方面的要求并不是很高，创业者只需要懂得基本的计算机和网络知识，在资金方面具有项目启动和运营的资金，就能起步进行网上创业了。

6.1.2 启动资金少

传统模式的创业都需要花费大量的人力、物力、财力来注册登记公司。同时传统的商业创业要有实体的门店或者仓库厂房来进行生产或者储存货物，并且在过去没有网络的环境下，需要投入大量资金在报纸、杂志、电视等传统媒体上做广告宣传等。

网上创业和传统创业相比，则有着诸多无法比拟的优势。首先，网络创业如果是以网上商店为主体，则不需要进行注册登记，省去了注册资金。其次，网络创业不需要实体的门店，省去了大额的门面租金，对成本的降低起到了很好的作用。再次，可以充分利用因特网这个平台进行网络营销。

以上三点使得网络创业与传统创业相比需要的启动资金少得多。这也是电子商务的一个最明显的优势。这也使得网上创业如雨后春笋一般在最近两年迅猛发展。

案例1：两个月狂赚十多万

说起在两个月的时间里狂赚十多万的杨俊夷，很少有人知道，他仅仅是个在易趣网上不到两个月的新手，但其惊人的销售业绩却让人深思，他为什么会有如此好的成绩呢？这与杨俊夷娴熟的数据分析是分不开的。

杨俊夷当初之所以在网上开店，完全是受朋友的影响。一次他被朋友拉去帮其提升易趣网店的销售，因此他就萌生了自己开网店的念头。杨俊夷决定以销售女性服装作为自己的主打产品，但其规模不大，还需要自己跑货源，所以觉得开店最重要也是最基本的就是货源。杨俊夷了解到，要想成功销售女性服装，进一些受欢迎的服装款式是不可或缺的。但是在本季度进这些货物价格肯定不菲，如果到了季末，很多服装商为了进下一季度的服装，就需要对本季末的货物进行清仓。这些清仓的货物数目并不多，并且有很多的断码产品，商户再想以批发价处理肯定是不行的。所以杨俊夷就抓住了这点，对这些清仓产品以低廉的价格从经销商手中买回，然后利用自己的店铺再销售出去，其出货量提升得很快。

其次就是选择合适的时机推荐这些清仓的商品。杨俊夷了解到，人们一般在中午的12点，下午5—6点，还有晚上9—11点这三个时间段比较空闲，所以他便在这些时间段购买易趣网首页上的商品推荐位。由于一般的拍卖品都有结束拍卖的时间，而将拍卖的结束时间定在这三个时间段也是很好的事情。消费者看到结束时间马上就到了，于是他们就会速度很快地出价购买，这在一定程度上刺激了消费者的消费速度。

另外就是杨俊夷善于吸收别人的优点，也就是彻底模仿竞争对手。他挑选了一些知名品牌的销售经验，来补充自己的不足。首先就是模仿别人不使用一口价的销售方式，而是只用一元起拍和普通拍卖的方式，将一周中比较畅销的某种商品以一元起拍，这样就较大程度地聚集了人气，方便今后同类商品的拍卖。他在经营手段上模仿对手的同时，还学会对自己的网站进行数据分析，以获得更多的利润收入。

本案例中的主人公之所以能够通过网上创业取得如此好的成绩，与其独特的创意是分不开的，同时其独到的经营理念也起到了非常重要的作用。同样是经营女性服装生意，为什么杨俊夷会获得如此辉煌的成绩？原因就是杨俊夷寻找到了创业项目的关键创意点，并抓住了商机，具有敏锐的分析能力，通过易趣网这个大平台，将自己的项目创意实施得淋漓尽致。

6.1.3 企业成长快

前面我们讲了网上创业的低门槛和低启动资金，这两点就大大降低了现在人们进行网上创业的起步难度，使得网上创业的项目如雨后春笋一般涌现出来。除此以外，在目前我国鼓励发展电子商务的政策环境下，又有网上创业几乎零税收这个极大的优势，这些因素都对网上创业项目的成长起到了极大的推动作用，也使得网上创业项目的盈利比传统创业更容易、更快。盈利快的项目就意味着能够更快地获得回报。创业者越快地得到回报，对网上创业项目加大投资的可能性就越大。较快地对创业项目加大投资就意味着网上创业项目能够得到持续的投资，有了持续的投资，网上创业项目在资金上得到了保证,对项目的发展能起到根本的促进作用。在人力、物力和管理三个方面能够上一个新台阶,进而使网上创业项目得到持续的良性的快速增长。这就是一个好的网上创业项目能够持续得到快速成长的原因。

6.1.4 风险因素多

网上创业项目与传统创业项目一样,要受到很多不确定因素的影响。这些不确定因素可能会对网上创业项目带来不同的影响。正面影响因素能够促进网上创业项目的成长;负面的影响因素能阻碍创业项目的发展,甚至是对网上创业项目带来毁灭性的影响,导致网上创业项目失败。而这些对网上创业项目可能带来负面影响的因素,我们称之为网上创业项目的风险。下面我们来分析网上创业项目的风险。

首先,网上创业项目的主题对创业项目的发展空间有很大的影响。一个好的项目创意可能会有非常大的发展空间,其所处的行业能给网上创业项目良好的行业环境,并且可能有诸多的利好因素促使该项目最终发展成为一个能够盈利并得到较好发展的一个项目;一个过时项目创意或者没有市场的创业项目,最终只会导致创业搁浅或者失败。所以选择网上创业项目的主题或者说是创业项目的核心创意的选择是有一定风险的。

其次,网上创业项目营销推广的好坏也对项目的成功有非常大的影响。第一,成功的网络营销可以对网上创业项目起到良好的宣传作用,但是网络营销的成功并不是和其网络营销的投入成正比的。再次,物流或者其他相关因素变化非常快,对网上创业的成本可能带来较大的影响,还可能有很多不可预知的因素对创业的成本或者开支产生一定影响。所以,网上创业项目还是有较大风险。

对于刚刚诞生的网上创业项目来说,风险可能来自于各个方面:资金风险、市场风险、竞争风险,等等。创业者应当对这些潜在的风险作尽可能的罗列,这样才能越发全面地了解项目开始实施后,应当用何种手段去对抗风险,如图 6.1 所示。

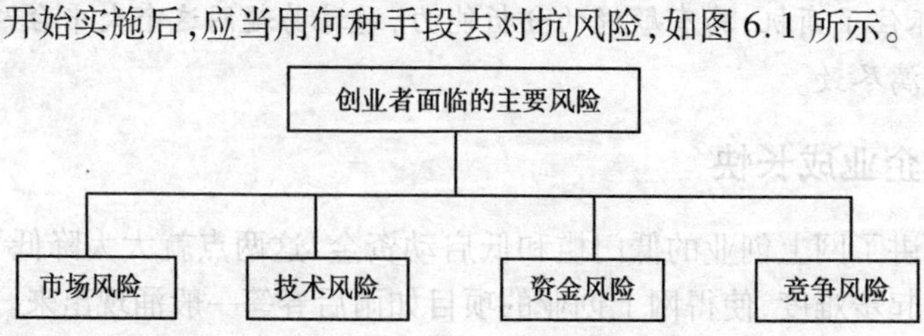

图 6.1 创业之初企业可能面临的主要风险

1) 市场风险

能否经得住市场的第一轮考验,是创业者所面临的首要风险。这类风险主要包括产品的顾客认同度、产品宣传策略是否到位,等等。

2)技术风险

对于某些偏重于技术(例如手工艺品、餐饮、IT等)的项目来说,技术力量是否强大、人员的操作程度是否熟练、经验是否丰富等因素对于项目的生存都有着重要的影响。不过对于一般技术性要求不高(例如百货商店、书店、玩具店等)的项目来说,技术风险相对较小。

3)资金风险

资金状况对所有创业者或者创业项目来说都是一种不小的风险。它往往是企业生存和发展的"瓶颈",因此创业者应该特别重视。通常情况下,创业项目实施初期,创业者手中的资金十分有限。然而其面临的需要花钱的地方却特别多:进货、人力、营销、物流……如何将这些资金恰当分配,对于网上创业项目能否经受住前期风险、迎接商机的到来至关重要。

案例2:资金分配失误的教训

有个小型化肥厂的厂主,为了使工厂能够有更大的发展,他看中了一种新型肥料的生产项目。这种肥料成本低廉、利润却十分高。而市场需求也十分广泛。厂主认为,只要化肥能够生产出来,自己的厂必定将有所作为。于是,他便将所有的资金用来购买生产设备和技术。

正当厂主开始雄心勃勃地准备大展宏图的时候,政府环保部门的官员却找上门来了。原来,环保部门规定,要生产这种化肥,企业必须先增设价值15万元的防治污染设施。然而,此时厂主为了引进这一项目,已经把手头可用的钱全部投入了进去。最终,厂主因无法筹集到这笔资金,被迫关门。

从这位厂主的教训中可以看出,对于创业者来说,保证一定的资金比例是必需的。否则,由于资金带来的风险,可能让刚刚诞生的创业项目陷入万劫不复的境地。

4)竞争风险

有句俗话叫"同行是冤家",这话一点不假。随着创业热潮的来临,各种大大小小的企业如同雨后春笋般成长起来,而目标市场的增长速度却跟不上项目的增长,于是不可避免地出现了"僧多肉少"的现象。有一部分人能吃饱,另一部分就必然饿肚子。面对如此激烈的竞争,创业者可能一不留神连脚跟都没站稳,就在对手的打压下淘汰出局。因此在网上创业项目的计划书中应明确竞争对手及其优势、劣势,做到知己知彼,方能百战不殆。

当然,项目实施和运营过程中遇到的问题是多种多样的。因此,除了上述四点主要风险之外,创业者还应当考虑到其他潜在风险。例如上面例子中的那位化肥厂厂主,他的失败原因不仅仅在于企业资金的分配不当,更在于对政府相关政策的不了解,这就使得政府的态度成为了一种风险。这就再次提醒创业者,一定要对政府政策、经济情况等大环境作出详细的分析。此外,创业者的管理能力、组织机构的架设,也可能成为企业生存和发展中所面临的风险。例如,创业者太过严厉,可能会使得合作伙伴及员工产生抵触情绪;太过温和,又会使人觉得很好欺负,缺乏威信。组织机构架设的臃肿、不合理也可能导致企业内部问题重重。因此,这也是创业者在开始实施创业项目之前不可不考虑的要素。

对网上创业项目影响较大的风险就是生产、经营以及财务上的不确定因素。例如,由于设备故障导致产品质量下降、由于财务人员的疏忽导致企业资金的流失,等等。这些不确定因素一旦疏忽,可能会导致企业运行失控。不过这类因素的隐蔽性比较强,不易察觉。创业者应当通过类似的经历、翻阅相关资料等手段尽量把可能存在的问题写进风险分析中。

6.1.5 网络营销需求较大

网上创业项目的推广和开拓市场基本上都是通过网络营销来实现的。这就使得网上创业项目有较大的网络营销的需求,同时也从侧面反映了网络营销对网上创业项目的重要性。

首先,项目建立初期,产品知名度的提高要通过网络推广来达到,因为网络营销的低成本,同时在受众的广度上传统媒体的营销方式有着无法比拟的优势,网络营销成了首选的也是主要的营销方式。因为网络项目的创业者的初衷就是节约成本,用较小的投入来获取利润。其中常用的营销方式有电子邮件营销和论坛营销以及搜索引擎营销等。

其次,产品的销售也在网上进行发布或者推广,这是一个大的趋势。随着科技和经济的发展,网络越来越成为人们生活不可或缺的一部分,越来越多的人接触到网络,同时越来越多的人开始在网络上进行商务活动。网上购物已经成为很多人的一种习惯,所以现如今进行网络营销是绝大多数企业或者项目必然采取的一种营销方式,甚至是最主要的营销方式,而网络营销的小成本高回报也正迎合了企业或者项目的需要。

再次,一个网上创业项目能否盈利的一个非常关键的因素就是其网络营销的实际效果,好的网络营销能促进一个项目的快速成长。从开始建立到盈利,然后到发展壮大,需要对目标市场进行大量的宣传和网络营销投入。

6.1.6 对项目或产品的创新性要求高

首先,一个网上创业项目要想一炮打响,那么这个项目的创意必须独到,并且符合其目标客户的需求。如果创新性不高,那么这个项目可能很难引起客户的兴趣。其次,网上创业项目的推广需要强有力的网络营销,而一个网上创业项目必须要有卖点来进行网络营销或推广。那么这个网上创业项目的创新性或者其产品的创新性就成了其网

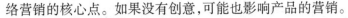

络营销的核心点。如果没有创意,可能也影响产品的营销。

案例3:微博营销:诺基亚新品微博发布会

背景介绍:诺基亚作为全球手机最大的生产商,在面对苹果手机的强大攻势下,在2010年选择通过微博直播的方式,发布了诺基亚的新品——N8手机。此次诺基亚勇敢尝试不但成功推出了诺基亚N8,同样对诺基亚品牌的传播起到了良好的作用,更为诺基亚争取到了总结经验,摸索创意的好机会。

诺基亚在2010年8月25日上午采用全新微博直播的方式线上发布诺基亚N8新型手机,并联合新浪微博、人人网、开心网和优酷网的全社交网络平台发布会开幕。诺基亚的这次新产品发布主要以诺基亚架设在新浪网的一个Minisite为平台,诺基亚就像一个主持人,邀请嘉宾和网友进行互动。而参与这些互动的核心方式就是新浪微博。诺基亚将这次发布会的实时互动全权交给了新浪微博,并且将所有诺基亚社交平台的关注力汇聚于新浪微博上。新浪微博成了碎片化交互的核心阵地,显示出了强大的营销价值。

此外,诺基亚精心挑选出一些著名的视频媒体和社交网络平台,如优酷网、人人网和开心网等。人人网和开心网这两个SNS平台在这次发布会的作用是让粉丝随时了解发布会的动态,而诺基亚也积极地促使这两个平台上的粉丝参与新浪微博上的互动。

在这次新浪微博发布会上,诺基亚选择了一些不同领域的"意见领袖"作为嘉宾,如林俊杰、韩庚等明星,让那些喜欢追求时尚潮流、跟随明星偶像、生活条件优越的年轻人能够紧紧跟随并关注此次活动,而这些人也正是诺基亚所锁定的目标群体。

由明星到粉丝,再由粉丝到更多人,信息达到二次甚至多次扩散。根据可靠的数据调查表明,此次新浪微博发布会直接关注人数达到40万人,而通过两次甚至多次传播,影响的人数可达到5 000万人。

诺基亚这次发布会充分利用了微博的强大互动性和实时沟通功能。此次活动中还有传统优势参与了新浪微博发布会,如《新周刊》《三联生活周刊》等。这些媒体在线采访诺基亚的高官,实现对话,并且让其在微博上实时发布采访内容和新闻评论观点,达到线上、线下相结合的传播效果。

这是一个非常成功的网络营销案例,同时其所具有的创新性很具有代表性,这类网络营销的方式渐渐被发展成为一种网络营销的模式,被广泛地采用。

6.1.7 中后期融资需求大

从前面我们可以知道网上创业项目前期和中期的投入较小,同时,它的收益速度较快,也就是成长速度快。那么在项目成长变大后,资金需求变大,这也就使得网上创业项目在中后期有较大的融资需求。这也是网上创业项目一个非常重要的特点。

6.2 创业项目的来源

上面讲了创业项目的特点,那我们的网上创业项目的来源有哪些呢?下面我们将介绍几种不同来源的创业项目,比较其优缺点。

6.2.1 原创项目

在网上创业项目来源中,原创项目是非常重要的来源之一。原创项目,是指创业者按照自己的想法或者创意来进行创业,或者根据创业者自身的优势和特长,利用自身的资源进行自主创业的项目。

原创项目的最大特点就是其项目的创意来自于创业者自身。首先,创业者就拥有该项目的知识产权或者是所有权,创业者可以不用支付昂贵的项目购买费用或者加盟费等。其次,原创项目的创新性较高,因为原创项目的创意一般来自创业者自身的想法,其创意聚集了创业者的独创的 idea。再次,原创项目的可行性和获取收益的概率因项目而异。原创项目的可行性与其所在行业发展现状和项目的规划等因素密切相关,故不同的项目的可行性和获取收益的概率应该区别对待。最后,原创项目由于所有权均归属于创业者本人,故不存在收益分配的问题。

案例 4:原创项目:提前"退休",品品茶、读读古籍、练练书法、逛逛旧书摊或者藏品市场,这是 Taotao 每周的生活

他习惯并满足于这种生活。背着双手,踱着方步,缓缓地出入各个旧书销售点。没有任何压力,没有时间限制,没有领导的呼来唤去,Taotao 戏言这是"提前退休"。Taotao 特殊的职业决定了他的活动范围。目前,他在网上开了 6 家店,专门销售字画和旧书。而他当初首次登录网上电子商务平台时,在书画类别中,在重庆他是独此一家。也就是说,他应该是重庆网上开店销售书画的第一人。

初试锋芒,网上开店。Taotao 1997 年开始练书法,当时,他在一家公司做一名普通的办公室文员,他报名参加了重庆书法家协会举办的培训班。那时,Taotao 正在自学电脑,电子商务的寒冬过去后,正在慢慢复苏,她对这一切充满了好奇。

而易趣网推出的网上交易平台,给他提供了尝试电子商务的机会。2001 年,Taotao 在"易趣"上注册了自己的商店,专门销售字画和古董。"那个时候,电子商务还披着神秘的面纱,网上交易的诚信问题还没有得到有效解决。因此,为了扶持电子商务,网上开店不需要任何费用。"就这样,Taotao 成了重庆地区在网上销售字画的第一人,"网上商品列表后标有商品来源的地区,在书画类商品中,只有我一人的商品"。开始时,Taotao 并不真正懂字画和古董,为了降低风险,他一般到市场上淘一些单价在 100 元以下的东西,然后上网待价而沽。当然,淘到赝品是经常的事,"不管赝品也好,正品也好,我只能以我的认识和理解来销售”。

小有成果,辞职专干。到 2002 年,网上交易渐渐火爆,网上开店也逐渐风靡。而此时网络也常常会给 Taotao 带来意外惊喜,有时一个月的收入甚至可以达到上万元。据 Taotao 介绍,网上交易的方式一般有两种,对自己把握得住价值的商品,可以明码实价,直接标价销售;而对自己把握不住其价值的,可以采用递增式竞价销售。

2003 年,Taotao 在国内另一电子商务平台——淘宝网上开了自己的第二家网上店。到 2004 年,国内电子商务已经成熟,电子商务的瓶颈——诚信问题也得到有效的解决,网上交易平台纷纷推出了支付中介业务,当网友选中某项商品后,可将费用先支付到网站,网站收到货款后通知销售者发货。网友收到货物,经检查与网上的描述相符,就告知网站自己对商品满意,然后网站再将货款打到销售者的账上。

案例分析:这是一个典型的原创项目。这个项目是由于创业者的个人兴趣而因缘际会开设网上商店的案例。主人公 Taotao 一开始在开设网店时并不太懂得网上开店的流程,甚至对所销售的商品也不太了解。Taotao 凭着自己的想法和创意进行创业,所以这是一个典型的原创项目的例子。

6.2.2 引进项目

引进项目是网上创业项目的一个重要来源。引进项目在这里有两种,一是创业者利用自身已有的商业资源,引进他人或组织的技术,也可以是引进创业项目,独立进行创业的项目。二是创业者引进创业创意或者创业项目,并与项目的所有人一起进行创业的项目。

引进项目的主要特点就是项目的创意或者核心技术不是来源于创业者本身,而是引进的他人的成果。首先,引进技术或者创业项目需要付出一定的代价。其次,引进项目的创新性和原创项目相比,都具有自主的知识产权,因为引进了核心技术或者原创项目之后,就拥有了该项目的技术和产权。再次,引进项目的可行性和收益率一般会比较高。之所以一个项目能够被引进,说明该网上创业项目的可行性较高,收益率也应该是有一定前景的。故项目的可行性和可操作性较高,获得收益的概率较大。最后,在技术或者项目引进之后,项目都归属于创业者,不存在收益分配问题。

6.2.3 合作项目

合作项目也是网上创业项目的来源之一。合作项目是指,合作的双方或者多方,按照其中一方的项目创意或者创业项目,一起相互利用各自拥有的资源来进行创业。

首先,合作项目由于其项目创意来源于创业者内部,所以该项目的知识产权和所有权归属于创业项目的合作双方,这是合作项目的最显著的特点之一。其次,合作项目的创新性与原创项目相比要弱一些,因为项目从诞生到寻求合作,再到最后合作成功,需要一定的时间,项目的创意或创新性要受到一定的影响。再次,此类项目需要合作完成说明其可行性较强,相应地收益的概率也较大。最后,网上创业合作项目的创意或者项目的知识产权和所有权归属于创业双方共同拥有,故此项目需要合作双方或者多方,对利益进行合理分配。这是合作项目的一个弱点。

6.2.4 购买项目

购买项目是网上创业项目来源的一个不可或缺的部分。购买项目是指创业者根据自身的需要,购买他人或组织的创业创意或者创业项目,进行独立创业的项目。

购买项目的最大的特点就是可行性较好及盈利概率较高。首先,因为购买项目能够出售,说明其可行性和可推广性能经受市场的考验。其次,购买项目的经济性不如其他来源的项目。购买一个网上创业项目需要花费一笔高昂的购买费,这是购买项目的一个致命弱点。再次,项目的购买人拥有项目的所有权和知识产权,同时也就意味着不存在利益分配的问题。

6.3 项目的可行性论证

可行性分析是确定项目创意或项目计划是否可行的过程。作为对项目创意和项目计划的初步评估,可行性分析用来确定项目创意是否值得实施,并在投入资源之前对项目创意进行检测。可行性分析阶段处于机会识别阶段与制订项目计划阶段之间。当一个项目创意被认为不可行时,它就应当被抛弃或是重新来考虑。如果该创意被重新构思,并且与原创意相比只是做了微小改动时,新创意仍要和原创意一样进行同等水平的可行性分析。

我们认为,项目的可行性分析是根据计划的项目,通过分析项目需要的技术、所处的市场环境、可能发生的投资和费用、产生的效益,从而确定该项目成功的可能性。

项目可行性分析的内容:

1)产品/服务可行性分析

产品/服务可行性分析指对拟推出的产品或服务的总体吸引力进行评估。在预期产品或服务投入开发之前,企业应该确定产品或服务是消费者所需要的,并且拥有足够大的市场。

产品/服务可行性分析由概念测试和可用性测试两个基本测试组成。

(1)概念测试

概念测试是指向预期客户展示产品或服务,以评估消费者的兴趣、意向和购买意向。概念测试的结果通常是开发出产品或服务的原型或者模型。通常,基本原型首先被开发出来，再用于评估消费者兴趣和开展可用性测试。

(2)可用性测试

可用性测试要求产品使用者执行某些任务，以便测量产品的易用性与用户的体验。在不同的情况下，可用性测试也被称为用户测试、贝塔测试或实地测试。需要强调的是，虽然把新产品或服务推向市场是件非常诱人的事情，但是可用性测试却是创业者或企业资源的一项非常有益的投资。

2)行业/市场可行性分析

行业/市场可行性分析是对将要提供的产品或服务的整体市场吸引力进行评估的过程。拟实施项目在进行这部分可行性分析时，需要考虑以下几个问题：

(1)行业吸引力

行业之间的增长率千差万别。一般而言，正在持续增长的行业更具有吸引力，因为这种行业对新进入者和新产品引入的接受程度高。新企业可行性的一个重要决定因素是其所选择的行业吸引力，这也正是很多风险投资家在考虑投资新项目时会首先评价新项目所在行业的吸引力的原因。那么最富吸引力的行业一般都具有哪些特征呢？第一，发展空间广阔并呈现持续成长态势。第二，对消费者具有重要意义。市场所销售的这类产品或服务通常是消费者必需的。第三，有较高的经营利润。进入并参与这类市场竞争会比较容易获得更多利润。第四，没有太多的竞争对手。在一个竞争对手众多的市场，残酷的价格战和较少的经营利润在所难免。除了以上四个行业特征，还要认真考虑项目所在行业的成长态势到底在多大程度上能够满足以上标准。

(2)市场进入时机

对项目创意进行行业/市场可行性分析，还需要考虑特定产品或服务引入的时机。拟建项目既可以引进突破性新产品或服务，也可以改进当前可行的产品或服务。

(3)利基市场识别

利基市场是指在较大的细分市场中具有相似兴趣的一小群顾客所占有的市场空白。大多数成功的创业项目一开始并不是在大市场上开展业务的，而是通过识别较大市场中新兴的或未被发现的利基市场而走向成功的。利基市场战略不但有利于项目创造一个行业，从而避免了与主要竞争对手进行正面竞争，而且也有益于集中精力把某个特定市场做成功，而不是在一个大的市场上为了迎合每个人而无所不作。具有吸引力的利基市场的关键在于，每个市场必须足够“大”，以支持新创项目；同时还要足够“小”，以避免与行业领导者进行正面竞争。

3)组织可行性分析

组织可行性分析是用来确定新计划的项目是否具有足够的管理专业知识、组织能力和资源来成功创办新企业，主要体现在管理才能和资源丰富程度上。

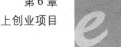

管理才能。一个项目能否顺利实施,要充分评估项目管理团队的才能或能力,这就意味着创业者必须进行自我评估。管理才能需要关注的因素有:第一,个体创业者或者管理团队对项目创意所抱有的激情。第二,管理团队或个体创业者对将要进入市场的了解程度。第三,管理者是否拥有广泛的职业和社会网络。第四,组建一个项目团队。这个团队不但指在项目创立初期是由创业者、核心成员和顾问组成的管理或有助于管理新企业的群体,同时还包括企业创办后发现的有才能者并愿意加入其中的人。

资源丰富程度。新创项目要确定是否拥有充足资源来成功推进产品或服务创意开发。其中主要包括财务可行性分析和非财务可行性分析,在这里我们只关注非财务资源。为测试资源丰富程度,建议拟建项目列出6~12种有助于推进项目创意开发的非财务关键资源,并评估企业获取这些资源的可行性。如果核心领域内的关键资源难以获得,那么继续推进项目创意也毫无意义了。

4)财务可行性分析

财务可行性分析是对项目创意是否可行的初步财务分析。该环节需要考虑的主要问题有资本需求、财务收益率和投资总体吸引力。

(1)资本需求

评估企业筹集足够资金以满足其资本需求的可行性十分必要。新企业通常都需要资金来达成各种目的,包括雇佣员工、办公或生产场所、设备、培训、研发、营销和首次产品销售。在可行性分析阶段,财务数据不必强求精确,但这些数字应当相当准确,以使创业者认识到网上创业项目到底需要多少钱。

(2)财务收益率

资产回报率、权益收益率和投资回报率是新网上创业项目诸多预期收益中的一部分。在可行性分析阶段,重要的是确定预期收益是否足以保证项目的创建。

(3)投资总体吸引力

其他财务要素也与有前途的商业机会密切相关。在可行性分析阶段,商业机会与每个财务要素呈现正相关的关系,依赖于估计或预期值而非时机绩效。

6.3.1 项目调研

俗话说"机会是留给有准备的人的",同样在我们开始网上创业之前作好准备也是必需的。否则,可能对我们的网上创业项目的发展有很大影响,甚至导致创业项目的失败。而在网上创业开始之前,项目调研是必不可少的。

网上创业的项目调研具体包括以下几个方面:

1)政策调研

正所谓与时俱进,就是应随着政策的外延和内涵发生变化而随之变化。在网上创

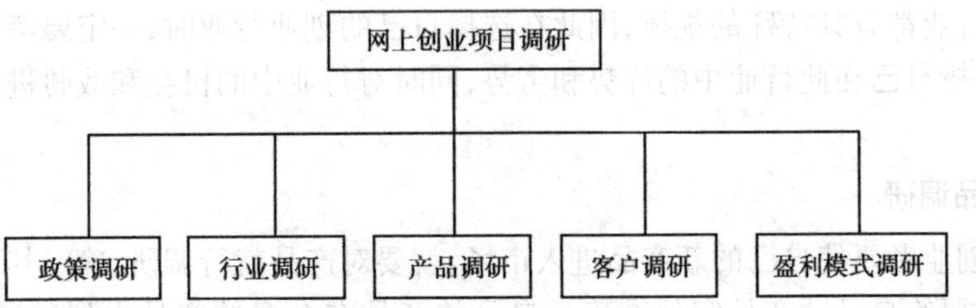

图6.2 项目调研内容

业的过程中,如果能合理地利用各种优惠政策或者看准政策的导向,那么"发财"的可能就不仅仅停留在口头上,而是成为发生在诸多创业者身上的事实。因此,网上创业项目在计划时进行政策调研是很有必要的。

第一,由于每个创业者的创业方向、特点不相同,每项创业政策的使用范围和对象也不同,个人在运用创业政策时,要选择适合自己的政策。第二,创业者需要了解的政策包括劳动部门、就业指导部门、小企业服务中心等部门制定和操作的各项政策。其中主要有劳动保障部门的开业贷款担保政策、小企业担保基金专项贷款、中小企业贷款信用担保、大学生科技创业基金等。这些政策主要集中在四个方面(见图6.3)。

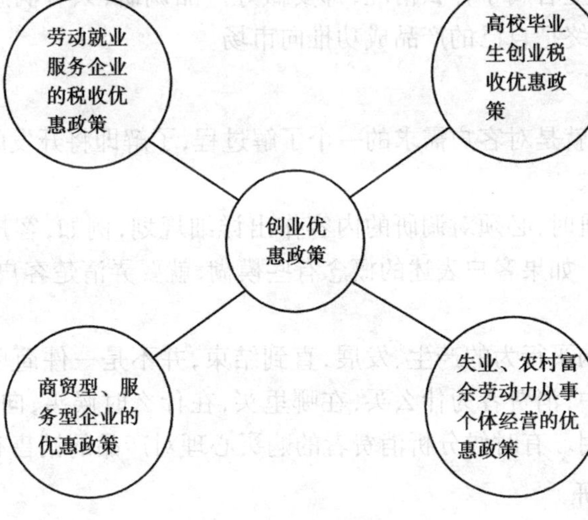

图6.3 政策调研内容

2)行业调研

很多人不知道自己该从事什么行业。如果要使自己在该行业有竞争力,那么就必须对各个行业有所了解,最起码也应该对即将从事的行业有一个全面的了解。所以,在开始创业前,创业者需要进行行业调研。

每个行业都有其特殊的规律,因此在选择自己的创业行业时,一定要考虑自身的情况,充分分析自己在此行业中的优势和劣势,同时对行业中的机会和威胁进行尽可能详尽的分析。

3)产品调研

网上创业者要使自己的新产品进入市场,就要对产品就行调研,确定其可行性。

首先,要给自己的产品定位准确。自己的产品在众多的产品中到底属于哪一类?强势品牌的产品是什么样的外形和功能?面对的分别是什么目标客户?都有哪些产品在销售?获取的信息必须是发散性的,要考虑到诸多因素对产品营销的影响,只有这样得出的结论才能公正客观。

其次,要对可能购买这个产品的消费群体进行调研,对消费群体的调研必须认真详细,某一个细节的失误可能都会对整体的营销造成影响。

最后,对一些高科技成果或权威机构进行调研,高科技成果的运用,不仅可以提高产品本身的质量,同时也为产品罩上一层光彩夺目的光环。伴随着最新技术、最新成果诞生最多的就是最新的产品,因为高新技术已被人们所认识并接受,而由此转化成的生产力制造出的产品就更容易被人接受。

所以说,无论创业者属于什么情况,都要做好产品调研,只有洞悉市场上产品运行的基本情况,才能最终把自己的产品成功推向市场。

4)客户调研

进行客户调研,就是对客户需求的一个了解过程,了解即将开发的产品或服务是否能够满足客户的需求。

对客户进行调研时,必须对调研的内容作出详细规划,例如,客户需要这种产品实现什么样的功能等。如果客户表述的概念有些模糊,就要弄清楚客户到底需要什么,想要什么样的服务。

消费者每一次购买行为的产生、发展,直到结束,并不是一件简单的事情。在整个消费者的购买过程中,消费者为什么买,在哪里买,在什么时候买,向谁买以及怎么买,都有心理活动的作用。有时候分析消费者的购买心理对产品的销售有很重要的作用。

5)盈利模式调研

项目的盈利模式或者商业模式,就像是人体的血管。血管有毛病,血液流通就可能不顺畅,一个人就不可能活得健康、舒适。一个网上创业项目也是一样,没有合理的盈利模式,不管企业名气有多大,最终也难逃厄运。

企业的赚钱方式五花八门,但只有最优秀的才谈得上模式。模式因为其本身的规律性,所以可以把握、可以学习、可以效仿,还可以根据自身的情况进行改造。

企业的盈利模式一般有五个要素,几乎所有企业的赢利模式都是以其中一个或者两个要素为核心的各要素不同形式的组合，如表6.1所示。

表6.1　盈利模式的五要素

盈利模式五要素	具体说明	
利润源	指企业提供的商品或服务的购买者和使用者群体，他们是企业利润的唯一源泉	有足够的规模
		要对利润的需求和偏好有比较深刻的认识和了解
		有挖掘利润时与竞争者比较而言有一定的竞争优势
利润点	指可以获取利润的产品或者服务	针对确定客户的清晰需求偏好
		为构成利润源的客户创造价值
利润杠杆	生产产品或服务以及吸引客户购买和使用产品或服务的一系列业务活动，利润杠杆反映的是一部分投入	
利润屏障	指为防止竞争者掠夺利润而采取的防范措施，它与利润杠杆同样表现为投入	
利润家	对企业如何盈利具有极强的敏感和预见性的人，他往往是创业者本人，也可能是创业者的合作伙伴	

6.3.2　市场分析

网上创业项目市场分析可以帮助创业者找到适合进入的市场，帮助企业准确地进行市场定位。

本质上讲，网上创业项目市场分析是对网络消费者的需求进行管理。首先通过研究了解网络消费者的需求，再结合企业的特点，分析得出企业应该通过哪些网络营销手段来影响网络消费者的购买欲望，改变网络消费者的购买需求，最终达到通过满足网络消费者的需求来实现企业盈利的目标。

通过网上创业项目市场分析还可以帮助企业将网络市场进行细分。企业通过将网络市场细分，可以准确地认识网络目标市场，准确地把握不同消费者的不同需求，进而根据这些目标市场的特征制定切实可行的网络营销组合策略。

市场分析最重要的就是找到适合该网上创业项目的目标市场。根据项目的规划和生产的产品，结合市场分析信息，确定目标市场，并根据目标市场的特征制定相应的市场营销策略。

1)市场分析的主要内容

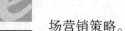

商场如战场,行军布阵需要研究地形,创业也是如此。事实上,对于创业者而言,面前的市场便是自己将要作战的地形,如何对市场进行分析,分析结果的正确与否,结果应用的是否恰当,将直接影响企业的生存与发展。

要进行市场分析,我们首先要做的便是确定分析的内容。通常来说,创业者需要在网上创业项目计划书中体现的市场分析的内容就这么几种。

我们要进行的第一项便是市场状况分析——对整个产品市场的描述。诸如可能的顾客群体、市场需求量和增长潜力预测、市场的发展方向等。

市场分析的第二个要点便是目标市场分析——将市场细化。确定自己产品的目标客户,集中注意力,投其所好,去吸引他们。这是市场分析最为重要的一环。

案例5:美国钟表公司的顾客细分策略及成功应用

第二次世界大战时期,美国钟表公司对可能的顾客进行了一次调查,将顾客们细分为三类:

第一类顾客是追求实用型。他们需要的是实际功能,追求物美价廉的产品。这类顾客占据了市场的23%。

第二类顾客具有一定的消费能力。他们希望用更高一点的价格购买一块走时更准、样式也更加新颖好看的表。这类顾客占据了市场的46%。

第三类顾客这是具有相当消费水平的上流人士。他们购买手表往往是作为礼物或者身份的象征。因此不求最好,只求最贵。这类顾客占据了市场的31%。

然而,当时美国钟表企业大多数把精力放在了第三类顾客的身上。也就是说还有69%的顾客市场处于饥渴状态。于是,美国钟表公司决定将所有注意力集中在第一类和第二类顾客上。很快,他们推出一种叫做"天美时"的手表,造型较为美观,做工也不错。很快,这种物美价廉的手表便在消费者中流传开来。

市场分析的第三个要点便是产品优势分析——面对形形色色的同类产品或者商店,顾客们凭什么光临你的商店、购买你的产品?

产品优势分析,往往是基于细化后的目标顾客所提炼出来的。对于许多商家来说,他们总是希望将自己的产品提供给每一位顾客,因此往往制造出那些功能齐全、价格不菲的产品。事实上,对顾客而言,这种功能齐全的产品反而没有什么太大的价值,因为消费者明白,许多功能自己永远用不到,大多数人是不会为了这种华而不实的产品掏腰包的。

在这种情况下,如果创业者根据目标客户的需求,推出具有相应功能的产品,那么其优势自然就显示出来——产品的真正优势就在于顾客的需要。

市场分析的最后一个部分,就是产品的销售策略分析——"酒香也怕巷子深"。没有好的推销手段,再好的产品也无法让顾客心动。因此,在网上创业项目的创业计划书中体现销售策略分析,无论是对于增强投资者的信心、还是作自己今后的新动作的指导,都极有好处。

顾客是市场的基础,产品是企业的根基。因此,市场的销售策略应当从这两方面开始,如图6.4所示。

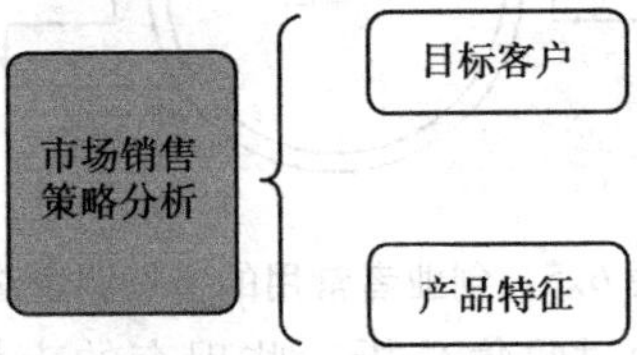

图6.4 市场销售策略分析

所谓市场销售策略分析,说穿了就是要创业者明确:我们的产品在哪里销售、什么时候可以销售以及通过何种手段能够畅销,如表6.2所示。

表6.2 市场销售分析内容

销售分析项目	分析内容
产品在哪里销售	目标顾客的集中地 地域、顾客习惯分析
什么时候销售	产品季节性分析 产品旺季销售预算
利用何种手段能够畅销	分销商介绍 主要顾客名单 产品宣传计划

2)市场分析手段

了解了需要进行分析的内容,再来进行市场分析就简单明确了。其实,无论是市场情况的了解、目标客户的选定,还是销售策略的分析,对于创业者来说,在以前都是接触很少的。创业者可能在决定创业之前从未接触过这些内容,因此要进行分析,自然会有一定难度。不过,既然那么多创业者都成功了,可见即使是对门外汉而言,只要对市场进行较为详尽的分析,成功也不是不可能的,只要掌握这个不二法门——市场调查。

市场分析的基础在于市场调查,只要作了较为全面、准确的调查,对前面所说的四点问题进行分析就不再是难事了。因为,无论我们需要哪方面的市场情况,最切实可行、最为准确的方式,不是数学计算,而是对顾客、对行业、对产品的调查。

上一节中美国钟表公司的成功取决于对目标顾客的正确细化，而细化的手段，则是通过市场调查。通常对于创业者来说，最为常用且有效的市场调查方法有两种：资料分析法和实地考察法，如图6.5所示。

图6.5 创业者常用的市场调查法

资料分析法是指创业者通过收集分析一些现有的市场、行业、相关的产品资料，得出需要的结论的方法。

资料分析法的关键在于资料的收集。收集资料的准确性、公平性，决定了市场分析是否正确，是否有参考意义。

对于当前这个信息时代来说，寻找资料并不是一件困难的事。资料收集的途径很多，例如从互联网查找相关资料、数据就是一个不错的选择。不过，信息量大，也有不小的副作用，比如信息的真实性、可靠性、是否具有代表性，等等。为了避免资料收集上的错误，创业者们可以从以下几个方面着手寻找，如图6.6所示。

- ★ 政府统计部门公布的工业普查资料
- ★ 专业部门颁布的统计资料汇编
- ★ 商业分布地图
- ★ 行业协会颁布的行业资料

图6.6 资料收集的主要目标

此外，创业者还可以去当地图书馆、正规书店中寻找相关行业、市场数据的统计资料。一般来说，这些正规渠道取得的资料都有一定的代表性，准确性也很高，完全可以作为创业的参考。

资料收集法的缺点在于数据可能较为陈旧，或者只能代表某个地域范围的平均水平，无法体现地域之间的差异。

市场调查的第二种方法是实地考察法，这种方法则可以弥补资料收集法的不足。

对于创业者而言，实地考察法可以采用两种形式：询问法和观察法。

询问法中，我们最为常见的一种便是问卷调查。问卷调查就是把创业项目需要的数据项目设计成直观、简洁的问题，通过顾客消费回访调查、电话调查、BBS论坛调查等方式了解消费者。当然，除此之外，创业者还可以选择一些更加灵活的调查方式。例如,通过认识的人来进行相关信息的调查。如果有条件的话,你甚至可以拜访相关领域的资深人士或者专家进行咨询。如果能获得他们的帮助,对于项目的创立是大有裨益的。询问法的缺点在于,为了保证调查数据的准确,调查样本必须广泛。因此,投资相对较大、数据分析也相对麻烦一些。

所谓观察法,是指创业者亲身实地感受、调查市场,用自己的双眼去判断各种市场分析内容。美国斯图·伦纳德奶制品商店的经理斯图·伦纳德就经常带领自己的手下驱车去一些对手的商店游逛。当然,他们并不是在闲逛,而是在向对手学习优秀经验。他们实现约定,每个人都要站在不同的角度从对手那里找出至少一点比自己公司强的地方。通过这种做法,斯图·伦纳德奶制品商店不仅学习到了各种优秀的经营手段,更重要的是从对手那里发现了许多预示着市场发展方向的信号,使得公司在行业中长期居于领导地位。

当然,观察法的缺点也相当明显:带有强烈的个人色彩,不易形成客观、公正的市场分析。因此,对于调查来说,一定要结合创业者自身的特点,综合运用上述方法,才能够得到相对准确的市场分析结果。

在进行市场分析的时候,除了对顾客机构、地域特点等要素进行分析之外,还有一个不可忽略的方面——宏观经济环境。例如,某创业者十分看好红砖生意。因为通过调查,他发现建筑红砖有着低成本、高利润的优势,而且随着建筑业的发展,需求有增无减,市场潜力巨大,尤其是附近没有红砖厂,许多本地的建筑商必须从外地进购红砖。如果办厂,竞争压力较小。该创业者的市场分析近乎完美,无论是市场现状分析、目标市场或是销售分析,都极具说服力。然而,在他的红砖厂开办一年之后,政府下令禁止生产红砖,创业者血本无归。他的失败,就在于对宏观经济环境没有把握好。对宏观经济环境分析的要素,如表6.3所示。

表6.3 宏观经济环境分析要素

★对国内外政治法律环境的调查	掌握一定时期内政府关于工业、农业等相关政策,以及有关价格、税收、信贷、外贸方面的法规及其对项目产生的影响
★对国内外经济环境的调查分析	了解相关地域的人均收入、生活水平和经济购买力
★对社会文化、技术环境的分析	掌握一定时期、一定地域的人口数量、文化、教育、职业、性别、年龄等方面的构成、了解相关团体对消费者的需求影响。搜寻消费流行趋势、周期及影响,关注新技术的研发
★对自然环境的调查分析	了解当地交通、气候、能源供应、名胜古迹等相关信息

6.3.3 市场预测

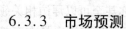

所谓市场预测,就是运用科学的方法,对影响市场供求变化的诸因素进行调查研究,分析和预见其发展趋势,掌握市场供求变化的规律,为创业项目的经营决策提供可靠的依据。

预测应该遵循一定的程序和步骤以使工作有序化、统筹规划和协作。市场预测的过程大致包含以下的步骤:

1)确定预测目标

明确目的,是开展市场预测工作的第一步。因为预测的目的不同,预测的内容和项目、所需要的资料和所运用的方法都会有所不同。明确预测目标,就是根据经营活动存在的问题,拟订预测的项目,制订预测工作计划,编制预算,调配力量,组织实施,以保证市场预测工作有计划、有节奏地进行。

搜集资料也是进行市场预测必不可少的环节,进行市场预测必须占有充分的资料。有了充分的资料,才能为市场预测提供进行分析、判断的可靠依据。在市场预测计划的指导下,调查和搜集预测有关资料是进行市场预测的重要一环,也是预测的基础性工作。

2)选择预测方法

根据预测的目标以及各种预测方法的适用条件和性能,选择出合适的预测方法。有时可以运用多种预测方法来预测同一目标。预测方法的选用是否恰当,将直接影响预测的精确性和可靠性。运用预测方法的核心是建立描述、概括研究对象特征和变化规律的模型,根据模型进行计算或者处理,即可得到预测结果。

3)预测分析和修正

分析判断是对调查搜集的资料进行综合分析,并通过判断、推理,使感性认识上升为理性认识,从事物的现象深入到事物的本质,从而预计市场未来的发展变化趋势。在分析评判的基础上,通常还要根据最新信息对原预测结果进行评估和修正。

4)编写预测报告

预测报告应该概括预测研究的主要活动过程,包括预测目标、预测对象及有关因素的分析结论、主要资料和数据、预测方法的选择和模型的建立,以及对预测结论的评估、分析和修正,等等。

6.4 项目的核心竞争力保护

网上创业项目的核心竞争力是指在网上创业项目的创意从规划到分析再到实施的

整个过程中,对项目的创意或者项目的计划,项目的核心技术等重要信息或者数据等进行保护的行为。

网上创业项目的核心竞争力的保护非常有必要也非常重要。首先,这对保护创业者自身利益来说非常重要。一个网上创业项目只有有其所特有的创新点或者创意,这个项目才有卖点,所以保护好一个项目的核心创意是一个网上创业项目很重要的工作,关系到项目的生存和发展。其次,网上创业项目的知识产权的保护也与其核心竞争力保护密切相关。有的创意竞争经过整理和扩充,加入一定的技术和创新等,可能就上升为知识产权。这对于项目的核心利益来说,也是重点保护对象。再次,网上创业项目的商业机密和专利保护也是网上创业项目的保护措施实施的对象。

创意是一种无形资产。一个好的创意,可能给权利人带来巨大的财富。然而,我国并没有专门保护创意方面的法律法规。那么,我们可以通过哪些途径来保护自己的创意呢?

6.4.1 商标注册

如果创意属于某种商品或服务的商标设计,则权利人可以通过申请商标注册来保护自己的创意。我国《商标法》规定,权利人对于依法申请并获得注册的商标享有注册商标的专用权,未经商标注册人的许可,任何人在同一种商品或者类似商品上使用与其注册的商标相同或者近似的商标的,或者销售侵犯注册商标专用权的商品的,或者伪造、擅自制造他人注册商标标识或者销售伪造、擅自制造的注册商标标识的,或者未经商标注册人同意,更换其注册商标并将该更换商标的商品又投入市场的,都属于侵权行为。商标权人可以依据《商标法》向人民法院起诉,或者请求工商行政管理部门处理。

1)商标注册

商标注册是指商标申请人为了取得商标所有权,将其使用或准备使用的商标,依照法定的需求、原则和程序,向商标局提出注册申请,经商标局审查核准,予以注册的法律制度。商标注册是确定商标专用权的法律依据,也是整个商标管理工作的基础。通过严格审查,规范商标关系,以保护商标权人和消费者的合法权益。

案例6:抢占先机是根本

A公司是某市某区的一家胶粘剂生产厂家。1998年12月18日,这家企业向国家商标局申请注册"双熊shuanxiong及图"商标。经国家商标局初步审定,"双熊shuanxiong及图"商标在2000年2月7日第5期总第722期《商标公告》上刊登,商标号初步审定为第1392072号。

B厂认为他们的"老熊laoxiong及图"商标是1997年8月28号经国家工商总局核

准的组合商标,享有对"老熊 laoxiong 及图"注册商标的在先权。

2001 年 3 月,B 厂向 A 公司所在的市工商行政管理局递交投诉书,陈述了 A 公司的侵权行为,要求责令对方立即停止生产和销售"双熊"牌白胶,收缴现销售的库存产品、标识、包装物及印刷版,赔偿由于侵权给 B 厂造成的直接与间接经济损失并追究其法律责任,同时在其销售地区的主要新闻媒体上向 B 厂公开道歉,消除不良影响。

2001 年 8 月,国家工商行政管理总局就"双熊 shuanxiong 及图"的商标异议判定:两商标构图方式、整体外观相近,单独观察,不易区分,已构成使用于类似商品上的近似商标,实际使用中易导致消费者产生混淆误认。根据《商标法》第 19 号规定,商标局最后裁定:B 厂所提出的异议理由成立,第 1392072 号"双熊 shuanxiong 及图"商标不予核准注册。

2)联合商标

联合商标是指某一个商标所有者,在相同的商品上注册几个近似的商标,或在同一类别的不同商品上注册几个相同或近似的商标,这些互相近似的商标称为联合商标。这些商标中首先注册的或者主要使用的为主商标,其余的则为联合商标。因联合商标作用和功能的特殊性,其中的某个商标限制不用,不致被国家商标主管机关撤销。由于联合商标相互近似的整体作用,一次联合商标不得跨类分割使用或转让。

案例 7:防人钻空子的娃哈哈

杭州娃哈哈公司注册了主商标"娃哈哈",同时又注册了联合商标"哈哈娃""哈娃哈""娃娃哈"。选择主商标的专用权利自然就扩大了,同时又最大可能地避免了被其他企业"傍品牌"所造成的损失。由此可见,企业注册联合商标非常重要。这种联合商标注册的目的不是为了使用,而是为了保护主商标,防止别人注册近似商标,避免主商标被弱化,当然联合商标如果不使用,同样会被撤销。此外,还可以在同一个商品上同时注册使用几个不同的商标,例如,微软的操作系统就同时使用了 windows、microsoft 以及飘动的视窗图等几个商标。

3)防御商标

防御商标是指驰名商标所有者为了防止他人在不同类别的商品上使用其商标,而在非类似商品上将其商标分别注册,该种商标称为防御商标。我国现行的《商标法》对此种商标尚无明确规定。按照国际惯例,此种商标一般难以注册;但一经注册,则不会因为其闲置不用而被商标主管机构撤销。

企业必须构筑其商标防御体系,以防对手在商标上"入侵"。商标防御最主要的做法是把自己的商标在尽量广泛的范围内注册。尤其应该注意的是,大部分企业却没有想到在相"反"的产品上也注册,以防对手侮辱丑化。而实际上,他人跟风沾光,并不会严重损害己方,但对手侮辱丑化,却会给自己以致命打击。可见,在进行商标防御时,必

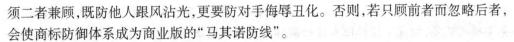

须二者兼顾，既防他人跟风沾光，更要防对手侮辱丑化。否则，若只顾前者而忽略后者，会使商标防御体系成为商业版的"马其诺防线"。

案例8

在三株口服液正火的那几年，三株公司为了进行商标防御，以防他人在别的产品上使用"三株"商标，就把"三株"商标在保健品、药品、食品、饮料甚至洗涤品上都注册登记了。但百密仍有一疏，结果差点被对手狠狠算计了一把。

三株公司出于对商标防御之考虑，在多种产品上注册"三株"商标，这个创意、动机是很好的。但是它没有做逆向思维，差一步，结果没把创意进行到底。当年，一个生产健胃肠保健品的小公司，被三株冲击，濒临倒闭关门，对手出于报复心理，这家公司准备给农药或者猪饲料、厕所刷子之类的产品注册并使用三株牌商标，企图破坏三株口服液在公众心目中的形象。幸亏这个"阴招"没能付诸实践，否则，恐怕三株不被哪桩官司整死，也要被"三株牌农药猪饲料"搞臭。

4）商标保护

商标保护是指国家运用法律的手段制止、制裁商标侵权行为和商标犯罪行为，以保护注册人对其注册商标所享有的专利权，维护国家商标管理秩序的制度。保护商标专用权是我国商标法的立法宗旨，也是商标管理机关和司法机关的重要任务；保护商标专用权既有利于保护商标所有人的合法权益和拓展我国的对外贸易，又有利于维护市场的竞争秩序。

案例9

北京市工商行政管理局海淀分局在对北京×××食品有限公司进行检查时发现，当事人于2005年6月为其销售的大米自行设计标有"百姓粮仓"牌"盘锦大米"字样并标于包装袋上，正反面均突出使用"盘锦大米"字样。当事人还委托他人制作了该包装袋的印版，并将印版交给雄县××彩印有限公司，由其为当事人印制包装袋。至该案立案时，当事人以0.40元/个至1.29元/个不等的价格分批购进由雄县××彩印有限公司印制的不同规格的包装袋共计165 480个。当事人自2005年11月开始在北京×××农副产品批发市场购入原料大米用前述包装袋封装后销售给北京、唐山、哈尔滨等地区的商场、超市及个体工商户。至立案时止，总销售金额为2 576 230.11元。同时在其经营场所销售的"盘锦大米"价值6 885.00元，尚未使用的包装袋23 380个，已用于封装的包装袋340个，包装袋总价值14 559.04元。当事人非法经营额共计2 597 674.15元。

经调查，使用在大米商品上的商标，是盘锦市大米协会注册的证明商标，商标注册号为第3514579号，其注册商标专有权受法律保护。北京市工商行政管理局海淀分局认为，当事人北京×××食品有限公司在未经上述注册商标所有人许可的情况下，在相同商品上使用与注册商标相近似的“盘锦大米”商标,其行为违反了《商标法》第52条第1项之规定,构成了侵犯他人注册商标专用权的违法行为。根据《商标法》第53条和《商标法实施条例》第52条的规定,北京市工商行政管理局海淀分局于2009年4月20日对当事人作出如下处罚:一、责令当事人立即停止侵权行为;二、没收、销毁侵权的尚未使用的包装袋23 380个、已用于封装的包装袋340个;三、没收、销毁用于印制侵权包装袋的印版10个。四、罚款人民币2 597 674.15元。

6.4.2 专利申请

如果一个创意是基于一项技术发明,并且符合我国《专利法》关于申请专利的各项规定,则权利人可以通过申请专利获得保护。根据创意的具体内容,可以申请发明专利、实用新型专利或外观设计专利。发明是指对产品、方法或者其改进所提出的新的技术方案。实用新型是指对产品的形状、构造或者其结合所提出的适于实用的新的技术方案。外观设计是指对产品的形状、图案或者其结合以及色彩与形状、图案的结合所作出的富有美感并适于工业应用的新设计。

我国《专利法》规定,发明和实用新型专利权被授予后,除本法另有规定的以外,任何单位或者个人未经专利权人许可,都不得实施其专利,即不得为生产经营目的制造、使用、许诺销售、销售、进口其专利产品,或者使用其专利方法以及使用、许诺销售、销售、进口依照该专利方法直接获得的产品。外观设计专利权被授予后,任何单位或者个人未经专利权人许可,都不得实施其专利,即不得为生产经营目的制造、销售、进口其外观设计专利产品。

但是应当注意,一旦将创意申请专利,不论权利人最后是否获得专利授权,该创意都已为公众所知。此外,专利的保护有一定的期限,不是无限期保护。发明专利权的期限为二十年,实用新型专利权和外观设计专利权的期限为十年,均自申请日起计算。

1) 专利发明

发明是我国《专利法》保护的对象之一。根据《专利法》的规定,所谓发明是指对产品、方法或者其改进所提出的新的技术方案。我们从发明的概念可以看出,它必须是一种能够解决生产生活中实际问题的技术方案。而对于客观存在的自然规律的发现、抽象的智力活动规则的归纳和提炼等都不能算是发明。从发明的概念我们还可以看出,发明专利包括产品专利和方法专利。

案例10

某有限公司的法人代表马某,近年来开发了国家专利:“一种能够架在坐便器上使用的盆”(专利号:ZL200320108638.4)满堂红牌爱心坐盆,适用于老人、孕妇、产妇、残疾、肥胖、痤疮患者、少年儿童等清洗下身时使用。“爱心坐盆”可以架在坐便器上面,放水后,坐在上面清洗,盆底还有个放水孔,清洗后可以将水放掉,坐姿舒适,使用方便。现在已经在市场销售,普遍反映很好,已经是成熟产品了。

2008年末,上海市60岁及以上老人已经达到了300多万,占上海总人口的21.6%。如果以全国计算的话,那60岁及以上老人的人数达2亿左右。据报道,如今中国已经进入老年社会,60岁以上老人每年递增800万~900万,到2050年全国60岁及以上老人将达到4.37亿!而作为老年人,年老腿先老,腿脚不便,下蹲困难,对每天要清洗下身的他们来说确实是个难题。仅仅对老年人来说,"爱心坐盆"的市场需求之大,是显而易见的。另外目前上海的残疾人已经达到的市场需求是毋庸置疑的。此外还有孕妇、产妇、痤疮患者、泌尿系统疾病患者、肥胖者,等等。

"爱心坐盆"是很实用的发明专利,应该说是非常容易让消费者接收的,并且产品利润也是十分丰厚的。

(1)实用新型专利

好用实际才靠谱。实用新型专利是指对产品的形状、构造或者其结合所提出的适于实用的新的技术方案。凡是产品结构、形状或者结构和形状相结合,申请实用新型专利。保护期是10年。实用新型与发明的不同之处在于:第一,实用新型只限于具有一定形状的产品,不能是一种方法,也不能是没有固定形状的产品;第二,对实用新型的创造性要求不太高,而实用性较强。

案例11

中国铝业股份有限公司青海分公司(以下简称"公司"),地处文化灿烂,历史悠久的河湟谷地,占地面积195公顷,平均海拔2 403米,其前身为原青海铝厂,是国家"七五""八五"期间重点项目,是我国的大型电解铝企业之一。公司1985年4月动工新建,1987年12月投产。经过25年的发展,目前电解铝产能达到40万吨,铝产量在2002—2005年连续四年位居全国第一。中铝青海分公司牢固树立科学技术是第一生产力的思想,大力推进科技兴企战略,健全完善产学研相结合的技术创新体系。截至目前,公司已完成重大科技项目150多项。一种新的混捏锅上料装置便是2009年取得的实用新型专利之一。

本实用新型涉及一种炭素行业的加料设备,具体地说是涉及一种向大型混捏锅内加入糊料的混捏锅上料装置。本实用新型一种混捏锅上料装置所述的底座结构平台底面四角固定有通过行走电机驱动的主动轨道轮,底座结构平台上平面一侧正中设置提升箱体,提升箱体一侧设置提升电机和提升二极减速机,提升箱体另一侧设置平台行走电机和滚筒驱动电机。本实用新型一种混捏锅上料装置具有行走可靠,加料方便、可以实现对多台混捏锅进行加料、加料效率高,操作安全、工人劳动强度低等优点。本实用新型一种混捏锅上料装置适用于铝电解行业中炭素生产中电解槽大修扎固作业中糊料混捏锅的上料,也适用于其他行业中高台设备的上料。

(2)外观设计专利

外观设计专利是指对产品的形状、图案、色彩或者其结合所做出的富有美感并适于工业应用的新设计。外观设计是指工业品的外观设计,也就是工业品的式样。外观设计专利应当符合以下要求:①是指形状、图案、色彩或者其结合的设计;②必须是对产品的外表所作的设计;③必须富有美感;④必须是适于工业上的应用。

案例 12

日常生活中,我们在家里、办公室都有类似的情形,家电、音响产品的背后是一人堆的线和插头,插座上插着密密麻麻的插头,有时会出现插头大小不齐位置不够的现象,像小灵通、手机产品之类的充电器大小不一,致使充电效果不理想。我们老是埋怨充电器太大了,可是我们很少想到过要改变插座。广东轻工职业技术学院唐华柱就想到了改变插座,把插座变成皮带样,发明能够弯曲的"皮带万能插座"。能适合不同的使用和固定方式,既可以弯曲,又可以缠绕在方形或者圆形物体上,减少了钉钉子的麻烦。外壳材质采用高等级塑料,具备高阻燃性和绝缘性,内在用进口磷青铜制成金属配件。可靠的防尘、防溅、防脱落插座,具有更高的安全性、可靠性。

生活的体验才是设计的源泉。针对现实中的这些小问题,唐华柱提出将插座结合皮带的原理,使插座可以在360°的方向插电,位置相互不碰撞,安全性能好,易带易清理,是很好的设计创意理念,结构合理简单,具有很好的发展前景。

2)专利权的主体

专利权的主体指依法享有专利权并承担相应义务的人。各国专利法都规定,自然人和法人可以申请专利并获得专利权。但在具体的实践中,每种主体都有不同的资格条件和相应的权利义务。专利权人,依其自然属性,可分为自然人和法人;依其国籍,可分为本国人和外国人;依其权利权是否继受取得,可分为原始主体和继受主体。

案例 13

1988 年 12 月 27 日,四川省某学院校办厂向中国专利局递交了发明创造名称为"中药熏疗牵引床"的实用新型专利申请,该申请于 1989 年 11 月 8 日被授予专利权,该专利的第一设计人为熊某,四川省某医院得知这一情况后认为:"中药熏疗牵引床"是在该院中医骨科应用自制的中药腾药木床及电动牵引按摩床的基础上改进成功的普及型多功能医疗产品,是该院中医科副主任医师熊某多年研究并在本院进行临床试验所获得的成果。该成果是一项职务发明,因此该专利权应归四川省某医院持有。于是四川省某医院授权委托熊某向专利管理机关提出调处请求,请求将"中药熏疗牵引床"专利权人由校办厂变更为某医院。

究竟谁是专利的真正拥有者,双方各执一词。其实本案中涉及的关键问题就是谁是专利权的主体。

3)专利权的效力

关于专利权的效力可以概括为对“实施”行为的控制能力。专利法上的实施在内容上是十分丰富的。原则上专利法上的实施包括对专利产品的制造、使用、销售、进口以及为销售目的的展示、占有、派送;对于专利方法,包括使用专利方法或者销售、使用、进口用专利方法获得的产品以及为销售目的展示、派送、占有用专利方法获得的产品。从商品流通的角度看,专利实施包括了整个流通领域的每一个环节。专利权人在任何一个环节发现了非法实施其专利的行为都可以从法律上予以追究。由此可见专利权保护技术方案的效力是极强的。

案例14

据中国法院报报道,2008年11月21日,微软(中国)有限公司诉国家知识产权局专利复审委员会及第三人郑珑,要求宣告中文输入法郑码专利权无效。案件由北京市第一中级人民法院一审宣判,法院驳回了微软(中国)有限公司的诉讼请求。

1994年,刚刚打入中国市场的微软为了更好地适用于中国用户,试图找出一款汉字输入法加入Windows操作系统,最终确定在Windows3.2和Windows95中使用郑码输入法和中易字库。法庭上,郑珑女士向记者展示了当年微软所签的协议,她表示并没有授权微软在Windows95以后的操作系统中使用该输入法。2007年,郑女士所在的北京中易电子公司将微软公司、微软(中国)有限公司诉至法院,请求法院确认两公司侵权、判令两公司停止生产和销售涉及Windows98、Windows2000、WindowsXP等八个版本的操作系统软件。

遭到起诉后,微软向国家知识产权局专利复审委员会提出申请,请求判定郑码输入法专利无效,但遭专利复审委驳回。微软不服专利复审委的裁定,遂向法院提起行政诉讼,要求撤销专利委的相关裁定,并重新对此事件进行审查决定。微软(中国)有限公司认为,郑码专利不符合专利法相关条款的规定,该专利权利要求不清楚、得不到说明书支持、无新颖性和创造性。

法院经审理后认为,微软(中国)有限公司的说法不能成立,郑码专利输入步骤可以得到说明书支持,且郑码专利具有新颖性和创造性,其权利要求亦清楚。据此,法院依法作出上述判决。

4)专利权的终止

专利权的终止是指专利权保护期限已满或由于某种原因专利权失效。主要有以下几种情况:①没有按照规定交纳年费;②专利权人以书面声明放弃专利权;③专利权期满,专利权即行终止。

案例15

李金某、李晓某于1999年4月8日获得换头式活顶尖实用新型专利。2001年11

月6日,李金某与李晓某开发有限公司(以下简称洛轴科技公司)签订了《关于换头式活顶尖专利项目合作协议书》。协议约定:李金某、李晓某以专利项目技术作为合作条件,洛轴科技公司以企业品牌、资金、加工制造、生产管理、产品销售作为合作条件共同开发、销售专利项目产品,双方按销售专利项目产品的净利润比例分成,洛轴科技公司占60%,李金某、李晓某占40%;专利项目合作期限为三年,期间未经双方同意,任何一方不得以该专利项目同任何第三方进行转让、合作或实施专利许可,不得自产自销及技术泄密。

该协议签订后,并未实际进行生产制造。关于专利年费交纳问题,2002年1月1日,曹某代表洛轴科技公司与李金某共同签署了一份写给公司综合管理部的便函,说明"根据换头式活顶尖专利项目合作协议书的内容,专利费按四六分担,洛轴科技公司承担60%,李金某、李晓某承担40%。若有项目,该费用纳入成本,若暂时没有合同项目,则专利年费暂时挂账,待以后解决"。

2003年3月3日,因未缴纳专利年费和滞纳金,国家知识产权局终止了该实用新型专利权。2003年12月2日,李金某、李晓某向该市中院提起诉讼,请求判令洛轴科技公司支付其专利损失赔偿金8万元,专利投入的工本费及产权保护费1万元。

该市中院经审理认为:缴纳专利年费是专利权人的义务,李金某、李晓某未按规定缴纳专利年费,造成其专利权被终止。故李金某、李晓某以洛轴科技公司的行为导致专利权被终止为由要求洛轴科技公司赔偿损失的请求不能成立,本院不予支持。

5)专利权的行政复议

专利行政复议是指专利局及其工作人员在行使职权时,与专利申请人、专利权人及其他利害关系人对专利局作出的具体行政行为(例如作出的视为撤回决定)产生争议,根据专利申请人、专利权人及其他利害关系人的请求,由专利局对引起争议的具体行政行为进行复查并作出裁决的行为。

案例16

1998年12月9日,方某作为专利申请人,向国家知识产权局提出名称为"双桶洗衣机"实用新型专利申请,专利申请号为98250161.7。经过国家知识产权局初步审查,于1999年9月17日作出授予专利权及办理登记手续通知书。1999年10月19日,方某又向国家知识产权局提出了名称为"双桶洗衣机"的发明专利申请,专利申请号为99121835-3。同时,方某要求享有本国优先权。2000年2月4日因方某未按上述通知缴纳费用,国家知识产权局作出视为其放弃取得实用新型专利权通知书。2000年2月18日,国家知识产权局以方某的在先申请已发出授予专利权通知为由,作出了视为未要求本国优先权通知书。同月20日,方某向国家知识产权局提交了意见陈述书,声明放弃取得在先申请专利权的权利,要求批准本国优先权。同年7月14日,国家知识产权局以同样理由,作出不予恢复权利的审批决定,维持原视为未要求本国优先权决定。方某不服,在法定期间内,向国家知识产权局提起行政复议,要求撤销视为未要求本国优先权决定。

国家知识产权局于2000年9月27日作出复议决定:认为方某在其之前申请的实用新型专利已经取得授予专利权通知后,才提出自己的专利申请,此时,其在先专利申请已被批准授予专利权。根据《专利法实施细则》以及《审查指南》相关条款的规定,应视为方某未要求本国优先权。国家知识产权局依照《行政复议法》第28条第1项规定,决定维持本局在2000年2月18日作出视为未要求本国优先权决定,以及在2000年7月14日作出不予恢复权利的审批决定。

很多创意往往够不上申请专利的标准,但如果该创意是文学、艺术和科学领域内具有独创性的智力成果,则权利人可以将创意以作品的形式表现出来,通过著作权法寻求保护。我国《著作权法》对作品的保护范围很广,包括:①文字作品;②口述作品;③音乐、戏剧、曲艺、舞蹈、杂技艺术作品;④美术、建筑作品;⑤摄影作品;⑥电影作品和以类似摄制电影的方法创作的作品;⑦工程设计图、产品设计图、地图、示意图等图形作品和模型作品;⑧计算机软件;⑨法律、行政法规规定的其他作品。

6.4.3 品牌战略

1)品牌战略

品牌战略就是公司将品牌作为核心竞争力,以获取差别利润与价值的企业经营战略。品牌战略是市场经济中竞争的产物。战略的本质是塑造出企业的核心专长。品牌战略包括品牌化决策、品牌模式选择、品牌识别界定、品牌延伸规划、品牌管理规划与品牌远景设立六个方面的内容。

案例17:安迪·穆尼的创举

对于迪斯尼消费品公司(DCP)总裁安迪·穆尼来说,好的产品和好的营销是一回事。穆尼把这种思维方式也渗透到了DCP,在穆尼的“能动特许”战略的支持下,DCP的产品经理同研发人员以及特许经营商们共同设计出了新的迪斯尼品牌产品和种类。在他的领导下,迪斯尼的产品零售额从120亿美元上升至210亿美元,还不包括集团零售链的销售。

穆尼知道,他不可能下令一夜之间就制造出新的卡通角色。解决问题的办法就是利用已有卡通角色打造新品牌。为了测试这个策略,穆尼和他的团队转向了DCP最有力的消费群:女孩子们。穆尼收集了6个卡通角色:《小美人鱼》中的小美人鱼,《美女与野兽》中的贝儿、灰姑娘,《阿拉丁》中的茉莉公主,睡美人和白雪公主。以前迪斯尼都是在影片发布或者重新发布时单独推出这几个角色。现在的挑战是要给这些女主人公创造独立于电影情节的一种集体生活。

2000年末,迪斯尼"公主"品牌因此诞生了。就像童话故事一般,穆尼的故事也有个快乐的收场:"公主"成了女孩儿市场的发电站。它的年销售达到30亿美元,成为迪斯尼第三大畅销产品线,仅次于米老鼠和小熊维尼。"公主"品牌的成功,让穆尼有了机会去开发全新的内容。DCP出版集团出了一本叫《魔力W.I.T.C.H.》的卡通书(书名是五个女主角的名字首字母缩写,她们有魔力,而且经常有烦恼)。在美国市场推出之前,这本书先在欧洲试销,反映颇好。现在这本书已在72个国家出版。它也成了包括书籍、玩具和服饰等迪斯尼全线产品的基础。

下一件大事是综合已有角色和新角色推出一个新品牌。穆尼说:"看到'公主'品牌的成功,看到该品牌同女孩子们的联系,我们问,可不可以开发配套连线产品呢?"从迪斯尼的成功不难看出品牌战略的威力所在了。

2)品牌定位

品牌定位是指企业在市场定位和产品定位的基础上,对特定的品牌在文化取向及个性差异上的商业性决策,它是建立一个与目标市场有关的品牌形象的过程和结果。换言之,即指为某个特定品牌确定一个适当的市场位置,使商品在消费者的心中占领一个特殊的位置。品牌定位是品牌经营的首要任务,是品牌建设的基础,是品牌经营成功的前提,是市场定位的核心和集中表现。

案例18:农夫山泉有点甜

短短10几年的时间,农夫山泉目前已经无可争议地成为中国瓶装饮用水的领导品牌之一,近年来市场占有率一直位居第二位。农夫山泉的成功是市场营销的成功,是品牌定位的成功。

1997年4月,浙江千岛湖养生堂饮用水有限公司第一个工厂开机生产农夫山泉瓶装水。1997年6月,农夫山泉在上海、浙江等重点城市上市,以"有点甜"为销售卖点,实施差异化营销策略。1998年4月,养生堂在中央电视台推出了"农夫山泉有点甜"的纯净水广告,这句广告语引起了消费者的普遍关注。在短时间内就使农夫山泉的品牌知名度从一个区域新品牌一下子跃升为全国的知名品牌,大街小巷童叟妇孺皆知。

1999年,农夫山泉的广告传播侧重点逐渐从"农夫山泉有点甜"转化为"好水喝出健康来",更加突出了水源品质,同时也力求证明农夫山泉之所以甘甜的根本原因。农夫山泉开始更侧重于诉求水源:千岛湖的源头活水,使消费者认识到农夫山泉使用的是千岛湖地下的源头活水,是真正的"健康水"。2000年4月22日,公司宣布全部生产天然水,停止生产纯净水。公司品牌定位、产品定位发生颠覆式的改变,继续在产品差异化、品牌差异的路上前行。引领消费者回归自然,回归天然。2008年,农夫山泉的广告

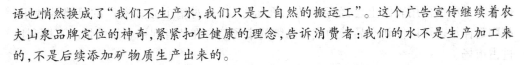

语也悄然换成了“我们不生产水,我们只是大自然的搬运工”。这个广告宣传继续着农夫山泉品牌定位的神奇,紧紧扣住健康的理念,告诉消费者:我们的水不是生产加工来的,不是后续添加矿物质生产出来的。

3)品牌识别

品牌识别是品牌营销者希望创造和保持的,能引起人们对品牌美好印象的联想物。这些联想物暗示着企业对消费者的某种承诺。品牌识别有三个方面的内容,包括品牌精髓、品牌核心识别和品牌延伸识别。

案例19:迪森的形象设计

迪森(DESEN)公司是意大利迪森国际集团有限公司属下的中国分支机构,在中国设有多处加工厂,专营中高档五金配件,为业内知名品牌。迪森在传统五金产品类别中顺理成章地被定位为“品质优良、性能卓越、值得信赖”。其原有品牌视觉形象较为零乱,过于强调其五金属性的形象。“亲和力”这一要素在其专卖店处未见显得特殊。于是迪森着手设计新的品牌形象。

迪森的新品牌形象的主要亮点在于:

在Logo的设计上,拉手具有“开启”的意思,与迪森的企业理念“开启新生活”有相通之处,寓意迪森的产品为不断迈向小康生活的现代人提供全新的生活方式和标准。“橙黄”的色彩象征浪漫、温馨和激情,代表现代人新的生活方式,“深蓝”则象征博大、宽广,同时也表现实力和信心,代表迪森产品的多样性及品质。在中间的反白拉手象征图形,则表示沟通:二者之间的桥梁,预示通过这个桥梁,迪森正全力为现代生活提供更具时代感的产品而努力。

在设计迪森专卖店售卖形象时,考虑到专卖店本身就是一种品牌传播工具。因此,迪森在设计时更多地融入了现代欧美表现精工细作的诸多元素,尤其是对五金的细节符号加以提炼并在专卖店里加以体现,通过这样的设计,使整个专卖店本身就能传达出一种无声的品牌文化魅力!一反五金行业以往重视产品品质的传统,利用“钥匙”吉祥物的亲和形象和自然的黄色,与企业Logo互相呼应,代表迪森五金带给顾客无拘无束、享受家居私密生活的美好经验,传达纯正、明确的品牌文化:迪森,开启新生活!令顾客对迪森更有信心。

迪森的新品牌形象,配合专卖店形象的革新,突出公司与其他品牌的差异,为未来发展奠下基石,而新的专卖店形象颇受加盟商肯定,使全部迪森产品共享新品牌形象的无限潜力。

4)品牌延伸

品牌延伸是指企业将某一知名品牌或某一具有市场影响力的成功品牌扩展到与成名产品或原产品不近相同的产品上,以凭借现有成功品牌推出新产品的过程。品牌延伸并非只简单借用表面上已经存在的品牌名称,而是对整个品牌资产的策略性使用。品牌延伸策略可以使新产品借助成功品牌的市场信誉在节省促销费用的情况下顺利地进占市场。

案例20:攻城拔寨的海尔

优异的品牌有助于企业进行跨行业扩张。由于已经熟悉这个品牌,较之于新的品牌,顾客会更快及更轻易接受其推出的新产品。因为企业形象一贯优异,而且产品优秀,于是新产品很轻易就能被接受。在这方面,海尔的品牌延伸战略可谓是经典了。

在海尔的"名牌战略阶段"中,海尔先从冰箱做起,使之成为名牌,由于海尔冰箱是名牌,海尔的新产品一问世,很容易地被市场所接受。从1992—1995年,海尔品牌逐步延伸到电冰柜、空调等制冷家电产品。1997年,海尔又进入黑色家电领域。1999年,海尔品牌的电脑成功上市。如今海尔集团已拥有包括白色家电、黑色家电、米色家电在内的58大门类9 200多个规格品种的家电群,几乎覆盖了悉数家电产品,在消费者心目中树立了海尔家电王国的形象。名牌竞争力为海尔扩大生产规模提供了保障。于是有人把海尔的这种发展模式概括为"东方亮了再亮西方"。

十几年来,海尔共兼并18个企业,盘活亏损额超过15亿元资产,海尔兼并扩张理念是"东方亮了再亮西方",详细做法是"吃休克鱼"。所谓休克鱼是指硬件条件很好但效益不行的企业,因为经营不善落到市场的后面,一旦有一套行之有效的制度,掌握住市场很快就能重新站起来。海尔实施兼并扩张不是靠大量的资金注入,而是输入海尔的文化和无形资产,并能实施名牌运营。海尔兼并"红星"就是成功一例。全新的海尔观念,使原红星工人受到强烈震撼。集团还组织工人参观海尔冰箱公司,使他们亲眼目睹了海尔科学有序的现场,领略到其精髓"责任到人"的含义。依旧是原来的那些人,依旧是那些设备,红星厂在被兼并三个月后扭亏为盈。

5)多品牌决策

所谓多品牌决策,是指企业决定同时经营两种或两种以上互相竞争的品牌。这种决策是宝洁公司首创的。在决定是否引进其他品牌时,制造商必须考虑下列问题:是否能为该品牌建立独特的历史;该独特历史是否可信;该新品牌会夺走本企业其他品牌及竞争者多少销售量;产品开发与促销费用能否从新品牌的销售额中收回来。

案例21:东方不亮西方亮的联合利华

1999年,联合利华提出了新的全球战略:即"增长之路",联合利华认为,衡量公司发展是否健康的标准有两个:一个是一线品牌的增长率;一个是它们在所有业务中所占的比例。联合利华计划用5年的时间,经过一系列的调整,到2004年公司的年销售额增长率由2%达到6%、一线品牌应该占到全部业务的比率由80%提高到90%~95%,

利润率由10%提高到16%。同时,联合利华也具有丰富、成熟的多品牌管理经验。从全球角度看,它是采取了集中品牌战略,压缩品牌数量的策略,将公司的品牌由2 000个压缩到400个,并保证一线品牌的增长率;从本土化战略看,联合利华力求在发展全球品牌的同时,保护和发展本土品牌。总体上,为了满足世界各地消费者的需求,使公司拥有的品牌处于动态最优状态。联合利华销售额的75%来自2 000个品牌中的400个。

联合利华压缩品牌规模是根据80:20规律,即企业的销售额80%,通常由20%的商品创造的商品"黄金法则",从2 000个品牌中选出400个品牌。联合利华筛选品牌的标准是:有吸引力,有规模,或者有潜力成为有吸引力和有规模的品牌,品牌要对消费者有影响力。凡是有国际影响力的品牌,本地化、有价值的,符合以上的标准的品牌都会成为其主要发展的品牌。

对于陆续要整合调整的1 600多个品牌,联合利华采取了积极审慎的态度。对于将要卖掉的品牌,毕竟其中许多品牌都已在市场上有一定的影响力,所以联合利华积极寻找好的买主,希望离开公司后将获得最好的发展。对于没有被选择进入400个保留品牌的品牌并非一律被卖掉,而是剥离一些不符合其总体发展战略要求的业务,根据业务的调整重组到保留的400个品牌结构中。

6)品牌核心价值

品牌核心价值的理性层面是以产品为基础,带给消费者的实际利益,也就是消费者愿意用金钱、时间、风险等购买成本交换的一个问题解决方案。当消费者交易后从商品中获得的利益与满足感超过所支付的代价时,就会产生对该品牌感性层面的认同,这就是品牌核心价值之基。品牌核心价值的感性层面是品牌最核心的部分。

案例22:诺基亚的终生归属感

品牌核心价值是品牌的灵魂和精髓,是品牌一切资产的源泉。一个品牌是否拥有核心价值,已经成为企业品牌塑造成功与否的重要标志。诺基亚也不例外,诺基亚之所以能成为闻名遐迩的世界品牌,和其"科技,以人为本"的品牌核心价值密不可分。多少年来,诺基亚一直矢志不渝地坚持"科技,以人为本"的理念,并融入企业经营的点滴细节之中,使冷冰冰的高科技转化为对消费者贴心、细致的关怀,从而赢得了消费者的喜爱。

诺基亚通过充分满足人性的需求来实现企业的经营目的,同时也凝练出自己"科技,以人为本"的品牌核心价值。诺基亚手机被消费者喜爱,不仅仅源于它的时尚和美观,更源于它的人性化。诺基亚手机一贯追求人性化设计,无论性能、外观还是材料,每一款产品都为不同的消费者量身定做,更有完善的售后服务,使他们在选择人性化科技的同时尽享丰富多彩的个性化生活。

诺基亚从最初名不见经传的小品牌成长为如今全球闻名的强势品牌，这得益于其持之以恒聚焦“科技，以人为本”品牌核心价值。当其他竞争对手还在忙于把手机定义为通讯工具时，诺基亚便提出了“科技，以人为本”的人性化理念，第一次从人性的角度来看待手机，使冷冰冰的手机成为体现自我、表达情感的载体。从公司成立伊始，诺基亚一直持之以恒地坚持和维护品牌核心价值。二十多年来，无论是电视、广播还是报刊、路牌等媒体宣传，诺基亚“科技，以人为本”的诺言始终未变，也植根于消费者的内心。

本章小结

越来越多的人选择在网上进行创业，有人通过网上创业项目而获得巨大收益，同时也有人网上创业失败。我们认为影响网上创业项目能否成功的最根本的原因源于对网上创业项目的选择。

网上创业项目具有门槛低、启动资金少、成长快风险因素多等众多基本特征，这就使得创业者需要根据自身的特点来选择合适的网上创业项目。

创业者选择了合适自身的网上创业项目之后，就需要对项目的实际可行性进行论证，其中需要用到项目调研、市场分析、市场预测等方法。

成功的网上创业项目必然具有创新性，这就使得创业者对项目实施之后，进行项目的核心竞争力保护，主要是通过商标注册、专利申请、品牌战略等方式来实现，以此来保持网上创业项目的核心竞争力，防止被他人或组织仿冒等。这与网上创业者的核心利益密切相关。

案例　“新青年”的创业故事：不只是为了赚钱

A. 阿蚊：创业不只是为了赚钱

渴望拥有一个大衣橱，里面装满漂亮衣服，并与姐妹分享对美的感受，这是一个“80后”女生阿蚊创业的初衷。5年前，从高校毕业以后，阿蚊一直从事着与自己专业相关的设计工作，与多数白领一样过着朝九晚五的生活，不过一直以来，那个关于“大衣橱”的梦想最后促使她走出了创业的第一步。

“终于在去年看到了一处合适的铺位，其他各方面的条件也成熟，就一边工作一边开了这间服装精品店。”阿蚊说，在服装店刚开张前，除了懂得挑选衣服外，她对经营一无所知，无论从店面装修风格到待客之道，还是衣服的定价……这些都要从零开始学起。

“那时候,我们刚试营业,有顾客选中了一件衣服,问要多少钱,我一时间也不知道应该卖多少钱,原来自己还没考虑到这方面,后来只好随便说了一个价格,最后当然是亏了。”阿蚊说,刚开始创业比较难,很多经营的小细节都要靠自己摸索积累,就连服装店的名字也做了很多妥协,“考虑到市场本身的因素和传播效果,自己最喜欢的店名,最后一个都没有用上。”

一年以来,阿蚊很庆幸店里没有出现大差错以及和顾客发生不愉快的纠纷。她说,这也可能是由于自己一路以来在背后花了很多工夫,将容易出错的细节都留意到了。

“我不是纯粹为了赚钱。”阿蚊说,店里的每一件衣服都是经过自己精心挑选回来的,看到这些漂亮的衣服穿到合适的人身上是件幸福的事情。时至今日,阿蚊还是一边做自己的设计工作,一边兼顾服装店的经营,她更愿意把这个地方看做是和志同道合的人交流的场所。

关于创业,阿蚊以为,在自己周边的不少人都有一个创业的梦想,却由于各种原因迟迟没有走出第一步。

阿蚊创业语录:

有冲动:很多人都有创业的梦想,假如不希望把它停留在想象中,就需要有创业的冲动。

有计划:不打无预备之仗,谋划好你接下来的事情,对自己所作的决定负责。

有恒心:万事开头难,咬咬牙挺过去。

有勇气:不仅是面对困难时需要勇气,创新也如此。

有机遇:机缘偶合,事半功倍。

B. 嘉嘉:桌游店是创业“第一站”

大学毕业后就有创业打算的嘉嘉,直到2009年一次偶然的机会,他接触了一款桌面游戏“三国杀”,最后开启了他的创业之门。

“当时‘三国杀’还未风行,桌面游戏还不太为人所熟知。”嘉嘉对记者说,“当时就想,桌面游戏这种‘不插电的游戏’既绿色健康,对环境设备要求简单,又能增进朋友间的沟通交流,的确是不错的玩意。”

后来他才了解到桌面游戏在欧美已经流行几十年,而在国内仅是刚刚起步,于是他和合伙人选择了桌游店作为自己创业的“第一站”。

“毕竟是刚毕业的人,资金不会太充裕,一部分还得靠家里的资助。还有就是对桌面游戏能否为本地消费群体接受,心里没底,当时也没有作太具体的市场调查,可以说开这个店有点冒险性。”嘉嘉说,作这个决定时,资金、铺位等问题一度让他很苦恼,一切得从零开始。

2009年7月嘉嘉开始筹备开店,他还专门到大城市的同类店去参观学习,找桌游的进货渠道,学习一些大型桌游的玩法以及设计收费经营模式,两个月后桌游店正式开张。

"毕竟是新鲜的玩意,大家都好奇,一开张之后客流源源不断,超出了我们的预料。"嘉嘉说,他们发现店内吸音问题未解决、顾客互相干扰、人手上也比较紧缺,导致服务跟不上,收费也偏贵,让不少人望而生畏,饮品的质量令人担忧,诸如此类的问题层出不穷。后来,他们就多找朋友帮手,重新制订收费模式,慢慢地度过了开张最繁忙的那段时间。

开店以来,嘉嘉熟悉了很多好玩的朋友,拥有了一批固定的客源:"大家希望将这间店看做一个工作之余聊天放松的地方,很多人对它都有感情了,我会坚持做下去。"

嘉嘉创业语录:

开店之前的市场调查非常重要,想象的和实际的情况往往有很大的差距,不打无预备的仗,知彼知己百战百胜。既然走上创业这条路,就肯定累,还要经常动脑筋,不辛劳怎得世间财。

低碳桌面游戏,深受年轻一族喜欢。

C. 步云:在路上也有机遇

4 年前,步云还是一个普通驴友,随着一大帮朋友到野外露营、爬山。"网上天天也有很多活动召集。"步云说,在这方面自己是个活跃分子,鹤山的彩虹岭、昆仑山等周边好玩的地方都走遍了。开始随着别人走,到后来自己熟悉情况了,就带其他朋友出发。

"后来,我干脆就自己组织一些网友到户外爬山、观光,反正自己对这项活动也很爱好。"两年后,步云开始通过网络组织一些鹤山周边的户外探险活动,不过刚开始时响应者并没有几个,"第一次组织去浪琴湾露营,去的人数不多,只有十来个,而且大多数都是自己的朋友。"

随着户外活动越来越受年轻人追捧,步云的队伍也越来越大。最近,步云又将水浸鸡、焖鱼等特色家乡菜搬上桌面,在家里张罗一间家庭菜馆,那些驴友也渐渐成为那里的常客。

步云创业语录:加强沟通,扩大你的生活圈子,广交朋友,充分利用资源。

案例分析与讨论题

1. 以上三位创业者的创业来源有何异同?
2. 三位创业者的创业项目的核心竞争力在哪?
3. 你最看好三位创业者中的哪一位?请说明理由。

复习思考题

1. 什么叫网上创业项目?

2. 简述网上创业项目的主要特征。

3. 简述网上创业项目与传统创业项目的异同。

4. 简述网上创业项目的来源。

5. 简述商标注册、专利申请和品牌战略对于保护网上创业项目的核心竞争力的重要性。

第 7 章 网上创业项目融资

资金是企业的血脉,是企业经济活动的第一推动力和持续推动力,企业的创立、生存和发展,必然以一次次融资、投资、再融资为前提。日本创业家中田修说:有钱谁都会创业,关键是没有钱怎么创业。创业面临的难题之一就是缺乏"启动资金"。

学习目标

- 认识融资的重要性,创业融资的特点,建立初步融资概念;
- 掌握创业融资的主要方式、特点;
- 通过了解融资的过程,掌握作为创业者,思考和处理问题的能力;
- 了解融资计划书的重要性以及如何编写。

案例导入

深圳沙角 B 火力发电厂融资案例

广东省深圳沙角 B 火力发电厂项目中小企业融资案例,是中国最早的一个有限追索的中小企业融资案例,也是中国第一次使用 BOT 中小企业融资概念兴建的中小企业融资案例。沙角 B 电厂的中小企业融资安排本身也比较合理,是亚洲发展中国家采用 BOT 方式兴建项目的典型。

一、项目情况

项目:深圳沙角火力发电厂建设。1984 年签署合资协议,1986 年完成中小企业融资安排、动工兴建,1988 年建成投入使用。电厂总装机容量 70 万千瓦。

项目投资结构:深圳沙角 B 电厂采用了中外合作经营方式,合作期为 10 年。合资双方分别是:深圳特区电力开发公司(中方),合和电力(中国)有限公司(外方,一家在香港注册专门为该项目而成立的公司)。在合作期内,外方负责安排提供项目的全部外汇资金,组织项目建设,并且负责经营电厂10年。外方获得在扣除项目经营成本、煤炭成本和付给中方的管理费后全部的项目收益。合作期满后,外方将电厂的资产所有权和控制权无偿地转让给中方,并且退出该项目。项目投资总额:42亿港币(按86年汇率,折合5.396亿美元)。项目贷款组成是:日本进出口银行固定利率日元出口信贷26 140万美元,国际贷款银团的欧洲日元贷款5 560万美元,国际贷款银团的港币贷款7 500万美元,中方深圳特区电力开发公司的人民币贷款(从属性项目贷款)——9 240万元(有关数据资料参见Clifford Chance, Project Finance, IFR Publishing Ltd. 1991.)。

项目能源供应和产品销售安排:在本项目中,中方深圳特区电力开发公司除提供项目使用的土地、工厂技术操作人员,以及为项目安排优惠的税收政策外,还签订了一个具有"供货或付款(Supply or Pay)"性质的煤炭供应协议和一个"提货与付款(Take and Pay)"性质的电力购买协议,承诺向项目提供生产所需的煤炭并购买项目产品——电力。这样,中方就为项目提供了较为充分的信用保证。

从表面上看,电厂项目并没有像一般在发展中国家兴建基础设施项目那样以依靠政府特许为基础,而是中外合资双方根据合作协议以及商业合同为基础组织起来的。但是,由于中方深圳特区电力开发公司和项目的主要担保人广东省国际信托投资公司都具有明显的政府背景,广东省政府也以出具支持性的形式表示了对项目的支持,因此深圳沙角B电厂项目实际上也具有一定的政府特许性质。

二、项目风险分析

本项目是火力发电厂建设,为确保电力生产,必须有充足的煤炭供应。因此,妥善地解决能源供应风险的问题就具有特殊的重要意义。中国的煤炭产量居世界第一,而且项目合作的中方深圳特区电力开发公司已经签订了煤炭供应协议,负责提供项目生产所需的煤炭。考虑到中方的政府背景以及中国政府支持特区开发建设的宏观政策,因而项目能源供应是比较有保障的。在经营管理方面,中方负责向电厂提供技术操作人员,而负责经营电厂的外方和电力具有较强的经营管理能力,其委派到电厂的管理人员也都具有比较丰富的管理经验,因而项目的经营管理风险也比较小。就项目本身的性质来看,火力发电厂属于技术上比较成熟的生产建设项目,在国内外的应用都已经有相当长的时间,技术风险也是比较小的。综合以上几点,应该认为本项目的生产经营风险不大。

思考题:

什么是融资?

7.1 融资及其重要性

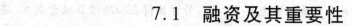

一个真正的创业者首先要具备克服困难的信心;创业者也应该感谢融资的困难,因为它使很多有创业想法的人在一开始就退出了创业的赛场,那些不畏惧困难的创业者已经获得了首回合较量的胜利。

7.1.1 融资的定义

《新帕尔格雷夫经济学大辞典》对融资的解释是:融资是指为支付超过现金的购货款而采取的货币交易手段或为取得资产而集资所采取的货币手段。

广义的融资是指资金在持有者之间流动,以余补缺的一种经济行为,这是资金双向互动的过程,包括资金的融入和融出,既包括资金的来源,又包括资金的运用。

狭义的融资,主要指资金的融入,也就是资金的来源。具体是指企业从自身生产经营现状及资金运用情况出发,根据企业未来经营策略与发展需要,经过科学的预测和决策,通过一定的渠道,采取一定的方式,利用内部积累或向企业的投资者及债权人筹集资金,组织资金的供应,保证企业生产经营需要的一种经济活动。它既包括不同资金持有者之间的资金融通,也包括某一经济主体通过一定方式在自身内进行的资金融通,即企业自我组织与自我调剂资金的活动。

7.1.2 融资的种类

企业融资方式是指企业获取所需资金的形式、手段、途径和渠道。在研究企业融资之前,有必要先对企业融资方式进行分类。由于划分企业融贷方式的标准不同,企业融资方式的类型也不一样,并且不同的划分还可能出现交叉与重叠。由于在研究企业融资时的侧重点不一样,因此不同的划分对于不同的研究有不同的意义。

1) 内源融资和外源融资

按照融资过程中资金来源的不同方向,可以把企业融资分为内源融资和外源融资两种形式。

(1) 内源融资

内源融资是企业在创办过程中原始资本积累和运行过程中剩余价值的资本化,也就是财务上的自由资本及权益。在市场经济体制中,企业的内源融资是由原始投资形成的股本、折旧基金以及留存收益(包括各种形式的公积金、公益金和未分配利润等)构成的。具体包括三种形式:资本金、折旧基金转化为重置投资、留存收益转化为新增投资。

内源融资的特点有:①自主性:内源融资的资金是企业的自有资金,企业在使用时具有较大的自主性,受外界的制约和影响较小。②有限性:内源融资受企业自身积累能力的影响,融资规模受到较大限制。③低成本性:内源融资的财务成本小,不需要直接向外支付相关的融资成本和费用。不过,内源融资也有机会成本,有时机会成本可能会很大。④低风险性:内源融资的低风险性,一方面与其低成本的特点有关,另一方面是其不存在支付危机,因而不会出现由支付危机导致的财务风险。当然其他性质的风险仍然存在。另外初创企业一般依赖内源融资,但是资金相当有限。

(2)外源融资

外源融资是企业通过一定方式向企业之外的其他经济主体筹集资金,包括发行股票、企业债券和向银行借款等,从某种意义上说,企业商业信用、融资租赁等也属于外源融资范畴。

外源融资的特点有:①高效性:外源融资由企业之外的其他经济主体的储蓄供给资金,因此可能不受企业自身积累能力的限制,同时这种融资方式可以变分散的、小额的储蓄为集中的、大额的资金,因此具有融资高效性。②有偿性:外源融资从融资产权属性看,包括债权融资和股权融资。对于债权融资,企业除得要向债权人支付利息外,同时还要支付各种融资费用,融资成本较高,具有明显的有偿性;对于股权融资而言,虽然不需要直接支付资金使用费,但还是要向中介机构支付各种融资费用,而这些费用也是企业财务费用的组成部分,因此,股权融资也具有有偿性。③高风险性:债权融资存在的支付危机会带来较高的财务风险,而股权融资在证券市场的高流动性会带来交易风险。④不稳定性:债权性外源融资所获得的资金本质上属于他人产权资本,企业无权占为己有和长期使用,期限一到,债权人就会要求偿还,因此,对于融资人来说,具有期限不稳定的限制。⑤流动性:企业外源融资是企业通过一定方式从外部融入资金用于投资,是企业吸收其他经济实体的储蓄,使之转化为自己的投资的过程。

2)直接融资和间接融资

按照在融资过程中资金运动的渠道中,储蓄向投资转化是否经过银行这一金融中介机构这一标准,可以把企业融资分为直接融资和间接融资。

(1)直接融资

直接融资是企业作为资金需求者向资金供应者融通资金的方式,是资金盈余部门在金融市场购买资金短缺部门的直接证券,如商业期票、商业汇票、债券和股票的融资方式。另外,政府拨款、占用其他企业资金、民间借贷、内部集资等都属于直接融资范畴。

直接融资的特点:①直接性:融资者从储蓄者那里直接获取资金,并在两者之间建立直接的融资关系。②长期性:通过直接融资获取的资金,使用期限一般都在一年以上。③流通性:直接融资的股票与债券在证券市场上是流通的,因此,直接融资具有流通性。④不可逆性:在直接融资中,通过股票所获得的资金不需还本,储蓄者想取回本金只有通过流通市场,与发行者无关。

(2)间接融资

间接融资是企业通过金融中介机构间接向资金供应者融通资金的方式,是由金融机构充当信用媒介来实现资金在盈余部门和短缺部门之间的流动。具体的交易媒介包括货币和银行券、存款、银行汇票等非货币间接证券。另外,像"融资租赁""票据贴现"等其他方式也都属于间接融资的方式。

间接融资的特点有:①间接性:融资者从银行获得贷款,与具体的出资人并不发生面对面的关系,这是以银行为中介的间接关系。②短期性:在发达的市场体系中,银行贷款通常以中短期为主,具有短期性。③非流通性:银行贷款不能像股票和债券一样在证券市场上流通,只能作为抵押品向中央银行借款。④可逆性:银行贷款到期必须还本付息,因此企业不可能无期限地使用银行贷款,资金具有可逆性。

直接融资与间接融资的本质区别是其信用关系不同。直接融资体现的是证券信用关系,而间接融资体现的是银行信用关系。至于在融资过程中是否有金融中介存在并不是问题的根本。

3)股权融资和债务融资

按照融资过程中形成的资金产权关系,企业融资可以分为股权融资和债权融资。

(1)股权融资

股权融资是公司向其股东筹措资金的一种方式。股权融资获取的资金形成公司的股本,股本代表着对公司的所有权,因而股权融资也称所有权融资。股权融资是公司创办以及增资扩股时所采用的融资方式,目的是为了筹措股本以扩充公司资本实力。从严格意义上来说,内源融资也属于股权融资的范畴。

股权融资的特征:①股权融资筹集的资金形成公司的股本,股本是公司从事生产经营活动和承担民事责任的基础,也是股东对公司实施股本控制和取得收益分配权以及剩余财产索取权的基础。②股权融资是决定公司对外举债的基础,即公司对外举债能力的大小取决于股权融资数额的大小,因而股权融资具有"财务的杠杆性"。③股权融资稀释公司股权,从而引起公司股权控制权、收益分配权和剩余财产分配权的分散。

(2)债务融资

债务融资是公司向其债权人筹措资金的一种方式。债务融资获取的资金形成公司的债务,代表其对公司的债权。债务融资可发生于公司生命周期的任何时期。债券融资包括:公司发行债券、向银行借款、商业信用以及其他应缴、应付的款项,等等。

债务融资的特征:①债务融资取得的资金形成公司的负债,因而在形式上采取的是有借有还的方式。对于负债,公司不仅要对债权人支付利息,即资金使用费,而且在债务到期时还要向债权人偿还本金。②债务融资能够提高公司所有权资金的回报率,因而具有财务杠杆的作用。③债务融资的成本可记入公司财务成本,冲减应税所得额,因而具有税盾效应。④债务融资形成债权人对公司的债权控制。

4)公司融资与项目融资

企业筹集资本时,按是否出现新的法人来分类,可以分为公司融资和项目融资。

(1)公司融资

公司融资,又称企业融资,是指由现有企业筹集资金并完成项目的投资建设;无论项目建成之前或之后,都不出现新的独立法人。

公司融资的特点是:公司作为投资者,做出投资决策,承担投资风险,也承担决策责任。虽然贷款和其他债务资金实际上是用于项目投资,但是债务方是公司而不是项目,整个公司的现金流量和资产都可用于偿还债务、提供担保;也就是说债权人对债务有完全的追索权,即使项目失败也必须由公司还贷,因而贷款的风险程度相对较低。

(2)项目融资

项目融资是一个专用的金融术语,和通常所说的"为项目融资"不是一个概念。项目融资是指为建设和经营项目而成立新的独立法人的项目公司,由项目公司完成项目的投资建设、经营和还贷。

项目融资的特点是:融资决策由项目发起人(企业或政府)做出,项目发起人与项目法人并非一体;项目公司承担投资风险,但因决策在先,法人在后,所以无法承担决策责任,只能承担建设责任;同样,由于先有融资者的筹资、注册,然后才有项目公司,所以项目法人也不可能负责筹资,只能是按融资者已经拟定的融资方案去具体实施、签订合同等。一般情况下,债权人对项目发起人没有追索权或只有有限追索权,项目只能以自身的盈利能力来偿还债务,并以自身的资产来做担保。由于项目能否还贷仅仅取决于项目是否有财务效益,因此又称"现金流量融资"。对于此类项目的融资,必须认真组织债务和股本的结构,以使项目的现金流量足以还本付息,所以又称为"结构式融资"。项目现金流量的风险越大,需要的股本比例越高。

5)其他分类方法

按照资金来源区分,企业融资也可以分为内资融资和外资融资;按照融资的具体业务形式,还可以分为商业信用融资、银行贷款融资、证券投资融资、财政资金融资、租贸融资,以及个人和社会集资、企业间信贷等。另外,还有其他各种各样的对企业融资方式的分类方法。

7.1.3 创业融资的特点

任何一个企业从提出构想到企业创立、发展和成熟,存在一个生命周期。通常将一个企业的成长分为种子期、起步期、成长期、成熟期四个发展阶段(衰退期不予考虑)。从企业发展的生命周期看,不同阶段所需资金有不同的特点,不同渠道的资金对不同时期的偏爱程度也有所不同。为此,企业必须从战略的角度对企业整个生命周期的融资问题拟定整体性的规划,并根据自身所处的阶段有针对性地开展融资活动。

创业融资最大的特征是阶段性,创业融资一般不是一次性融资,往往伴随着企业的成长需要多次融资。不同阶段创业融资的特征也不一样,企业根据自己所处阶段合理地制订融资计划,做到融资阶段、融资数量与融资渠道的合理匹配。

1)种子期的融资特征

种子期内,创业者需要一定的资金完成初步的技术开发或者市场调研。这个时期的资金主要用来测试创意的可行性。所需资金量比较小,大部分来自自己的储蓄,亲朋的借款,国家创业贷款基金,还有部分天使投资。由于企业还只是"概念企业",创业成功的不确定性很大,融资公司考虑到风险太大一般不给予投资。创业者在这个阶段需要动用个人储蓄,更为重要的是要和亲朋好友沟通,尽量取得有条件的亲朋的资金支持。另外,关注相关创业政策,尽量利用国家支持创业的优惠政策,取得国家创业基金。

2)起步期的融资特征

起步期,企业需要完成注册和投入试生产,因此需要一定数量的"门槛资金"。资金主要用于购买机器、厂房、办公设备、生产资料、后续的研发和初期的销售等,资金需求量明显增加。创业者自有资金十分有限,白手起家的草根创业者很难支持这些活动。这个时候创业者急需外部融资,但是由于没有过去的经营记录和信用记录,很难得到银行贷款的支持。所以,在这个时候创业者应该突破亲朋好友借贷的有限性,采用私募的方式,向个人借款,或者采用参股的方式融资。

3)成长期的融资特征

成长期是企业大力开拓市场,推销产品,大有作为的时期,因此需要大量资金。在成长期的前一阶段,虽然这个时候企业有一定的营业收入,但是产品并未完全打开市场,企业还在扩大规模,扩充团队,加大产品开发力度,现金流出仍大于现金流入。这个时候企业的管理风险非常大,企业尚未形成足够的抵押资金,也没有建立市场信誉,很难得到银行的贷款。所以,对于中小企业来说,资金困难是中小企业在这一阶段面临的最大难题。为此,企业不但需要非常仔细地安排每天的现金收支计划,还要开拓其他融资渠道,合理安排融资组合。如果创业者能够承担风险,成长期前一阶段的融资重点可以充分利用负债融资。在成长期的后一阶段,企业在追求规模效应时会采用扩展战略,

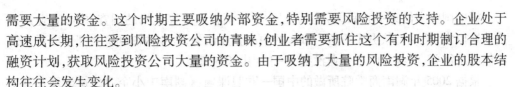

需要大量的资金。这个时期主要吸纳外部资金,特别需要风险投资的支持。企业处于高速成长期,往往受到风险投资公司的青睐,创业者需要抓住这个有利时期制订合理的融资计划,获取风险投资公司大量的资金。由于吸纳了大量的风险投资,企业的股本结构往往会发生变化。

4)成熟期的融资特征

在成熟期,企业已有自己比较稳定的现金流,对外部资金需求不像前面阶段那么迫切。这个时期,企业经营风险下降,营业收入稳定,市场信誉建立,处于良性发展中。企业比较容易得到银行的贷款。另外,这个时期,一些比较大的企业准备通过股票融资上市筹集资金。但是,在我国大陆上市条件很高,很多中小企业都难以实现上市。目前来看,中小企业上二板市场比较多,但主要集中在美国的纳斯达克市场和我国香港的创业板市场,而我国内地的创业板市场正在积极酝酿之中。

所以,创业者需要准确判断企业发展阶段,然后将企业发展计划和融资计划有效地结合,将融资需求和资金运作合理匹配。在我国,在新创企业早期,资金主要来源于私人储蓄和家庭借款,个别地区或者个别群体能得到政府贷款,如大学生创业贷款,天使投资在我国比较少。这个时期,企业能不能成立和起步,关键在于创业者能否合理有效地利用有限的资金,以及创业者能否说服相关人士,得到他们的资金支持。在企业发展中后期,资金更多依赖风险投资和银行贷款。这个时候,创业者必须做好融资计划,将资金需求量和企业发展计划相匹配。

创业者,尤其是白手起家的创业者,能否在创业的短期内融资,成为商海"试水"成败的关键。创业融资是创业的重要工作之一,很多时候需要专门成立融资小组,解决创业融资问题。

事实上,中国创业融资是十分困难的,原因主要有:中国资本市场不够成熟,创业者创业素质不够高,市场不够成熟等。总之,中国创业风险比较大,导致创业融资困难。从另外一个角度看,创业风险大,一定程度上意味着投资回报高,因此,很多风险投资家还是愿意一搏。

创业融资是企业自我推销的一个过程,创业者需要将企业或项目推销给投资者。一方面需要选对投资者;另一方面需要包装自己,利用一些融资技巧,制定优秀的融资计划书,取得投资者的信任。最重要的是,你的项目要足够好,你的企业要有投资价值——因为投资者只会"锦上添花",不会"雪中送炭"。

投资者投资的目的是赚钱,很多时候企业与投资者的利益存在差别,创业者在融资过程中要谨防企业利益受损,谨防受骗上当。

7.1.4 我国中小企业融资现状

我国中小企业融资难问题:

据中国国家信息中心和国务院中国企业家调查系统等机构的调查，中小企业短期贷款缺口大，长期贷款更无着落。81%的中小企业认为，一年内流动资金部分或者全部不能满足需要，大部分中小企业没有1~3年中长期贷款。

根据2005年湖南商学院所做的中国—欧盟课题:《湖南中小企业公司治理及其与欧盟企业的对接》，调查组对湖南及周边地区672家中小企业关于“您所在企业目前所面临的问题有哪些?”根据所选按严重程度顺序超出前三选项问题的调查，发现排在前3位的分别是“资金不足”“缺乏人才”“行业内部竞争过度激烈”。

据悉，2007年广东省人民币新增贷款4 711.55亿元，其中一季度新增贷款1 617.92亿元，而今年一季度，广东省新增贷款1 572.03亿元，同比下降15%。一银行人士说，中小企业贷款占新增贷款比重不会超过15%。

一项针对六个城市商业银行及其分支机构的抽样调查显示，企业规模和贷款申请被拒绝次数呈现负相关关系；同样，企业年龄与贷款被拒绝次数的比例也是负相关关系。

2006年首届中国最具成长性新锐企业奖评选活动特别进行的《中小企业创业问卷》调查结果显示，中小企业主最受“资金”困扰，54%的企业主认为影响其创业的主要外部因素是“融资困难”，有38%的企业主希望通过“降低企业成本”来缓解资金压力。同时，87%的企业创业资金来自“自身积累”，而企业成长的下阶段的发展资金仍然以此为主要来源。

上面的材料反映了我国中小企业融资难的问题，我国中小企业似乎一直不能改变自己的尴尬局面，明明是经济发展中最活跃的部门，却备受融资难的困扰。很多中小企业家将矛头指向国有商业银行，认为中小企业向国有商业银行贷款的门槛过高。很多人正在疾呼推出创业板，以解决中小企业融资难的问题。

我国中小企业融资难的问题未得到解决，主要表现在以下几个方面：

①银行对中小企业的信贷条件仍严于对大型企业的条件。部分商业银行对中小企业信贷管理的要求高于对大型企业，特别是对不发达地区的信贷管理条件更高。能符合这些条件、具有合格资信等级的中小企业为数很少，这实际上是将大多数中小企业排除在支持对象之外，同时也限制了基层银行支持中小企业发展的积极性。有些省的一些经济不发达县，商业银行信贷条件要求严格，企业借贷无门，生存和发展受到严重影响。

②中长期融资渠道不畅，中小企业长期权益性资本严重匮乏。目前中小企业获得银行贷款的期限一般不超过半年，只能用于填补流动资金的缺口，但中小企业更需要的是较长期限的贷款，以便用于技术改造和厂房设施建设。目前许多企业为了发展，往往动用流动资金来搞技改和基建，结果导致流动资金紧张。这实际上还是其长期权益性资本匮乏所致。

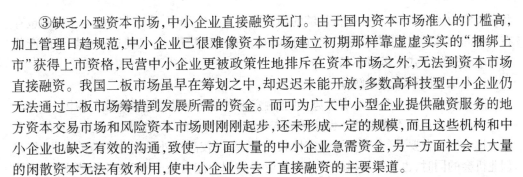

③缺乏小型资本市场，中小企业直接融资无门。由于国内资本市场准入的门槛高，加上管理日趋规范，中小企业已很难像资本市场建立初期那样靠虚虚实实的"捆绑上市"获得上市资格，民营中小企业更被政策性地排斥在资本市场之外，无法到资本市场直接融资。我国二板市场虽早在筹划之中，却迟迟未能开放，多数高科技型中小企业仍无法通过二板市场筹措到发展所需的资金。而可为广大中小型企业提供融资服务的地方资本交易市场和风险资本市场则刚刚起步，还未形成一定的规模，而且这些机构和中小企业也缺乏有效的沟通，致使一方面大量的中小企业急需资金，另一方面社会上大量的闲散资本无法有效利用，使中小企业失去了直接融资的主要渠道。

④民间融资活动较活跃，但规模小且处于"非法"状态。由于中小企业特别是民营中小企业依靠银行借贷无门，不得不从非正式的金融市场上寻找融资渠道。这些渠道有民间借贷市场、私募股本、企业互保、加债转股等。有的企业甚至全部靠拖欠贷款来周转资金。由于这些民间融资活动多属于政府限制的"非法集资""乱集资"范畴，故很难形成气候，而且由于其"非法性"，增大了企业融资的风险。

7.1.5 创业融资难的主要原因

导致创业融资难的因素很多，其中主要原因如下：

1）种子期的融资难

首先，创业企业资产十分有限，有些企业甚至没有资产，创业者几乎没有什么资产可以作为抵押。这使得给创业企业提供资金的风险比一般企业更大。其次，创业企业没有经营历史，未来不确定。创业企业常常凭借一份创业计划书"摸着石头过河"，未来发展的不确定因素太多。另外，创业企业没有经营历史和经营经验，投资家就更难预测将来的发展状况。投资家对于这种企业的投资往往显得十分谨慎。最后，创业企业融资规模小。银行一般愿意把钱贷给融资规模大的公司，这样可以减小管理成本。

2）融资渠道受严格限制

目前，我国中小企业融资大部分是依靠内源性融资，而在外源性融资上主要是金融机构。但是，在民间融资和海外融资等方面没有发挥太大的效果。民间融资活动虽然较活跃，但规模小且处于"非法"状态，且民间融资中，贷款利率高，使中小企业难以接受。另外，由于缺乏担保和民间对中小企业缺乏信心又减少了对其贷款的可能性。在海外融资上由于其规模和国家政策限制，特别是缺乏法律保障，从而使海外金融机构或跨国公司投资处于被动的地位，而不愿意贷款给企业。

3）银行组织体系和信用担保体系存在缺陷

首先，从金融机构的设置来看，缺乏专门为中小企业服务的商业银行。随着中小企业的飞速发展，迫切需要与中小企业配套的中小金融机构，但如今中小商业银行的数量和资金实力远远不够，不能提供足够的融资服务。另外，担保机构本身的运作机制也存在一些问题，既制约了资金的扩充，使民间社会资本无法进入，又使这一市场化的产物在行政管理的方式下运行不畅。

创业融资困难的理论解释：

除了创业企业本身的融资劣势，创业融资难问题还有其理论和现实的原因。

①创业成功的不确定性。创业活动本身面临非常大的不确定性。创业企业的生存能力比一般企业要差，未来的不确定性较大，失败率较高。外界创业环境的变化，带来创业机会的同时，也增加了风险。我国创业者的创业能力低于 GEM 的均值水平，据统计，我国新创企业的失败率在 70% 左右。国外有学者估计，新企业在 2 年、4 年、6 年内的消失率分别是 34%、50%、60%。创业企业的高失败率给其带来很大的风险，导致创业融资难度增加。

②创业融资中的信息不对称。在创业融资中存在信息不对称的问题，一般而言，投资者对融资企业的产品、创新能力、团队实力、市场前景等信息没有融资者清楚，往往处于相对信息劣势的地位，而融资者处于信息优势的地位。创业融资者往往会掩饰企业存在的问题，展现的是企业优秀的一面，这也使投资者一定程度上得不到充分的信息。创业融资中的信息不对称导致信任危机，也就是投资者对融资者的不信任，投资者很难将资金投给一个他们不了解的企业。同时，投资者也担心，在投资后能否维护自己的利益。因为创业融资者往往是企业的大股东还是经营者，可能侵害投资者的利益。所以，创业融资中的信息不对称导致投资者对创业融资企业存在不信任因素，这就增加了创业融资难度。投资前的信息不对称可能导致投资者的逆向选择行为；而投资后的信息不对称则能造成融资者的败德行为。

虽然创业融资很困难，但是创业者必须坚定融资信心。因为创业融资具有的高风险性通常也意味着可以给风险投资家带来高收益。在硅谷，风险资本所投资的创业企业有着一个不太精确的经验定律，即所谓风险投资收益的“大拇指定律”，是说每十个风险资本所投入的创业公司中，平均会有三个企业垮台；三个企业会成长为一两千万美元的小公司并停滞在那里，最终被收购，另外三个企业会上市并会有不错的市值；其中的一个则会成为耀眼的企业新星，并被称作“大拇指”。一位著名的风险投资家说过，未来的企业是属于创业企业，因为他们带来变革世界的商业模式。所以，创业者可以通过自己的努力，创造优秀的商业模式，创办具有市场前景的企业，坚定融资信心，定能受到投资者的青睐。

7.2 创业融资的常见渠道

融资渠道是指取得资金的途径，即资金的供给者是谁。

融资方式是指如何取得资金，即采用什么融资工具来取得资金。

7.2.1 融资渠道

任何创业都是要成本的，就算是最少的启动资金，也要包含一些最基本的开支，如产品定金、店面租金等。我国创业企业的主要资金来源：

1）国家财政资金

2007年6月，为了支持科技型中小企业自主创新，财政部、科技部制定了《科技型中小企业创业投资引导基金管理暂行办法》，其支持对象为从事创业投资的创业投资企业、创业投资管理企业、具有投资功能的中小企业服务机构以及初创期科技型中小企业。

2）企业自留资金（资本公积金、盈余公积金和未分配利润）

一般而言，企业实际自留资金高于账面资金；当然对于大多数处于初创阶段的企业而言，其自留资金也是有限的。

3）国内外金融机构资金

各种银行和非银行金融机构向企业提供的资金是企业经营资金的主要来源。世界银行及外国银行在中国境内的分支机构提供外汇贷款。各级政府和其他组织主办的非银行金融机构提供融资。

4）其他企业和单位的资金

各类企事业单位、非营利社团组织等，在经营和业务活动中暂时或长期闲置、可供企业调剂使用的资金。

5）职工和社会个人资金

企业职工和社会个人将个人闲置资金以债券等形式筹集给企业。职工和个人资金融资要注意规避法律风险。

6）境外资金

境外资金指国外的企业、政府和其他投资者以及我国港澳台地区的投资者向企业提供的资金。

融资渠道大致可以分为私人资本融资与机构资本融资两类。

7.2.2 私人资本融资

创业企业具有的融资劣势，使他们难以通过传统的融资方式如银行借款、发行债券等获得资金。所以，私人资本成为创业融资的主要组成部分。

根据世界银行所属的国际金融公司（IFC）对北京、成都、顺德、温州4个地区的私营企业的调查表明:我国的私营中小企业在初始创业阶段几乎完全依靠自筹资金,90%以上的初始资金都是由主要的业主、创业团队成员及家庭提供的,而银行、其他金融机构贷款所占的比重很小。

私人资本融资主要有以下方式:

1)自我融资

投入到创业活动时,创业者必须放弃原有的工作和待遇,并将自己的积蓄投入到企业创办中。在创业团队中,创业者各自投入个人资金意味着原始股本结构的确立。一方面,创业者尽可能多地投资个人资金,持有更多的股份,虽然会带来较大的风险,但是创业一旦成功,其回报将十分的丰厚。另一方面,创业者投入相对多的资金意味着创业者对创业有决心和信心。这样投资家对创业者更为信任,投资的可能性就更大。

不过,创业者的个人积蓄是十分有限的,个人资金的作用更多地表现在股份的确立和创业的信心、决心上。要作为运作资金只能算是企业启动资金的一小部分。特别对于需要大规模投资的企业来说,创业者个人资金只能是杯水车薪。

2)向亲朋好友融资

在创业初期,创业企业实力弱小,甚至人员不齐,创业者很难得到银行贷款和风险投资。另外,亲朋好友对创业者比较了解,并且中国有齐心创家业的传统,亲朋好友往往愿意提供资本给创业者。所以,向亲朋好友融资是创业融资十分有效、十分常见的融资方式。

相对于向银行等金融机构融资,向亲朋好友融资要容易些,但是这种融资渠道仍然有一些问题值得创业者高度重视。创业者必须明确所融资金的性质是股权资金还是债权资金,最好按市场规则办事,签订相关书面协议,说明资金性质、资金用途、投资回报等,以避免日后发生问题产生纠纷。

3)天使投资

天使投资是权益资本投资的一种形式,指自由投资者或非正式风险投资机构对原创项目构思或小型初创企业进行的一次性的前期投资,是一种非组织化的创业投资形式。通常天使投资对回报的期望值并不是很高,但10~20倍的回报足够吸引天使投资者。天使投资的投资额虽然不会太大,但是由于获得天使投资的门槛相对较低,程序简单,有一定的感情因素,所以创业者在创业初期要尽量获得天使投资。

天使投资者的投资原则:第一看人,第二看项目。天使投资人愿意把钱投给有道德、有创业才能的人,所以创业者必须建立优秀的团队,做到诚信经商,加强自己的创业能力。天使投资人跟其他投资人一样看重项目的可行性和市场前景,创业者无疑要选择优秀的项目。

7.2.3 向机构贷款

向机构融资主要有以下几种操作途径：

1)向商业银行贷款

创业者需要很好地利用商业银行贷款这条重要的融资渠道，特别到了企业发展后期，向商业银行贷款来弥补资金的不足显得十分重要。所以创业者要了解银行贷款的相关信息和政策，善于与商业银行沟通，建立友好关系。

常见的银行贷款方式有下列两种：

(1)抵押贷款

抵押贷款指借款者以一定的抵押品作为物品保证向银行取得的贷款。抵押品通常包括有价证券、国债券、各种股票、房地产、专利技术以及货物的提单、栈单或其他各种证明物品所有权的单据。贷款到期，借款者必须如数归还，否则银行有权处理其抵押品，作为一种补偿。抵押贷款是最常见、最传统的银行贷款方式。

(2)担保贷款

担保贷款是指借款方向银行提供符合法定条件的第三方保证人作为还款保证，借款方不能履约还款时，银行有权按约定要求保证人履行或承担清偿贷款连带责任的借款方式。担保人可以是自然人、专业担保公司也可以是托管公司。要想得到担保贷款，最重要的是企业要有信用记录，企业有良好的信用评价。

2)风险投资

风险投资又称创业投资，是一种高风险、高潜在收益的投资，投资资本属于权益资本。风险投资虽然是一种股权投资，但投资的目的并不是为了获得企业的所有权，不是为了控股，更不是为了经营企业，而是通过投资和提供增值服务把投资企业做大，然后通过公开上市、兼并收购或其他方式退出，在产权流动中实现投资回报。风险投资可以是风险投资公司投资也可以是个人投资。著名的风险投资公司有美国国际数据集团(International Data Group，IDG)、日本软银、凯雷投资集团，等等。

风险投资的特点：

①是一种股权融资，采用资本换股权方式控制所投资企业的大部分股份；

②协助企业进行经营管理，参与企业的重大决策活动，包括高管任免；

③高风险和高回报“双高”特点，常常分阶段多次投资；

④投资目的是获得高额回报，不是控制企业产权；

⑤青睐高科技、高成长潜力的企业。

风险投资机制与银行贷款区别：首先，银行贷款讲究安全性，回避风险；而风险投资追求高收益，控制高风险。其次，银行贷款以流动性为本；而风险投资却以不流动性为特点，在相对不流动中寻求增长。第三，银行贷款关注企业的现状、企业目前的资金周转和偿还能力；而风险投资放眼未来的收益和高成长性。第四，银行贷款审查重点在于企业的实物资产抵押实力和信誉担保实力；而风险投资着重审查创业团队的管理能力和创业精神，项目的市场前景和投资回报，且无须抵押担保。最后，银行贷款青睐成熟行业中的大型企业；而风险投资青睐新兴的、有高速成长性的企业和项目。

3)融资租赁

融资租赁，也称为金融租赁或购买性租赁。根据国际统一司法协会《融资租赁公约》的定义，融资租赁是指这样一种交易行为：出租人根据承租人的请求及提供的规格，与第三方（供货商）订立一项供货合同，根据此合同，出租人按照承租人在与其利益有关的范围内所同意的条款取得工厂、资本货物或其他设备（以下简称设备）。并且，出租人与承租人（用户）订立一项租赁合同，以承租人支付租金为条件授予承租人使用设备的权利。它是目前国际上使用得最为普遍、最基本的形式。

融资租赁对于中小企业有以下的帮助：

第一，节省企业运营的成本。融资租赁的租金利率虽然可能高于银行的贷款利息，但因为租金中包含了项目评估和设备选型等前期工作及设备采购与服务的费用，总成本低于银行贷款费用。

第二，可以加大中小企业的现金流。银行贷款期限通常比设备的使用寿命短得多。而租赁同类型的设备，可以接近这项资产的使用寿命期限，成本可以在较长时期内分摊。这样可以使大部分资金保持流动状态，避免设备投资耗用大量资金，造成资金周转困难，提高企业的投资收益。

第三，由于融资租赁期结束后，设备由出租人回收，避免了设备落后的风险，同时还节省了设备管理的成本。

第四，可节省项目建设周期。融资租赁将融资和采购两个程序整合，提高了项目建设的效率。由于租赁本身的灵活性和抗风险能力，也减少了项目建设过程中不必要的繁杂手续，使企业早投产，产生效益，抓住市场机遇。

4)政府融资支持

各地政府给大学生、女性、下岗工人和农民创业提供了融资支持。另外，政府也在政策上给绿色节能、民生工程的项目提供优惠政策。政府通过一些方式给扶植的企业以资金支持。主要有以下方式：

(1)贷款贴息

企业实施科技创新项目中向银行贷款所需支付利息的一部分或全部由政府承担。科技创新项目一般要具有一定规模和效益，一般按贷款额年利息的 50% ~100% 给予补贴,贴息总额不一般不超过100万元,个别重大项目可不超过200万元。

(2)无偿资助

无偿资助主要用于中小企业技术创新中产品研究、开发及中试阶段的必要补助、科研人员携带科技成果创办企业进行成果转化的补助,资助额一般不超过100万元;资本金投入,对于少数起点高,具有较广创新内涵,较高创新产品并有后续创新潜力,预计投产后有较大市场,有望形成新兴产业的项目,可采取成本投入方式。

5)其他融资渠道

除了以上传统的融资渠道外,创业者还可以采用其他融资方式,如孵化器融资、集群融资,等等。创业者也可以自行创造新的融资渠道。在寻求外部融资时,创业者应考虑融资种类、数量和时机等因素。

在新企业发展的不同阶段,其融资来源存在结构性差异。下表根据美国实践简要总结不同阶段的融资来源,如表7.1所示。

表7.1 创业融资来源

融资渠道	种子开发期	启动期	早期成长	快速成长	成熟退出
创业者					
朋友和家庭					
天使投资					
战略伙伴					
创业投资					
资产抵押贷款					
设备租赁					
小企业管理局投资					
贸易信贷					
IPO					
公募债券					
管理局收购					

注:黑色部分表示该阶段的主要融资渠道,灰色部分表示该阶段的次要融资渠道。

7.2.4 融资选择的考虑因素及步骤

创业企业融资选择的主要考虑因素包括创业者与外部投资者的预期、外部投资者

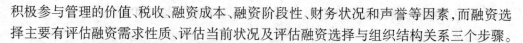

积极参与管理的价值、税收、融资成本、融资阶段性、财务状况和声誉等因素，而融资选择主要有评估融资需求性质、评估当前状况及评估融资选择与组织结构关系三个步骤。

1）融资选择的主要考虑因素

创业企业融资选择时需要重点考虑如下因素：

①如果潜在投资者和创业者就创业企业前景达成一致，通常外部提供的投资优先于创业者提供的融资。

一般外部投资者更有能力分散风险，那么对于给定总风险，外部投资者比创业者要求更低的期望收益。不过，外部投资者需要定期报告、获得信息以及可能影响创业者对未来决策能力的控制，使得管理与外部投资者的关系带给创业者和创业企业成本。

②在对称预期下，用把风险转移给外部投资者的融资形式来提高创业者的权益价值。

因为高度分散的外部投资者不需为承担非市场风险要求补偿，而创业者为此需要补偿。CAPM 模型表明在两者之间分配市场风险不影响创业者权益价值，不过实践中不可能只向外部投资者转移非市场风险，这表明创业者会尽可能用股票筹集尽可能多的外部融资。

③潜在投资者有限制创业者筹集外部股票的信息和动机考虑。

有些融资形式有助于解决这些问题，例如如果外部投资者将其估值基于创业者保留较多剩余股票权益的意愿，那么创业者价值最大化的融资选择必须在降低创业者风险暴露和发出对创业企业信心之间做出平衡，本质上这是信任问题。

④有些融资提供者提供增强创业企业价值的咨询、监控或其他功能，不过这些功能的实际价值变化很大。

⑤税收。税收影响取决于组织形式，因为不是所有组织都产生应税收入，适用税率取决于组织形式、股票和债务的税收处理不同。

⑥获得补助的代理机构融资会降低创业企业融资成本。但是，必须考虑这类融资（主要是债务）的负面影响和完成融资的时间要求。

⑦一般一次筹集创业企业所需所有预期融资需求不能实现创业者的价值最大化。因为绝大部分成功创业企业的风险会随时间而下降，因此分阶段融资可以为创业者带来更高期望价值。

⑧创业企业财务状况影响融资机会。

有稳定现金流的盈利企业更容易安排融资，但很多创业企业在某些阶段努力满足融资需求是很正常的。财务困境（financial distress）指创业企业需要现金来支持其经营，处于财务困境中的创业企业令投资者失望，如果投资者是债权人，这样的创业企业可能已违反重要债务条款，违约或即将违约，而用股票融资的这类创业企业缺少资金而不能实施其商业计划,并可能被迫终止或大幅削减经营。陷入财务困境的创业企业融资不同于刚起步的创业企业融资,因为:a.陷入财务困境意味着创业者没有实现与预期相吻合的成功,这个失败损害创业者在投资者眼中的可靠性,而且通常原因是管理上的失败;b.绝大部分创业企业的融资结构都基于创业企业会成功的假设,一旦陷入财务困境,债权人、供应商、雇员、客户等对待企业的态度都会发生逆转。

⑨财务困境导致的成本带来影响。

一些创业企业的财务困境成本不大,财务困境只是导致所有权的再分配而不会严重影响创业企业的收入流或利润流,这时主要是风险分配和税收考虑指引创业企业进行融资;有些创业企业的财务困境成本很大,此时融资选择就会基于避免财务困境的价值,这隐含着在开始筹集更高程度的资本和使用限制违约风险或违反债务条款的融资结构。

⑩与投资者的声誉和关系影响创业企业的融资可获得性。

声誉是无形资产,如果创业者利用融资资源,这个无形资产会遭受价值损失,形成一个公平对待投资者的声誉并对这个声誉赋予价值的创业者在达成融资协议后不会利用投资者。这样,声誉就将对创业者行为进行限制,而担心机会主义的投资者愿意进行融资,前提是创业者有避免声誉损失的意愿。不过,创业者往往缺乏历史记录而难以评估其声誉价值,使得绝大部分创业企业不能依赖于声誉。融资提供者往往依赖于与创业者的关系。例如,银行更可能对已建立关系的客户提供贷款。不过,关系的主要好处在于资金(和其他金融服务)的可获得性,而不是降低融资成本。

2)融资渠道和方式比较与选择(见表7.2)

表7.2 融资渠道的对比

途径		特点	形式
分类标准1	内部融资	原始性、自主性、低成本性、抗风险性	重置投资、新增投资
	外部融资	高效性、灵活性、大量性、集中性	银行借款、发行债券、融资租赁、商业信用
分类标准2	直接融资	直接性、长期性、不可逆转性	商业期票、商业汇票、债券、股票、政府拨款等
	间接融资	间接性、集中性、安全性、周转性	货币和银行券、存款、银行汇票等

续表

途径		特点	形式
分类标准3	股权融资	不需偿还、股东构成改变、根据经营状况支付红利	出资、合资、吸引基金投资、发行股票
	债券融资	无论经营状况如何，均需还本付息、不改变股东构成	向银行、亲友、民间借贷，或发行债券

3)融资渠道与工具选择策略示例(见表7.3)

表7.3　融资渠道与工具选择策略示例

创业企业类型		融资渠道选择
制造业型创业企业		信贷资金
高科技型创业企业		天使投资或风险投资基金
服务型创业企业		中小型商业银行贷款
社区型创业企业		政府资金、社区共同集资
创业企业所处发展阶段		融资渠道选择
种子期		自有资金、亲朋借贷、天使投资、政府扶持
创建期		股权性的机构风险投资
生存期		负债融资、融资组合
扩张期		债务融资、增资扩股
成熟期		IPO
创业企业对资金需求特点		融资渠道选择
资金额度	小额	员工集资、商业信用、典当
	大额	权益投资、银行贷款
需求期限	短期	短期拆借、商业信用、民间借贷
	长期	银行贷款、融资租赁、股权转让
成本承受能力	弱	股权转让、银行贷款
	强	短期拆借、典当、商业信用融资

综上我们可以知道，在选择融资渠道与方式时应注意：

①了解、搜集各类潜在资金提供方的基本情况。

②分析本企业对不同融资渠道的吸引力。

③综合选择融资渠道。

④运用融资优序理论指导融资次序选择。

⑤注意对金融机构的选择和企业素质的提高。

⑥融资渠道与方式工具组合策略。

7.3 创业融资的运作过程

融资战略应该受公司和个人目标及由此引起的融资要求驱动,并最终决定于各项可能的选择方案。在最终分析中,这些选择方案受控于创业者管理和编制筹资行动的相对砍价能力和技巧。而砍价能力在很大程度上受事实这个残酷条件的影响。

在市场经济中,成立一个企业需要有注册资本、需要缴纳注册费用、需要购买设备、需要招聘员工等,这一切都离不开资金的支持;而运营一个企业更是需要有源源不断的资金支持。资金是企业的“血液”,是企业最基本的要素之一。创业者进行创业活动更是如此。但是,这一简单道理在实践中却往往被遗忘。创业者要么忽视融资,要么面对融资困难而束手无策,要么融到资金后不知如何有效地进行使用和管理,这些缺乏远见的行为直接引起资金链的断裂,并最终导致创业的失败。

创业融资有3个核心原则:①现金多比现金少好;②早得现金比晚得现金好;③风险较小的现金比风险较大的现金好。尽管创业融资存在着种种困难。但是,创业期对于资金的需求仍然是迫切的。因此,创业企业仍然需要切切实实地做好融资工作。不过,在准备融资前,创业企业常常需要根据自身对资金需求的具体情况,对融资的各种因素进行综合考虑,特别是在融资前要考虑如何选择恰当的融资时机、合适的融资方式、适当的融资规模等。

融资过程中,一般会有投资决策阶段、融资决策阶段、融资结构设计阶段、融资谈判阶段、融资执行阶段四个阶段。不同阶段有不同的工作内容,如下表所示:

7.3.1 创业融资的阶段与工作内容(见表7.4)

表7.4 创业融资的阶段与工作内容

阶段名称	主要工作
一、投资决策阶段	1.项目的行业、技术、市场分析 2.项目可行性研究 3.投资决策——初步确定项目合作伙伴及投资结构

续表

阶段名称	主要工作
二、融资决策阶段	1. 选择项目融资方式 2. 明确融资的具体任务与目标
三、融资结构设计阶段	1. 评价项目的各种风险因素 2. 设计融资结构及选择融资渠道
四、融资谈判阶段	1. 项目商务合同谈判 2 起草融资法律文件及融资计划书等
五、融资执行阶段	1. 签署项目融资文件 2. 执行项目投资计划 3. 投资方相关人员监督并参与有关决策 4. 项目的风险控制与管理

在创业融资过程中，创业者应根据融资不同阶段确定不同阶段的工作，抓住核心内容，做到有的放矢。

7.3.2 创业融资的准备

创业融资往往可以考查出创业团队的能力和项目的市场价值。一般而言，受到投资者青睐的项目，其市场价值比较高，企业管理团队能够胜任。创业者做好融资的准备工作，不但给成功融资增加筹码，更是成功创业必须做的工作。融资准备工作有下列一些：

1）做好创业计划书

创业计划书是融资的“敲门砖”，风险投资者只有收到创业计划书才会跟创业者谈判。创业者需要针对投资者制作专门的创业计划书，将投资者感兴趣的内容醒目明了地写出，清晰地将创业构思表现在书面上，让投资者看到一幅美好的创业蓝图，坚定投资者的投资信心。

2）打造优秀的创业团队

投资者只会把资金投给优秀的创业团队。一个好的创意，一份完整的计划书，如果没有一个优秀的团队去执行，投资者也不会将资金投给项目。因为投资者投资的不是创意而是人。创业者需要打造一个能够胜任该项目的创业团队。

3）积累关系资源

创业活动中，智商只是一种优势，而情商才是拓展创业发展空间核心要素。情商主

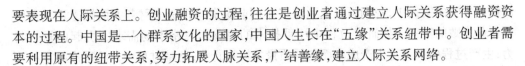

要表现在人际关系上。创业融资的过程,往往是创业者通过建立人际关系获得融资资本的过程。中国是一个群系文化的国家,中国人生长在"五缘"关系纽带中。创业者需要利用原有的纽带关系,努力拓展人脉关系,广结善缘,建立人际关系网络。

4)树立良好的信用形象

在投资者心中,不信任就意味着高风险,就不会选择投资。创业者需要建立良好的个人信用,虽然中国社会的诚信体系尚未建立,但是在诚信经济中信用是一个巨大的无形资源。在经济生活中,创业者需要提高道德修养,建立良好的口碑,按时还贷。在融资过程中,创业者需要有足够的诚意与投资者合作。

7.3.3 关键融资问题

在创业融资的过程中核心问题包括:价值创造、企业利益相关者或参与者如何切分价值这块蛋糕以及企业内部风险的处理等。对多数潜力较大的企业来说,完善筹融资战略、了解各种可选方案、获得资金对企业的生存和成功是至关重要的任务。

因此,创业者会面临创业融资遇到的一些关键问题,如:

创造价值:哪种人能够创造价值或增加价值,从而形成正的现金流或提高公司盈利机会?

切分价值蛋糕:

——对初创企业和购买的企业来说,其交易结构是怎样的,价值为多少,不同企业结构对税收的重要影响?

——筹集外部风险资金的法律程序和关键问题是什么?

——创业者如何有效地向融资对象和其他对象演示自己的商业计划?

——需要预测、为之做好准备并给予回应的一些险恶陷阱、雷区和危险是什么?

——在这些问题中时机的重要性和敏感性如何?

包含风险:

——创建、兼并或扩张公司将要多少资金?根据可接受的条件,何时、何地、怎样才能获得这些资金?

——风险和风险资本融资股权、债务的来源有哪些?如何谈判并获得适宜的融资?

——需要接触并开发的财务关系网是谁?

——成功创业者如何整理必需的资金和其他财务等价物才能抓住商机并执行?他们力求避免的陷阱是什么?如何避免?

7.3.4 融资过程中的致命弱点——财务短视

短视的意思是缺乏远见,创业者在创业过程中,方方面面都可能存在着短视行为。

从创业失败的案例中,我们可以找到许多在创业融资与投资等财务方面缺乏远见而引起创业失败的案例。如研发过程中注重技术的完善而忽略市场需求所引起的短视行为;生产过程中只注重生产成本而忽视质量的短视行为;营销过程中只注重产品本身而忽略消费者需求的营销"近视"症等。即使在某一个专业领域,短视行为也是非常多见的。

财务资源是公司正常经营所必需的资源,创业企业更是如此。创业过程是一个长期的过程,创业者自身的启动资金很难满足创业发展的需要。因此,创业者及创业企业应有一个融资计划或规划以指导企业的融资行为,确保创业企业的发展能够得到源源不断的资金支持。反之,如果过多关注创业项目本身而忽视了融资工作,易犯财务短视行为,即使再好的项目,也会由于市场不确定性带来毁灭性的打击。

7.3.5 财务短视的表现

①忽视财务融资规划,对创业过程需要多少资金、成本收益如何,后续资金如何筹集等重大财务事项没有一个清晰的规划,导致步步被动。这是创业者财务短视的表现之一。

②融资过程中注重长期利益而忽视短期利益,对创业初期资金需求估计不足。

③缺乏必要的财务知识和稳健的财务决策。创业企业如果在员工薪酬、广告、耗材等方面缺乏理财观念,创业启动资金很快就会用完,在无收入来源、无融资来源的情况下,关门停业是创业公司唯一的选择。

④注重短期资金回报,忽视商业模式培育。

在股权融资过程中,许多创业者都面临着两难困境,一方面想以低成本融资到更多的资金,另一方面又想保留更大的股权比例,确保创业者能够对创业过程起到主导作用,尽量减少因投资方与创业方的矛盾而产生的创业风险。当创业者一旦陷入这个旋涡,如果不能很好地处理两者的平衡,则容易导致创业者财务短视行为的发生,并进一步影响到创业的顺利进展。

7.3.6 克服财务短视策略

针对创业者财务短视行为,首先要明白创业者发生财务短视的原因所在,才能找到解决的对策,促进创业的顺利进展。创业者产生财务短视原因有许多,如创业经验不足、缺乏财务基本知识、缺乏周密的资金使用计划、对创业的风险估计不足及创业团队知识结构与能力不足等。

策略一:提升个人素养

创业是一个发现机会和捕捉机会并由此创造出新颖的产品或服务,实现其潜在价值的过程。许多创业者具有激情、有冲劲、敢闯敢拼搏,但由于创业经验不足而具有一

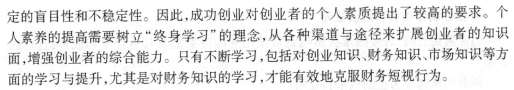

定的盲目性和不稳定性。因此,成功创业对创业者的个人素质提出了较高的要求。个人素养的提高需要树立“终身学习”的理念,从各种渠道与途径来扩展创业者的知识面,增强创业者的综合能力。只有不断学习,包括对创业知识、财务知识、市场知识等方面的学习与提升,尤其是对财务知识的学习,才能有效地克服财务短视行为。

策略二:组建优秀团队

优秀的团队是创业成功的必要条件,创业者在创业之初应组建一支优秀的团队,弥补个人知识的不足,共同完成创业事业。优秀的创业团队同时也是一个知识互补的团队,通过明确分工与职责,既能够促进团队合作,共同完成具体的复杂的任务,又能够避免因认识局限性引起的财务短视行为。

策略三:加强做好财务计划工作

财务计划是对资金收入与流出进行科学合理的预算,可以更好地帮助创业者认清创业资金的需求,避免盲目融资与盲目投资。财务计划能够帮助创业者对未来资金的流入与流出有清晰的认识,并根据现金流量帮助创业者作出合理的融资计划与融资规模,从而确保了创业对资金的需求。

7.3.7 融资运作中关键问题应对对策

1)确定资本需求

我的企业需要多少资金?何时需要?资金能撑多久?从何处,向谁筹集资金?这个过程应该怎样编排,怎样管理?这些问题对公司的每一发展阶段,对任何一个创业者来说,都是至关重要的。

2)财务战略框架

财务战略框架提供了开始编制财务战略和筹资战略的方法,提供了流程和逻辑,没有这些流程和逻辑,融资这项任务将使我们束手无策。商机引导并驱动了商业战略,然后驱动了财务需求、财务来源和交易结构以及财务战略。

一旦市场商机的核心和抓住商机的战略被明确定义,并且确实存在抓住商机的可能性,创业者就可以开始按照营业需求(即运营资本)和资产需求(创建企业或增加设施、设备,研发及其他明显属于一次性开支的)来考察财务需求。该框架为精心制订财务战略,创造性地识别融资资源,设计筹资计划和安排交易结构留出了充足的空间。

3)确定风险

企业外部融资需求的核心概念是自由现金流。三个重要系数是:(预计实际的)现金流出率、OOC时间(公司将何时用完现金),TTC(完成融资并结清支票所需的时间),这些系数很重要,因为它们对创业者的选择以及与各种股权/债务资本源的砍价能力有着重大影响。

4)精心制作财务和筹资战略

当需要融资时,许多因素会影响到可使用的融资类型及其适合度和成本,这些因素是:

创业团队迄今为止的成果和业绩;

投资者能感到的风险;

行业和技术;

企业向上的潜力和预期退出的时间;

预期的企业成长速度;

企业年龄和发展阶段;

投资者需要的回报率或内部收益率;

必需的资金量和企业的以往估值;

创始人在企业成长、控制、流动性和盈利方面的目标;

相对砍价地位;

投资者所需的条件和契约。

当然,其他许多因素,特别是投资者或贷款人对商机优劣和管理团队素质的看法,也将对投资或贷款的决策产生影响。

5)识别财务生命周期

有效识别企业财务的生命周期可以帮助各种不同类型的公司创业者在不同的发展阶段找到适合企业使用的资本类型、切实有效的融资渠道。

6)分析投资者的风险偏好

投资者或贷款人的实践方式因人而异。即使同一类的投资,贷款人也会随市场条件、时间、地点的不同而采用不同的行为。要确定融资源并制定出相应的筹资战略,需要知道投资者或贷款人正在寻求的投资类型。事先对特定投资者或贷款人的偏好做适当研究,可以避免数月地盲目寻找,并节省许多个人资金,同时可以大大增加按可接受条件成功筹集资金的可能性。

7.3.8 创业企业的融资方式选择策略

从前面的论述可知,融资有好多种方式,那么如何从纷繁复杂的融资方式中选择最适合本企业的方式是我们必须要关注的问题。

1)先内源后外源

由于内源融资相较外源融资所具有的自主性、抗风险性,创业企业宜采用先内源再外源的融资优先顺序。维持创业企业正常运转的资金宜采用内源融资。而在资金急需

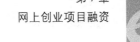

时期，可考虑银行借贷，股权融资等外源融资手段。

2) 确定资金需要量

发展生产经营需要资金，但如果资金过剩，就很可能影响资金使用效率。所以创业企业不可盲目大量融资。这就需要创业企业决定好在各个发展阶段自身的资金需求，从而根据自身的资金需求来选择融资方式和数量。对于创业企业，由于其缺乏经营的历史资料，最常用的确定资金需要量的方法是定性预测法，也就是由熟悉企业财务情况和生产经营的专家，根据经验对企业的资金需要量作出判断。

3) 选择合适的规模

约翰逊说："首先应对所在行业进行调研，再确定自己的细分市场。"如果第一条生产线规模越大，所需的启动资金就越多。不能盲目认为市场需求大就应该一上来就抓住时机大干一番。利用手上的现有资金，看看这些资金究竟适合多大的生产规模。

4) 将资金用在能产生收益的要素上

小预算创业的关键在于聪明地使用有限的资源。把资金使用在关键员工身上，这大大帮助了迈克尔·柯立兹。41岁的他创办了埃克莱罗公司，为在海外运营或正在向海外拓展的公司提供翻译服务。具有翻译服务行业从业背景的柯立兹在2002年创办了该公司，利用他广泛的人脉关系，同时只雇用那些能直接创造收入的人员。柯立兹说："我们用于启动的资金非常短缺，所以当我们碰到能为某项服务付款的客户时，我们就为这项服务去雇人。我们不雇用特定的人。所有的业务都是这样——先有客户承诺会购买某项服务，然后再雇人实现。"

5) 降低融资成本

不同融资方式通常意味着不同的融资成本。创业企业的初始资金一般较少，没有抵押物，而且缺少信用记录。如果融资成本过大，则企业资不抵债的风险会相应加大，甚至导致破产。所以创业企业在选择融资方式时要尽量降低融资成本。一般来讲，对于几种主要融资方式以融资成本由低到高的排列顺序是：内源融资 < 银行借贷 < 债券融资 < 股权融资（其中债券融资在创业企业中不常用）。

6) 保持对企业的控制权

在融资过程中，企业可能会以一部分企业控制权和所有权来交换外界的风险投资。这在股权融资中尤为明显。优秀的创业者对企业未来有长远的规划。因此，对于创业企业来说，保持企业的控制权对公司的长远发展至关重要。所以创业企业在融资时不仅要考虑融资成本，而且要考虑企业控制权的丧失。比如，在选择融资方式时，可考虑银行借贷等渠道以保证对企业的控制权。

7)根据外部环境选择融资方式

创业企业在选择融资方式时需考虑诸多外界环境因素,包括宏观经济环境,外币汇率,国家财政政策,法律条文修改等。比如,在利率较低的时期,创业企业可考虑银行借贷;在利率较高的时期,则宜采用股权融资以减少融资成本。

7.4 创业融资计划书

美国一位著名投资家曾说过:"企业邀人投资或加盟,就像向离过婚的女人求婚,而不像和女孩子初恋,由于双方各有打算,仅靠花前月下的浪漫是无济于事的,还必须有切实可行的对未来的安排"。《商业计划书》(或项目建议书)就是企业的缩影,《商业计划书》的好坏,往往决定了融资交易的成败。其实,无论是初创企业,还是已经成立了很长时间的企业,只要该企业希望融资,《商业计划书》就像是一块敲门砖,对能否打开资金这扇大门起着很大的作用。

7.4.1 《商业计划书》的基本内容

由于公司不同,融资目的不同,所以《商业计划长》的基本格式可能会有一些差异,但是,一份《商业计划书》基本上可以按照以下形式撰写:

1)项目企业摘要

创业计划书摘要,是全部计划书的核心之所在。投资安排,包含资金需求数额、相应权益、拟建企业基本情况以及其他需要着重说明的情况或数据(可以与下文重复,本概要将作为项目摘要由投资人浏览)。

2)业务描述

企业的宗旨(200字左右)

主要发展战略目标和阶段目标

项目技术独特性(与同类技术比较说明)

介绍投入研究开发的人员和资金计划及所要实现的目标,主要包括:

①研究资金投入;

②研发人员情况;

③研发设备;

④研发产品的技术先进性及发展趋势。

3)产品与服务

创业者必须将自己的产品或服务创意作一介绍,主要有下列内容:

①产品的名称、特征及性能用途；介绍企业的产品或服务及对客户的价值；

②产品的开发过程，同样的产品是否还没有在市场上出现？为什么？

③产品处于生命周期的哪一段？

④产品的市场前景和竞争力如何？

⑤产品的技术改进和更新换代计划及成本，利润的来源及持续营利的商业模式。

生产经营计划主要包括以下内容：

①新产品的生产经营计划：生产产品的原料如何采购、供应商的有关情况，劳动力和雇员的情况，生产资金的安排以及厂房、土地等；

②公司的生产技术能力；

③品质控制和质量改进能力；

④将要购置的生产设备；

⑤生产工艺流程；

⑥生产产品的经济分析及生产过程。

4）市场营销

介绍企业所针对的市场、营销战略、竞争环境、竞争优势与不足、主要产品的销售金额、增长率和产品或服务所拥有的核心技术、拟投资的核心产品的总需求等。

目标市场，应解决以下问题：

①你的细分市场是什么？

②你的目标顾客群是什么？

③你的5年生产计划、收入和利润是多少？

④你拥有多大的市场？你的目标市场份额为多大？

⑤你的营销策略是什么？

行业分析，应该回答以下问题：

①该行业发展程度如何？

②现在发展动态如何？

③该行业的总销售额有多少？总收入是多少？发展趋势怎样？

④经济发展对该行业的影响程度如何？

⑤政府是如何影响该行业的？

⑥是什么因素决定它的发展？

⑦竞争的本质是什么？你采取什么样的战略？

⑧进入该行业的障碍是什么？你将如何克服？

竞争分析，要回答如下问题：

①你的主要竞争对手？

②你的竞争对手所占的市场份额和市场策略？

③可能出现什么样的新发展？

④你的核心技术（包括专利技术拥有情况，相关技术使用情况）和产品研发的进展情况和现实物质基础是什么？

⑤你的策略是什么？

⑥在竞争中你的发展、市场和地理位置的优势所在？

⑦你能否承受竞争所带来的压力？

⑧产品的价格、性能、质量在市场竞争中所具备的优势？

市场营销，你的市场影响策略应该说明以下事项：

①营销机构和营销队伍；

②营销渠道的选择和营销网络的建设；

③广告策略和促销策略；

④价格策略；

⑤市场渗透与开拓计划；

⑥市场营销中意外情况的应急对策。

5）管理团队

全面介绍公司管理团队情况，主要包括：

①公司的管理机构，主要股东、董事、关键的雇员、薪金、股票期权、劳工协议、奖惩制度及各部门的构成等情况都要从明晰的形式展示出来；

②要展示你公司管理团队的战斗力和独特性及与众不同的凝聚力和团结战斗精神；

③列出企业的关键人物（含创建者、董事、经理和主要雇员等）；

④企业全职员工数量（填数字）；

⑤企业兼职员工数量（填数字）；

⑥尚未有合适人选的关键职位；

⑦管理团队优势与不足之处；

⑧人才战略与激励制度。

外部支持：公司聘请的法律顾问、投资顾问、研发顾问、会计师事务所等中介机构名称。

6）财务预测

财务分析包括以下三方面的内容：

①过去三年的历史数据，今后三年的发展预测，主要提供过去三年现金流量表、资产负债表、损益表以及年度的财务总结报告书。

②投资计划包括：

预计的风险投资数额；

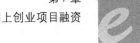

风险企业未来的筹资资本结构如何安排；

获取风险投资的抵押、担保条件；

投资收益和再投资的安排；

风险投资者投资后双方股权的比例安排；

投资资金的收支安排及财务报告编制；

投资者介入公司经营管理的程度。

③融资需求。创业所需要的资金额，团队出资情况，资金需求计划，为实现公司发展计划所需要的资金额，资金需求的时间性，资金用途（详细说明资金用途，并列表说明）。

融资方案：公司所希望的投资人及所占股份的说明，资金其他来源，如银行贷段等。

完成研发所需投入是多少？

达到盈亏平衡所需投入是多少？

达到盈亏平衡的时间有多长？

项目实施的计划进度及相应的资金配置、进度表；

投资与收益；

简述本期风险投资的数额、退出策略、预计回报数额和时间表。

7）资本结构

迄今为止有多少资金投入企业？

目前正在筹集多少资金？

假如筹集成功，企业可持续经营多久？

下一轮投资打算筹集多少？

企业可以向投资人提供的权益有（□股权 □可转换债 □普通债权 □不确定）；

目前资本结构表；

股东成分，已投入资金，股权比例；

本期资金到位后的资本结构表；

说明企业希望寻求什么样的投资者？（包括投资者对行业的了解，资金上、管理上的支持程度等）。

8）投资者退出方式

股票上市：依照创业计划的分析，对公司上市的可能性做出分析，对上市的前提条件做出说明。

股权转让：投资商可以通过股权转让的方式收回投资。

股权回购：依照本创业计划的分析，公司对实施股权回购计划向投资者说明。

利润分红：投资商可以通过公司利润分红达到收回投资的目的，按照本创业计划的分析，公司对实施股权利润分红计划向投资者说明。

9)风险分析

企业面临的风险及对策：

详细说明项目实施过程中可能遇到的风险，提出有效的风险控制和防范手段，包括技术风险、市场风险、管理风险、财务风险及其他不可预见的风险。

10)其他说明

你认为企业成功的关键因素是什么？

请说明为什么投资人应该投贵企业而不是别的企业？

关于项目承担团队的主要负责人或公司总经理详细的个人简历及证明人；

媒介关于产品的报道；公司产品的样品、图片及说明；有关公司及产品的其他资料；创业计划书内容真实性承诺。

7.4.2 《商业计划书》的要点

对于正在寻求资金的风险企业来说，商业计划书就是企业的电话通话卡片。商业计划书的好坏，往往决定了投资交易的成败。对初创的风险企业来说，商业计划书的作用尤为重要，一个酝酿中的项目，往往很模糊，通过制订商业计划书，把正反理由都书写下来，然后再逐条推敲。创业者这样就能对这一项目有更清晰的认识。可以这样说，商业计划书首先是把计划中要创立的企业推销给了创业者自己。其次，商业计划书还能帮助把计划中的风险企业推销给风险投资家。

公司商业计划书的主要目的之一就是为了筹集资金。

因此，商业计划书必须要说明：①创办企业的目的——为什么要冒风险，花精力、时间、资源、资金去创办风险企业？②创办企业所需多少资金？为什么要这么多的钱？为什么投资人值得为此注入资金？对已建的风险企业来说，商业计划书可以为企业的发展定下比较具体的方向和重点，从而使员工了解企业的经营目标，并激励他们为共同的目标而努力。更重要的是，它可以使企业的出资者以及供应商、销售商等了解企业的经营状况和经营目标，说服出资者(原有的或新来的)为企业的进一步发展提供资金。

正是基于上述理由，商业计划书将是创业者所写的商业文件中最主要的一个。那么，如何制订商业计划书呢？为了确保商业计划书能“击中目标”，创业者应做到以下几点：

1)关注产品

在商业计划书中，应提供所有与企业的产品或服务有关的细节，包括企业所实施的所有调查。这些问题包括:产品正处于什么样的发展阶段?它的独特性怎样?企业分销产品的方法是什么?谁会使用企业的产品,为什么?产品的生产成本是多少,售价是多少?企业发展新的现代化产品的计划是什么?把出资者拉到企业的产品或服务中来,这样出资者就会和创业者一样对产品有兴趣。在商业计划书中,企业家应尽量用简单的词语来描述每件事——商品及其属性的定义对企业家来说是非常明确的,但其他人却不一定清楚它们的含义。制订商业计划书的目的不仅是要出资者相信企业的产品会在世界上产生革命性的影响,同时也要使他们相信企业有证明它的论据。商业计划书对产品的阐述,要让出资者感到:"噢,这种产品是多么美妙、多么令人鼓舞啊!"

2)敢于竞争

在商业计划书中,创业者应细致分析竞争对手的情况。竞争对手都是谁?他们的产品是如何工作的?竞争对手的产品与本企业的产品相比,有哪些相同点和不同点?竞争对手所采用的营销策略是什么?要明确每个竞争者的销售额、毛利润、收入以及市场份额,然后再讨论本企业相对于每个竞争者所具有的竞争优势,要向投资者展示顾客偏爱本企业的原因是:本企业的产品质量好,送货迅速,定位适中,价格合适,等等。商业计划书要使它的读者相信,本企业不仅是行业中的有力竞争者,而且将来还会是确定行业标准的领先者。在商业计划书中,企业家还应阐明竞争者给本企业带来的风险以及本企业所采取的对策。

3)了解市场

商业计划书要给投资者提供企业对目标市场的深入分析和理解。要细致分析经济、地理、职业以及心理等因素对消费者选择购买本企业产品这一行为的影响以及各个因素所起的作用。商业计划书中还应包括一个主要的营销计划,计划中应列出本企业打算开展广告、促销以及公共关系活动的地区,明确每一项活动的预算和收益。商业计划书中还应简述一下企业的销售战略:企业是使用外面的销售代表还是使用内部职员?企业是使用转卖商、分销商还是特许商?企业将提供何种类型的销售培训?此外,商业计划书还应特别关注一下销售中的细节问题。

4)表明行动的方针

企业的行动计划应该是无懈可击的。商业计划书中应该明确下列问题:企业如何把产品推向市场?如何设计生产线,如何组装产品?企业生产需要哪些原料?企业拥有哪些生产资源,还需要什么生产资源?生产和设备的成本是多少?企业是买设备还是租设备?解释与产品组装、储存以及发送有关的固定成本和变动成本的情况。

5)展示你的管理队伍

把一个思想转化为一个成功的风险企业,其关键的因素就是要有一支强有力的管理队伍。这支队伍的成员必须有较高的专业技术知识、管理才能和多年工作经验,要给投资者这样一种感觉:"看,这支队伍里都有谁!如果这个公司是一支足球队的话,他们就会一直杀入世界杯决赛!"管理者的职能就是计划、组织、控制和指导公司实现目标的行动。在商业计划书中,应首先描述一下整个管理队伍及其职责,然而再分别介绍每位管理人员的特殊才能、特点和造诣,细致描述每个管理者将对公司所做的贡献。商业计划书中还应明确管理目标以及组织机构图。

6)出色的计划摘要

商业计划书中的计划摘要也十分重要。它必须能让读者有兴趣并渴望得到更多的信息,它将给读者留下长久的印象。计划摘要将是创业者所写的最后一部分内容,但却是出资者首先要看的内容,它将从计划中摘录出与筹集资金最相干的细节:包括对公司内部的基本情况,公司的能力以及局限性,公司的竞争对手,营销和财务战略,公司的管理队伍等情况的简明而生动的概括。如果公司是一本书,计划摘要就像是这本书的封面,做得好就可以把投资者吸引住。它会给风险投资家有这样的印象:"这个公司将会成为行业中的巨人,我已等不及要去读计划的其余部分了。"

(1)商业计划分析——麦肯锡"七步分析法"

"七步分析法"是麦肯锡公司根据他们做过的大量案例,总结出的一套对商业机遇的分析方法。它是一种在实际运用中,对新创公司及成熟公司都很重要的思维、工作方法。

第一步:确定新创公司的市场在哪里。

对于多数商业计划来讲没有可遵循的东西,尤其是新创行业的商业计划,一般都是外延式的,而不是传统的、有模式可寻的市场。比方说自行车市场、汽车市场,这些传统行业的市场,大家都是很清楚的;但对于一些新创的服务性市场而言,市场到底是什么?大家都还搞不清楚。如许多高科技公司在做软件,是套装软件还是服务性软件?要界定出你是做的哪一块。

这里首先要搞清楚市场是什么。再就是在市场中价值链的哪一端?如要给企业提供一个管理软件(管理方案),是软件的集成商,还是套装软件商,或是平台提供商?确定自己的市场在哪里后才能比较谁和你竞争,你的机遇在哪里?如用友是一家软件提供商,它的市场是中国的企业,它先是企业软件的集成商,现在又做到了套装软件商。

第二步:分析影响市场的每一种因素。

知道自己的市场定位后,就要分析该市场的抑制、驱动因素。对一般新创公司来讲,它寻找的多是新兴的市场,这就不如一些传统的市场如汽车市场那样成熟,大家可以用一些成型的模式或数据来进行分析,如平均每年增长多少。当然一些老的模式今天也都面临着新的挑战。如 WTO 就是一个有可能是驱动、有可能是抑制的因素,目前大家谁都不知道,而且它对每个行业的影响是不一样的。要意识到影响这个市场的环境因素是什么?哪些因素是抑制的,哪些因素是驱动的。

此外还要找出哪些因素是长期的,哪些因素是短期的。如果这个抑制因素是长期的,那就要考虑这个市场还要不要做,还要考虑这个抑制因素是强还是弱。如一家外国银行想在中国开公司,但中国的规管制度对它是一个抑制因素,不让它做。但随着 WTO 的实施,这项制度就成为一个短期的抑制因素,有可能短到 7 年。所以从长期来看,外国银行最后可能还是要进入这个市场,虽然现在还存在一个很强的抑制因素。

第三步:找出市场的需求点。

在对市场各种因素进行分析之后,就很容易找出该市场的需求点在哪里,这就要对市场进行分析,要对市场客户进行分类,了解每一类客户的增长趋势。如中国的房屋消费市场增长很快,但有些房屋消费市场却增长很慢。这就要对哪段价位的房屋市场增长快,哪段价位的房屋市场增长慢做出分析,哪个阶层的人是在买这一价位的,它的驱动因素在哪里?要在需求分析中把它弄清楚,要了解客户的关键购买因素,即客户来买这件东西时,最关心的头三件事情、头五件事情是什么?如 ERP 对于大企业的客户来讲,他最关心的是质量要好、功能要齐全,他不太在意价位是多少。但对于中小企业来讲,价位第一,然后才是安装、使用简便,功能不需要齐全。这就说明,要进行公司市场的细分。

第四步:做市场供应分析。

市场分析即分析多少人在为这一市场提供服务,如服务类市场中的软件市场,有套装软件提供商,有系统软件集成商,有方案提供商,最后还有运营商。在这一整个的价值链中,所有的人都在为企业提供服务,因职位角色不同,很多人是你的合作伙伴而不是竞争对手。如奶制品市场中,有养奶牛的,有做奶产品的,有做奶制品分销的。如公司要做奶制品分销,那前两个上游企业都是合作伙伴。不仅如此,还要结合对市场需求的分析,找出供应伙伴在供应市场中的优势劣势。

第五步:找出新创空间机遇。

供应商如何去覆盖市场中的每一块?从这里能找出一个商机,这就是新创公司必须要做的这一块。这样分析最大的好处是,在关键购买因素增长极快的情况下,供应商却不能满足它,而新的创业模式正好能补充它。填补这一空白,这也就是创业机会。这一点对创业公司和大公司是同样适用的,对一些大公司的成功退出也是适用的。对新创公司来讲,这一点就是要集中火力攻克的一点,这也是能吸引风险投资商的一点。

第六步:创业模式的细分。

知道了市场中需要什么,关键购买因素是什么以及市场竞争中的优势劣势,就能找出新创公司竞争需要具备的优势是什么,可以根据要做成这一优势所需条件来设计商业模式。但当新创公司发现了这个市场很有利,很多人又无法满足这一市场时。新创公司又容易犯这样一个错误:在创业模式里"想吃的东西太多",价值链从头到尾都想要自己做。软件要自己做,集成要自己做,营销也要自己做。创业模式的战线拉得太长,不能集中优势兵力。这就要在价值链上精心挑选出新创公司最有竞争力的一段模式,而后在外围了解跟谁联合,跟谁竞争;是短期的联合还是长期的联合;是外部的营销联合还是内部的研发联合以及如何去征服这块市场。这就要在新创公司的商业模式中体现出来。如果做软件,这时就要能回答出来用友是竞争对手还是合作伙伴,IBM、微软是竞争对手还是合作伙伴。

还有一个要注意的是,新创公司每年要达到的目标是不一样的,要在时间轴上进行设计。从静止轴上来看,新创公司目前只能做系统集成商,这是第一步,但三年后可能要进入成套的软件制造商领域,这是一条战略道路。价值链肯定会有变化。对于新创公司来讲,第一步是先把市场占住,需要大量的合作伙伴,但随着公司的发展,自有的知识产权会越来越多,价值链会越来越长,这些是要逐步做到的。

第七步:风险投资决策。

以上六点作为商业机会的分析,大小公司都可以运用,但这第七点就是针对VC(风险投资商)的。VC主要看投资的增值能力,什么时候投,投多少?这要结合VC自身的财务能力、公司的背景以及经历。VC投的不光是钱,是需要考虑各方面因素的。

作为新创公司要找出自己的优势在哪里,需要多少钱,也要了解VC方面的情况,否则的话,不了解对方的优势、它投资的意愿、它过去都投过哪些项目,你去跟他谈什么?他对你会很不感兴趣。如果新创公司正好是他需要挑中的那一块,知道他对这个领域很感兴趣,想在这里发展,而且他在这一块能得到最大的增值,那么VC就会很愿意投。

(2)成功商业计划书的十个重要要素

①纲要。这一部分要明确提出你的想法,要吸引阅读者的注意力,说明你的想法是一个好的想法,会为客户创造价值,这是一个值得去实施的想法。这一部分不需要展开,只要建立一个结构框架,1～2页篇幅就可以了。

②公司概要。公司概要指这个公司要做什么,这个公司是一个什么样的公司,不是一个什么样的公司。如果有大量的事你都要去做,那就太宽泛了,因此要规定你不是一个什么样的公司。

③你的想法。这是计划中最重要的一部分。你的产品和服务是什么?站在客户的角度来看,这个产品是不是有价值?此外,你是不是这个技术领域里唯一的掌握者,或是这个技术领域里较早推出这种技术的人,并获得了一种专利。

这部分,你不必非常具体地提出你的产品。但需要指出怎样生产这些产品,如何提供这些服务,需要什么样的雇员,需要他们有什么样的背景。你可以用对比的方法来说明,比如说你的想法是要在网上售书,你就可以说要成为像亚马逊这样的公司,因为大家对这样的公司很熟悉,因此对方一下子就能明白你的意思。

④市场和行业。你的想法在市场上能否奏效呢？这个市场的发展有多快？这是一个集中的市场,还是一个分散的市场？你的目标市场是谁？美国公司和中国公司之间的巨大差别就是中国的公司认为它需要向每一个人提供自己的产品和服务才能够获得成功,而美国和欧洲的公司则会认清自己的目标市场,然后为特定的目标市场提供专门的服务。

还有,你对销售所作出的预测一定要让人认为是比较可信的。在这部分一定要提到的是你的竞争者,他们在做什么？他们的主要客户是谁？他们是否在赢利？

⑤市场营销。你如何将这些产品和服务递交到客户手中呢？例如,如果你面对的客户是消费者,那么你就要注重广告这方面;如果你面对的客户是企业,你就要注重销售人员这方面。在这里,最重要的是知道如何制定价格。对于新创公司来讲,公司是否赢利很大程度上取决于你的价格。

⑥管理队伍。风险投资公司对你投资与否,很大一部分取决于管理人员的素质。你在运营这家公司时需要什么人来管理,你需要付给他们多少报酬——这些问题都必须考虑。一般来讲,风险投资公司是要付给管理人员15%的股权的,这样会给他们一个激励,他们会尽力发展这个公司,同时他们的工资就会略微降低,因为他们获得了股权的薪酬。

⑦学习途径。任何一个计划在最初都不可能十分完善,需要随着时间的推移而逐步完善。因此你应该指出将会面临哪些挑战及如何应付这些挑战。

⑧五年财务计划。这一部分怎么强调也不为过。财务计划并不仅限于财务方面,还包括许多重要内容。举个主机托管的例子,在建立财务模型时,首先问交易量是多少,每一个服务器的交易是多少,每个服务器的价格是多少,这些收入是怎么来的,所占市场份额有多大,每一个服务器的定价是多少等。

⑨机会及风险。你的风险有多大？风险来自各个方面,有市场风险,有执行计划中的风险。在计划书中你不仅要一一列出这些风险,还要告诉阅读者面对这些风险你会作出哪些反应,要根据不同风险制定出不同的方案。

⑩筹资需要。你需要多少资金？你在什么时候需要这些资金？投资者希望能逐渐投入这些资金,而不是刚建立公司时就大量投进去。作为一个创业者,在选择投资者时要非常谨慎。在今天,金钱已经成为一种商品,你在任何地方都能得到这种商品,但是更重要的是金钱以外的东西。实际上投资人不仅仅能带来资金,他们还能带来像政府关系和技术这类服务。所以你在一开始就要想清楚你要投资者给你带来什么。

本章小结

创业不仅是实现理想的过程,更是使投资者(股东)的投资保值增值的过程。创业者和投资者是一个事物的两个方面,大家只有通过企业这个载体才能达到双赢的目标。“烧投资者的钱圆自己的梦”的问题说到底是企业家的信用问题,怀抱这种思想的人不会成为一个成功的创业者。能为股东创造价值的企业家才能得到更多的融资机会和成长机会。因此创业者不仅要加强自身的技术能力,还需要具备企业家的道德风范。

金钱不是万能,没有金钱万万不能——创业者只有解决好了融资问题,才能将自己的技术和创意转化为赢利的工具,才能在激烈的市场竞争中立于不败之地;拓宽融资渠道、对投资人负责才能使自己的企业茁壮成长。

案例　北京数码视讯科技有限公司

2000 年,郑海涛带着自筹的 100 万元资金在中关村创办以生产数字电视设备为主的北京数码视讯科技有限公司。在公司成立之初,郑海涛将全部资金投入到研发。不料,2001 年互联网泡沫破灭,投资形势急转直下,100 万元的资金很快用光,而后续资金还没着落。此时,郑海涛只得亲自捧着周密的商业计划书,四处寻找投资商,一连找了 20 家,都吃了闭门羹——投资商的理由是:互联网泡沫刚刚破灭,选择投资要谨慎;况且数码视讯产品还没有研发出来,投资种子期风险太大,因此风险投资商们宁愿做中后期投资或短期投资,甚至希望跟在别人的后面投资。

在最困难的时候,郑海涛也曾动摇过,但他从来都没有放弃。他曾应邀参加了中央电视台的《对话》节目,嘉宾是柳传志。在现场,他问了柳传志两个问题:在你成功的过程中,机遇起了多大作用?在创业过程中,是否有过动摇?郑海涛回忆说,这些问题与其说是在问柳传志,不如说是在问自己。柳传志的回答是,机遇当然重要,但更重要的还是自身的努力和实力。这位鼎鼎大名的创业前辈给了郑海涛很大的信心。

2001 年 4 月,公司研制的新产品终于问世,第一笔风险投资也因此有了着落。清华创业园、上海运时投资和一些个人投资者共投 260 万元人民币。郑海涛回忆说,这笔资金对公司十分重要,但在当时的情况下没有现实的产品休想拿到合理的风险投资,公司凭借的就是过硬的技术和领先的产品。

谈到创业初期的第一笔资金,郑海涛认为选择投资者十分重要。他举了一个例子:在 2000 年春节前,也曾经有一个投资机构愿意投资,但条件十分苛刻,要求对企业控股 50%。在当时资金十分紧张的情况下,郑海涛明明知道这是一个不合适的交易,但也不得不同意合作,唯一的条件是资金必须在两周内到位。结果由于种种原因,投资方的资金没有按时到位,合作协议也就终止了。郑海涛说,这是公司的一次幸运,如果当时被别人控股,公司的发展将不会按照自己原有管理团队的意愿,能不能发展到现在的规模就很难说了。所以对于初期的创业者来说,选择投资者要十分慎重,哪怕是在资金最紧张的时候。

水到渠成的第二次融资

2001年7月,国家广电总局为四家公司颁发了入网证,允许它们生产数字电视设备的编码器、解码器。这四家公司除了两家国外领先企业和国内知名的华为公司外,还有一家就是成立一年多的北京数码视讯科技有限公司。郑海涛自豪地介绍,在当时参加测试的所有公司中,数码视讯的测试结果是最好的。也正是因为这个原因,随后的投资者蜂拥而至。

2001年7月,清华科技园、中国信托投资公司、宁夏金蚨创业投资公司又对数码视讯投入资金450万元人民币。郑海涛说,他看中的不仅是这些公司肯掏钱,更重要的是,这些公司能够为数码视讯在财务、法律、IPO等方面出谋划策,为以后公司上市奠定了好的基础。

拿到第二笔投资之后,公司走上了快速发展之路。2001年10月,在湖北牛刀小试地拿到10万元订单后不久,公司就参与了江西省台的竞标。虽然招标方开始并没有将数码视讯列在竞标单位之内,但在郑海涛的再三游说下,还是决定给他一个机会。结果几乎和广电总局的测试一样,数码视讯又在测试中拿到了第一。很顺利地,公司拿到第一笔大订单,价值450万元。此后,公司产品进入了29个省市,2002年赢利达730万元,2003年预计赢利1 200万元。

扩大发展的第三次融资

在公司取得快速发展之后,郑海涛现在已经开始筹划第三次融资,按计划这次融资的金额将达2 000万元人民币。郑海涛认为,数字电视行业是一个具有巨大潜力的市场,在全球都还处于起步阶段。据预测,中国的数字电视设备市场将达1 000亿元人民币,而世界数字电视设备市场在2005年将达1 000亿美元以上。面对这样巨大的市场,郑海涛绝不甘心公司现在的规模。

郑海涛认为,一个企业要想得到快速发展,产品和资金同样重要,产品市场和资本市场都不能放弃,必须“两条腿”走路,而产品与资本是相互促进、相互影响的。郑海涛下一步的计划是通过第三次大的融资,对公司进行股份制改造,使公司走向更加规范的管理与运作。此后,公司还计划在国内或者国外上市,通过上市进一步优化股权结构,为公司进军国际市场做好必要的准备。

案例分析与讨论题

1. 探讨资金对创业成功的影响有哪些?
2. 郑海涛采用了什么样的融资策略?
3. 从上述材料中,你体会到有哪些值得学习的地方?
4. 设想一个创业项目,写作一份创业计划书。

复习思考题

1. 为什么融资成为创业的一大难题?
2. 创业融资需求有什么特点?
3. 从资金的性质来看,主要可以分为几种类型的资金?
4. 创业融资的渠道主要有哪些?
5. 创业计划书有什么作用?
6. 如果你是一个创业者,写出可能的融资渠道。

第 8 章
网上商店及网络营销

网上创业是先有了网站运营,网店经营之后才产生的一种新型的创业形式,所以网上创业的根基离不开网上商店的创建和网络营销的经营方式。网上创业与网络营销是不可区分的整体,因为网上创业本身具有网络的性质,所以很多时候网上创业的本身就是网络营销,而此种形式以网店为主,网站经营也有部分网络营销的成分在内。要建立一个网上商店首先需要具备一定的基础条件,除了传统创业模式所需要的基本素质,还必须具备网络创业所需要的一些特殊技能,包括对网络市场的调研、网上商店和电子支付的熟练操作还有对网络营销模式的具体把握。创业者必须从一个直观的角度去看待网络给传统营销模式带来的改变,合理有效地利用网络资源丰富的优势。通过自建网站或者第三方平台建立虚拟商店,实现电子商务。

随着电子商务的普及,通过网上商店进行购物受到了广大网民的青睐。网络商店凭借其便捷、省时、优惠等优点,在日益激烈的营销市场中取得了一定的销售成果。网络商店的开店途径主要有两种:自建网站的网店经营方式和在第三方平台上开店的方式。这两种开店方式分别适合创业者不同阶段的经营。在创业初期由于资金方面的限制,适合在淘宝、拍拍等商务平台上开店。当然,如果从长远考虑,注册一个自营的网站来开展网络营销更能促进品牌的确立和推广,只是,前期资金投入量会比较大,并且后期的管理和维护方面也会出现较大的困难。

本章从创业网站的创建和网络商店的构成方式介绍了在网上创业的基本途径,并且对网络营销的模式和一般方法进行了详细的介绍。通过对案例的分析,讲述了在网上经营和推广网络商店的具体方法。

学习目标

- 了解网上开店的基本流程;
- 了解网络营销的模式;
- 熟悉网络营销的方法。

案例导入

网络商店,创造更多商机

李昌利是浙江省台州市的一个普通青年农民,他只读了五年半的书,是一个传统的小生意人。由于市场不景气,李昌利准备寻找新的空间,这时他发现报纸上有关电脑、网络的东西越来越多,对“商机”特别敏感的李昌利开始琢磨网上做生意的可行性。虽然李昌利的文化程度低,但是他是一个非常勤奋肯学的人,在拜访了专家、参加了培训学校、看了无数的书刊杂志,并且自己泡在电脑前演练了许多遍后,李昌利申请了自己的域名,建立了“www.59118.com”网站。1999年10月,李昌利开始了网上电脑保护眼镜专门营销。第一个月访问人数十分有限,没有做成一笔生意。但李昌利是个生性要强的人,他认准的事,就不会回头。终于,在一个下雪天的傍晚,温州乐清的一位中年人敲开了李昌利的家门,说是他儿子在网上看到这里有眼镜卖,其中有一副他很喜欢,这次出差来,就把它买回去,给儿子当生日礼物。这就是李昌利的第一笔生意。虽然只卖出一副眼镜,但是李昌利实实在在感到了“网络商机”的存在,而且网络离普通老百姓并不远,他相信在网上做生意一定会有一个好的前景。慢慢地,李昌利收到的订单越来越多,目前李昌利网上最大的一笔生意是和三九集团做的,为了搞活动,三九集团向李昌利购买了110副眼镜。诚心赢得了顾客。

曲剑秋是英国名校爱丁堡商学院毕业的MBA学生,他从小喜欢玩具。在国外,他发现绝大部分玩具都是中国制造的,国内却没有销售,终端顾客根本无法看到。这坚定了小曲回国投身玩具销售业,带给国人更多更好的玩具的信念。经过各种摸索后,小曲制定了在易趣网上开玩具店铺,通过他和厂家以及顾客建立的良性纽带,进而巩固网上店铺并适时向外寻求加盟以拓展实体店铺的计划。他的商店名叫“Toys4U”,库房是自己租的住处,接待顾客看样的场所是客厅,展示给顾客看的非卖品则是自己在国外收藏的玩具。小曲的小店才开了4个月,每个月销售额就上万元,利润约在4 000元左右,算是小有收获。面对如此好的业绩,小曲说,这只是个开始,在以后的日子,仍会秉承一贯诚实经营、价格公道的原则,诚心对待每一位新老顾客。小曲说在网上开店,体力和脑力是透支的,但在精神上却是绝对放松的,因为他在做一件真正喜欢做的事情。小曲的网上经营心得是:尽量及时回复留言和E-mail;商品选择要有自己的风格,物以稀为贵;买家永远是挑剔的,所以作为卖家的自己要不断改进商品和服务的质量。说到开网店的不足之处，小曲说，虽然网上开店创业门槛低、投资小，但每次上传图片、网上打理也挺费心费力的，与网下店铺比，脑力的投入比较大。

思考题：

1. 与实体店相比网上商店有哪些优势？

2. 如何开展店铺的网络营销？

8.1 创业网站的基本要素

创业网站是创业者为了实现网络创业的目的而在网上开发的网络站点。网站是网上创业的基础之一，也是开展网络营销主要的工具。建设一个好的企业网站，主要在于让网站真正发挥作用，使创业网站成为有效的创业工具和网上销售的渠道。网站的功能主要表现在八个方面：品牌形象、产品和服务展示、信息发布、顾客服务、顾客关系、网上调查、网上联盟和网上销售。一个好的企业网站既有自身的特点，也有网站的设计原则与科学完善的内容。企业网站建设既可以外包给专业的网站建设服务公司，也可以自行设计，无论哪种方式，都需要明确对网站的要求。一个成功的创业网站需要市场、销售、公关、顾客服务等相关部门人员协同专业技术人员共同完成，或者将网站功能需求清晰地传达给专业的服务公司。

8.1.1 创业网站的主要功能

进行网络营销不一定是从建立创业网站开始的，但是，建立独立的网站来进行网络营销无疑是开展电子商务的重要标志和基础，没有这一基础，网络营销就无从谈起。我们将创业网站定义为主要为了创业进行网络营销，达到创业目的而建立的企业网站建设与运营维护一体化的全程网络营销模式。与一般的网站不同，创业网站是以营销为目的，在完善了传统企业门户网站的站点功能的同时还要具备网上商店系统的功能。

1）网站的主要功能

建立一个网站的目的不仅仅是为了标榜商家本身的实力，更重要的是让网站能真正发挥网上销售的作用，扩大商品的销售渠道。所以网站除了能充分利用网络资源外，还应注意以下几点：

（1）主动抢占先机

商家在网上进行销售活动，是时代发展的必然趋势，任何一家企业都必须尽快适应电子商务时代，抢先一步开展网络营销。为了不在现阶段激烈的销售竞争中被取代，应考虑建站的必要性。

（2）代表企业的品牌形象

网站的设计代表着网上的品牌形象。人们在网上购物也会十分重视商家的企业形象。网站设计是否专业化直接影响了客户对商品的购买欲望,同时也会对网站的其他功能产生相应的影响。

(3)商品、服务展示

客户访问网站的主要目的就是为了对商家的产品和服务有更深入的了解。即使一个功能简单的创业网站也至少要随时更新商品信息。

(4)信息发布

网站是一个信息载体,在法律允许的范围内可以发布一切有利于企业形象、顾客服务以及任何利于企业商品销售和企业内部发展的信息。因此,拥有网站就相当于拥有了强大的网络宣传工具。

(5)客户服务

可以通过网站上的即时信息为客户提供各种在线服务,并且可以通过网络社区的方式吸引客户参与,促进客户关系。

(6)网络调研

通过网站上的在线调查,可以获得用户的反馈信息,用于产品调查、消费者行为调查、品牌形象调查等,这是获得第一手市场资料的有效调查工具。

(7)网上联盟

为了获得更好的网络营销效果,商家可以与经销商、供应商、客户网站等相关的企业建立合作关系,进一步扩大销售渠道,提高销售量。

2)网站功能系统

(1)网站帮助系统

之所以把网站帮助系统放在第一,这是因为用户的体验是最重要的,要让客户随时可以得到帮助,任何时候都方便操作。只有好的用户体验,才有回头率,才有口碑营销。只有把用户摆在第一位,才是成为一个成功的网络营销网站。

(2)在线客服系统

在线客服系统是一个有效提高客户转化率的工具,当用户在浏览网页时能够及时和企业的客服人员沟通,用户体验大大增加,客户转化率也随之提高。没有这个功能可能会损失不少客户。

(3)在线订单系统

对于一个网络营销网站,没有在线订单,恐怕也要让客户转化率大打折扣。用户在浏览网页信息后,如果有购买意向,最方便的就是点点鼠标,希望我们能看到他的信息,并且第一时间处理他的订单。如果没有这个系统,用户就只能通过打电话来解决,很多用户会因为嫌麻烦而放弃订购产品。

(4)网站访问统计

对于一个网络营销型网站,如果没有统计功能,那就说不上是一个网络营销网站。

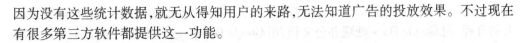

因为没有这些统计数据，就无从得知用户的来路，无法知道广告的投放效果。不过现在有很多第三方软件都提供这一功能。

8.1.2 创业网站的要素

一个优秀的网站，有些基本的要素。从实际应用的角度出发，通过对大量网站进行研究和分析，归纳出构成一个成功的创业网站所必须具备的8项基本要素。

1）页面下载速度

网站页面的下载速度除了与服务器、网络带宽等因素有关，还与网站的结构、图片大小有关。

（1）导航页不必显示太多信息

导航页的作用就是把用户最关心的、最近更新的、最热门的以及编辑想推荐和推广的内容放到最显眼的位置。从这个角度讲，导航页就不必显示太多内容列表的信息，如首页，是一个网站最基本导航页，有的网站喜欢把所有栏目的前面10条信息都列在首页，当然，这样显得大气，但是也会影响速度。所以在网站的布局中，导航页面应该多出现热门信息，如48小时热门新闻、最新产品、图片新闻、小编推荐等导航信息，不但使网站的下载速度快，而且会使网站更具有吸引力。

（2）图片数据量一定要保证尽量小

对网站的下载速度影响最大的就是图片的下载，在网站的架构中，对页面的布局常常采用了很多图片，如页面边框、图片边框等。但是，优秀的设计师不会什么都使用图片来体现其设计效果，这样会影响下载速度，常见的页面和图片边框，使用表格样式即可做出美观的效果。

特别是大型的门户网站或电子商务网站，更应该注意页面的大小，在页面里尽量少加图片，在用户传入图片时，一定要限制大小，一般应限制在200 k以内，这样才不至于由于图片太大而影响下载速度。对于推荐到导航页的图片，编辑对图片的采用，一定要先用Photoshop进行处理，尽量保证在10 k以内，不然会严重影响速度。

（3）网站的表格一定要减少嵌套

最好是横向将页面分成4个以上的独立表格，如一般页面都具有：顶部Banner、导航条、内容部分、底部。所以在页面制作过程中，我们至少要将网站的页面分成4个的独立的表格，因为下载是以表格为标准的，即将一个表格里的内容下载完之后才能显示出内容来。其实，两种方式下载速度是一样的，不过采用独立的表格会让我们感觉下载速度很快，因为内容一部分一部分地显示出来，我们可以看先显示的内容，而不会去在意还没有下载完的内容。

2）使用方便

如果有人问，最好使用的网站是哪个？很多人毫不犹豫地说：Google。用Gmail处理所有的私人和商业信件，用 Google Reader 阅读订阅的 blog，用 Google Calendar 安排所有的日程，用 Google Docs 处理办公文档，用 Google Groups 进行团队沟通，用 Picasa 管理数码照片，用 Google Talk 进行日常沟通，甚至还用 Blogger 管理着另外几个 blog。所有这一切，几乎都很难在国内找到替代品。这个让我们联想到营销网站。如果一个营销网站的功能设计不到位，从信息咨询到产品展示，从商品到研究、到博客、到论坛、到资源，能想到的都想到了，为什么还是没有用户青睐度呢？不难看出，使用的方便性和各个功能之间的联系应该是一个很大的原因。程序也可能影响网站整合的进度，但是做好程序的本地化和本站的功能改进是营销网站值得考虑的。

3）系统正常运行

网站正常运行除了网站内容及功能的正常运行以外，还包含网站服务器的正常工作。作为一个营销网站，要确保企业服务器的安全，保证其正常的运行，是网络管理工作中的首要问题。那么如何才能切实有效地保护服务器的安全呢？大体从这 7 点来建立防护体系：①确立强有力的网络安全体系；②建立必要的防护基础；③定期做好备份数据工作；④加强客户端的管理；⑤对远程访问的管理；⑥及时升级补丁；⑦实时检查安全设备及端口。

4）无错误链接

网页上的错误链接常常是访问者感到不满，同时也严重影响了用户对网站的信心。网络媒体时代竞争日益激烈，如何在这种情况下在掌握网络营销趋势的同时又能够有效地引导网民的访问和阅读方向，建立有特色的营销发布平台，成为营销网站的关注点。在以“特色”为目标前提下，网络管理员在将其主页放到 Web 站点上之后，还必须定期对其进行检查，及时修改错误信息，以确定它们目前是否有效。同时还要将以下内容置放在网页上：“若客户在浏览本站时，发现有文字或者图片链接无法打开或出现文章排版恶劣和编辑错误时，请将链接地址发送到邮箱或者直接在线留言。我们会及时处理，谢谢您对本站的支持。”

5）联系信息方便

当前的网站一般都提供了电子邮件、留言板、即时信息等，但是对于一些客户来说，有时顾客更倾向于电话和传真等通信方式，邮政地址和公司各分支机构的地址等信息也能为用户带来更大的方便。如果网站同时可以提供 800 免费服务电话和其他联系方式，相信不仅可以体现公司的实力，而且更能充分体现出良好的顾客服务。

6）保护个人信息

网络逐渐改变人们的沟通方式，而垃圾邮件发送者也开始将注意力转移到网络工具上，黑客们利用网络上的个人信息实施各种恶意攻击行为，包括诱骗用户安装恶意程序、登录恶意网站以及在用户的计算机和网络中散播恶意软件等，以上情况造成大多数

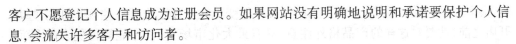

客户不愿登记个人信息成为注册会员。如果网站没有明确地说明和承诺要保护个人信息,会流失许多客户和访问者。

7) 兼容性好

用户可能使用从 IE5 到 IE8 不同版本的浏览器,还有些是用 Natscap 或其他不多见的软件,许多公司的一些电脑依然是低分辨率的显示器。网站的设计者应该从用户的需求出发,"建议采用 800 像素 ×600 像素,IE5.0 以上浏览器浏览本网站",不少网站都有这样的"重要提示",有些网站甚至采用游动字幕的形式,或在标题栏(title)嵌入以提醒访问者高度注意。

8) 遵守商业道德

重视商业道德意识在世界各地不断兴起,并被赋予了更广泛的含义。越来越多的网站意识到,要成功就必须赢得客户的信赖,要维持正常的公司治理,就要保证网站有效地遵守法律法规、遵守商业道德,有效控制利益冲突和矛盾。网站遵守商业道德,不仅是保护用户个人信息还要尊重用户的个人信息。

8.2 网上商店的构建

网上商店是开设在 Internet 上的虚拟店面,又称"虚拟商店""电子空间商店"或"电子商场",是电子零售商业的典型组织模式。网上商店的出现,为商家和整个商务活动带来了巨大的变革。商务模式不再局限于面对面的实体交易。由于网上商店具有零库存压力,低经营成本,不受限的商务规模等优势,网上商店不但可以完成普通商店可以进行的所有交易,同时它还可以通过多媒体技术为用户提供更加全面的商品信息。

这里所讲的网上商店主要是指在淘宝、拍拍、易趣等网络平台上注册的店铺。通过这些网站的平台来推广自己的商品,提高商品成交量。在平台上开店不仅仅是在网站上进行注册,还要考虑如何在众多的商家中脱颖而出,在激烈的竞争环境中争得一席之地。这就需要创业者在网络店铺的装修和推广中积极创新,真正得到网购者的认同,提高他们的购买欲望。

8.2.1 开设网上商店的前提条件

在开网络店铺之前要做好充分的准备工作,首先要想好店铺的定位,其次还要选择好店铺开设的平台,并且还要有充足的货源。

1) 明确网店定位

在开店之前,首先,需要想好自己要开一家什么样的店。在这点上,开网店与传统的店铺没有区别,寻找好的市场、自己的商品有竞争力才是成功的基石。要善于发现市场,能够敏锐捕捉到市场的信息和变化,为自己的网店交易做好最充分的背景准备。可能，很多产品会随着季节、天气、环境、风俗等的变化在市场上出现一些规律性的波动。开店之前，就要对这样的产品格外注意，只有最大化市场空间，才能赢得更多的利润。同时，要知道自己主要消费群体的分布，自己的网店经营的核心吸引力是什么，以量获利还是以质取胜或者量质兼得，等等。总之，明确了网店的自我定位，方能清楚且清晰地为以后的建站提供一个可行的指南。这就需要店主明确以下几点：

(1)网上的客户群

网上商店针对的自然是网民，而据艾瑞网调查显示，网民中18～24岁的年轻人所占比例最高，达到35.1%；其次是25～30岁的网民，占总数的19.3%。由此可见，目前网上购物的主要客户群以18～30岁年龄段为主。这一类网民容易接受新鲜事物且具有一定的经济基础。网上购物便捷的优势弥补了他们生活节奏快，购物时间少的不足。

(2)商品市场走向

就目前的网络市场而言，网民在网上购物的影响因素很多，主要包括价格优势，购物便利，商品种类丰富，便于商品比较。由于现在网民的素质较高，所注重的不再仅仅是价格的优惠，他们所考虑的问题更加全面。

(3)适当的网点类型

因为在网上开设的店铺类型也分为好多种，不同的网店所经营的商品也不一样。所以创业者需根据自身条件和市场调研情况选择合适的店铺类型。

①网上特许经营加盟店。加盟那些早已升为皇冠级的超级大卖家。

②个性主题店。根据特定的主题来挑选商店经营的商品类型。

③DIY店。主营一些DIY的商品。

④网上服务店。专为刚开的网上商店进行店铺装修，物品邮寄的新型店铺。

2)选择开店平台

在网上开店，要先选好一个提供个人开店服务的平台，并注册成为其用户。在选择开店平台的时候，人气是否旺、开店是否收费、网店的安全维护等功能是否完善都是重要的考量标准。现在很多平台都可以提供免费的开店服务，或者仅收取少量费用。

(1)选用独立网站系统

所谓自己建设一个独立的网站系统就是申请一个独立域名和空间，可以自己开发也可以委托软件公司开发网站程序。如果希望建设一个有个性或者规模较大的网站一般适合找软件公司开发。目前开发中小型网站价格在两万元左右，开发时间一般在一个月内。

如果只需要建一个普通的网站就没必要花费那么多资金去单独开发，可以直接租用第三方网站系统。这种自助建站系统不需要编写代码，系统会自动套用固定的网站模板；运营商只需要直接上传网站各栏目内容、公司标记和产品图片即可。用户只需要单独申请域名，而不用再租用虚拟空间。租用价格一般在两千元左右一年。

(2)选用独立网店系统

网上商店系统是一种帮助创业者在网上开店的重要系统工具。这些系统有免费的,也有部分收费的开发业务。使用网上商店系统要先从网站上下载免费的网店代码,上传到自己注册开通的虚拟空间中,然后进行域名指向,这样就可以开始使用了。

目前市场上常用的独立网店系统很多,例如 Ecshop 网店系统、ShopEx 独立网店系统、买否网等。这类独立网店系统操作简单,相比较独立网站而言花的费用更少,也能做出风格独特的网店。

(3)选用第三方平台

自己建设独立的网站平台,固然有形象好、易于品牌建设的优点,但同时也面临推广难、客流量少的难题。所以对于大多数刚开始进行网络创业的人来说,在第三方开店平台上开设网络商店才是最好的选择。

所谓第三方开店平台就是商城开办者专门搭建一个网络商城,吸引众多卖家在网络商城中开店,同时进行大量宣传和推广,吸引大量买家在商城中购买商品。从某种意义上讲,网络商城也类似于实体的商城,都只是一个店铺场所的提供者,商城本身并不参与交易买卖,而是通过收取网店租赁费、会员注册费、广告费等来获取利益。

选用第三方平台开店的优势主要有:

①利用平台的知名度增加商店的客流量。

②减少店主网络技术缺乏的烦恼,比如申请域名、上传服务器等技术操作。

③利用平台提供的支付手段,增加买卖双方的信任度。

目前,国内有许多提供此类服务的网站,最广为人知的就是淘宝网、拍拍网、易趣网和百度有啊网。创业者可以根据自己的具体情况,综合分析各个平台的优势和劣势来选择一种或者多种适合自己的网店平台。

3)选择进货渠道

要想自己的网上商店有一定的成交量,必须有低价且优质的商品。这就要求创业者能找到好的货源,并且有长期的合作供应商。这样才能保证商品的质量,提高店铺的信誉度。

货品的主要来源有以下几种:

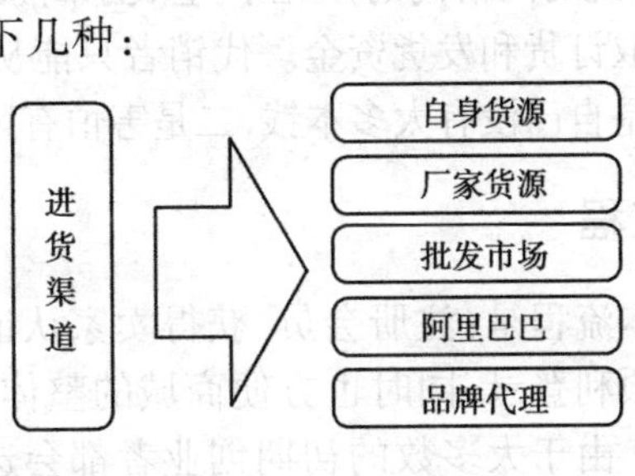

图 8.1 货品来源图

(1)自身货源

自己能动手制造的商品我们称为自身货源。如果经营的是一家 DIY 类型的网上商店,那么基本上不用担心货源问题。店主通过雇佣手工制造者直接制作出商品。这种货源在质量上具有一定的优势,只是商品的制作需要一定的时间,可能造成缺货的危机。

(2)厂家货源

厂家货源即厂家直接生产出来的一手商品。这类货源当然是质量最好且价格最便宜的。可是并不是每一个创业者在创业初期都能找到合适的厂家资源。因为一般的厂家都是有一定的大客户,他们通过和大客户的合作打响品牌。这些厂家通常不会进行小额交易,所以一般不会和小型零售商合作。

(3)批发市场

不管是实体店铺还是网店,大多数的卖家都是从批发市场进货的。虽然厂家货源更优质,可是在批发市场进货也有其优势:①批发市场的商品比较多,品种数量都很充足,能有大的挑选余地,容易进行货品比较;②批发市场很适合兼职卖家,这里进货时间和进货量都比较自由;③批发市场的价格相对较低,对于网店来说容易实现薄利多销,也能有利于网店交易信用度的累积。

(4)阿里巴巴

全国最大的批发市场都主要集中在几个城市里,而且有很多卖家也没有条件千里迢迢地跑到这几个批发市场。所以,在这个时候阿里巴巴作为一个网络批发的平台,充分地显示了它的优越性:①阿里巴巴不仅有批发进货,还有小额的拍卖进货,这都是淘宝卖家很喜欢的进货方式;②在网站进货时最好选择支持支付宝或是诚信通会员的产品;③阿里巴巴有很强大的搜索功能,进货时可以最大限度地进行货比三家;④和商家商量时尽量使用贸易通,如果以后有什么纠纷,也好作为证据之一;⑤第一次进货的时候也可以选择本地的厂家或是公司,这样方便上门取货。网络进货不比批发市场,因为存在着一定的虚拟性,所以大家选择商家的时候一定要谨慎再谨慎。一定要选择比较可靠的公司进行交易。

(5)品牌代理

品牌代理也就是我们常说的网络代销,是在网上展示商家给的产品图片,产品介绍等资料,同时厂家会向卖家收取订货和发货资金。代销者只能从中赚取其中的差额。有两种创业者适合选择代销:一是自己没有太多本钱,二是害怕有风险只是想尝试一下的。

8.2.2　网上开店流程

在网上开设店铺的基本流程是:注册会员、获得卖家认证、进行网上销售。在平台上注册账号是为了买家能顺利登录,同时也方便商城的整体管理。而进行卖家认证则主要是为了维护交易安全。由于大多数的初期创业者都会选择第三方平台来开店,目前国内比较大型的第三方交易平台主要有淘宝网、拍拍网、易趣网和百度有啊网。这几种平台的开店流程大致相似，所以在此以淘宝网为例，了解在平台上开店的具体操作。

1）注册账号

注册的基本步骤：填写用户信息 > 查收邮件获取激活码 > 注册成功，如图 8.2 所示。

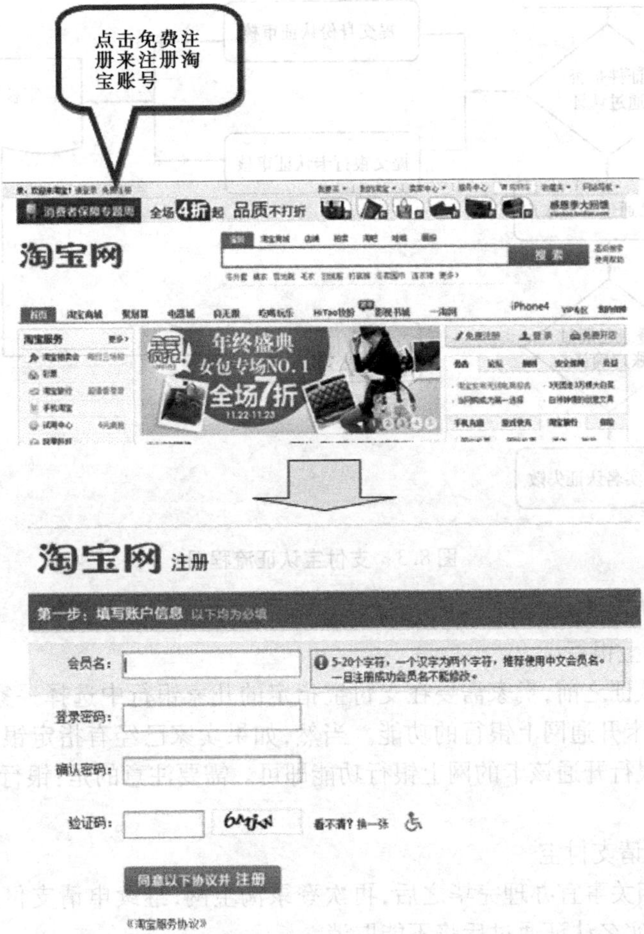

图 8.2　**注册的基本步骤**

需要注意的是，在电子邮件处需要输入一个常用的电子邮件地址，用于激活卖家注册的会员名。此邮件地址与注册的会员名是捆绑在一起的，它是卖家的网店与淘宝网和其他会员之间交流的重要工具之一。注册邮箱具有唯一性，也是淘宝网鉴别会员身份的一个重要条件。当有买家给卖家的卖品留言或是交易发生时，这些信息都会以邮件形式反馈到卖家的邮箱里。

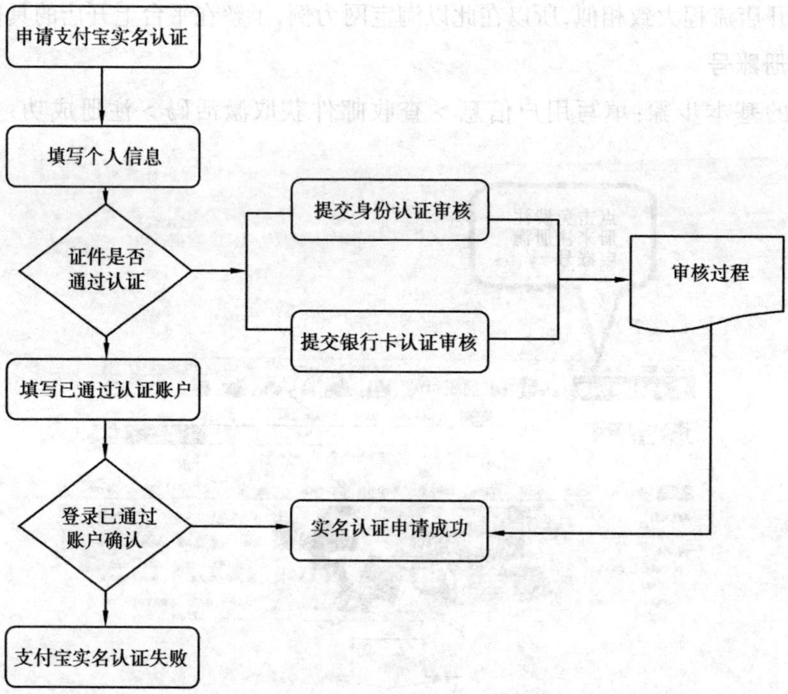

图 8.3　支付宝认证流程图

2)支付宝认证

(1)开通网上银行

进行实名认证之前,卖家需要在支付宝指定的几家银行中选择一家银行办理一张银行卡,并将此卡开通网上银行的功能。当然,如果卖家已经有指定银行的银行卡,只需再去相应的银行开通该卡的网上银行功能即可。需要注意的是:银行办理时,必须是本人。

(2)继续申请支付宝

银行卡的相关事宜办理完毕之后,再次登录淘宝网,继续申请支付宝的实名认证。同样,在支付宝实名认证通过后将不能取消。

(3)免费获得支付宝账号

当卖家注册成为淘宝网会员的同时,也免费获得了一个支付宝账号即注册时填写的邮件地址。支付宝实名认证时,需要填写这个支付宝账号以及个人的真实信息。

(4)填写银行账户信息

之前办理的银行卡,在支付宝实名认证时填写"银行账户信息必须提交此卡的真实信息(如银行开户名、银行账号)"。

(5)支付宝认证正式通过

向支付宝提交个人信息和银行账户信息后,认证申请成功。接下来,等待支付宝公司向卖家提交的银行卡上打入 1 元以下的金额,并在 1～2 个工作日后查看银行账户所收到的准确金额,再次登录支付宝账户,进行最后认证,填写卖家所收到的金额。至此,经过支付宝严格的确认与核实,个人实名认证正式通过。

卖家使用支付宝省时、省力,无须到银行查账就能得到买家的付款情况,并且记录了每一笔交易的详细信息。同时支付宝认证也是卖家信誉的体现。

3)完善店铺信息

在进行了支付宝认证之后就可以发布店铺信息和登录商品,如图 8.4 所示。

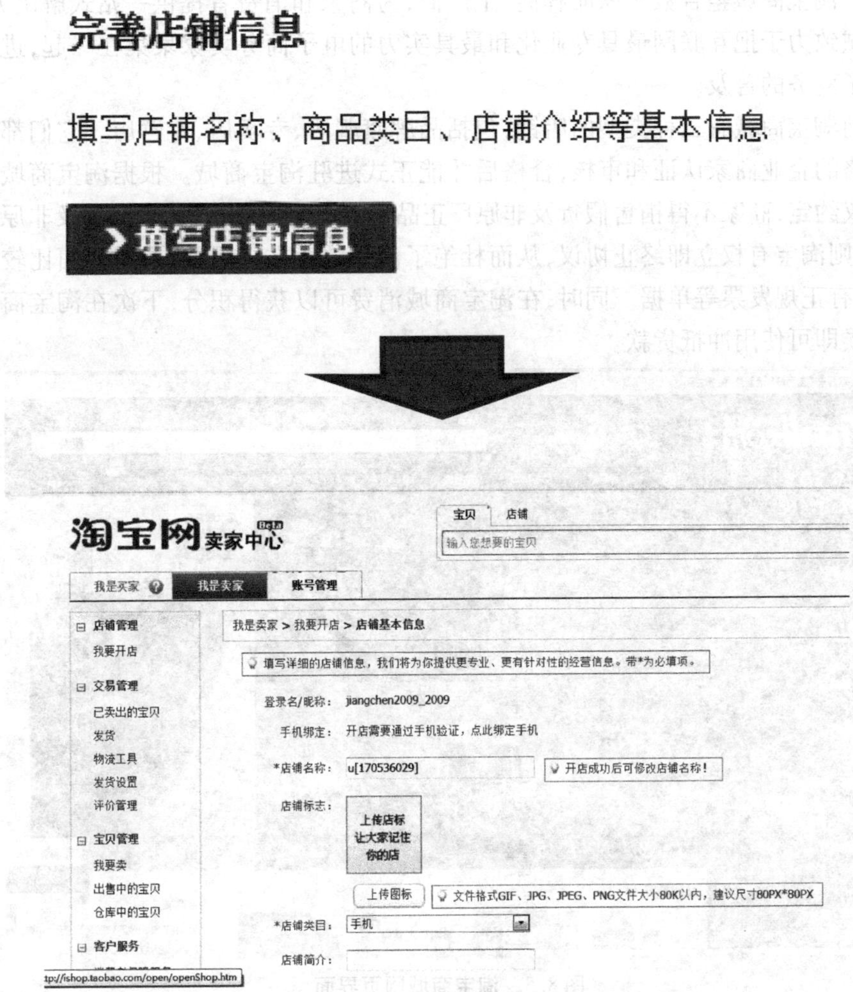

图 8.4　完善店铺信息

淘宝为通过认证的会员提供了免费开店的机会，只要你发布 10 件以上的宝贝，就可以拥有一间属于自己的店铺和独立网址。通过认证，单击“我要卖”链接，成功发布上架 10 件以上可售商品后，单击“免费开店”链接，进行店铺开设操作。所有操作完结后，就会拥有属于自己的淘宝店铺和相应地址。

在发布商品信息的时候有一些小技巧：给商品起一个好标题，可以加上适当的关键词、符号；使用吸引眼球的、详细的商品描述信息；商品定价要合理，可以取同类商品价格的一个中低价；运费邮资标准要合理，可以参考其他同类商品。

4）申请商城

淘宝商城是购物网站淘宝网全新打造的 B2C（Business-to-Consumer，商业零售）商务模式。淘宝商城整合数千家品牌商、生产商，为商家和消费者提供一站式解决方案。淘宝商城致力于把互联网最具专业化和最具实力的电子商务卖家聚集在一起，进一步促进电子商务的普及。

目前淘宝商城有三种类型的店铺，包括品牌旗舰店、专卖店、专营店。它们都需要经过严格的企业商家认证和审核，合格后才能正式进驻淘宝商城。根据淘宝商城与商家的协议约定，商家不得销售假货及非原厂正品商品，一旦发现有出售假货及非原厂正品商品，则淘宝有权立即终止协议，从而杜绝了假货的存在。因此，质量方面比较有保证，并且有正规发票等单据。同时，在淘宝商城消费可以获得积分，下次在淘宝商城消费的时候即可使用冲抵货款。

图 8.5　淘宝商城网页界面

(1)加入商城的条件

商城是 B2C 的商务模式,是以公司形式注册的。这就要求商城卖家具有以下条件:

①拥有企业营业执照(不包括个体户营业执照);

②拥有注册商标或者品牌,或者拥有正规的品牌授权书;

③签署入驻商城的新平台服务合约。

同时还要具备以下三个条件之一:

①获得国际或者国内知名品牌厂商的授权;

②拥有自己注册商标的生产型厂商;

③专业品类专卖店。

(2)加入商城的过程

注册淘宝商城的整体流程图(见图 8.6):

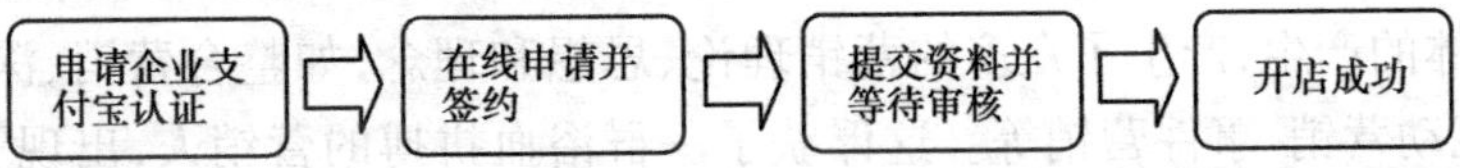

图 8.6 注册流程图

①通过支付宝的商家认证。

如果卖家已经通过了支付宝的商家认证(必须使用企业营业执照),就直接进入第二步。如果卖家已经通过了支付宝的个人认证,或者使用个体工商执照通过支付宝认证,那在申请加入淘宝商城前,需要用一个新的(未在支付宝网站上注册过的)电子邮件,申请一个支付宝的商家账户。账户激活时会让卖家填写一个需要绑定的淘宝会员名,通过认证以后,淘宝网将会员名和通过认证的支付宝账户进行绑定。

②提交资料,申请进入商城。

通过支付宝商家认证后,可以单击"立刻加入商城"按钮,填写卖家的资料申请进入商城。

③下载并签订协议。

卖家应仔细阅读协议并按照要求填写、打印、盖章,淘宝网在审核完卖家的资料后,将通知卖家将协议寄给淘宝网。在完成上述步骤后,可以登录"我的淘宝"页面了解申请进度。

④存入押金。

收到卖家的协议后 5 个工作日内,淘宝网工作人员将与卖家联系,并通知卖家按照协议规定将押金存入对应的支付宝账户里,完成申请流程。

(3)加入商城的优势

加入"淘宝商城"有以下几点优势:

①能够提升店铺的整体形象。淘宝网对商城认证卖家的诚信和实力有着严格要求并用醒目的标志进行标识。通过淘宝商城认证的店铺,淘宝网可以为买家提供先行赔付让买家的购物更有保障。

②能够使用更多的电子商务功能。淘宝网提供功能更强大的高级店铺系统,卖家可以借助会员管理、销售报表、自定义店铺和多个旺旺客服等功能,更高效地处理店铺事务。

③享有更多的宣传机会。只要卖家能够为买家创造更多实惠,就可以到申请淘宝商城免费的广告位推荐,并参加商城组织的大型促销活动,带来更旺的人气。

8.3 网络销售的基本模式

网络营销以低成本、易控制、互动性而为营销人所追捧。随着网络媒体、移动媒体等多种新媒体的产生,产生了众多的营销理论、思想和理念,如整合营销、深度营销、一体化营销、互动营销、事件营销等。这俘获了一群浴血拼搏的营销人,出现了大批研究新营销的实战家、理论家、企业家。网络营销也成了大家的宠儿。在这新思想、新理论百花齐放的环境中,能够成功地做好新营销的企业实在是太多了,如兰蔻、欧莱雅成功地利用网络营销在中国的日化市场分了一块大蛋糕,当然还有由一个帖子进入亿万人之眼的王老吉,当然还有被假贴弄得灰头黑脸的沃尔玛,也不缺乏花了大把资金却没有砸回一个“支持”的企业。那么怎样才能更好地做好网络营销呢,怎样才能走上一条新营销的大道呢,这里为了方便大家对网络营销的理解,有必要把网络营销的模式按传播、应用和交易方式总结一下。

8.3.1 网络营销的传播模式

在信息化时代,互联网已经成为主要的传播媒介。作为传播媒介,它具有以多媒体形式双向传播信息的作用,这也是网络营销得以发展的基础。通过互联网,可以了解其他商家的经营理念、产品和服务,同时也可以了解客户的需求和心理。网络营销的传播模式主要分为以下几种:

1)双向互动的信息传播模式

互联网能够实现双方相当深度的交互沟通,即信息的传播不再会保持目前这种单向的传播模式,而是逐步演变成一种双向的信息需求和传播模式。在这种交互的双向传播模式下,信息源积极地向信息需求者展现自己的信息产品的同时,信息需求者也在积极主动地向信息源索要自己所需要的信息。这时,人们接受信息的途径和范围越来越多,选择余地越来越大,人们的信息需求呈现出两个特点:一是信息需求的个性化,人们不再满足于固定的、面向群体的信息，而是按个人的需求来接受信息；二是主动地寻求所需要的信息。另外，从信息源的角度看，由于需求模式的变化，传播模式也发生了变化。这种变化主要体现在由按固定的信息（节目）组织播出方式变为按用户需求组织播出，即现在只是准备了大量的信息（节目），但没有固定的播出时间表，用户按自己的需求点播信息（节目）。信息源推出的是素材，用户选出的是各自感兴趣的内容。因此，在设计和策划网络营销时，要充分考虑到这个特点。例如，在网页设计上要考虑应用 CGI、ASP 等动态技术实现市场调研、客户反馈、售后支持、信息链接等。在后台数据库支持系统中充分考虑客户信息数据库、市场信息数据库等。

2）多媒体的信息传播模式

与互联网相比，传统媒体的地域性、单调性非常明显。电视提供的主要是图像信息，广播只能提供语言信息，报纸只能提供文字信息。理论上电视和广播的速度也很快，可以在第一时间传送到全球各地，但事实上，我们大多只能收看本地电视，或者说受制于当地传输网络，广播也同样如此。而互联网却全面地提供了图像、文字、语言等多种形式的信息，人们也不再是被动地接受信息，而是可以主动地查阅信息，甚至组织、保存、整理和分析信息。由此可见，正是由于互联网是一种媒体，它才具有了广告的功能、营销的功能，但仅从互联网本身看，它充其量也只是一种媒体的载体，网站才使得它真正具有了媒体的功能，就像除了要有电话传输网络、电视网络外，还要有电话公司、电视台一样。所以，各种各样网站的发展是互联网发展的关键，也是网络营销能否进一步发展的关键。而网站经营成功的关键在于它是否能提供吸引访问者的内容，使之成为常客，只有这样，网站中的广告才有商业价值，网站、互联网本身也才能作为营销工具、商务活动平台而不断成长。

8.3.2 网络营销的应用模式

波特指出，信息技术正在影响生产活动执行的方式，正在改变这些活动之间的关联本质。它特别提醒企业经理不但要学习技术本身，还要善于运用公司运作体系的营销链。任何企业的营销链都有几项共同的基本要素：第一个要素是输入，即信息和技术的输入以及这家企业的上游供货商；第二个要素是创造产品和服务的企业内部活动；最后一个要素则包括经销本公司产品的经销商以及消费者。互联网可以对于企业营销链的每个要素都发挥作用。

为了通过利用互联网达到提高市场竞争力的目的，企业必须认真分析自己和上游供货商之间的关系、信息在现有组织中的角色、公司内部生产的机制以及与客户之间的接触点。

1）互联网与供货商

互联网可以实现企业和供应商的直接通信。越来越多的供应商争先提供网上报价

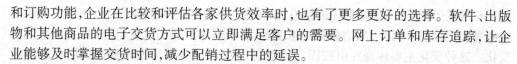

和订购功能,企业在比较和评估各家供货效率时,也有了更多更好的选择。软件、出版物和其他商品的电子交货方式可以立即满足客户的需要。网上订单和库存追踪,让企业能够及时掌握交货时间,减少配销过程中的延误。

2)互联网与企业内部

首先,组织结构需要重组,企业原有的封闭式和垂直的组织结构已不能完全适应网络时代的需要,缩短渠道、减少组织层次势在必行。企业的局域网络为内部的有效沟通、减少文山会海提供了便利。大多数微软公司的普通员工都认为他们随时可以和比尔·盖茨交流,在他们的意识中,公司的权力距离大大缩短,其主人翁的精神自然有所提高。虚拟的商场和经销商会盛行,企业内部作业方式也会发生改变,企业的独立性和专业性必须进一步加强,这些都迫使企业进行组织结构的调整。

其次,信息获得更加快捷、费用更低,互联网带来的全球性优势,立刻就能在公司的长途电话账单中看出,一个固定的专用电子信箱可以让公司无限制地收发电子邮件,与世界各地的组织沟通,即使是共享线路的收费用户,其按小时计算的费用也远比长途电话费便宜。

再者,互联网上的丰富资源为员工提供了一座取之不尽的知识宝藏,员工自己解决问题和取得相关资料的能力增加之后,生产力自然也就提升了。

3)互联网与客户

通过互联网和客户沟通也是企业维持竞争优势的一个方面。互联网是市场调查、建立新市场和测试客户对即将推出产品反应的一个既方便又廉价的工具。新闻组和公告栏可以使企业保持和市场状况同步;万维网让公司能够对网络上的客户提供详细的产品信息及其他宣传资料;电子目录则对于在网络上浏览的消费者提供各种产品服务;互联网让直接接触客户的范围扩展到企业内部的各个部门,不管是高层的主管部门、技术开发部门、文件撰写部门、生产部门,还是研究人员,都可以直接接触到客户对公司产品的意见信息。

现代网络营销活动主要以三种网络为基础:①因特网(Internet),它为企业和客户提供相互之间沟通的渠道,它不仅能让全球的消费者了解到企业的产品和服务,还可以促进发展企业和客户之间的关系。通过因特网可以在全球范围内实现网上查询、采购、广告、产品介绍、订购、电子支付等交易活动。②内部网(Intranet),它可以让企业内部各子公司、职能部门和员工共享重要的信息,增加相互间合作,提高企业内部的工作效率。③外部网(Extranet),它覆盖企业和其相关的协作厂商,可使协作厂商通过网络相互沟通,促进企业间相互合作。

8.3.3 网络营销的交易模式

网络营销属于一种新型的营销模式,它通过电子数据传输的方式将企业与各个潜在的和现实的关系方连接在一起,使得各种现实与虚拟合作成为可能。一个供应链上的所有企业都可以成为一个协调的合作整体,企业的雇员也可以参与到供应商的业务流程中,零售商的销售终端可以自动与供应商连接,不再需要采购部门的人工环节,采购订单会自动被确认并安排发货,企业也可以通过全新的方式向顾客提供更好的服务,这一切已不再是只有大企业才能实现的构想。互联网为中小企业提供了一个新的发展机会,任何企业都可能以很低的成本与世界范围内的供应商或顾客建立业务关系。信息的有效利用成为新经济模式中企业增强竞争力的重要手段,网络营销必将成为基本的商务沟通手段与合作平台。

根据企业的营销对象的不同,网络营销可划分为以下六种基本的交易模式:

1)企业对企业

企业对企业(Business to Business,简称B2B)的网络营销就是企业与企业之间相互沟通并达成交易,比如一个公司通过互联网向它的供货商订货。企业对企业的电子交易方式已经有一段发展历史,如通过专有的网络进行的电子数据交换(Electronic Data Interchange,EDI)进行交易。阿里巴巴网站正是从事这一交易的典范。

2)企业对消费者

企业对消费者(Business to Consumer,简称B2C)的交易很大程度上就是电子零售。网上零售随着Web的出现而迅速发展,现在互联网上已经有成千上万的网上购物场所,提供各种消费品。从长远来看,B2C可以使企业增进与顾客的交流,为顾客提供更多选择,提供更具个性化的服务,而这些都是传统经营方式无法实现的。

3)企业对政府机构

企业对政府机构(Business to Government,简称B2G)包括企业与政府机构之间所有的事务交易处理。比如:政府机构的采购信息可以发布到网上,所有的公司都可以以竞标的方式参与交易。除此之外,政府也可以通过电子交换的方式处理企业的报关和纳税等业务。

4)消费者对政府机构

消费者对政府机构(Consumer to Government,简称C2G)的形式还没有真正出现,但政府机构为提高工作效率和服务质量,会逐渐效仿商业的服务模式,将个人纳税、社会福利保险的支付等通过网上来进行。

5)个人对个人

个人对个人(Person to Person,简称P2P)的模式是在网上直接设立网站,推出在线"集体议价社区"。集体议价社区将网上零散的购买力聚集起来,形成数量庞大的订单,类似于传统的集市,因而可提供比在一般商店购买商品更优惠的折扣,通过这种模式，网民可以以低于市场15%~20%的价格相互购买自己满意的商品。网上拍卖模式也是一种主要以个人为中心的营销模式，这种模式只提供商品信息，但不确定商品价格。商品价格通过拍卖形式由会员在网上相互叫价确定，叫价高者可获得该商品。

6）企业——网站（企业）——消费者中介模式

中介模式是指在企业与消费者的交易过程中介入另一家企业，通常为网站，形成“企业——企业——消费者”（Business to Business to Consumer，简称 B2B2C）的营销模式。该模式类似于商业城，它与 B2C 模式的区别是交易过程中中介企业的出现，但该中介企业并不直接参加交易，只是提供商业活动的场所和相关服务，吸引有关商家和企业参加，并招揽顾客，为他们的网上交易提供配套服务，从中收取一定的服务费。

8.3.4 网络营销的管理模式

网络营销的管理模式是为了满足上网企业在网上开展业务的需要，上网企业只有先弄清网络营销通过何种机制达到何种目的，然后根据自己的特点及目标顾客的需求特点选择一种合理的网络营销模式，才可能取得理想的经营效果。

目前，比较有效的网络营销管理模型有：

1）提供信息型

这种类型就是通过向顾客提供有用的信息刺激其消费欲望，增加购买力。这一模型适用于通过零售渠道销售产品的企业，他们通过向网络顾客提供包括新产品、产品的新用途等信息，保持网站产品的新鲜感和吸引力，刺激顾客的消费欲望，达到销售产品的目的。

2）提供娱乐型

这种类型主要是通过为顾客提供更大的参与度来吸引顾客，以增强顾客对企业的忠诚度。顾客参与企业组织的活动，不是为了购买，而是为了兴趣，如一些企业组织对某一产品或某论点的专家研讨会，吸引有关人士的关心，并参与其中进行研讨。顾客在参与的过程中促进了对该企业及产品的了解，同时也促进了顾客购买或重复购买的欲望。

3）服务顾客型

这种类型就是通过对顾客提供多种服务，包括售后服务和其他增值服务，增强与顾客的关系，使顾客从情感上认同该企业，并建立起一种相互信赖的关系，企业留住了顾客，自然提高了公司的销售量。

4）方便购买型

这种类型就是利用网络系统，缩短销售渠道，降低销售成本，减少管理费用，方便顾

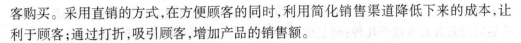

客购买。采用直销的方式,在方便顾客的同时,利用简化销售渠道降低下来的成本,让利于顾客;通过打折,吸引顾客,增加产品的销售额。

5)创建品牌型

这种类型主要是通过网站提高品牌的知名度和美誉度,增加顾客的忠诚度,以品牌效应来增加产品的价值,使企业以同样多的投入,卖出更高的价格。

8.3.5 网络营销的主要方式

从商业的角度看,网络营销没有一个统一固定的模式,它不仅随着网络技术的发展而发展,而且还随着人们观念的变化而变化,随着人们生活水平的改变而改变。就目前我国的情况来看,网络营销主要有以下几种模式:

1)生产企业网站营销方式

所谓网站营销模式,就是通过网站进行宣传和营销的方式。具体有三种形式:

(1)企业网站宣传模式

这是最简单的利用网站开展营销活动的模式。开展这种宣传营销模式的企业一般都建有自己的网站、数据库及信息管理系统。这些企业建立网站的目的是利用网站宣传企业的形象,推销企业的产品,为顾客提供产品的种类、价格、联系方法等信息。这种网站由于投资少,建站快,管理水平相对较低,因此只能提供电子邮件链接,客户可以向企业发送电子邮件,但不能开展网上交易。这种网站只是网络营销发展的第一阶段,它还不能算真正的网络营销。

(2)企业门户网站模式

这种网站的特点是只要客户登录到这个网站就可以得到商家提供的所有服务。现在国内一些大型企业都建立了这样的网站,如 TCL、联想等。这些企业一般在企业内部已经建立了比较有效的管理信息体系,通过网络实现了管理信息共享。企业通过门户网站把内部管理信息系统和外部的客户及供应商连接起来,实现了企业内部网与外部因特网的信息共享。

企业的门户网站为企业的 B2B 交易、网上采购和网络招标提供了便利的服务。企业利用网络营销平台将整个产业链紧密地整合在一起,即将原料供应商、产品经销商、运输商、往来银行甚至海关连成一体,实行网络的交易与管理,有效地加快了信息的流通速度、减少中间流通环节、缩短供货周期、降低经营成本、提高运营的效率和经济效益。企业间的网络营销系统既可以建得相对简单,只跟某一个企业建立 B2B 的供应关系,也可以建得很复杂,将多个上下游合作伙伴用网络连成一体。

(3)企业网上交易模式

企业网上交易营销网站不仅能提供前两种企业网站提供的服务,而且还可以在该企业网站上进行交易,开展各类营销活动。这种网站交易模式也就是在线商店。在线商店的经营方式有以下几种:网上超市、网上专卖店和其他特殊交易网站。

在线商店模式的主要目标是利用网络技术缩短企业与顾客的距离,它是向消费者直接销售产品或提供服务的经营模式。在线商店可以分为两大部分:第一部分是消费者可以接触到的部分——在线商店的前台部分,即顾客在电子商店中选择商品、通过购物车核对所购物品的品种和数量、下电子订单、进行电子支付、选择付款方式和送货方式等一系列过程。第二部分是在线商店的后台管理部分,包括网站的维护与更新、客户关系管理、订单管理、电子支付平台、库存管理和商品配送系统等部分。

2)交易中介营销方式

这是一种让其他企业或个人到网站进行交易的交易平台。交易中介网站只收取中介服务费或服务器存储空间租用费。这类营销模式的网站类型主要有三种:

(1)网上拍卖

网络拍卖是卖方借助拍卖网站通过不断变换的标价向购买者销售产品的行为。网络拍卖的竞价形式有两种,即正向竞价和逆向竞价。其交易方式有3种:竞价拍卖(如易趣、网易)、竞价拍买和集体议价,有的网站可能同时兼有几种交易方式,其中竞价拍卖为正向竞价模式,而竞价拍买和集体议价为逆向竞价模式。

目前办得最成功的拍卖网站是易见网(www.ebay.com)。在我国经营得比较成功的拍卖网站是易趣网站,其网址是www.eachnet.com,这类网上拍卖属于C2C网络营销模式。

(2)网上商贸城模式

网上商贸城即电子商城,属于一种完全的电子商务企业。它既不生产产品,也不购买产品,只是为其他企业提供一个电子交易的平台。通过扩大电子商城的知名度吸引消费者到商城购物,通过招商吸引商家进驻商城,向进驻商城的商家收取服务费从而实现盈利。电子商城模式的优点是将分散的电子零售店集中起来,为招商企业提供统一的电子结算渠道、物流配送系统及其他配套服务,实现规模经济;具有为消费者提供信息集成的综合优势,减少消费者搜索信息的成本,从而增加商城的访问量,增强品牌形象和知名度。

中小型企业到这样的网站开展网络营销业务,减少了投资,取得了与大企业网上交易同样的经营效果。如阿里巴巴(www.alibaba.com)网站就属于网上商城这一类,国内的很多网络营销网站也属于这种形式,如中国化工网,它将化工企业集合在一起,形成网上商城。这样的网络营销模式比一个企业建一个网站更利于顾客在网上有目的地寻找商品。

(3)只提供信息服务的网站模式

如目前我国网上招聘网站就属于这一类。它只提供人才和人才需求信息,等于在网上建立了一个人才供应市场。目前国内著名的人才信息网站有:中国人才热线(www. cjol. com. cn)、中国人才网(www. zhonghr. com)、中国上海人才市场(www. shrc. com)、中华英才网(www. chinahr. com)等。

3)非网站营销方式

非网站营销模式主要是利用因特网的服务功能来开展网络营销,如运用电子邮件、邮件列表等网络技术发布企业产品、服务等有关信息以及利用浏览器在因特网上查询企业需要的各种信息资源,为企业的营销工作提供信息支持和服务,而不是自己建立网站。这种方式适用于中小企业,由于没有自己的网站,因此可以不用为此支付除上网费以外的其他任何费用,为企业节约了网络营销成本,在因特网功能日益强大的今天,不仅企业可以开展这类业务,个人也在用这种方式寻找信息,开展与自己经营产品相关的业务活动。

8.4 网络营销的一般方法

在网络营销体系中,网络营销方法发挥着承上启下的作用,网络营销的职能要求有相应的网络营销方法来实现,网络营销的实践活动是对各种网络营销方法的应用。网络营销方法是对网络营销工具和各种网络资源的合理应用,网络营销工具与网络营销方法是相辅相成的,因此在介绍了网络营销工具之后,下面介绍一下常用的网络营销方法。网络营销分类的方法多种多样,根据网络营销是否基于企业网站可分为无站点网络营销和基于企业网站的网络营销;根据企业所拥有的网络营销资源状况可分为基于内部资源的网络营销和基于外部资源的网络营销;根据网络营销信息的传播方式可分为一对一网络营销、一对多网络营销、多对多网络营销等。下面就最直观的第一种分类方法作一下简单介绍。

8.4.1 无站点网络营销方法

没有建立自己的企业网站,也可以利用一定的方法开展网络营销,没有建立企业网站可分为两种情形:一种是企业暂时没有条件或者认为没有必要建立网站;另一种是不需要拥有网站即可达到网络营销的目的,如临时性、阶段性的网络营销活动,或者因为向用户传递的营销信息量比较小,无须通过企业网站即可实现网络营销的信息传递。如可以通过电子邮件等方式与客户进行交流、通过供求信息平台发布供求信息、发布网络广告、电子书广告、利用网上商店和网上拍卖等形式开展在线销售等。这些方法对于拥有企业网站的企业开展网络营销同样有效。下面就几种主要的无站点网络营销方法给予简单介绍。

1)信息发布方法

信息发布是网络营销的基本职能之一,也就是借助于各种网络资源发布自己的企业和产品信息,达到宣传和促销的目的。信息发布也是一种有效的网络营销方法。在网上发布信息是网络营销最简单的方式,有许多网站提供企业供求信息发布的机会,有时这种简单的方式也会取得意想不到的效果。在拥有企业网站的情况下,首先可以将信息发布在自己的网站上。在无站点的情况下,只能利用其他网站提供的信息发布机会来发布信息。可供发布信息的渠道有供求信息平台、分类广告、黄页服务、网络社区等。

(1)供求信息平台

有一些网站专门为企业提供供求信息发布,如部分 B2B 网站、专业经贸信息网等。在这些供求信息平台上,往往有大量的供求信息,不仅可以通过浏览相关企业的信息获得商机,也可以将自己的公司概况、产品信息等发布在这些网站上。一些收费服务如阿里巴巴的“诚信通”还可以提供一个模板式的网站,拥有二级独立域名,这对暂时没有网站的企业也是一种弥补,在某些方面相当于网站的部分功能。

图 8.7　阿里巴巴网页界面

(2)网络分类广告

网络分类广告是网络广告的一种常见形式。分类广告具有形式简单、费用低廉、发布快捷、信息集中、便于查询等优点。分类广告站点有两类,一类是专业的分类广告网站,另一类是综合性网站开设的频道和栏目,如新浪分类信息、搜狐分类信息等。

网络分类广告与其他形式的推广方法相比有三个优势：

①容量更大、更新快。

传统媒体发布广告要受到版面和时间的制约，例如报纸设有专门的分类广告版，有限的版面使其容量与网络所能提供的巨大空间无可比拟；网络还可以提供许多的相关链接，这就使得无论是分类广告的总体空间还是单条分类广告可以得到的表现空间都足以令传统媒体望尘莫及。因为网络可以时时更新的特点，网络分类广告随时都可以刊载，并且网络分类广告的信息可以根据需要及时更新。

②表现形式多样化、立体化。

由于有了更大的表现空间，网络广告现在已经拥有了通栏、画中画、弹出窗口等形式，表现效果比传统媒体提升了一个台阶。2003 年网络视频广告面世，它具有图像高度清晰，并可以有声音、游戏等效果的特点，使网络视频的播放效果可以达到电视广告的视觉效果。随着宽带的应用和普及，视频广告形式会得到更多的发展机会，而宽带的发展和普及无疑为网络视频广告的发展扫清了道路。在我国起步不久的网络分类广告，借助互联网技术的更新和完善，将会有更加多样化的表现。

③能够查询、收藏信息。

借助互联网的搜索功能，键入自主设定的关键词之后，人们便可直接看到与自己的需求最接近的分类广告。这样的功能，是传统媒体所无法提供的，也是网络分类广告的一个最大优势所在。搜索功能的妙处在于可以在海量的信息和广告中，令你以最小的费力程度获得尽可能多而且接近需求的分类信息。并且，网络分类广告还可以打破地域的局限，提供覆盖面更为广泛也更为全面的信息。而传统媒体的广告征集与发布都无可避免地要受到地域限制，如报刊就会受到发行范围的限制，广播电视则要受到信号覆盖范围的限制。除了查询，由于电脑的存储功能，人们还可以方便有效地保管自己所需的信息。

(3)在线黄页服务

在线黄页服务的名称来源于电话号码黄页，简单来说就是企业名录和简介，通过在线黄页，企业可以发布基本信息如产品介绍、企业新闻、联系方式等。当大量的企业黄页集中于一个网站上时，便形成了一个可以按行业、产品分类的企业信息数据库，这就是在线黄页的表现形式，典型的黄页服务如新浪企业黄页、中国黄页在线等。

(4)网络社区

网络社区是指包括 BBS/论坛、讨论组、聊天室、博客以及其他社会性网络等在内的网上交流空间，同一主题的网络社区集中了具有共同兴趣的访问者。由于有众多用户的参与，网络社区不仅具备交流的功能，实际上也成为一种营销场所。目前，早期的网络社区如 BBS 和讨论组已经逐渐失去了网络营销价值，博客、WIKI 和其他社会性网络逐渐成为新的具有活力的网络社区模式，也产生了一些创新的网络社区营销方法。

图 8.8 中国黄页在线界面

网络社区营销的主要优势有:

①可以与访问者直接沟通,容易得到访问者的信任,如果你的网站是商业性的,你可以了解客户对产品或服务的意见,访问者很可能通过和你的交流而成为真正的客户,因为人们更愿意从了解的商店或公司购买产品;如果是学术性的站点,则可以方便地了解同行的观点,收集有用的信息,并有可能给自己带来启发。

②为参加讨论或聊天,人们愿意重复访问你的网站,因为那里是和他志趣相投者聚会的场所,除了相互介绍各自的观点之外,一些有争议的问题也可以在此进行讨论。

③作为一种顾客服务的工具,可以利用 BBS 或聊天室等形式在线回答顾客的问题。作为实时顾客服务工具,聊天室的作用已经得到用户认可。

④可以与那些没有建立自己社区的网站合作,允许使用自己的论坛和聊天室。当然,那些网站必须为进入你的社区建立链接和介绍,这种免费宣传机会很有价值。

⑤建立了论坛或聊天室之后,可以在相关的分类目录或搜索引擎登记,有利于更多人发现你的网站,也可以与同类的社区建立互惠链接。

⑥方便进行在线调查。无论是进行市场调研,还是对某些热点问题进行调查,在线调查都是一种高效廉价的手段。在主页或相关网页设置一个在线调查表是比较常见的做法。然而对多数访问者来说,由于占用额外的时间,大都不愿参与调查,即使提供某种奖励措施,参与的人数可能仍然不多,如果充分利用论坛和聊天室的功能,主动、热情地邀请访问者或会员参与调查,参与者的比例一定会大幅增加。同时,通过收集 BBS 上顾客的留言也可以了解到一些关于产品和服务的反馈意见。

案例1:LG浓情巧克力手机——I Chocolate You

2006年4月13日全国四大手机制造商之一LG电子正式推出"巧克力"KG90手机。与此同时,LG公司策划出一系列的网络论坛产品营销活动,并取得了良好的宣传效果。

在LG手机登陆中国之后,LG与猫扑网合作策划了一次"想说'爱你'不容易"的活动。2006年4月19日和20日是猫扑的巧克力日。在这两天,网友登录猫扑时会发现,很多帖子中都出现了"I Chocolate You"这样的句子。网友们刚开始一头雾水,但在浏览一些之前的帖子之后才发现,原来这两天猫扑上所有的"爱"和"love"的字都会被"I Chocolate You"所代替,让人想说"爱你"不容易。

很多网络潮人一听到这样新奇和含蓄的示爱方式,都争先恐后的到猫扑网来体验"巧克力"日的新鲜感觉。于是,"I Chocolate You"红遍整个猫扑网。一时间,各处的转载使得LG巧克力手机和猫扑视频出现在各大门户网站的视频中。网络论坛中的巨大成功使得巧克力手机成为风靡一时的潮流和时尚标志,许多人都以拥有一款LG的巧克力手机为骄傲。而"I Chocolate You"也成为一句时尚用语。

在论坛中的"巧克力"日取得巨大成功之后,LG公司又联合猫扑论坛推出了"音乐刻录机"活动,允许用户参与到其中,真实感受"I Chocolate You"。参与活动的用户可以在活动专题页面上用"音乐刻录机"创造一些具有个性特点的"I Chocolate You"口号的铃声作品,制作出来的铃声可以下载,也可以传到网上与别人一较高下。获胜者还可以得到一台新款巧克力手机,这个活动使更多用户参与进来。

通过LG公司精心策划的论坛营销与线下广告相结合,使得巧克力手机在目标群体中产生巨大的影响。根据目标群体的心理特点,结合感情、时尚、品位等各种元素,LG公司在竞争激烈的手机市场另辟蹊径,开辟了通信产品感性营销的先河。

2)在线销售方法

无论是否拥有企业网站,都可以利用网上商店与网上拍卖等方式开展网上销售工作,让互联网成为企业新型的销售渠道。网上商店与网上拍卖都是实现在线销售的比较简单的手段,这种网络营销方法需要建立在专业服务商提供的电子商务平台之上。

(1)网上商店

所谓网上商店,是指建立在第三方提供的电子商务平台上的、由商家自行开展电子商务的一种形式,正如同在大型商场中租用场地开设商家的专卖店一样。网上商店的主要特点在于:缩短了企业开展电子商务的投入周期;简化了开展电子商务的复杂过程;增加了网上展示产品的窗口;直接获得网上销售收入;不需要太多的专业知识,便于管理。现在有许多电子商务网站提供网上平台服务,如6688.com、当当网等。

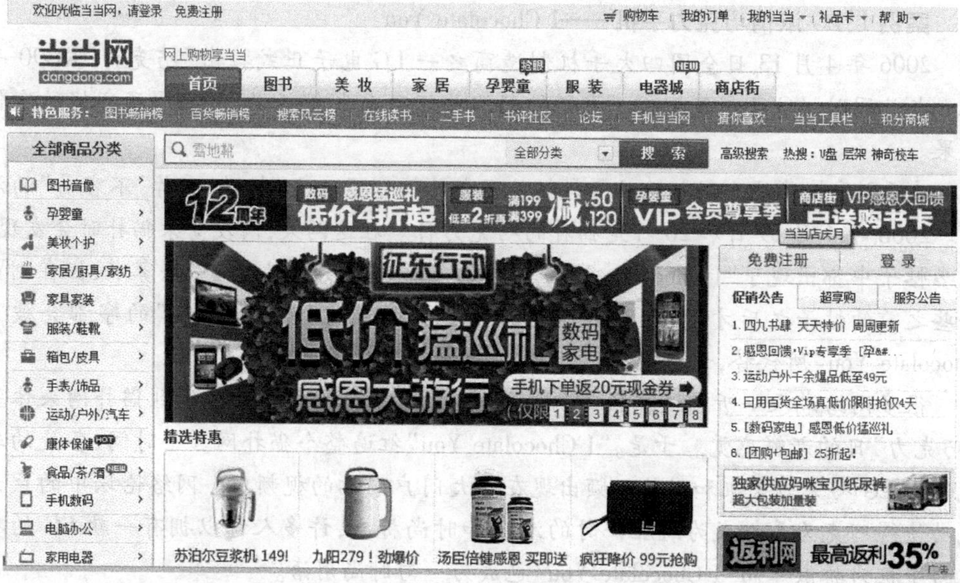

图8.9 当当网界面

(2)网上拍卖

网上拍卖是电子商务领域比较成功的一种商业模式，是个人对个人电子商务(C2C)的一种具体表现形式。国外一些知名网站如 eBay 等已经取得了很好的经营业绩。国内阿里巴巴旗下的淘宝网也从网上拍卖开始逐渐发展成为包括 C2C、B2C 为一体的电子商务平台，为国内个人和中小企业开展电子商务提供了极大的便利。

案例 2:大中华拍卖网

"大中华拍卖网"是深圳易威电子商务实业有限公司推出的第一个拍卖类电子商务系统，在试运行阶段，得到了英特尔等国内外知名 IT 企业的评估测试和技术支持，"大中华拍卖网"从一开始就定位于"建立中国第一个专业拍卖网"，其"专业"在于可以实现 B2B、B2C、C2C 全部流程。"大中华拍卖网"从满足不同用户需求出发，推出了一系列拍卖活动。与有"中文第一门户"之称的搜狐公司合作，对"高交会"指定产品的冠名权及附加权益在网上进行公开拍卖，率先在因特网上掀起阵阵波澜。在"高交会"期间，"大中华拍卖网"还与广东省拍卖业事务公司联合举行了"全国五一劳动奖章获得者邹德骏发明专利网上公开拍卖"，并由中央电视台现场直播，最终成交价达到了 328 万元，创下网上拍卖的新纪录。之后大中华拍卖网又推出面向大众网民的特色拍卖——"十元拍卖"，引起了网民的极大兴趣和关注。

目前网站还应深圳赛格电子市场、深圳市九联库存商品市场、湖北松滋危水风景区等几家企业的要求，为他们开辟了网上商场。"大中华拍卖网"的系统架构优越、服务体系完善、安全可靠:"实用、简洁、新颖"是大中华拍卖设计的基本原则。而其真正的精华在于其设计的超前性和科学性,网站从满足用户需求出发,开辟了"即时发送""网络安全""新闻快递""热线咨询"等服务内容。同时,网站还通过用户信用评价体系来提高网上交易信用度及安全性,倡导守信、规范的交易,使每位用户都能及时,方便地了解交易对象的评价记录和成交历史——"大中华拍卖网"运用了许多先进的编程技术。为增加网站的活泼性和可视性,网站还采用了优秀的多媒体技术,真正做到系统速度、可靠性与高新技术并重。

其目标是建立一个集信息化、娱乐性和安全性为一体的、以拍卖为手段的大中华区域内最具有实力的在线市场。其经营方式不仅仅是提供网上的拍卖活动,还为公司或个人拍卖和竞买业务提供全套电子商务解决方案。

8.4.2 基于企业网站的网络营销方法

相对于无站点营销,在拥有企业网站的情况下,网络营销的手段要丰富得多。由于有企业网站的支持,网络营销效果也比无站点营销更有保证,因此基于企业网站的网络营销方法是网络营销的主流形式。基于企业网站的网络营销方法主要有以下几种。

1)搜索引擎营销

搜索引擎营销就是创造自己的企业信息被搜索引擎收录的机会,利用这个机会让潜在用户发现自己企业的信息,企业利用这种被用户检索的机会实现信息传递的目的,这就是搜索引擎营销。实现搜索引擎营销的主要任务是:

(1)构造适合搜索引擎检索的信息源

信息源被搜索引擎收录是搜索引擎营销的基础,这也是网站建设之所以成为网络营销基础的原因,企业网站中的各种信息是搜索引擎检索的基础。

(2)创造网站/网页被搜索引擎收录的机会

网站建设完成并发布到互联网上并不意味着自然可以达到搜索引擎营销的目的,如果不能被搜索引擎收录,用户便无法通过搜索引擎发现网站上的信息,就不能实现网络营销信息传递的目的。因此,让尽可能多的网页被搜索引擎收录是搜索引擎营销的基本任务之一。

(3)让网站信息出现在搜索结果中的靠前位置

网站/网页仅仅被搜索引擎收录还不够,还需要让企业信息出现在搜索结果中的靠前位置,这就是搜索引擎优化所期望的结果。

(4)以搜索结果中有限的信息获得用户关注

通过对搜索引擎检索结果的观察可以发现,并非所有的检索结果都含有丰富的信息,用户通常并不会点击浏览检索结果中的所有信息,而是对搜索结果进行判断,从中筛选一些相关性最强、最能引起用户关注的信息进行点击,进入相应网页之后获得更为完整的信息。要做到这一点,需要针对每个搜索引擎收集信息的方式进行有针对性的研究。

目前,利用搜索引擎营销的常见方式有以下几种:

①登录分类目录。也就是将企业网站提交给目录式搜索引擎,当网站缴纳费用之后就可以获得被收录的资格。此类搜索引擎营销与网站设计本身没有太大关系,主要取决于费用,只要交费,一般情况下就可以被收录。例如搜狐提供的固定排名服务,就是在收费登录的基础上开展的。

②关键词竞价排名。即按照付费最高者排名靠前的原则,对购买同一关键词的网站进行排名的一种方式。竞价排名一般采取按点击收费的方式。例如,百度和雅虎的关键词竞价排名。

③搜索引擎优化。即通过对网站栏目结构和网站内容等基本要素的优化设计,提高网站对搜索引擎的友好性,使得网站中尽可能多的网页被搜索引擎收录,并且在搜索结果中获得好的排名效果。例如,利用 Google 进行网站推广时,当新网站建成发布后,通常不需要自己登录搜索引擎,而是通过其他已经被 Google 收录的网站的链接让搜索引擎自动发现自己的网站。搜索引擎优化的方法有很多,在这里不再一一赘述。

④关键词广告。关键词广告是付费搜索引擎营销的主要模式之一,也是目前搜索引擎营销方法中发展最快的模式。不同的搜索引擎有不同的关键词广告显示:有的将付费关键词检索结果出现在搜索结果列表最前面;也有的出现在搜索结果页面的专用位置,例如,Google 的关键词广告出现在检索结果页面的右侧位置。

案例3:上海塔格工贸——成就企业品牌与效果

在一般广告主的眼中,搜索引擎营销的主要目的就是效果,也就是实实在在告诉我们,企业可以通过搜索引擎营销达到品牌建设的目的。而且,与传统的营销方法相比,搜索引擎营销使得企业品牌建设的成本大大降低。这就是搜索引擎营销的魅力。

上海塔格工贸有限公司(www.dismy.com)是大型跨国企业英国万豪国际集团在华全资子公司,公司位于上海,员工数量在1 000人左右。为了拓展大中华区的业务,公司希望以上海为中心,全力开拓全国业务。虽然母公司是国际性知名企业,但是在因华业务开展时间不长,而且定位很高,公司在中国的知名度非常低,普通群体知之甚少,这与其国际声望有差距。如何提升公司的知名度?如何让目标客户知道"帝思迈"这一品牌?这是摆在上海塔格工贸有限公司市场营销部门面前的问题。为了进行品牌建设,公司在传统媒体上做了平面广告,并在相关专业网站、论坛里发布信息推广。虽然同行业的人知道了公司,但是目标客户群却很难了解到公司。一个偶然的机会,上海塔格了解到搜索竞价这一全新的网络营销手段,并通过上海火速网络信息技术公司对搜索竞价有了深入的了解,于是便选择了 Yahoo 搜索作为新的营销平台。推广初期,上海塔格购买了"中央空调""地暖""地热""采暖"和"地采暖"等关键字的竞价排名，虽然只买了为数不多的几个关键词，但效果却非常好，不仅网站访问量有了提升，每天的业务咨询电话也比原来增加了。于是，尝到甜头的上海塔格在搜狐的帮助下又增加了关键词，并结合公司的业务流程、营销策略，对公司的竞价方案进行了优化，最终制订了一套组合营销方案，包括传统广告投放的预算、搜索引擎营销方案和搜索引擎营销效果检测等。雅虎搜索竞价为公司的网站带来了5 000人次直接访问量。

通过Yahoo搜索找到公司的合作伙伴来源非常多，并且遍布全国。通过很小的投放，公司就达到了当初制定的品牌推广需求。而令公司意想不到的是，起初选择雅虎搜索竞价的主要目的是为了品牌推广，但是没想到在品牌得到推广的同时，公司接到的咨询、加盟、会员、意向客户数量也有了显著增长，真可谓一箭双雕，物超所值。

2)网站资源合作

每个企业网站均可以拥有自己的资源，这种资源可以表现为一定的访问量、注册用户信息、有价值的内容和功能、网络广告空间等，从而利用网站的资源与合作伙伴开展合作，实现资源共享、共同扩大收益的目的。网站之间的资源合作是互相推广的一种重要方法，其中最简单的合作方式为交换链接，网站其他合作还有内容共享、资源互换、互为推荐等，尽管形式和操作方法各不相同，但是基本思路是一样的，即在自己拥有一定营销资源的情况下通过合作达到共同发展的目的。下面仅就最常用的交换链接做一个简单介绍。交换链接或称互惠链接，是具有一定互补优势的网站之间的简单合作形式，即分别在自己的网站上放置对方网站的LOGO或网站名称，并设置对方网站的超链接，使得用户可以从合作网站中发现自己的网站，达到互相推广的目的。交换链接是一项常用的网站推广手段，被其他网站链接的机会越多，越有利于推广自己的网站。以Google为代表的第二代搜索引擎将其他网站的链接数量也作为决定一个网站排名的一项指标，尤其对于大多数中小网站来说，这种免费的推广手段是一种常用的而且是有一定效果的方法。

3)病毒性营销

病毒性营销(Viral Marketing)，也可称为病毒式营销，是一种常用的网络营销方法，常用于进行网站推广、品牌推广等，病毒性营销利用的是用户口碑传播的原理。在互联网上，这种"口碑传播"更为方便，可以像病毒一样迅速蔓延，因此病毒性营销成为一种高效的信息传播方式，而且，由于这种传播是用户之间自发进行的，因此几乎是不需要费用的网络营销手段。病毒性营销利用快速复制的方式传向数以千计、数以百万计的受众。

病毒性营销的核心思想是通过提供有价值的信息和服务，利用用户之间的主动传播来实现网络营销信息传递的目的；病毒性营销同时也是一种网络营销思想，其背后的

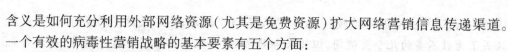

含义是如何充分利用外部网络资源(尤其是免费资源)扩大网络营销信息传递渠道。一个有效的病毒性营销战略的基本要素有五个方面:

(1)提供有价值的产品或服务

在市场营销人员的词汇中,"免费"一直是最有效的词语,大多数病毒性营销计划提供有价值的免费产品或服务来引起注意,例如,免费的 E-mail 服务、免费信息、免费"酷"按钮、具有强大功能的免费软件。"便宜"或者"廉价"之类的词语可以产生兴趣,但是"免费"通常可以更快地引人注意。"免费"可吸引网民眼球。然后,网民会注意到你出售的其他东西,于是才可以赚钱。网民眼球带来了有价值的电子邮件地址、广告收入、电子商务销售机会等。

(2)提供无须努力地向他人传递信息的方式

病毒只在易于传染的情况下才会传播。因此,携带营销信息的媒体必须易于传递和复制,如 E-mail、网站、图表、软件下载等。病毒性营销在 Internet 上得以极好地发挥作用,是因为即时通信变得容易而且廉价,数字格式使得信息复制更加简单,从营销的观点来看,必须把营销信息简单化,使信息容易传输,越简短越好。

(3)信息传递范围很容易从小向大规模扩散

为了将营销信息迅速扩散,传输方法必须从小到大迅速改变,免费电子邮件模式的弱点在于免费 E-mail 服务需要有自己的邮件服务器来传送信息,要成功使用这种战略,就必须迅速增加邮件服务器,否则将抑制需求的快速增加。如果病毒的复制在扩散之前就扼杀了主体,那么就什么目的也不能实现了。只要提前对增加邮件服务器做好计划,就没有问题。

(4)利用公共的积极性和行为

巧妙的病毒性营销计划可利用公众的积极性。通信需求的驱动产生了数以百万计的网站和数以十亿计的 E-mail 信息。为了传输而建立在公众积极性和行为基础之上的营销战略将会取得成功。

(5)利用现有的通信网络

社会科学家告诉我们,每个人都生活在一个 8 ~ 12 人的亲密网络之中,网络之中可能是朋友、家庭成员和同事。根据在社会中的位置不同,一个人的网络交流空间可能包括二十、几百或者数千人。例如,一个服务员在一星期里可能定时与数百位顾客联系。网络营销人员早已认识到这些人类网络的重要作用,包括是坚固的、亲密的网络和松散的网络关系。Internet 上的人们同样也发展关系网络,他们收集电子邮件地址以及喜欢的网站地址,会员程序开发这种网络作为建立允许的邮件列表。学会把自己的信息置于人们现有的通信网络之中,使自己的信息迅速地扩散出去。

案例 4:Hotmail 背后的风险资本家

史蒂夫·朱尔维森(Steve Jurvetson)造出了"病毒性营销"这个词汇,用来描述这种服务成长发展的方式。Hotmail提供的是免费电子邮件服务。“Hotmail”是个引人注目的名称，由两个词组成，对公司的业务做出了很好的注解。但是，公司最大的魔力在于，在你每次使用这种服务发出的E-mail下面都将有一条小广告。广告语是：“请登录Hotmail网站www.hotmail.com，免费注册使用个人电子邮件。”

你每发送一次这条广告，都是在传播这一病毒。病毒性营销的魔力就在于产品本身就携带着信息。你使用Hotmail的次数愈多，这一病毒就得到了越加广泛的传播。需要注意的是Hotmail本身非常简单易用。在Hotmail网站上，你只需用鼠标点击一下，就可以进入E-mail服务内容；只需用鼠标点击几下，就可以开始使用它，同时将Hotmail自带的广告发给你的朋友们。

4）网络广告

网络广告指运用专业的广告横幅、文本链接、多媒体的方法，在互联网刊登或发布广告，通过网络传递到互联网用户的一种高科技广告运作方式。20世纪90年代末，信息产业的发展极大地改变着人们的生活，同时也对传统的广告媒体产生深远的影响。随着信息产业的高速发展，以Internet为传播媒介的网络广告成为当今欧美发达国家最热门的广告形式。目前我国广告公司和客商也开始涉足网络广告的新空间。这使得广告公司与营销厂商都面临着改变营销传播方法及选取媒体的压力和机遇。

与传统的四大传播媒体（报纸、杂志、电视、广播）广告及近来备受垂青的户外广告相比，网络广告具有得天独厚的优势，是实施现代营销媒体战略的重要部分。Internet是一个全新的广告媒体，速度最快，效果很理想，对于广泛开展国际业务的公司更是如此。目前网络广告的市场正在以惊人的速度增长，网络广告发挥的效用显得越来越重要。以致广告界甚至认为互联网络将超越路牌，成为传统四大媒体（电视、广播、报纸、杂志）之后的第五大媒体。因而众多国际级的广告公司都成立了专门的“网络媒体分部”，以开拓网络广告的巨大市场。

目前，网络广告主要有以下几种类型：

（1）旗帜广告（banner）

旗帜广告是目前网上最常见的广告形式。它是以GIF、JPG等格式建立的图像文件，经常出现于页面上方首要位置或底部中央，多用来作为提示性广告（显示一句话或一个标题），浏览者可点击进入以了解更多信息。

（2）赞助式广告

赞助式广告确切地说是一种广告投放传播的方式，而不仅仅是一种网络广告的形式。广告主对自己感兴趣的网站内容或网站节目进行赞助，或在特别时期（如奥运会、世界杯）赞助相关网站的推广活动。赞助式广告可能是通栏式广告、弹出式广告等形式中的一种；也可能是包含很多广告形式的打包计划，甚至是以冠名等方式出现的一种

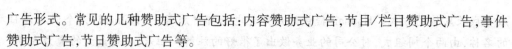

广告形式。常见的几种赞助式广告包括:内容赞助式广告,节目/栏目赞助式广告,事件赞助式广告,节日赞助式广告等。

(3)插播式广告

广告主选择合适的网站或栏目,在该网站或栏目出现之前插入幅面略小的新窗口显示广告。这种广告带有一定强迫性,一般都不太受网民欢迎。

(4)分类广告

分类广告,又称“需求广告”。这种广告在形式上是将不同广告客户的各种需求分门别类,归入不同的小栏目,在同一标题下集中编印。通常可见的分类广告栏目有:遗失、招领、求职、雇人、招生、求师、征友、求偶、房屋出租、小商品出售等,内容涉及社会生活各个方面。这种广告形式篇幅短小、制作简便、传播迅速、价格低廉,比较适合个人或小企业、小团体使用。

(5)电子邮件广告

电子邮件广告具有针对性强(除非你肆意滥发)、费用低廉的特点,且广告内容不受限制。其中,最突出的特点就是针对性强,它可以针对具体某一类符合广告主要求的特定属性的用户发送特定的广告。最常用的是邮件列表广告,即利用网站电子刊物服务中的电子邮件列表,将广告加在读者所订阅的刊物中发放给相应的邮箱所属人。

(6)富媒体(Rich Media)广告

国内定义的富媒体广告是指能达到2D及3D的Video、Audio、Java等具有复杂视觉效果和交互功能效果的网络广告形式。国外认为的富媒体广告主要是指区别于传统广告的一种数字广告形式,其特点是互动性强、包含大量信息、引人入胜,并且遵守由IAB制定的网络广告条例,要求宽带支持的新媒体广告。

(7)关键词广告

关键词广告的基本形式是:当用户利用某一关键词进行检索,在检索结果页面会出现与该关键词相关的广告内容。由于关键词广告具有较高的定位,其效果比一般网络广告形式要好,因而获得快速发展。

案例5:网络广告提升宝洁公司竞争力

消费品市场是一个竞争激烈的全球化市场。像宝洁公司、高露洁公司、联合利华、雀巢和可口可乐这类大型公司,在上百种商品上都存在竞争,范围从牙膏、婴儿尿布到饮料。为了生存,这些公司必须不断进行市场调研,开发新产品,然后就发布广告。市场调研和广告预算可能占公司总销售额的20%,这必然会降低利润。但是,如果广告做得不充分和不适当,造成的后果将是收益降低,市场份额减少,甚至可能被挤出市场。

如何用好公司的广告预算,获得最大市场效率就成为宝洁公司关注的问题。20世纪90年代后期,宝洁公司开始在互联网做广告,既在门户网站做广告,也在公司自己的网站做广告。到2000年,宝洁公司已经有72个活动网站,几乎每一个产品都有一个网站。现在,宝洁公司打算通过大量网络项目试验增强技术系统的运转能力,主要是与在线市场调研和在线广告有关。宝洁公司的主要目标是为每一种主要产品建立一个用户社区。宝洁公司建立和维护这些网站是为达到下述目标:提高品牌的知名度和认知度(品牌需求);收集客户有价值信息;削减广告成本;实验日用品直接销售;向个人销售客户定制美容产品。宝洁公司将干洗技巧类网站扩展到互动网站的主要原因是,该网站具有网络数据挖掘功能。互动网站不仅能够建立品牌公众形象,而且能够对客户直销情况进行测试。网站也收集有价值的客户信息,这些信息能够使公司更准确、更经济地瞄准消费群体,有助于减少营销和广告费用。互动网站能够使公司获得很多的客户信息和产品信息,能够实施一对一的广告策略。

5)许可 E-mail 营销

许可 E-mail 营销是指在用户事先许可的前提下,通过电子邮件的方式向目标用户传递有价值信息的一种网络营销手段。E-mail 营销有三个基本因素:基于用户许可、通过电子邮件传递信息、信息对用户是有价值的。三个因素缺少一个,都不能称之为有效的 E-mail 营销。因此,真正意义上的 E-mail 营销就是许可 E-mail 营销(简称"许可营销")。基于用户许可的 E-mail 营销与滥发邮件(Spam)不同,许可营销比传统的推广方式或未经许可的 E-mail 营销具有明显的优势,如可以减少广告对用户的滋扰、增加潜在客户定位的准确度、增强与客户的关系、提高品牌忠诚度等。根据许可 E-mail 营销所应用的用户电子邮件地址资源的所有形式,可以分为内部列表 E-mail 营销和外部列表 E-mail 营销,或简称内部列表和外部列表。内部列表也就是通常所说的邮件列表,是利用网站的注册用户资料开展 E-mail 营销的方式,常见的形式如新闻邮件、会员通讯、电子刊物等。外部列表 E-mail 营销则是利用专业服务商的用户电子邮件地址来开展 E-mail 营销,也就是用电子邮件广告的形式向服务商的用户发送信息。许可 E-mail营销是网络营销方法体系中相对独立的一种,既可以与其他网络营销方法相结合,也可以独立应用。

案例6:思科公司"一对一"电子邮件营销

思科公司是全球著名网络设备供应商。该公司的网络设备及供应方案可以将全世界各地的人、计算机设备及网络连接起来,让人们实现随时随地利用网络进行信息的传送。思科公司的成功在于与现有客户和潜在客户建立良好的关系,而这种关系就在于思科公司成功地应用了许可 E-mail 营销的优势。

思科公司主要是利用客户对公司内销售顾问的信任,以销售顾问的名义向客户及联系中的潜在客户发送电子邮件进行沟通。公司为每个销售顾问提供了不同的邮件模板,模板中包含了公司的图标和部分商品的3D 模型。每次销售顾问在给客户发邮件时都会根据客户特点选择个性化邮件内容。除此之外,销售顾问会根据不同的操作系统对发送的邮件进行调整。这样可以确保收件人能获得完整的邮件信息。思科公司的每个客户都会享受到这种“一对一”的电子邮件沟通。他们收到的邮件也是具有针对性的,而不是千篇一律的公司广告。

这种“一对一”电子邮件营销大大提高了邮件的点击率,因为这样的邮件能增加收件人的信任感,拉近公司与客户之间的距离。同时,也可以及时从客户那里获得对公司及商品的反馈信息,为客户提供更好的解决方案。

6)网络会员制营销

网络会员制营销是通过利益关系和电脑程序将无数个网站连接起来,将商家的分销渠道扩展到地球的各个角落,同时为会员网站提供了一个简易的赚钱途径。一个网络会员制营销程序应该包含一个提供这种程序的商业网站和若干个会员网站,商业网站通过各种协议和电脑程序与各会员网站联系起来。

网络会员制营销的主要功能:

(1)按效果付费,节约广告主的广告费用

广告主的广告投放在加盟会员网站上与投放在门户网站不同,一般并非按照广告显示量支付广告费用,而是根据用户浏览广告后所产生的实际效果付费,如点击、注册、直接购买等,这样不会为无效的广告浏览支付费用,因此网络广告费用更为低廉。

(2)投放和管理的极大便利

网络联盟为广告主向众多网站同时投放广告提供了极大的便利。

(3)范围广,定位准

网络会员制扩展了网络广告的投放范围,同时提高了网络广告投放的定位程度。相对于传统的大众媒体,定位性高一直是网络广告理论上的优势。

(4)大大扩展了商家的网上销售渠道

网络会员制最初就是因网上销售渠道的扩展取得成功而受到肯定,其应用向多个领域延伸并且都获得不同程度的成功。

(5)创造了流量转化为收益的机会

对于加盟的会员网站来说,通过加盟网站会员制计划获得网络广告收入或者销售佣金,将网站访问量转化为直接收益。

(6)丰富了加盟会员网站的内容和功能

有时网站添加一些广告内容的点缀能发挥意想不到的作用,不仅让网页内容看起来更丰富,也为用户获取更多信息提供了便利。

最初的网络会员制营销是拓展网上销售渠道的一种方式,主要适用于有一定实力和品牌知名度的电子商务公司。会员制营销已经被证实为电子商务网站的有效营销手段,国外许多网上零售型网站都实施了会员制计划,几乎已经覆盖了所有行业。例如:

阿里巴巴、亚马逊等都是利用自己的商务平台,为加盟的会员公司提供更大的销售空间。

随着网络技术的不断发展,除了上述几种常用的网络营销方法之外,新的网络营销方法也不断涌现,例如,微博营销、IM 营销、SNS 营销等方式。其中,营销 SNS 作为一种新型的具有 Web2.0 特征的网络营销方法,已经得到了快速的发展。

本章小结

构建好的创业网站是网上创业的开始,也是开展网络营销的良好基础。一个好的创业网站必须能够满足客户网上购物的基本需求,通过对网店的整体定位和网站基本功能的完善实现最大化的客户满意度。

随着世界网络技术的不断更新,网络营销的开展更进一步对网上商店进行推广。网络营销通过更多样化的模式为网上创业提供更多优势,也为网上创业者提供了更多的销售渠道和方法。只要创业者能选择适合自己网络商店和产品的营销模式,一定能从众多商家中脱颖而出,获得消费者以及市场的认可。

案例　凡客诚品的网络营销模式

VANCL(凡客诚品),由原卓越网创始人陈年先生创立,由欧美著名设计师领衔企划,集结顶级男装品牌经典款式之精华,同时参考亚洲男士体型特点,精选高支面料贴身制作。让用户以中等价位享受奢侈品质,提倡简约、纵深、自在、环保。2007 年 10 月,公司选择自有服装品牌网上销售的商业模式,发布 VANCL 凡客诚品。目前凡客诚品已是根植中国互联网上的、遥遥领先的领军服装品牌。据最新的艾瑞调查报告,凡客诚品已跻身中国网上 B2C 领域收入规模前四位。其所取得的成绩,不但被视为电子商务行业的一个创新,更被传统服装业称为奇迹。2009 年 5 月被认定为国家高新技术企业。

凡客诚品虽然成立时间不长,但是每天接到的订单已经高达 6 000 多单,服装销售更是高达 1.5 万件,2008 年销售额接近 5 亿。是什么力量让一个名不见经传品牌坐上行业前几把交椅的呢? 凡客诚品的负责人说,他们注重在互联网的推广,在网络投放的广告占所有广告投放的 60% 以上。互联网推广对凡客诚品产生很大的效果。

案例分析与讨论题

通过查询各门户网站及搜索引擎的竞价排名,分析凡客诚品的具体网络推广渠道。

复习思考题

1. 创业网站需要具备哪些要素？

2. 试举例网上商店的平台及各平台的优势和劣势。

3. 网络营销有哪些模式？

4. 网络营销针对不同的开店方式有哪些推广方法？

第 9 章 物流与电子支付

随着电子商务新时代的到来，越来越多的商家计划对其企业进行扩展，支付问题就显得越来越突出：如何配套世界范围内的电子商务活动的支付问题？如何处理每日通过信息技术网络产生的成千上万个交易流的支付问题？答案只有一个——利用网上支付。因此电子商务与网上支付系统之间存在着密不可分的关系。电子商务是在虚拟市场上进行的，它的每一笔交易都包含信息流、物流、资金流等基本要素。资金的支付、清算是完成和实现电子商务活动的重要环节。电子商务是一种崭新的商务运作方式，包括网络技术、网上支付、政策法规、物流配送等，而物流是其中直接制约我国电子商务发展的"瓶颈"。本章将对自营物流、外包物流和物流联盟三种物流模式进行分析并介绍电子支付与其相关概念。

学习目标

- 掌握支付与结算基本知识；
- 掌握各种电子货币的本质、特点和应用；
- 掌握电子银行和网上银行的区别和联系；
- 掌握电子汇兑系统和国际支付机制的本质；
- 了解电子商务下的物流模式的种类；
- 了解不同的物流模式各自的优势和劣势；
- 了解现有的物流模式决策方法。

案例导入

网购的高速发展

据中国 B2B 研究中心发布报告称，得益于中国经济形势回暖及网购热情高涨，网上支付交易额成长空间巨大。截至2009年上半年，中国网购用户已经突破1亿人，相当于每3.38个网民中有就1人网购。但与欧、美、韩等国超过2/3的网民网购率相比，中国网民的网购潜力仍未完全释放。2008年网上支付市场交易额达到3 000亿元。

思考题：

网购的前景如何？

9.1 网上银行与电子支付

9.1.1 支付与结算基础

1）支付与结算

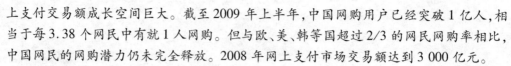

支付是为了清偿商务伙伴间由商品交换和劳务活动引起的债权债务关系，由银行提供的金融服务业务是将现金实体从发款人传送到收款人的商务过程。结算是指在支付业务中所体现的一种结清债权和债务关系的经济行为。所以，支付与结算的含义基本相同，但支付强调业务是概括性的，是对整个商务过程而言的；结算则强调支付过程中的结清动作，是细节的和具体的。清算则是发生在银行同业之间，用以清讫双边或多边债权债务关系的一种货币收付的过程，以完成经济活动中反映在银行资金账户中债权债务关系的一种转移行为。

支付活动本源于交易商务主体之间直接的经济交换活动，但由于现代银行信用中介的作用，演化为银行与客户之间、客户与开户行之间的资金收付关系；而银行之间的资金收付交易，又必须通过中央银行的资金清算，其全过程才能最终完成。

银行结算的主要内容包括：

①结算的信用工具，主要为票据形式，是证明债权人权力和债务人义务的书面契约凭证。流通转让是票据的主要特征，主要用以证明债权人的权力，将贸易的商业信用关系票据化。

②结算的方式，即货币的收付手段和渠道，是结算的中心内容，包括汇款、托收、信用证、银行保函等。

③结算的单据，即贸易结算中涉及的单据，如发票、包装单、货运单据等。

④结算融资，即利用票据及单据，结合结算方式进行特定方式的融资。

现代银行诞生后，在很长一段时间内，银行是通过自己创造的信用流通工具为商人与商家办理转账与结算，主要利用传统的各种纸介媒体进行转账，如通过现金或单据，称为传统支付。自20世纪70年代以来，伴随着银行计算机网络技术应用的不断深入，银行卡逐渐取代了传统纸面支票和纸面现金支付方式的主导地位。银行已经能够利用计算机应用系统将支付过程的"现金流动"和"票据流动"转变成计算机中的"数据流动"。这种以电子数据形式存储在计算机中并能通过计算机网络使用的资金被人们越来越广泛地应用于电子商务中。于是电子支付和网上支付方式就先后出现了。

2)电子支付

电子支付(Electronic Payment 或 E-Payment),指通过电子信息化的手段实现交易中的价值与使用价值的交换过程。自计算机和网络通信技术在20世纪70年代开始普及应用以来,一些电子支付方式(如信用卡、电子汇兑等)就开始投入使用,电子支付方式的出现早于现在的 Internet。

随着20世纪90年代全球范围内 Internet 的普及和应用,以电子商务的深入发展为标志,网络信息经济时代来临了。一些电子支付方式逐渐采用计算机网络,特别是以 Internet 为运行平台,出现了网上支付方式。

3)网上支付

网上支付(Net Payment),是指以金融电子化网络为基础,以各种电子货币为媒介,通过计算机网络,特别是 Internet,以电子信息传递的形式实现流通和支付功能。可以看出,网上支付带有很强的 Internet 烙印,是基于 Internet 的电子商务的核心支撑流程。

基于电子支付与网上支付的发展及概念,可以认为网上支付是电子支付的一个最新发展阶段,或者说网上支付是基于 Internet 并适合电子商务的电子支付。网上支付比现在流行的信用卡、ATM 存取款、POS 支付结算等电子支付方式更新、更先进一些,将是21世纪网络时代里的主要电子支付方式。

电子商务的网上支付强调的是相关交易主体,即客户、商家、金融机构及认证管理机构之间使用安全电子手段交换商品或服务。相比传统支付普遍使用的"一现三票一卡"(现金、发票、本票、汇票和信用卡)方式,网上支付方式表现出更多的优点和特征。

①数字电子流传输。

传统支付通过现金的流转、票据的转让和银行的汇兑等物理实体的流转来完成款项支付。网上支付借助于数字计算机网络具有更快的速度,能够加快资金周转速度。

②网上支付使用方便,成本低。

纸币和硬币在使用上其实是非常奢侈的。美国每年搬运有形货币的费用高达60亿美元,英国则需要2亿英镑,世界银行体系之间的货币结算和搬运费用占到其全部管理费的5%。而采用网上支付方式的数字货币,电子系统的建立和维护开销都很小,无论小公司还是大企业都可从中受益。Internet 的访问费用很低,使得小公司也有机会使用网上支付系统。

③安全性较高,具有一致性。

网上支付的安全性是保护买卖双方不会被非法支付和抵赖;一致性是保护买卖双

方不会被冒名顶替。网上支付系统和现实的交易情况基本一致,而付费协议提供了与纸质票据相对应的电子票据的交易方法,协议设计细致、安全、可靠。所以,网上支付远比传统的支付安全可靠,并可能防止伪造货币。

④网上支付保障了现金的安全问题。

使用电子货币不用随身携带大量现金,这就意味着保障了现金和人身的安全性。

⑤提高企业的资金管理水平。

采用了网上支付方式以后,企业不仅可以做原有的广告宣传,而且能够利用收集到的客户信息建立决策支持系统,如做账单分析、估测市场趋势、预算新举措费用等。同时,网上支付系统的高效率,可以使企业很快地进行资金处理和结算,有效地防止了拖欠的发生,对于提高资金管理和利用水平有很大的帮助。

⑥网上支付具有方便、快捷、高效、经济的优势。

用户只要拥有一台可以上网的 PC,便可足不出户,在很短的时间内就可以完成整个支付过程。支付费用仅相当于传统支付的几十分之一,甚至几百分之一。

网上支付和数字货币的出现使得在全球范围内统一货币成为可能,货币交换速度的提高将加快社会经济的增长,货币的统一将推动全球经济的一体化发展。

与传统商务相比,电子商务速度优势显著。如果依赖传统的支付方式,诸如现金、支票、银行汇票等,付款及清偿的流程将成为交易的瓶颈。传统的货到付款,虽然省去了网上付款的设置成本,却存在付款的延迟与不确定性;电子会员制在清偿过程中,能获得及时、方便且安全的服务,将商品销售与服务的付款行为相整合,虽然保证了客户身份的确定性,但带来了客户群的局限性及扩大交易范围的有限性;银行划拨及转账虽说也算便利,但速度慢并容易产生诈骗行为,消费者无法知道网上商店是否真正存在或只是骗财的虚构公司;信用卡付款很方便,但若无任何保护措施将信用卡资料直接在网络上传送,从安全上来说无疑是非常危险的;因特网上的许多付款都是小额交易,传统的支付处理成本太高,缺乏进行小额交易的能力等。在线网上支付是电子商务的关键环节,也是电子商务得以顺利发展的基础条件。电子商务的一个极重要的观念,是付款、信用借贷及债务在网上快速进行。电子商务的关键在于完全实现网上支付,而网上支付必将随着电子商务的出现而快速发展。

总之,网上支付结算就是通过计算机网络进行的货币支付,即电子交易的当事人(包括消费者、厂商和金融机构)使用安全的网上支付方式,通过网络进行的货币支付或资金流转。

9.1.2 网上支付平台

网上支付是一种通信频率高、数据量可大可小、实时性要求高、分布面很广的通信行为。因此,网上支付的支撑网络平台应当是交换型、通信时间短、安全保密、可靠的通信平台,必须面向全社会,对所有公众开放。

早期的电子支付网络平台是电话交换网 PSTN、X.25 和 X.400 公用传用数据网络,后来是 X.435, X.500 等。但随着网络时代的到来,这些网络的普及面明显跟不上目前业务发展的需要,特别是不能支撑电子商务下网上支付结算的需要。网上支付的支撑平台发展趋势主要有两类:传统成熟的 EDI 支付平台和大众化网络平台 Internet。它们各有优缺点和自己的应用环境。

大众化网络平台 Internet 是网上支付平台的发展趋势,EDI 也正从专用网向 Internet 转移,两种平台的融合是网上支付的走向。图 9.1 是 Internet 网上支付平台基本结构。EDI 支付平台发展多年,基于专用通信网络,并只用于企业和企业间的贸易信息交换。因此,传统 EDI 应用的条件是比较苛刻、昂贵的,用户面比较窄,但因其发展多年而比较成熟。目前很多国际大企业间的电子商务网上支付仍基于这种 EDI 平台,如图 9.1 所示。

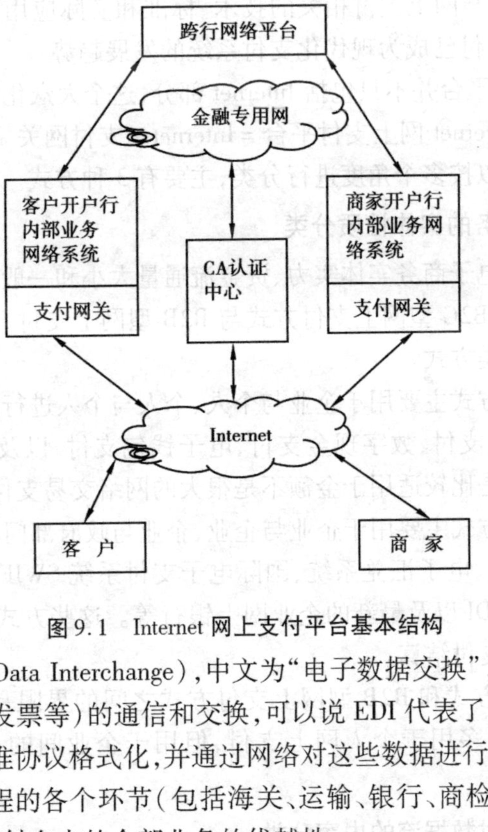

图 9.1 Internet 网上支付平台基本结构

EDI (Electronic Data Interchange),中文为“电子数据交换”,实现了商业用户间标准格式文件(如订单、发票等)的通信和交换,可以说 EDI 代表了电子商务真正的开端。交易信息根据国际标准协议格式化,并通过网络对这些数据进行交换和自动处理,从而有机地将商业贸易过程的各个环节(包括海关、运输、银行、商检、税务等部门)连接起来,实现了包括电子支付在内的全部业务的优越性。

EDI 系统具有一整套成熟的安全技术体系,可以有效地防止信息的丢失、泄密、篡改、假冒、接收的抵赖和拒绝服务等。根据我国的国情，目前可以在EDI平台上开展电子征收业务（电子缴费、电子征税等），有着传统申报方式不可替代的优势。EDI系统平台，如图9.2所示。

图9.2 EDI系统平台

在传统通信网和专用网上开展网上支付业务，由于终端和网络本身的技术难以适应业务量的急剧上涨等一些因素，用户面很难扩大，并使用户、商家和银行承受了昂贵的通信费用。寻求一种物美价廉的大众化平台成为当务之急，已拥有几亿个（其中中国用户2.98亿个，截至2008年年底的数据）用户并飞速发展的Internet就顺其自然地成为焦点。与此同时，与网上支付相关的技术、标准和实际应用系统不断涌现，所以基于Internet进行网上支付已成为现代化支付系统的发展趋势。

Internet网上支付平台并不只包括Internet部分，这个大众化Internet网上支付平台其实由3部分组成：Internet网上支付平台＝Internet＋支付网关＋银行专用业务网络。

网上支付方式可以按多个角度进行分类，主要有3种方式。

1）按开展电子商务的实体性质分类

根据不同类型的电子商务实体实力、资金流通量大小和一般作业习惯等，可以把网上支付方式分为两类：B2C型网上支付方式与B2B型网上支付方式。这是目前较为主要的网上支付结算分类方式。

B2C型网上支付方式主要用于企业与个人、个人与个人进行网络交易。比如，信用卡网上支付、IC卡网上支付、数字现金支付、电子钱包支付，以及最新的个人网上银行等。这些方式的特点是比较适用于金额不是很大的网络交易支付结算。

B2B型网上支付方式主要用于企业与企业、企业与政府部门单位进行网络交易，比如，电子支票网上支付、电子汇兑系统、国际电子支付系统SWIFT、CHIPS、中国国家现代化支付系统、金融EDI以及最新的企业网上银行等。这些方式的特点是比较适用于较大金额的网络交易支付结算。

B2C型网上支付方式和B2B型网上支付方式之间的界限是模糊的，但并不是绝对的。比如，信用卡虽多用于个人网上支付，但用于企业间的小额支付结算也是可以的。

2）按电子商务支付数据流的内容分类

根据电子商务中网上支付数据流传递的是指令还是电子货币，可以将网上支付分为两类:指令传递型网上支付方式和电子货币转拨型网上支付方式。

支付指令是指启动支付的口头或书面命令。支付指令的用户从来不真正地拥有货币,而是由其指示金融中介机构替他转拨货币。指令传递型网上支付方式也是这种情况,常见的有银行转拨指令支付(含有电子资金转拨 EFT, CHIPS, SWIFT 等,电子支票、网上银行等)和信用卡支付。

电子货币转拨型网上支付方式,是客户把银行发行的电子货币保存在一张卡(如智能卡)或者硬件中的某个部分(如一台 PC 或一个手机)的支付机制。一旦客户拥有电子"货币",他就能够在因特网上把支付款项转拨给另外一方。常见的有智能卡支付、数字现金支付及一些微支付等。

这种分类的界限也不是绝对的,如这两种支付方式可能都包括电子钱包。

3)按电子商务网上支付金额等级分类

根据电子商务中网上支付的金额大小等级,可以将网上支付分为如下3类。

(1)微支付

在 Internet 应用中,经常发生一些小额的资金支付,大约少于4美元。例如,Web 站点为用户提供有偿的搜索服务,下载一段音乐,发送一个短消息等。再如,短消息费用从手机费扣除就可理解为微支付,如此小的费用很难采用一般的支付方式来满足,否则成本会很高。

(2)消费者级支付

满足个人消费者和商业、企业、单位在经济交往中一般性支付需要的支付服务系统,又称小额零售支付系统,通常满足价值在5~500美元的网络业务支付,如信用卡、小额电子支票等网上支付方式。小额支付处理的支付交易金额虽小,但支付业务量很大(占总支付业务的80%~90%)。所以这类系统必须具有极大的处理能力,才能支持经济社会中发生的大量支付交易。

(3)商业级支付

价值大于500美元的业务,常表现为中大额资金转账,这是一个国家网上支付系统的主动脉,如金融 EDI、电子支票、中国国家现代化支付系统等。一般说来,跨银行间市场、证券市场或批发市场所发生的支付,其金额之大,时间要求之急,都表明这些支付属于大额支付系统处理的业务。

9.1.3 电子货币

1)电子货币的定义

电子货币就是网络通信或者金融网络中流通的"金钱",可能是电子形式的代币,也可能是电子指令。电子货币的本质是一种使用电子数据信息表达,通过计算机及通信网络进行金融交易的货币;电子货币的形式是与纸币等实物形式无关的、特殊的电子数据。电子货币的运作形态是指电子货币的基本应用方式,即用一定金额的现金或存款从电子货币发行者处兑换并获得代表相同金额的电子数据,通过使用某些电子化方法将该数据直接转移给支付对象,从而实现债务清偿。该电子数据本身即称作电子货币。

电子货币发行和运行的基本运作流程分为3个步骤,即发行、流通和回收。

①发行。

电子货币的使用者X向电子货币的发行者A(银行、信用卡公司等)提供一定金额的现金或存款并请求发行电子货币,A接收到来自X的有关信息之后,将相当于一定金额电子货币的数据对X授信。

②流通。

电子货币的使用者X接收到来自A的电子货币,为了清偿对电子货币的另一使用者Y的债务,将电子货币的数据对Y授信。

③回收。

A根据Y的支付请求,将电子货币兑换成现金支付给Y或者存入Y的存款账户。

2)电子货币的特征

①形式方面的特征。

电子货币表现为一种电子符号或者电子指令,其存储的形式随处理媒体的不同而变化。

②技术方面的特征。

电子货币使用了电子化方法和安全对策,电子货币的发行、流通、回收的过程是用电子化的方法进行的。为了防止对电子货币的伪造、复制、非正当使用等,还需要运用通信、密码等高科技术构成高度的安全保密对策。

③结算方式的特征。

a.预付型结算。当A行向X商户发行电子货币时,X要向A提供资金作为交换,从X的立场看,用电子货币对Y支付之前,预先向A支付了资金,所以是预付型(或储值型)的结算。例如,目前使用的广义信用卡(Debit Card,借记卡),其特征是“先存款,后支付”以及路费储值卡等。

b.即付型结算。即付型结算是指购买商品时从银行账户即时自动转账支付。例如,目前使用ATM(自动柜员机)或银行POS(销售点终端)的现金卡、网上银行等。

c.后付型结算。后付型结算是指目前国际通行的信用卡(Credit Card,贷记卡也是狭义信用卡)的结算方式,其特点是“先消费,后付款”,由发行者提供消费信用。

目前应用的大多数电子货币其实是传递既有货币的新方法,是既有货币在网络上传输时的形态,并不是新形式的货币。也就是说,电子货币的出现,对既有的商业银行业务或中央银行控制货币供应量的职能,并不会突然产生很大的影响,只是某些电子货币项目蕴含着可以执行货币职能的可能性,但基本上不能视之为通货。也就是说,电子货币蕴含着作为普遍等价物的货币功能,但由于人们的应用和思维习惯及电子货币本身虚无缥缈的特征,应用范围还存在局限性,它仍然依靠在银行中的实体货币(现金或存款)来发挥作用,很难说是这些特殊的"电子数据"在单独执行货币的支付职能。但随着科技的发展,电子货币将进一步影响和改变人们的使用习惯,有可能完全取代实体货币,到那时,电子货币就成了名副其实的货币。

电子货币完全不同于传统的纸币:它依附于高科技,存在于计算机的存储器中,在全球化的 Internet 上流通,表现出"网络货币"的职能。使用电子货币,由于人们不再能够亲眼目睹钱币数额的大小,不再有物质真实感,因此人们会觉得这种货币不可靠。但是,电子货币其实是将人从依赖于视觉和触觉的人体器官转移到依赖特定的电子设备上来,这种从信任感知到信任电子设备的挪移似乎本身就是对人类的一种否定。人类接受机器的否定会带来各种哲学上的思索。

实际上,电子货币与有形货币一样具有真实的价值,并且能够安全、快捷、便利地完成每一笔交易。当人们真心地信任和积极、广泛地使用电子货币时,网上支付与结算这种网络时代里的新型支付方式才能真正地发挥其威力,进而带来效益与快捷方便,这正是电子商务这种新型商务方式所追求的。

3)电子货币的类别

按照支付方式分类,电子货币可以分为以下4种。

①储值卡型。

储值卡型是指使用者先在卡中存入一定数量的现金,将卡插入一个阅读器,金额便能以电子化的方式传递,并从卡上减去相应的金额,然后金额的接收方就能在将来的某一时间从它的付款人那里真正收到这个数目的资金。

IC 卡是典型的储值卡型,是在塑料卡上安装嵌入式微型控制器芯片,它由摩托罗拉和 BullHN 公司合作,于 1997 年研制成功。由于使用了 IC 芯片,因此难以伪造,安全性好。

②信用卡应用型。

信用卡 1915 年起源于美国,至今已有 90 多年的历史,是市场经济与电子通信技术相结合的产物,是由附有信用证明和防伪标志的特殊塑料制成的卡片。信用卡应用型电子货币是指实现了网络结算的信用卡,是最早实现在 Internet 上支付的电子货币。由于信用卡的应用普及,所以信用卡应用型电子货币也是目前世界上应用积极性最高、发展速度最快、最普及的网上支付工具。

信用卡的最大特点，是它同时具备信贷与支付两种功能。持卡人可以不用现金，凭信用卡购买商品和享受服务，由于其支付款项是发卡银行垫付的，银行便对持卡人发生了贷款关系，而信用卡又不同于一般的消费信贷。一般的消费信贷，只涉及银行与客户两者之间的关系，信用卡除银行与客户之外，还与受理信用卡的商户发生关系。最基本的原理就是：根据持卡人的信用，可以先借银行的钱进行消费，再还钱，并加付利息费用等，惠及多方。但结算需要第三者即信用卡的发行者的介入。

③存款利用型。

存款利用型是指作为支付手段在计算机网络上传递的存款货币，如电子钱包 Electronic Purse。电子钱包在国外是顾客在网上贸易购物活动中常用的一种支付工具，是小额购物或购买小商品时常用的新式钱包。“网上电子钱包”与现实生活中大家使用的钱包有类似的功能。

使用电子钱包购物，通常需要在电子钱包服务系统中进行。在使用电子钱包时，将有关的应用软件安装到网络贸易服务器上，利用电子钱包服务系统就可以把自己的各种电子货币或电子金融卡上的数据输入进去。在发生收付款时，如果顾客用电子信用卡付款，例如，用 Visa 卡或者 Master Card 卡等收付款时，顾客只要单击一下相应项目（或相应图标）即可完成。在电子钱包内可以装入电子现金、电子信用卡等，目前世界上有许多电子钱包服务系统，如 Visacash 和 Mondex 电子钱包服务系统。

目前我国比较著名的是中国银行开发的用于网上支付的“中银电子钱包”。

另外，电子支票（Electronic Checks）也属于这种类型。顾名思义，电子支票是标准的纸制支票的电子版，这种支付方式必须有第三方来证明这个支付是有效和经过授权的。到目前为止，个人计算机上应用最广泛的财务软件 Quicken，就使用了电子支票。

④现金模拟型。

现金模拟型电子货币是完全模仿纸币并能够进行当面支付的网上电子货币，如电子现金 E-Cash（或数字现金）。电子现金是一种以电子数据形式流通的货币。电子现金是由荷兰的大卫·乔姆（David Chaum）开发出来的，他认为 Internet 必须拥有自己的网络货币，即符合 Internet 特点的数字现金。

电子现金可以在因特网上自由流通，成为网上商品交换的支付手段。这种数字现金应该是一种隐形货币。它把现金数值转换成一系列的加密序列数，通过这些序列数来表示现实中各种金额的币值。用户在开展电子现金业务的银行开设账户并在账户内存钱后，就可以在接收电子现金的商店购物了。世界上有关电子现金的实验还在进行中，有关的标准、规定、管理机制也正在完善之中。

根据电子货币的流向控制和中介机构的介入机制，可以分为“开环型”电子货币和“闭环型”电子货币两类。

a. 开环型电子货币，是指货币余额信息在个人或企业之间可以辗转不断地流通下去,信息的流通路径没有限定的终点(不构成闭合环路),其流通形态类似于现金可以无数次换手。

b.闭环型电子货币,是指用于一次支付的余额信息必须返回到发行主体这种类型的电子货币,即金额信息在"发行主体—顾客—商店—发行主体"这样的闭合环路中流动的类型。

目前,在有限的电子货币项目中,属于开环型的电子货币严格地讲只有Mondex电子零钱,其他大多数使用IC卡的储值卡型电子货币或电子支票等仍属于闭环型。因此,Mondex是目前最接近于现金的电子货币。Mondex是英国威斯敏斯特国家银行开发的随身携带的电子零钱。只要家里有一个电子阅读器,就可以用Mondex卡通过因特网为网上购物进行付款。

4)电子货币发展中的一些问题

电子货币发展中的一些主要问题是安全问题、标准化问题、法律纠纷问题和审计问题。

①安全问题。

凡是货币就都存在安全问题,货币要能发挥支付与流通作用就必须保证其安全可靠。电子货币也存在被伪造及被非法使用的问题。使用电子货币进行网上支付时,交易双方互不谋面,相对于传统支付产生了一些新的安全性问题。例如,如何判定交易的双方是否真的存在,交易双方的身份如何验证,当交易双方的身份得到验证后,网上商家又如何知道该网上顾客的发卡银行的户头上是否有钱支付,支付的电子货币是否真实等。

所以,电子货币系统需要解决安全性、真实性、匿名性和可分性4个关键的技术问题。也就是说,要能保证在线交易、资金转移和电子货币的绝对安全;买卖双方能够确认收转到的电子货币是真实的;确保消费者、商家和他们之间的交易都是匿名的。可以采用数字签名,确认付款方的合法性并防止对其付款信息的否认,并确保付款信息的正确性。采用密码技术对电子货币进行信息加密,防止信息泄露,借助于认证中心确认收款方的合法性并防止对其收款信息的否认。

②标准化问题。

国际上尚缺乏一个统一的适用于电子商务支付与结算的电子货币应用标准,电子商务国际化的要求决定了电子货币也要国际化。因此,必须依靠世界银行和国际货币组织,乃至联合国相关机构等联合各个国家对电子货币的概念、运作模式、安全机制等进行标准化的定义,使其与各国的货币进行汇率上的挂钩。

③法律问题。

在相关的因特网电子货币使用上,国际上没有一个被广泛认可的相关法律来加强对电子货币的监管和责任细分，增加了进行电子货币网上支付结算的企业或者商家甚至个人的商务风险。

④审计问题。

电子货币的技术和表现形式比较容易为犯罪分子所利用，有可能成为洗钱等犯罪活动的工具。

我国的电子货币主要有龙卡信用普通卡、龙卡信用金卡、龙卡信用IC卡、龙卡储值卡与转账卡、龙卡国际借记卡、龙卡个性化电子货币产品等。

9.1.4 信用卡

1）信用卡简介

信用卡1915年起源于美国，至今已有90多年的历史。信用卡是银行或金融公司等发卡机构签发的，证明持有人信誉良好，授权持卡人在指定的商店或场所进行记账消费的信用凭证，是一种特殊的金融商品和金融工具。"信用"一词来自英语Credit，其含义包括信用、信贷、信誉、赊销及分期付款等。

美国的富兰克林国际银行于1951年正式发行银行信用卡，从此信用卡作为一种普遍统一标准的支付工具快速发展。目前在美国和欧洲，信用卡已经成为最普遍的电子支付方式。消费者通过提供有效的信用卡号码和有效期或POS系统，商店就可以通过银行专用通信网络与顾客进行结算。信用卡的发行突破了传统的现金支付方式，为银行建立先进的自动服务系统创造了条件，成为自动服务系统中的重要组成部分，并为电子货币、电子支付及网上支付结算时代的来临奠定了基础。发展到现在，借助Internet，消费者只要在Web页面填写信用卡号码和密码，就可即时实现网上支付结算，支撑电子商务的发展。

信用卡是由附有信用证明和防伪标志的特殊塑料制成的卡片。信用卡的国际统一标准尺寸是：长85.72 mm、宽53.975 mm、厚0.762 mm。信用卡正面印有发卡银行（或机构）的名称、图案、简要说明、打制的卡号、有效期、持卡人姓名、性别、发卡行名缩写；背面附有磁条和签名条，还可印上持卡人的彩色照片和证件号码等。

信用卡之所以能在世界范围内被广泛使用，与其本身丰富的功能是分不开的。信用卡的基本功能主要表现在支付结算、消费信贷、自动取款、信息记录与身份识别等。

在基于Internet的电子商务迅速发展的今天，信用卡应用型电子货币作为不受地域限制而采用的电子与网上支付工具受到了人们的普遍关注。其引人注目的原因，除了支付结算体系本身的电子化处理方式易实现的优点之外，还因为信用卡的支付，使适用于计算机网络空间（虚拟空间）的支付结算方法具有如下独特优点。

①特约网上商店无须太多投入即能使用；

②24 小时内无论何时何地只要能上网均可使用；

③几乎所有的 B2C 电子商务网站均支持信用卡网络结算，因而非常普及；

④法律和制度方面的问题较少。

按照发卡机构提供的不同信用，信用卡可划分为：银行可为用户提供透支贷款一定数额的、具有透支功能的贷记卡；不具备透支功能但具有其他购物结算功能都齐全的借记卡，如牡丹灵通卡、长城借记卡和龙卡转账卡；专用交纳某种费用或购物消费，客户在收到账单的同时就必须支付的收费卡，例如，智能卡（IC 卡），可以专门用来代发工资、交纳交通违规罚款、汽车加油等；旅行娱乐卡。信用卡是一种小额电子支付工具，它促进了人们从观念上接受电子货币。

2）信用卡的网上支付模式

主要的信用卡支付模式有 SSL 信用卡支付与 SET 信用卡支付。SSL 与 SET 协议在前面电子商务安全的章节中已经学习了，这里结合信用卡的具体支付叙述如下。

（1）SSL 信用卡网上支付模式

使用这种模式付费时，消费者信用卡号码和密码被加密传送，而且这种加密的信息只有业务提供商或第三方付费处理系统（如北京的首信安全网上支付平台）能够识别。采用的安全技术有：

①部分或全部信息加密；

②使用对称和非对称加密技术；

③使用商家身份验证数字证书；

④采用防伪造的数字签名等。

由于消费者进行在线购物时只需一个信用卡号和密码、无须任何其他硬件设施，所以这种付费方式给网上消费者带来方便。

但这种方式由于需要一系列的加密、授权、认证及相关加密信息传送，有一定的交易成本，所以对微额交易而言不太适用（如网上短信）。

著名的 CyberCash 公司研发的安全 Internet 信用卡支付模式就是这种模式。IBM 等公司也提供 SSL 支付模式软件系统，用户有日本航空公司网上订票系统、中国商品交流中心电子商务系统等。

消费者提交的订单信息可以理解为两部分组成：一是购货信息，如商品名称和数量、送货地址等，直接发送给商家服务器；二是信用卡号码、密码等隐私信息，加密后直接发送到银行服务器或第三方支付平台，不通过商家，以保证安全。

商家有可能等到银行的认证信息后才确认订单或确认支付时限，中国工商银行北京分行牡丹灵通卡网上支付就是这种支付模式。图 9.3 描述使用简单加密信用卡的流程。

(2)SET信用卡网上支付模式

SET是一个为了在因特网上进行在线交易而设立的一个开放的、以电子货币(如智能卡、电子钱包等)为基础的网上支付结算协议标准。SET对消费者信用卡认证,又对商家身份的认证,这对于需要支付货币的交易来讲是至关重要的。SET使用的安全措施有对称密钥系统、公钥系统、数字摘要、数字签名、数字信封、双重签名、认证等技术和手段。这么多安全技术的使用使SET信用卡网上支付模式具有比SSL信用卡网上支付模式更加安全、可靠,更能让顾客、商家和银行等多方放心,因此是比较先进的支付模式。但目前这种方式实施程序复杂一些、成本较高。

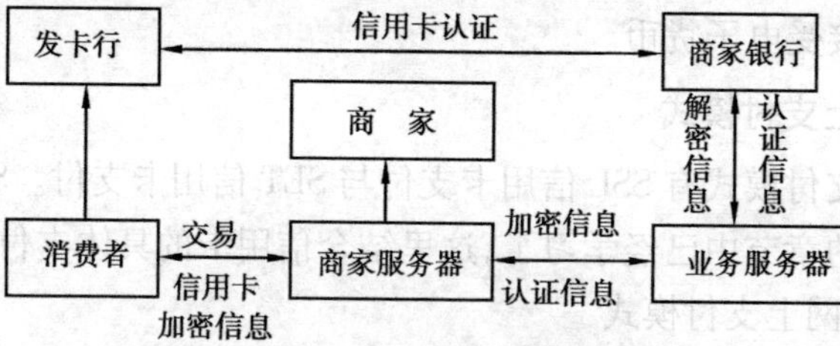

图9.3 使用简单加密信用卡的流程

SET已获得IETF标准的认可,是EC电子货币安全网上支付的发展方向。IBM公司宣布其电子商务产品Net. Commerce支持SET机制。IBM建立了世界上第一个Internet环境下的SET支付结算系统——丹麦SET付款系统,新加坡花旗银行付款系统也采用了IBM的SET付款系统。此外,微软公司、CyberCash公司和Oracle公司也宣布他们的电子商务产品将支持SET网上支付结算模式。中国银行发行的借记卡就是采用的这种安全SET支付结算模式(也称“中银电子钱包中借记卡支付模式”)。

(3)First Virtual

First Virtual是Internet上使用最早的信用卡支付系统之一,它首先在Internet上实现了使用信用卡的安全支付。FV系统由First Virtual Holding公司于1994年10月公布。顾客事先通过电话、传真或邮递等非Internet方式在FV支付系统上注册,由系统给每位顾客设定一个ID号和口令。顾客网上购物支付时,只需将自己的ID号和口令及购买商品的确认信息用电子邮件传送到FV系统的某个营业网点即可进行结算。

FV系统的优点是简单、不用加密,商家不会接触到顾客的信用卡信息,可防止其对顾客信用卡的恶意使用。FV系统的缺点是必须事先注册,业务过程中使用电子邮件,而电子邮件是异步的,在效率上不能满足“实时购物”的需求。

9.1.5 IC卡

1)IC卡简介

由于具有多种功能,IC卡(Integrated Circuit)又名智能卡。最早的IC卡于20世纪

70 年代中期在法国问世,经过 20 多年的发展,现在的智能卡以其存储信息量大、使用范围广、安全性能好而逐渐受到人们的青睐。

智能卡类似信用卡大小和形状,但卡上不是磁条,而是计算机智能芯片(微型 CPU)和小存储器(RAM)。在智能芯片上将消费者信息和电子货币存储起来,而且存储信息量大,该卡可以用来购买产品、服务和存储信息等。

由于智能卡内安装了嵌入式微型控制器,能储存并处理数据,如消费者的绝对位置、消费者的相对位置,以及相对于其他装置和物体的方位、消费者持有的货币信息等。卡上的价值受消费者的个人识别码(PIN)保护,因此只有消费者能访问它。多功能的智能卡内嵌入有高性能的 CPU,并配备有独立的基本软件(OS),能够如同个人计算机那样自由地增加和改变功能。这种智能卡还设有"自爆"装置,如果犯罪分子想打开 IC 卡非法获取信息,卡内软件上的内容将立即自动消失。因此 IC 卡本身安全性比传统磁条信用卡好得多。

IC 卡像信用卡一样可以用于网上支付,作为网上的支付工具已经有了以下主要标准:

①全球 PC/SC 计算机与智能卡联盟,由 Bull, HP, IBM, Microsoft, Simens, Nixdd, Sun, Toshiba, Vefi-ne 和 Gem 等组成了计算机与智能卡联盟,制定计算机和智能卡联用标准,以达到通过智能卡插入异地网络计算机,即可通过因特网查询本地资料或进行电子商务。

②EMV 集成电路卡规范,是由 Visa 联合 Eumpayt 和 M-temard 共同完成的 ISO 标准的集成电路卡规范。

③中国 IC 卡系列标准与规范,与国际通用的 EMV 规范兼容。

IC 卡的优点:

①智能卡使得电子商务中的交易变得简便易行。智能卡消除了某种应用系统可能对消费者造成不利影响的各种情况,它能为消费者"记忆"某些信息,并以消费者的名义提供这种信息。使用智能卡就再也不用记住个人识别号码(密码),如进行网上支付,无须记住个人识别号码就是一大优点。

②智能卡具有很好的安全性和保密性。它降低了现金处理的支出及被欺诈的可能性,提供了优良的保密性能。使用智能卡,消费者不需要携带现金就可以实现像信用卡一样的功能,而保密性能高于信用卡。因此,智能卡在网上支付系统中作用重大。作为电子商务中的支付前端有可能成为最终、最安全和最直接的网上支付解决方案。

2)IC 卡的网上支付模式

IC 卡的一个主要功能就是进行支付,特别是方便电子商务下的网上支付。IC 卡具备两种支付模式,即带读卡器的 IC 卡网上支付模式和不带读卡器的 IC 卡网上支付模式。

(1)带读卡器的IC卡网上支付模式

使用这种模式进行网上支付时,顾客需要购买一个专用IC卡读卡器,连接在上网的计算机上,所以增加了一定成本,但是由于是智能卡硬件自动操作,更加安全和保密,减少了顾客的劳动。支付过程如下:

①消费者在适当的PC上启动消费者的Internet浏览器,进入商家网站进行购物,双方认证,填写订单,并选择IC卡支付(需商家、银行支持)。

②通过安装在PC上的IC卡读卡器,用消费者的智能卡登录相应银行Web站点上,智能卡会自动告知银行有关消费者的账号、密码和其他一切加密信息。

③消费者从智能卡中转移数字现金到厂商的账户上,就完成了支付。

MASTER公司1990年开发的产品Mondex智能卡就是这种形式。

(2)不带读卡器的IC卡网上支付模式

这种网上支付模式类似信用卡的支付模式。拥有IC卡的顾客在发卡行同时拥有一个与这个IC卡对应的账号。因此进行网上支付时,其实就是用这个账号进行支付,类似网上银行。因此,顾客不需要购买一个专用IC卡读卡器连接在上网的计算机上,但牺牲了一定的安全保密度。支付过程如下:

①消费者在适当的PC上启动消费者的Internet浏览器,进入商家网站进行购物,双方认证,填写订单,并选择IC卡支付,这需要商家和银行给予支持。

②类似于信用卡支付,填写IC卡的号码和使用密码,加密登录相应银行Web站点上,准备进行支付。

③银行根据对卡的认证,确认后转移电子货币到厂商的账户上,就完成了支付。

网上银行的支付业务类似这种支付模式。

3)IC卡网上支付的应用情况

IC卡单独作为网上支付方式的应用正在发展中,国际上在智能卡领域,JavaCard(VISA),Multos(万事达卡的操作系统)和Microsoft的视窗智能卡之间将有一番竞争。

在中国,银行发行的用于支付的主要还是普通信用卡,用于金融支付结算的IC卡还未真正普及,因此IC卡还未真正应用于电子商务支付活动,但基于其技术先进、安全、多功优点,前景和优势十分明显。国外已经有IC卡用于网上支付的实例,如必须在PC上连接一个刷卡器配合使用Mondex智能卡网上支付结算,但此卡内存储的是数字现金,其支付结算过程类似电子钱包。

小额支付IC卡在国际上已有很多成功的案例,从发行方式来看,主要有两种模式:中国香港八达通模式和万事达Mondex模式。

(1)八达通模式

八达通(Octopus)是中国香港通用的电子收费系统,芯片内置在信用卡大小的塑胶卡片中,替卡片充值后放在接收器上即能完成付款过程。八达通在1997年9月1日开始使用,应用于巴士、铁路等公共交通工具,不用接触操作器就能付款;八达通还用于商店、餐馆、停车场等业务,也用作学校、办公室和住所的通行卡,充当泊车付款器等。八达通卡可以利用充值机、商店付款处和以信用卡、银行账户自动转账等形式进行充值。

由于中国香港离内地很近,两地的人文环境比较接近,因此这种模式被不少专家看好,它也成为国内公交公司拓展公交卡功能的模板。广州羊城通于2001年12月30日投入试运行,目前发卡量已超过200万张,日刷卡交易量超过了120万次,并在近年开始用于麦当劳、邮局、戏院等非公交领域。南京公交IC卡在2007年公交卡发卡总量已突破300万张,其中CPU卡(新卡)就达240万张。

八达通模式存在的风险如下:

①在政策方面。国内的金融政策和管理非常严格,从中国人民银行的规定来看,行业用卡原则上是不允许跨行业使用的,如果要跨行业使用,就必须由中国人民银行批准。

②在金融风险防范方面。行业卡之所以被质疑的另一个很大的因素,是发卡及营运机构不具备防范金融风险的资格及能力。

③在标准方面。目前,对于行业用卡,针对各个行业的实际情况及对安全性的要求,各部委都有自己的一套标准。这套标准对于规范行业卡在自身领域内的使用是足够了,但是,超出了这个领域时怎么办?(公交卡城际互通国家标准于2009年颁布)

④还有一个问题,就是应该采取何种卡片。就公交行业来看,目前所使用的基本上都是非接触IC卡。这种IC卡在通道控制、快速轨道、门禁控制等方面确实具有很大的优势,但是,用于交易方面就存在误刷及错刷的可能,尤其是在网吧等读卡器密集的地方。

(2)万事达Mondex模式

Mondex最初于1990年由英国国民西敏银行开发,经过5年的试验,于1995年开始在Swindon做测试,以后多个国家及地区均引进这套系统。1996年万事达国际组织买下了Mondex 51%的股份。1997年,英国的De La Rue公司成为Mondex的合作伙伴。Mondex卡在英国、美国、加拿大及新西兰进行实验性的应用。在中国香港也设立了两个试验点并于1996年试验,到1997年春,中国香港的持卡人已有45 000人,有约400家商户支持这个系统。但Mondex后来在中国香港没能流行开来,其原因在于其付款的所需时间不及轻触式的八达通系统短。中国香港曾有一些专线小巴、邨巴使用Mondex系统,以后陆续被八达通所取代。

Mondex是存储电子货币的智能卡,大小与标准IC卡一样,卡上有一个8位的微电脑用来记录与处理数据。其标准的设备包括 Mondex 卡读数器、取款机、POS、电话机、余额读出器、售票机和自动贩卖机等。Mondex 的用法是:把 Mondex 卡插入商家必须在结账台上安装专用的刷卡器或者 PC 上的刷卡器,三五秒之后,卡和收据条便从设备中吐出。Mondex 卡同时可以存放 5 种不同的货币。Mondex 卡的优点是:

①用装在家里的专用电话直接从用户的银行账户上接收电子现金,两个持卡人还可用电话在他们的 Mondex 卡之间转移现金;

②一张卡既可在在线环境下使用,又可在普通商店里使用;

③Mondex 卡主要用于微支付,保证顾客在各类自动售货机上都能找开零钱;

④Mondex 卡没有银行或其他第三者的介入,保证匿名。

Mondex 卡的缺点是:

①由于 Mondex 卡以电子形式储备真正的现金,用户因担心卡失窃而不会在卡上存放大笔资金。

②Mondex 卡也没有信用卡延期结算的优点,Mondex 卡要求立即支付现金。这些要求都造成了 Mondex 卡没有取得巨大的成功。

9.1.6 数字现金

数字现金又称电子现金,是一种以数据形式流通的、能被消费者和商家接受的、通过 Internet 购买商品或服务时使用的货币。消费者用预先存入的现金来购买数字现金时,通过他的计算机产生一个或多个 64 位(或更长)的随机二进制数,银行打开消费者加密的信封,检查并记录这些数,进行数字化签字后再发送给消费者。经过签字的每个二进制数表示某一款额的电子数字。消费者可用这些数字现金在商业领域中进行流通。

数字现金是纸币现金的电子化,具有与纸币现金一样的很多优点(直观、方便),随着电子商务的发展,必将成为网上支付的一种重要工具,特别是涉及个体、小额网上消费者的电子商务活动时。比如,很远的两个个体消费者可以进行 C2C 电子商务时的网上支付与结算。

1)数字现金的制作

数字现金的制作流程如下:

①客户在银行建立账户并存储一定数量现金之后,就可使用个人计算机数字现金终端软件来产生原始数字代币,并将一个序列号加到数字代币上,然后将其发送到发行银行。

②通过将序列号与另一个随机数——所谓隐藏系数(Blinding Factor)相乘,银行只能看见这个新序列号。

③银行用其签名私钥对代币所要求的价值进行数字签名,并将其回送给客户。

④客户再用隐藏系数分解序列号,并取回原始的序列号。

采用这种机制,银行就不能追溯到刚产生的数字现金客户,因为银行看不到原始序列号。这种隐蔽签名(Blind Signature)技术,是由 DigiCash 的创始人 David Chaum 发明的具有专利权的算法,可用来实现银行对数字现金的认证,并允许数字现金的匿名。

2)数字现金的特点

①独立性。电子现金不依赖于所用的计算机系统。

②匿名性。电子现金不能提供用于跟踪持有者的信息,因此在进行网上支付时也无法追踪,保护了客户的隐私。

③无须银行中介的直接支付、转让。电子现金可容易地从一个人传给另一个人,并且不能提供跟踪这种传递的信息。因此,数字现金网上支付方式十分经济、成本低。

④可分性。电子现金可用若干种货币单位,并且可像普通的现金一样,把大钱分为小钱。

⑤不可重复使用。电子现金一次花完后,就不能用第二次。

⑥安全存储。电子现金能够安全地存储在客户的计算机或 IC 卡或电子钱包中,而且客户以这种方式存的电子现金可方便地在网上传递。

3)数字现金的网上支付模式

数字现金可以存储在 IC 卡或电子钱包中应用,这种数字现金表现为预付卡形式。纯电子形式的数字现金没有明确的物理形式,以特殊数字号码的形式存在。其网上支付流程(见图9.4)如下:

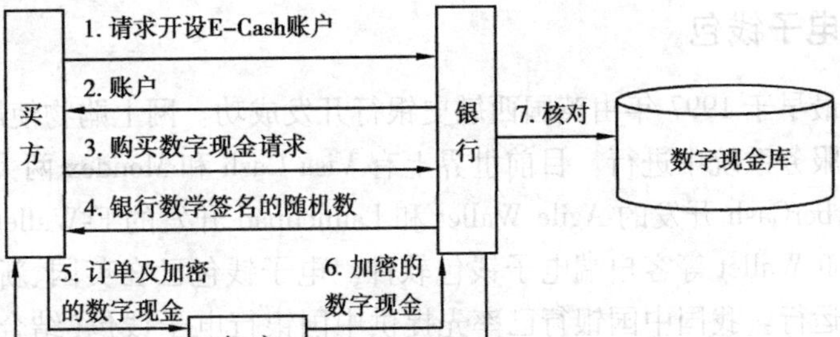

图9.4　数字现金网上支付流程

①购买数字现金。消费者在数字现金发布银行开设数字现金账号,购买数字现金。

②存储数字现金。消费者使用个人计算机数字现金终端软件从数字现金银行取出一定数量的数字现金,然后存储在计算机硬盘上。

③用数字现金购买商品或服务。消费者从同意接收数字现金的商家订货,使用数

字现金支付所购商品的费用。

④资金清算。接收数字现金的商家与数字现金发放银行之间进行清算,数字现金银行将消费者购买商品的钱支付给商家。

⑤确认订单。商家获得付款后,向消费者发送订单确认信息。

数字现金支付要求银行和卖方之间应有协议和授权关系,买方、卖方和 E-Cash 银行都需使用 E-Cash 软件,因为数字现金可以申请到非常小的面额,所以数字现金适用于小的交易量(Minipayment)。身份验证是由 E-Cash 本身完成的,E-Cash 银行负责买方和卖方之间资金的转移,具有现金特点,可以存、取、转让。

4)数字现金网上支付的使用情况

①DigiCash (www. digicash. com)公司提供了一种 E-Cash 模式的系统,主要特点是通过数字记录现金,集中管理和控制现金,是一种足够安全的系统。使用该系统发布 E-Cash 的银行有十多家,包括 Eunet, Deutsche, Advance 等世界著名银行。

②IBM 的 Mini-Pay 系统提供了另一种 E-Cash 模式。

③CyberCash(www. cybercash. com)提供用于小额数字现金事务。

④NetCash (www. isi. edu)是可记录的、匿名的数字现金支付系统。其主要特点是设置分级货币服务器来验证和管理数字现金,比较安全。

目前数字现金支付方式存在的问题主要有两个方面。首先,电子货币没有一套国际兼容的标准,接收数字现金的商家和提供电子现金开户服务的银行都太少,不利于数字现金的流通;其次,应用电子现金对于客户、银行和商家都有较高的软、硬件要求,成本较高。尽管存在问题,但数字现金的使用在国外仍呈现增长势头。

9.1.7 电子钱包

电子钱包最早于 1997 年由英国西敏史银行开发成功。网上购物使用电子钱包,需要在电子钱包服务系统中进行。目前世界上有 Visa Cash 和 Mondex 两大电子钱包服务系统。现有 CyberCash 开发的 Agile Wallet 和 Launchpad 开发的 E-Wallet 以及 Microsoft 开发的 Microsoft Wallet 等客户端电子钱包软件。电子钱包已在英国、新西兰等国家和中国香港特区运行。我国中国银行已率先提供中国银行电子钱包(结合长城借记卡应用)的网上支付结算服务。

1)电子钱包的概念和功能

电子钱包(E-Wallet)是一个可以由顾客用来进行安全电子交易和储存交易记录的特殊计算机软件,就像生活中随身携带的钱包一样,但它是个“虚拟钱包”。电子钱包本身并不能用于支付,而是用存放在电子钱包里的自己的各种电子货币(如数字现金)或电子金融卡(信用卡、IC 卡)等来进行支付结算。

消费者随着网上购物次数增多,他们会厌倦网上购物的烦琐流程,因为每次采购都要输入送货地址、信用卡信息、个人身份信息等,如果只需在网页上点击一个个人的"钱包图标",就能把这些每次重复的个人商务信息都安全发送给商家网站,加快购物过程,提高购物效率,这就是电子钱包的作用。与实际钱包、智能卡类似,电子钱包把有关方便网上购物信息,如信用卡信息、电子现金、钱包所有者身份证、所有者地址及其他信息等集成在一个数据结构里,以供整体调用。它是在小额购物或购买小商品时常用的新式虚拟钱包。电子钱包网上支付一般采用SET协议安全机制,安全可靠。使用电子钱包购物,通常需要在电子钱包服务系统中进行(商家支持)。顾客需使用电子钱包客户端软件(免费)才可以使用电子钱包进行网上支付。

电子钱包的功能如下:

①数字证书的管理,包括电子证书的申请、存储、删除等。

②安全网上支付,进行SET交易时辨认商户的身份并发送支付信息。

③交易记录的保存,保存每一笔交易记录以备日后查询。

值得注意的是,顾客开始使用电子钱包时一般要进行注册,在以后每次使用钱包时都要进行"登录",进行电子钱包的身份确认。所以电子钱包持有者对自己的用户名及口令应该严格保密,以防电子钱包被他人窃取,否则就会像生活中钱包丢失一样,有可能会带来一定的经济损失。

2)电子钱包的网上支付模式

使用电子钱包进行网上支付的基本流程如下:

①顾客将下载的电子钱包客户端软件装入计算机系统,输入对应电子货币(数字现金、信用卡等),配置电子钱包成功。顾客使用计算机通过Internet查寻自己想购买的物品。

②顾客网上填写订单,并提交订单。

③商家电子商务网站回送订单信息。

④顾客确认后,用电子钱包进行支付。单击电子钱包的相应项或电子钱包图标,电子钱包立即打开,输入自己的保密口令,顾客确认是自己的电子钱包并从电子钱包中取出电子货币(如选择某种信用卡)来付款。

⑤如果信用卡支付过程采用前面所述的信用卡SET网上支付模式,则涉及各方的认证、信息加密、传送以及交换。

⑥如果这张卡遭到商业银行拒绝后,顾客可以再单击电子钱包的相应项打开电子钱包,取出另一张电子信用卡,重复上述操作,完成网上支付。

中银电子钱包(E-Wallet)是一个可以由中国银行长城电子借记卡和长城国际卡持卡人,用来进行安全网上购物交易并储存交易记录的软件,就像生活中随身携带的普通钱包一样。

9.1.8 电子支票

信用卡网上支付方式主要用于小额支付结算,电子钱包不能够满足 B2B 电子商务加速发展的需要,B2B 发展迫切需要适合大额交易的网上支付手段。支票是企业间进行大额商务支付结算的传统手段,企业间支票结算在我国尤显重要。但是,传统的纸质支票存在着处理时费时费力、安全性较差,并且受到使用区域的限制等缺陷。如果能够在信息网络上开发一种传统支票的电子替代物,那么 B2B 的大额支付问题将迎刃而解。

信息网络与安全技术的应用为纸基支票转化为电子支票创造了条件。早在 1995 年,由美国一些大银行和计算机公司组成的金融服务技术联合会就开发并公开演示了使用 Internet 进行的电子支票交易系统,并且预言"这个系统可能会引起银行交易发生革命"。

1998 年 6 月 30 日,世界上第一张电子支票在美国出现,当时 IBM 联合美国波士顿银行、美洲银行和美国金融服务技术联合会签发了该支票。

电子支票(E-Check),也称数字支票,是将传统支票的全部内容电子化和数字化,然后借助计算机网络(Internet 与金融专网)完成支票在客户之间、银行客户与客户之间以及银行与银行之间的传递,实现银行客户间的资金支付结算。简单地说,电子支票就是纸支票的电子版。它包含和纸支票一样的信息,如支票号、收款人姓名、签发人账号、支票金额、签发日期、开户银行名称等,还具有和纸支票一样的支付结算功能。

电子支票系统是建立在传统纸基支票系统基础上,但纸支票系统中的签字、盖章、笔迹等安全机制对电子支票系统已不适用。电子支票中的所有信息都以数据文件的形式存储、传送,被涂改后不留痕迹;电子支票的传输平台 Internet 存在着安全风险问题和可靠性问题。所以,电子支票必须采取安全技术手段来满足网上支付的安全需求。

为了保障使用的安全性,在电子支票系统中使用数字证书以实现身份识别;数字签名可以取代手写签名和签章,而且实现了信息的完整性和不可抵赖性;加密解密技术能实现支票信息的保密性,这些安全技术手段的综合使用能够保证网上支付的安全需求。其中,由于电子支票的数字签名是用签发人的私钥生成的,私钥保存最为关键,一旦私钥被窃取,任何人都可以签发和使用这个电子支票。为了防止客户私钥在客户计算机或在网络传输时被窃取,私钥一般存放在硬件 IC 卡或 PC 卡上,由用户随身携带。这个硬件 IC 卡就称为电子支票簿装置。不同客户通过输入个人身份识别码(PIN)来激活电子支票簿,确保私钥的授权使用。

1)电子支票的特点

电子支票在内容、外观、支付流程方面均与传统支票十分相似,客户不必再接受培训,且因其功能更强,所以接受度很高,很适合B2B电子商务的中大额支付结算。通过应用数字证书、数字签名及加密解密技术以及唯一支票号码检验,电子支票提供了比使用印章和手写签名更加安全可靠的防欺诈手段。电子支票将整个处理过程自动化,帮助银行缓解银行处理支票的压力,节省大量的人力和开支,极大地降低了处理成本。电子支票可以在任何时间、地点通过Internet进行传递,打破了地域的限制,最大限度地提高支票的收集速度,从而为客户提供了更方便快捷的服务并减少了在途资金;电子支票技术还很容易和流行成熟的EDI应用的资金报文整合,以利于更广泛的发展,也可用于B2C支付(特别随着我国个人支票的拓展),有可能是未来最有效率的网上支付手段。

2)电子支票的网上支付模式

电子支票一般由客户计算机内的专用软件生成,也可以由银行专门软件生成特殊票文件,交由客户数字签名。一般电子支票应包括支付数据(支付人、支付金额、支付起因等)、支票数据(出票人、收款人、付款人、到期日等)、客户的数字签名、CA证书、开户行证明文件等内容。

虽然有些电子支票网上支付系统通过专用金融网络、设备、软件及一套完整的用户识别、标准报文、数据验证等规范化协议完成数据传输,从而控制安全性(类似金融EDI模式),这种方式已经较为完善。但是成本更低、跨区域、应用更简单的基于Internet平台的电子支票网上支付系统正在快速发展中,这种形式更适合电子商务的发展需要。

电子支票网上支付模式一般包含3个实体:客户(购买方)、商家(销售方)和金融机构(客户的开户银行、商家的开户银行、票据交易所或清算所)。如果是同一家银行,金融机构只需要一家银行就行了;如果不同开户行,则借助票据交易所,可由一独立的机构或现有的一个银行系统承担,其功能是在不同的银行之间处理票据和清算。

因此,电子支票的网上支付模式可分为同行电子支票网上支付模式和异行电子支票网上支付模式两种。

(1)同行电子支票支付模式

同行电子支票支付模式支付流程如下:

①客户和商家达成网上购销协议,并选择使用电子支票支付;

②客户通过网络向商家发出电子支票;

③商家通过认证中心CA对客户提供的电子支票进行验证,验证无误后将电子支票送交银行索付;

④银行在商家索付时通过认证中心CA对客户提供的电子支票进行验证,如果有效(如款够不够)即向商家兑付或转账。

(2)异行电子支票支付模式

一宗完整的电子支票业务由下面所述的若干步骤构成,这些步骤可分为3个不同阶段。

第一阶段：

①客户访问商家的服务器，商家的服务器向客户介绍其货物。

②客户挑选货物并向商家发出电子支票。

③商家通过认证中心和其开户银行对支付进行认证，并验证客户电子支票的有效性。

④如果支票是有效的，商家则接收客户的这宗业务。

第二阶段：商家把电子支票发送给它的开户行，以得到现款。

⑤商家把电子支票发送给它的开户行。商家可根据自己的需要，何时发送由其自行决定。

第三阶段：商家的开户银行通过票据交易所或客户的开户行兑换电子支票。

⑥商家的开户行把电子支票发送给票据交易所，以兑换现金。

⑦票据交易所向客户的开户行兑换支票，并把现金发送给商家的开户银行。

⑧客户的开户行为客户下账。

3）电子支票的应用情况

电子支票支付遵循国际金融服务技术联盟（Financial Services Technology Consortium，FSTC）提出的BIP（Bank Internet Payment）标准（草案）。典型的电子支票系统有E-Check，NetBill，NetCheque等。基于Internet的电子支票系统目前在国际上仍属于新事物，尚在发展中。但金融专用网上运行的电子资金转账EFT和SWIFT系统其实与电子支票的应用原理差不多，但转移到Internet上并实际应用还有一个过程。图9.5描述了使用电子支票的步骤。

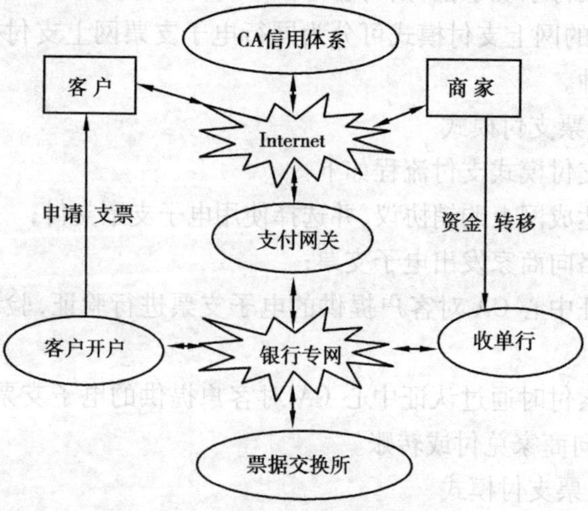

图9.5 使用电子支票步骤

9.1.9 网上银行

20世纪50年代,银行开始了电子化建设。计算机逐渐在美、日等国家得到应用,使用计算机进行简单的银行数据和事务处理以及在分支机构及各营业点的记账和结算。20世纪60年代初期,发达国家开始为客户提供电子支付服务;20世纪60年代末兴起了电子资金转账(Electronic Funds Transfer, EFT)技术及网络,为网上银行的发展奠定了技术基础。联邦储备银行支付系统(Fedwire)和环球银行金融电信协会(SWIFT),成为美国的两大银行网络系统。20世纪70年代起,开始了全球金融一体化的进程,全球的金融机构通过SWIFT系统(国际环球同业财务电信系统)实现全球范围的互联互通,使银行能为客户提供全球电子支付服务。20世纪70年代末,北欧国家兴起了电话银行,并在20世纪80年代中后期得到迅速发展。随着计算机普及率的提高,商业银行逐渐将发展的重点从电话银行调整为PC银行,即以个人计算机(PC)为基础的电子银行业务。20世纪80年代中后期,形成了不同国家银行之间的电子信息网络,进而形成了全球金融通信网络,开始逐步进入电子银行(E-Bank)时代,以自助方式为主的在线银行服务(PC银行)、自动柜员机系统(ATM)、销售终端系统(POS),家庭银行系统和企业电子银行系统等就是电子银行的应用实例。

ATM自动柜员机是一种智能终端,它通过通信线路与银行计算机主机相连,为客户提供各种存款、取款、转账、小额贷款、查询金融信息、查询账户信息、投资咨询等银行服务。POS系统主要由收银机、商户端银行卡处理机以及实现数据连接的内外部线路和相关通信设备(如路由器、调制解调器和网卡等)组成。从软件组成来看,主要包括基于收银机的银行卡受理程序和基于商户端银行卡处理机的银行卡处理程序。新一代的集中式电话银行——呼叫中心(Call Center)利用先进的计算机网络技术、数字语音技术和通信技术,由银行坐席代表依托庞大的后台系统向客户提供交互服务。

20世纪90年代中期以来,随着Internet的爆炸性发展和电子商务的兴起,银行为满足电子商务发展和金融行业竞争的需要,纷纷借助Internet及其他网络开展各种金融业务,以达到拓展业务触角、降低运营成本、满足顾客个性化需要的目的。商业银行开始驶上网络快车,银行经营方式呈现网络化趋势。银行及时将自己的电子银行服务向Internet延伸,从而能通过已有的电子银行体系向Internet用户提供网上支付服务和网上银行业务服务。因此,网上银行系统是建立在已有的电子银行基础之上的,也是电子银行的进一步发展,并成为电子银行的重要组成部分。

1995年10月18日,美国的Area Bank股份公司、Wachovia银行公司、Huntington Bank股份公司联合在Internet上成立了全球第一家无任何分支机构的网上银行——安全第一网上银行,这也是在Internet上提供大范围和多种银行业务的第一家银行,其前台业务在Internet上进行,后台处理只集中在一个地点进行,业务处理速度快、服务质量高、服务范围广。作为第一家网上银行，仅仅在它开业后的短短几个月内，即有近千万人次上网浏览，给金融界带来极大震撼。从此，网上银行以几何级数的形式扩展，大有取代传统银行业务方式的发展趋势。自1999年招商银行率先推出招行网上银行以来，几乎较大的商业银行都推出了网上银行服务。

1）电子银行

EFT系统是银行同其客户进行数据通信的一种电子系统，是各银行自行开发应用的专有系统，用于传输同金融交易有关的信息，主要包括电子资金和相关的数据，为客户提供支付服务。通过EFT系统，银行可把支付服务从银行的柜台延伸到零售商店、超级市场、企事业单位以至家庭，总之，可延伸到社会的各个角落。EFT、信用卡等电子支付形式的出现可以认为是银行电子化的开始。

在银行电子化初期，不少EFT系统是由大银行自行开发和使用的专有系统，中小银行则受资金和人才的限制，走联合开发共享EFT系统的路子。随着银行业务的不断扩大，工业化国家的许多EFT网络，逐步互联成各种地区性、全国性的庞大的金融共享网。从20世纪80年代中期开始，发达国家的银行将各种EFT系统进行集成，使各EFT系统共用一个账务系统，促使各种EFT系统能进行联动处理，银行因而能为客户提供综合业务服务，而不只是支付结算业务，大大方便了客户；此外，银行能从统一的账务处理系统中掌握客户全部的业务活动，从而为银行提供信息增值服务打下了重要的基础。

随着银行电子化的深入发展，建立综合业务服务后的银行，采用IT技术，逐步建立起以客户为中心的管理体系和科学的金融监控体系。这样，银行不仅实现电子化，还实现了信息化；这不仅使银行的业务处理（如支付结算）实现了电子化，银行还能对客户提供金融信息增值服务，还使银行的经营管理和安全监控实现数字化和现代化。于是，EFT系统因此发展成电子银行系统，银行也从手工操作的传统银行逐步发展成高度自动化和现代化的电子银行。

电子银行（E-Bank）是电子化和信息化了的高效率、低运行成本的银行。电子银行借助各种电子业务系统，通过电子传输的办法，向其客户提供全方位、全天候、高品质又安全的银行服务；不仅提供综合支付服务，还提供与之相关的金融信息增值服务；不仅使业务处理电子化，还使银行的经营管理和安全监控实现信息化。所以可将其描述为“C&C + IT + Bank”。

可以说，电子银行从根本上改变了传统银行的业务模式、管理模式和管理旧体制，建立了以信息为基础的自动化业务处理和以客户关系管理（CRM）为核心的科学管理新模式。电子银行用电子货币支付方式，取代传统的现金交易和手工凭证的传递与交换，大大加快了资金的周转速度。

传统银行一般只进行金融交易。因此，传统银行只起信用中介作用。在电子银行时代表现为进行金融交易和进行金融信息交换两个方面。前者是基础,后者是从前者派生的。因此,现代化的电子银行系统,一般都具有支付服务和金融信息增值服务两种功能,或者说电子银行的产品包含支付产品和信息增值服务两大类产品。

电子银行大大增强了传统银行所起的信用中介作用,即资金、货币流通的介质和与作用。电子银行还起着全新的社会经济信息收集、加工处理和服务中心的作用。银行从传统的单纯信用中介作用,发展到强化了的信用中介和信息增值服务,使银行发生革命性的变化,也使银行界真正进入电子银行时代。

电子银行促进了社会经济的发展,推动了全球经济一体化和金融一体化的发展进程。而全球经济和金融一体化的发展,又大大促进了商品经济的蓬勃发展,加剧了金融业生存竞争,从而反过来又促使银行不断以最新的科学技术武装自己,进一步提高银行的电子化和信息化水平,以不断开发新的银行服务品种,提高银行的管理水平和服务水平,进一步促进社会经济的发展。

2)网上银行

网上银行是银行电子化与信息化建设的高级阶段,能方便地提供多种金融服务。网上银行是一种综合型的网上支付模式,其个人网上银行可以进行小额的资金支付结算,属 B2C 型;而企业网上银行则可以进行企业间中大额度的资金支付与结算,属 B2B 型。

网上银行的出现使银行服务完成了从传统银行到现代电子银行的一次重大变革。网上银行不需要固定场所,在任何一台联网计算机上都能进行金融业务。网上银行的基本功能实现了电子商务交易活动中的网上支付,这使得网上消费真正变为现实,如旅游、订票、购物、商务、办公等。

21 世纪银行业的目标是在任何时候(Anytime)、任何方式(Anywhere)、以任何方式(Anyhow)都能为客户提供服务。所以,网上银行也称 AAA 银行或 3A 银行。

网上支付与结算是电子商务的基础,电子钱包、电子支票、数字现金、网上资金汇兑、网上信用卡等网上支付方式比传统的支付方式更加快捷,成本更加低廉,对网上交易者来说能更加方便地网上支付。这些优势使得传统支付手段正日益被电子与网络化支付方式所替代。

(1)网上银行简介

网上银行(Internet Bank),是依托信息技术的发展基于 Internet 平台开展和提供各种金融服务的新型银行机构,或指通过 Internet 或其他公用信息网将客户的计算机终端连接到银行网站,实现将银行的金融服务直接送到客户办公室、家中和手中的金融服务系统。网上银行借助互联网遍布全球的优势及其不间断运行、信息传递快捷的优势,突破了传统银行的局限性,为用户提供全方位、全天候、便捷、实时的现代化服务。

有些地方把网上银行又叫作电子银行(E-Bank),这是不准确的。因为网上银行是电子银行发展的最高级阶段,是Internet时代的电子银行。

电子商务的发展,既要求银行为之提供相互配套的网上支付系统,也要求网上银行提供与之相互适应的网上金融服务。网上交易一般都由两个环节组成,一是交易环节,二是支付环节。前者在客户与销售商之间完成,后者需要通过银行网络来完成。显然,没有银行网络的支持,没有安全、平稳、高效的网上支付系统,就不可能实现真正意义上的电子商务。金融行业竞争的需要是网上银行发展的最根本的原因,这既来自对服务成本的考虑,也是金融行业竞争的需要。Internet为传统银行业通过网络开展业务提供了新型服务方式。网上银行本来就是银行开展电子商务的一种方式,通过对商业银行管理经营成本的转移,提高了商业银行在同行业竞争中的地位。

网上银行按照组成架构可以分类为:

①纯网上银行,指开展网上银行服务的机构除了后台处理中心外,没有其他任何物理上的营业机构,银行的所有业务完全在Internet上进行,如美国安全第一网上银行。

②广义网上银行,主要指已拥有传统物理分支机构和营业点的银行又通过Internet来开展银行金融服务,二者相互协助,如招商银行网上银行。

(2)网上银行的技术架构

网上银行的技术架构主要由网络服务系统、硬件系统、网络管理系统和数据库系统组成。这4部分构成网上银行的系统运行环境,应具有很高的安全性、稳定性和可扩展性。目前全球大部分的电子商务平台都运行在UNIX操作系统和大型数据库系统上。

网上银行系统的具体业务功能,通常分别由银行端Web服务器和两台互为备份的应用级数据库服务器完成。Web服务器位于应用服务器和外部客户端之间,是网上银行系统内部应用逻辑与外部公众网络间的接口,Web服务器主要处理来自Internet的https请求,提供各类网络金融服务。网上应用及数据库服务器,是完成网上支付结算和动态信息咨询服务的逻辑控制和流程处理的应用平台,同时通过数据库服务器实现数据库的存储和管理操作。具体技术架构如图9.6所示。

客户端分为外部和内部两种用户。网上银行的Internet用户作为外部用户通过浏览器访问网上银行的网站,他们需通过外层防火墙的认证,才可登录网丰银行系统。Intranet用户作为内部用户,访问系统也需要通过内部防火墙认证。

网上银行系统应与国内外权威安全认证中心达成安全数据传送和电子签名协议,只有认证过的用户才可进入网上银行系统。此外,传送数据时必须以密码传送,必须保证网上银行的安全。网上银行是实时系统,特别注意硬件服务器、Web应用服务器和数据库服务器的可靠和备援。

(3)网上银行部门构成和基本业务

商业银行网上银行业务部门一般包括5个基本部门,如图9.7所示。

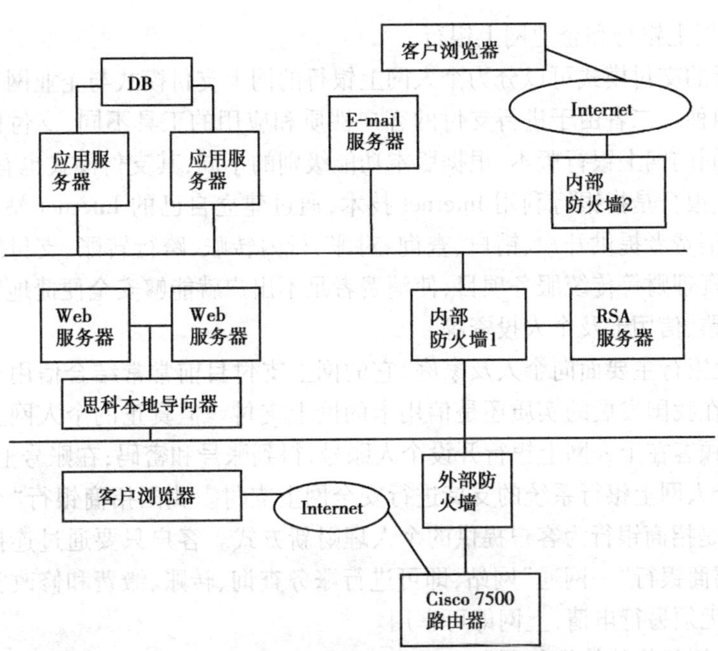

图9.6 网上银行具体技术构架

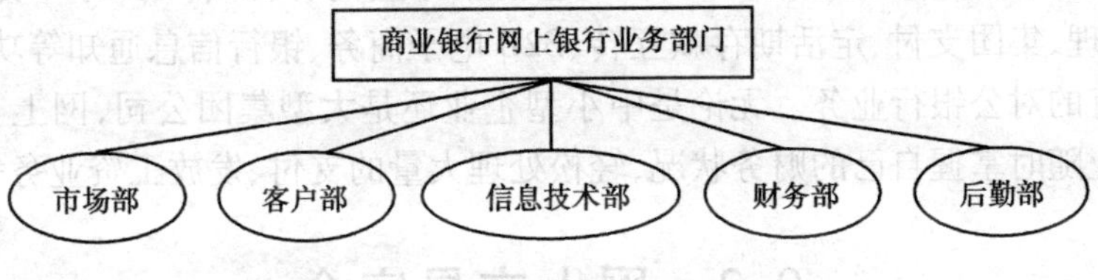

图9.7 网上银行业务部门构成

网上银行根据主要客户的需求变化来设置服务品种和服务流程,再根据服务品种和服务流程来构筑网上银行的业务内容。网上银行的业务构成随着网上银行的发展和完善将会有所展。网上银行的基本业务构成如下。

①基本技术支持业务。基本技术支持业务,如网络技术、数据库技术、系统软件和应用软件技术的支持,特别是网络交易安全技术的支持,是其基本要求,以使网上银行业务不断得到拓展和发展。

②网上客户服务业务。网上客户服务业务,如客户身份认证、客户交易安全管理、客户信用卡银行卡等电子货币管理及客户咨询等,还有结算中心、业务代理、业务调度、客户服务、统计查询、决策支持等。

③网上金融品种及服务业务。这是网上银行的核心业务。网上金融品种及服务业务,如电子货币、网上支付与结算业务,网上股票交易、信用卡,网上财经信息查询、网上理财,以及综合网上金融服务等。

(4)个人网上银行和企业网上银行

网上银行的支付模式可以分为个人网上银行的网上支付模式与企业网上银行的网上支付模式两种。二者由于进行支付的客户性质和应用的工具不同,支付模式存在着差别,并且不同的网上银行版本,根据版本功能级别的不同,其支付模式也有所差别。

个人网上银行是指银行利用 Internet 技术,通过建立自己的 Internet 站点和 WWW 主页,向个体消费者提供开户、销户、查询、对账、行内转账、跨行转账、支付结算、信贷、网上证券、投资理财等传统服务项目,使消费者足不出户就能够安全便捷地管理活期和定期存款、支票、信用卡及个人投资等。

个人网上银行主要面向个人及家庭,它的网上支付目前常常结合信用卡账号来配合进行,目前在我国发展的实质还是信用卡的网上支付。但真正的个人网上银行网上支付程序是:顾客在个人网上银行开设个人账号,得到账号和密码;在账号上存钱;利用此账号借助个人网上银行系统的支持进行安全网上支付。我国招商银行"个人网上银行"业务系统是招商银行为客户提供的个人理财新方式。客户只要通过连接互联网的计算机进入招商银行"一网通"网站,即可进行账务查询、转账、缴费和修改密码等个人业务的处理,无须另行申请,上网即可享用。

企业网上银行将传统银行服务和现代新型银行服务结合起来,利用完善的高科技,保证企事业单位使用的安全性和便利性,包括账务查询、内部转账、对外支付、代发工资、信用管理、集团支付、定活期存款互转、B2B 电子商务、银行信息通知等功能,涵盖并延伸了现有的对公银行业务。无论是中小型企业还是大型集团公司,网上企业银行都可以使企业随时掌握自己的财务状况,轻松处理大量的支付、发放工资业务等。

9.2 网上交易安全

网络信息技术的发展和电子商务的普及,对企业传统的经营思想和经营方式产生了强烈的冲击。以互联网技术为核心的网上银行使银行业务发生了巨大变化。"网上银行"在为金融企业的发展带来前所未有的商机的同时,也为众多用户带来实实在在的方便。作为一种全新的银行客户服务渠道,客户可以不必亲自去银行办理业务,只要能够上网,无论在家里、办公室,还是在旅途中,都能够每天 24 小时安全便捷地管理自己的资产,或者办理查询、转账、缴费等银行业务。"网上银行"的优越性的确很明显。但是面对这一新兴的事物,人们却有一个最大的疑惑:"网上银行"安全吗?

人们有这种顾虑不无道理。银行业务网络与互联网的连接,使得网上银行容易成为非法入侵和恶意攻击的对象,给人们的心理造成了一定影响。

一般来说,人们担心的网上银行安全问题主要是:

①银行交易系统被非法入侵。

②信息通过网络传输时被窃取或篡改。

③交易双方的身份难以识别,账户被他人盗用。

从银行的角度来看,开展网上银行业务比一般业务有更多的风险。因此,我国已开通"网上银行"业务的招商银行、建设银行、中国银行等,都建立了一套严密的安全体系,包括安全策略、安全管理制度和流程、安全技术措施、业务安全措施、内部安全监控和安全审计等,以保证"网上银行"的安全运行。

9.2.1 银行交易系统的安全性

"网上银行"系统是银行业务服务的延伸,客户可以通过互联网方便地使用商业银行核心业务,完成各种非现金交易。但另一方面,互联网是一个开放的网络,银行交易服务器是网上的公开站点,网上银行系统也使银行内部网向互联网敞开了大门。因此,如何保证网上银行交易系统的安全,关系到银行内部整个金融网的安全,这是网上银行建设中至关重要的问题,也是银行保证客户资金安全的最根本的考虑。

为防止交易服务器受到攻击,银行主要采取以下三方面的技术措施:

1)设立防火墙,隔离相关网络

一般采用多重防火墙方案。其作用为:①分隔互联网与交易服务器,防止互联网用户的非法入侵。②用于交易服务器与银行内部网的分隔,有效保护银行内部网,同时防止内部网对交易服务器的入侵。

2)高安全级的 Web 应用服务器

服务器使用可信的专用操作系统,凭借其独特的体系结构和安全检查,保证只有合法用户的交易请求能通过特定的代理程序送至应用服务器进行后续处理。

3)24 小时实时安全监控

例如采用 ISS 网络动态监控产品,进行系统漏洞扫描和实时入侵检测。

9.2.2 身份识别和 CA 认证

网上交易不是面对面的,客户可以在任何时间、任何地点发出请求,传统的身份识别方法通常是靠用户名和登录密码对用户的身份进行认证。但是,用户的密码在登录时以明文的方式在网络上传输,很容易被攻击者截获,进而可以假冒用户的身份,身份认证机制就会被攻破。

在网上银行系统中,用户的身份认证依靠基于"RSV.公钥密码体制"的加密机制、数字签名机制和用户登录密码的多重保证。银行对用户的数字签名和登录密码进行检验,全部通过后才能确认该用户的身份。用户的唯一身份标识就是银行签发的"数字证书"。用户的登录密码以密文的方式进行传输,确保了身份认证的安全可靠性。数字证书的引入，同时实现了用户对银行交易网站的身份认证，以保证访问的是真实的银行网站，另外还确保了客户提交的交易指令的不可否认性。

由于数字证书的唯一性和重要性，各家银行为开展网上业务都成立了CA认证机构，专门负责签发和管理数字证书，并进行网上身份审核。2000年6月，由中国人民银行牵头，12家商业银行联合共建的中国金融认证中心(CFCA)正式挂牌运营。这标志着中国电子商务进入了银行安全支付的新阶段。中国金融认证中心作为一个权威的、可信赖的、公正的第三方信任机构，为今后实现跨行交易提供了身份认证基础。

9.2.3 网络通讯的安全性

由于互联网是一个开放的网络，客户在网上传输的敏感信息(如密码、交易指令等)在通信过程中存在被截获、被破译、被篡改的可能。为了防止此种情况发生，网上银行系统一般都采用加密传输交易信息的措施，使用最广泛的是SSL数据加密协议。

SSL协议是由Netscape首先研制开发出来的，其首要目的是在两个通信间提供秘密而可靠的连接，目前大部分Web服务器和浏览器都支持此协议。用户登录并通过身份认证之后，用户和服务方之间在网络上传输的所有数据全部用会话密钥加密，直到用户退出系统为止。而且每次会话所使用的加密密钥都是随机产生的。这样，攻击者就不可能从网络上的数据流中得到任何有用的信息。同时，引入了数字证书对传输数据进行签名，一旦数据被篡改，则必然与数字签名不符。SSL协议的加密密钥长度与其加密强度有直接关系。一般是40~128位，可在IE浏览器的"帮助""关于"中查到。目前，各大银行已经采用有效密钥长度为128位的高强度加密。

9.2.4 客户的安全意识

银行卡持有人的安全意识是影响网上银行安全性的不可忽视的重要因素。目前，我国银行卡持有人安全意识普遍较弱：不注意密码保密，或将密码设为生日等易被猜测的数字。一旦卡号和密码被他人窃取或猜出，用户账号就可能在网上被盗用，例如进行购物消费等，从而造成损失，而银行技术手段对此却无能为力。因此一些银行规定：客户必须持合法证件到银行柜台签约才能使用"网上银行"进行转账支付，以此保障客户的资金安全。

另一种情况是，客户在公用的计算机上使用网上银行，可能会使数字证书等机密资料落入他人之手，从而直接使网上身份识别系统被攻破，网上账户被盗用。

安全性作为网络银行赖以生存和得以发展的核心及基础，从一开始就受到各家银行的极大重视，采取了有效的技术和业务手段来确保网上银行的安全。但安全性和方便性又是互相矛盾的，越安全就意味着申请手续越烦琐，使用操作越复杂，影响了方便性，使客户使用起来感到困难。因此，客户必须在安全性和方便性上进行权衡。到目前为止，国内网上银行交易额已达数千亿元，银行方还未出现过安全问题，只有个别客户由于保密意识不强造成过资金损失。

案例：淘宝网的支付宝

一、关于支付宝

支付宝网站（www.alipay.com）是国内先进的网上支付平台，由全球最佳公司阿里巴巴公司创办，致力于为网络交易用户提供优质的安全支付服务。支付宝是支付宝公司针对网上交易而特别推出的安全付款服务，其运作的实质是以支付宝为信用中介，在买家确认收到商品前，由支付宝替买卖双方暂时保管货款的一种增值服务。支付宝的前身就是淘宝网的支付环节，主要是为方便淘宝会员交易的，后来独立出来对所有的网上交易开放，和PayPal类似。

二、支付宝使用步骤

①用E-mail注册成支付宝网站会员，淘宝网会员直接添上用户名和密码，账户就开通了。千万要记好自己的登录密码和支付密码（就是付款时确认用的）。

②登记银行账户信息，然后保存账户信息，这样就行了。

③支付宝交易流程。

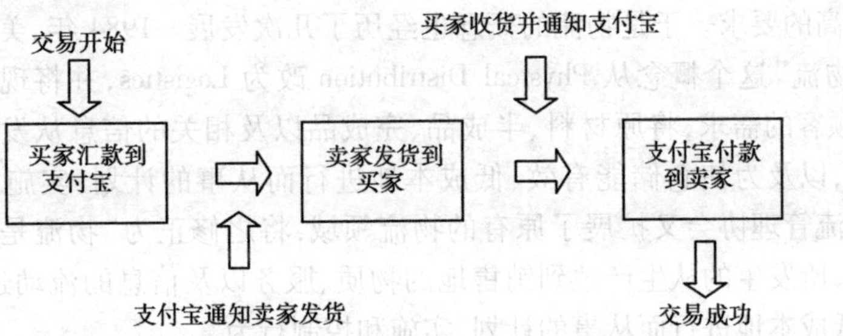

三、支付宝对于卖家和买家的好处

卖家的好处	买家的好处
1. 再不用跑银行查账了，支付宝告诉卖家买家是否已付款，可以立刻发货，省心省力还节省时间。 2. 账目分明，交易管理帮卖家清晰地记得每一笔交易的交易状态，即使有多少个买家汇入同样的金额也能区分清楚。 3. 支付宝是信誉的保证，即使没有星级，也能获得买家的信任，吸引更多的买家。	1. 款先支付在支付宝，收货满意后才付钱给卖家，安全放心。 2. 不必跑银行汇款，网上在线支付，方便简单。 3. 付款成功后，即时到账，卖家可以立刻发货，快速高效。 4. B2C在线支付，目前交易手续费全免。

9.3 物流的基本形式

通过本节的学习，了解物流体系的建立是电子商务的核心业务之一，掌握新型的物流配送方式更容易实现信息化、自动化、现代化、智能化、合理化，既减少生产企业库存，加速资金周转，提高物流效率，降低物流成本，又刺激社会需求，有利于整个社会的宏观调控，提高整个社会的经济效益；了解电子商务下的物流配送就是信息化、现代化、社会化的物流配送、编配、整理、分工、配货等合理化工作，定时、定点、定量地交给没有范围限制的各类用户，满足其对商品的需求；明确新兴的物流配送是以一种全新的面貌，成为流通领域革新的先锋，代表了现代市场营销的主流方向。

9.3.1 物流与电子商务物流的含义

物流是一个发展的概念，自20世纪80年代以来，随着经济的高速发展，社会分工的更加细密以及经济的高开放度，物流所面临的经济环境已发生了巨大变化。一方面是经济全球化的趋势越来越明显，另一方面电子商务作为一种新型的贸易方式，对物流业提出了更高的要求。于是物流的概念也经历了几次发展。1984年，美国物流管理协会正式将“物流”这个概念从Physical Distribution改为Logistics，并将现代物流定义为“为了满足顾客的需求，将原材料、半成品、完成品以及相关的信息从发生地向消费者流动的过程，以及为使仓储能有效、低成本地进行而从事的计划、实施和控制行为”。后来美国物流管理协会又扩展了原有的物流领域，将之修正为“物流是为了符合顾客的必要条件，所发生的从生产地到销售地的物质、服务以及信息的流动过程，以及使仓储能有效、低成本地进行而从事的计划、实施和控制行为”。

现代物流概念，是在物流业备受重视、在把物流作为继由节约原材料的“第一利润源泉”和提高劳动生产率的“第二利润源泉”之后的“第三利润源泉”的背景下，随着物流业的现代化、网络化而形成的。我们认为，现代物流是以追求企业效益为目标，以现代化的手段与设备，以先进的管理与运作，实现商品与服务的实体从供给者向需求者转移的经济活动过程。

关于电子商务物流，目前并没有明确的定义。有人认为，电子商务物流就是电子物流，或者物流的电子化；也有人认为，它是电子商务活动中的物流；还有人认为它是电子商务时期的物流。上述观点，都从不同侧面强调了电子商务物流与其他物流的联系与区别。通过考查物流的形成与发展以及物流活动的本质，我们认为物流活动具有相对的独立性，其发展有着自身的规律，物流发展到现代阶段，不论哪一种物流形式，宗旨都是以顾客服务为中心，提高顾客的满意度，并在此前提下全面降低企业的成本。物流的电子化是物流发展的必然趋势，许多文献中论及的电子商务物流技术与模式，其实都早于电子商务而产生。在学术界,大多数认为亚马逊网上书店的总裁贝索斯是“电子商务之父”,而作为电子商务物流核心指导思想的供应链管理理论和作为电子商务物流核心的第三方物流都早于此。电子商务物流实质上是指服务于电子商务的物流,由于物流的系统性、独立性,它既是电子商务中的物流,也是电子商务时期的物流。与其他物流不同的是,它更强调物流的电子化和第三方物流、物流配送。

所以,结合现代物流的本质,我们认为,电子商务物流是指采用现代化的技术手段和软硬件设施及先进的管理方法,进行产品分类、整理、存储和配送等一系列工作,以定时、定量、定点送达产品和服务的一系列经济活动。当然,电子商务活动的兴起对物流提出了更高的要求,物流的现状被认为是电子商务广泛开展的三大“瓶颈”之一。这就说明,电子商务物流与现代物流在内容上的差别是存在的。这首先表现在,现代物流可以指物流发展的一个阶段,而电子商务物流只是现代物流的一种类型。其次,从信息化程度看,电子商务物流更加注重物流活动的信息化、网络化。第三,电子商务物流更加注重第三方物流,强调物流活动的社会化,或者说物流活动与物流管理在社会经济主体中的共生性。第四,电子商务物流更加强调增值性物流服务。北京工商大学的何明坷认为,之所以物流滞后于电子商务的发展需要,关键在于“电子商务经营者(也包括其他新型流通方式的经营者)需要除了传统的物流服务之外,电子商务还需要增值性的物流服务”。他还进一步提出,增值性的物流服务是“增加便利的服务——使人变懒的服务”“加快反应速度的服务——使流通过程变快的服务”“降低成本的服务——发掘第三利润源泉的服务”以及“延伸服务——将供应链集成在一起的服务”。

9.3.2 电子商务物流活动及其类型

物流活动的内容也有人称之为物流服务的内容,它是由运输、仓储、包装、装卸、流通加工、配送及信息处理等多项基本活动构成的,这些活动构成了物流活动全过程。电子商务与非电子商务就实现商品销售的本质而言并无区别,物流是实现销售过程的最终环节。因此电子商务中的物流活动内容与非电子商务物流活动的内容是相同的,只不过电子商务对物流活动提出了更高的要求。

电子商务中的物流活动可以按照不同的标准进行分类。按照物流活动作用的不同,我们将物流划分为供应物流、销售物流、生产物流、回收物流和废弃物流。按照物流系统性质划分,物流有社会物流、企业物流。按照商务模式划分,物流主要有 B2B 物流、B2C 物流、C2C 物流等。这里我们介绍按照商务模式划分的物流类型。

1) B2B 物流

B2B 是按照交易对象划分的企业间的电子商务交易模式。由于交易对象性质的不同,服务于这种商务模式的物流也因此有不同。具体而言,有生产商的物流、批发商的物流、零售商的物流，而各类交易主体的物流活动大体包括采购物流、生产物流、销售物流、供应物流、废弃与回收物流等类型。B2B 交易模式一般与供应链密切相连，因此 B2B 交易中的物流管理一般采用供应链管理方式，而物流活动的核心内容是配送。目前，要进行 B2B 电子商务的物流配送，应重点考虑以下几个因素：

首先，要设立能覆盖市场的物流中心和配送中心。物流中心应设在供应链的上游，处理来自供应商的大宗到货，为下游渠道提供存货、运输、服务等方面的支持。为了管理的方便，可以将 B2B 电子商务公司的销售预测、采购、库存控制、订单处理、网上促销等商务运作部门与物流中心的仓库设在一起，物流中心的覆盖半径一般会在 1 000 千米以上，这样覆盖全国市场也只需要一个或少数几个物流中心。

为了提高整个物流系统的响应能力，将供应链渠道的重心下移到接近市场的地点，还必须设立配送中心。配送中心位于供应链的下游，根据当地市场厂商的需求向上游的物流中心订货，并按用户要求进行相关作业，为了使配送中心的作业有效率，可能还需要进行销售预测、订单处理、库存控制、到货分拣、储存、拣选、组配、送货、结算、客户服务等工作。一个配送中心可能覆盖的市场范围要视配送中心与物流中心的信息沟通方式、可用的交通运输工具及运输的效率、公司的存货政策及配送预算、对客户送货及相关服务承诺的规格等而定。

其次，要合理选择物流中心和配送中心建设模式。从实际运作和财务状况的角度考虑，将物流与配送业务外包应为最佳选择，然后是电子商务配送与普通商务配送结合，最后才是自己投资建设自己的物流与配送网络。在没有自己的物流中心或配送中心的情况下，电子商务公司应在明确自己的物流与配送需求后，再去与物流和配送服务商合作。

2）B2C 物流

B2C 是按交易对象划分的企业与消费者之间的电子商务模式，在流通环节，根据产品性质的不同，企业可以选择直接销售、间接销售或两者结合的销售方式。一般来说，用途比较单一、使用对象固定、价值构成高的产品适合于直销方式，反之则适合于间接销售方式。直销的特点是贸易渠道短，流通费用低；间接销售的特点的贸易渠道长，涉及的主体多，流通费用高。电子商务虽然能有效地缩短贸易渠道，从而降低流通费用，但并不是所有的产品都适合于直销，于是出现了 B2C 模式的衍生模式——B2B2C，即生产厂家—零售商—消费者模式。对于采用直销方式的商品的物流，一般采用第三方物流公司从事运作；对于采用间接销售模式的商品的物流，可以选择企业自营物流模式，也可以选择第三方物流模式。目前，B2C 电子商务物流配送的主要问题有：①不能及时送货；②送货成本过高；③无法送货（无配送网点）。

3）C2C 物流

C2C 是消费者之间利用第三方提供的电子商务平台从事交易活动的一种模式。由

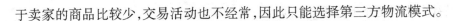

于卖家的商品比较少,交易活动也不经常,因此只能选择第三方物流模式。

9.4 物流的选择与配送

9.4.1 配送相关理论

1)物流配送基本内涵

我国将物流配送定义为“在经济合理区域范围内,根据用户要求,对物品进行拣选、加工、输送、供应、供给、发放等作业,并按时送达指定地点的物流活动”。具体就是按照顾客的订货要求和时间计划,在物流节点(仓库、商店、货运站、物流中心等)进行分拣、加工和配装等作业后,将配好的货物送交收货人的过程。物流配送概念中包含了“以顾客为中心”的思想,它要求能在适当的时间通过适当的渠道,给适当的顾客提供适当的服务。

配送是物流中一种特殊的、综合的活动形式,是商流和物流的紧密结合。配送几乎包括了所有的物流功能要素,是物流的一个缩影或在某小范围内的全部物流活动。特殊的配送还要进行加工活动。它的目标是安全、准确、优质服务和较低的配送费用。

2)配送中心基本内涵

配送中心是专门从事业务配送的物流基地,是通过转运、分类、保管、流通加工和信息处理等作业,然后根据用户的订货要求备齐商品,并能迅速、准确和廉价地进行配送的物流场所或组织。

3)物流配送中心的运作类型

(1)按运营主体的不同,划分的四种物流配送中心

①以制造商为主体的配送中心。这种配送中心的商品100%由自己生产制造,用以降低流通费用、提高售后服务质量和及时地将预先配齐的成组元器件运送到规定的加工和装配工位。从商品制造到生产出来后条码和包装的配合等多方面都较易控制,所以按照现代化、自动化的配送中心设计比较容易,但不具备社会化的要求。

②以批发商为主体的配送中心。批发是商品从制造者到消费者手中之间的传统流通环节之一,一般是按部门或商品类别的不同,把每个制造厂的商品集中起来,然后以单一品种或搭配向消费地的零售商进行配送。这种配送中心的商品来自各个制造商,它所进行的一项重要的活动是对商品进行汇总和再销售,而它的全部进货和出货都是社会配送的,社会化程度高。

③以零售业为主体的配送中心。零售商发展到一定规模后,就可以考虑建立自己的配送中心,为专业商品零售店、超级市场、百货商店、建材商场、粮油食品商店、宾馆饭

店等服务，其社会化程度介于前两者之间。

④以仓储运输业者为主体的配送中心。这种配送中心最强的是运输配送能力，地理位置优越，如港湾、铁路和公路枢纽，可迅速将到达的货物配送给用户。它提供仓储储位给制造商或供应商，而配送中心的货物仍属于制造商或供应商所有，配送中心只是提供仓储管理和运输配送服务。这种配送中心的现代化程度往往较高。

(2)按照采用模式的不同，划分的三种物流配送中心

①集货型配送模式。这种模式主要针对上家的采购物流过程进行创新而形成。其上家生产具有相互关联性，下家各自独立；上家对配送中心的储存度明显大于下家，上家相对集中，而下家分散具有相当的需求。同时，这类配送中心也强调其加工功能。此类配送模式适于成品或半成品物资推销，如汽车配送中心。

②散货型配送模式。这种模式主要是对下家的供货物流进行优化而形成的。上家对配送中心的依存度小于下家，而且配送中心下家相对集中或有利益共享(如连锁业)。采用此类配送模式的流通企业，其上家竞争激烈，下家需求以多品种、小批量为主要特征，适于原材料或半成品物资配送，如机电产品配送中心就比较适用。

③混合型配送模式。这种模式综合了上述两种配送模式的优点，并对商品的流通全过程进行有效控制，有效地克服了传统物流的弊端。采用这种配送模式的企业规模较大，具有相当的设备投资，如区域性物流配送中心。在实际流通中，多采取多样化经营，降低了经营风险。这种运作模式比较符合新型物流配送的要求，特别是电子商务下的物流配送。

9.4.2 电子商务物流配送含义

物流配送是电子商务中商品和服务的最终体现，是实现电子商务的根本保证，也是电子商务企业为客户提供优质服务的保证。物流配送已成为电子商务企业的生命线。物流配送在电子商务时代具有信息化、产业化、智能化、人性化等新特点。物流信息化是解决电子商务企业物流畅通的关键所在。物流配送信息系统主要包括订单服务系统、配送系统、退货管理系统、客户满意度调查和投诉反馈系统及物流数据管理与分析系统。

物流配送是指物质实体(商品或服务)的流动过程，如商品的储存、保管、配送、运输、信息管理等活动。除了电子出版物、信息咨询等少数商品和服务可以直接通过网络传输进行外，多数商品和服务仍要经由物流方式传输。在电子商务的实践过程中不发达的物流配送系统大大制约了电子商务的开展，物流配送成为电子商务发展的瓶颈。

电子商务下的物流配送就是信息化、现代化、社会化的物流配送，它是指物流配送企业采用网络化的计算机技术和现代化的硬件设备、软件系统及先进的管理手段，针对社会需求严格地、守信用地按用户的订货要求，进行一系列分类、编配、整理、分工、配货

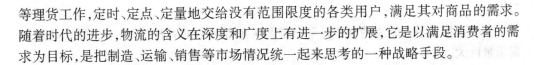

等理货工作，定时、定点、定量地交给没有范围限度的各类用户，满足其对商品的需求。随着时代的进步，物流的含义在深度和广度上有进一步的扩展，它是以满足消费者的需求为目标，是把制造、运输、销售等市场情况统一起来思考的一种战略手段。

9.4.3　电子商务物流配送体系的作用

1）电子商务物流配送体系和作用

物流虽然只是电子商务若干环节中的一部分，但往往是商品和服务价值的最终体现。如果没有处理好，前端环节的价值就无法体现。从根本上来说，物流配送体系是网上零售企业的重要组成部分，是信息流和资金流的基础和载体，缺少了现代化的物流配送过程，网上零售过程就不完整。

（1）物流能够扩大电子商务的市场范围

电子商务面对的市场地域范围极其广泛，因为互联网的辐射区域远远超过传统商业渠道。只有建立完善的物流系统，解决电子商务中跨国物流、跨区物流可能出现的问题，才能扩大电子商务的市场范围。

（2）物流能够提高电子商务的效率与效益

电子商务过程中，完善的物流系统保证将商品及时送到用户手中，能够提高电子商务效率，降低物流成本，提高电子商务效益，从而支持电子商务的快速发展。

2）B2C电子商务物流配送

B2C的物流流程同传统商务流程大致相同，也包括装卸、检验、储存分拣、包装、配送和物流信息管理等。B2C电子商务能取得成功很大程度上依赖于实际物流的操作，即能否按照客户的要求以较低的成本在正确的时间将正确数量的正确物品送到正确地点。

B2C的物流是一种中心辐射状的物流，所有的货物从一个点发出，大批量的物流可以使得成本降低。由于所面向的是最终的消费者，因而在时间、空间、顾客需求的多样性等方面都体现出其自身的特点。

①配送地点分散。B2C电子商务直接面向的就是终端消费者，只要是网络所能触及之地，消费者能够进行网上购物之地，对于电子商务企业而言都有可能产生业务。因而配送地点的高度分散性也就成为了必然。

②订货时间不同。电子商务提供24×7小时的时间模式，所以任何时间都可能会有消费者光顾网站，无论是夜间还是节假日。

③时效性不同。消费者对于商品的期待值并不相同，急需程度也不同，这就导致了B2C商品的时效性不同。

④商品种类不同。网站上商品种类繁多，大至家电，小到首饰、钱包，可谓应有

尽有。

⑤配送批量小。终端消费者通常只是购买单件或少数几件商品，不会像企业那样需求量巨大。

3）C2C 电子商务物流配送

C2C 一般是点对点的物流，特点是流动的方向杂乱、分散，不能形成规模经济的优势。

这就必然使得运输费用大为增加。其物流配送具体的运作模式包括以下步骤流程：①卖方在网络公司的平台上发布商品信息；②买方搜索信息，若供求需求匹配，则买方下网上订单；③买方将货款付至信用公司；④信用公司将收到货款的信息传到网络公司，通过网络平台告知卖方；⑤卖方发货，通过物流公司将货物运送至买方；⑥物流公司将买方及收货的信息及时传递给网络公司，通过平台告知卖方；⑦如果买方接收了货物，信用公司将货款付给卖方，交易结束；⑧如果买方不接受（有问题），物流公司把信息传递给卖方和信用公司。

4）实现电子商务物流配送模式应遵行的原则

电子商务的出现方便了消费者，消费者可以坐在家中轻松地利用互联网进行搜索、查看、挑选、下订单，完成购物过程。网上购物最大的好处是方便、快捷、省时、省事，这是所有电子商务宣传必讲的优点，但在实践中，往往会出现网上订货容易但拿货难的情况，总体花的时间和精力已接近或超过了传统购物方式。

由此可见，物流配送是电子商务中商品和服务的最终体现，是实现电子商务的根本保证。随着电子商务的推广与应用，物流配送对电子商务的影响日益明显，已成为电子商务企业的生命线。实现我国电子商务物流配送模式应遵循的原则包括：

第一，在政府宏观指导下统一规划，稳步发展，分类指导，分步实施。中央主管部门负责跨省一级物流配送中心的规划建设。各级地方政府负责其他各级配送中心的规划建设。

第二，适应国情，注重规模效益。可以先在经济发达的东部沿海城市建立示范点，逐步向中西部推开，优化流通结构，实现物流合理化与规模化，最终形成一个遍布全国的物流配送网络。

第三，充分利用现有基础，避免重复建设，利用现有储运、批发企业的场地、设施，进行改造、扩建，按现代企业制度来组建各级物流配送中心。

本章小结

1. 电子支付是指电子交易的当事人，以商用电子化设备和各类交易卡为媒介，以计算机技术和通信技术为技术手段,通过计算机及网络系统进行的货币支付或资金流转。

2. CA认证中心主要负责为Internet上参与电子商务活动的各方提供身份认证,签发证书,发放公共密钥和数字签字等服务的第三方身份认证机构,保证电子商务支付与结算的安全进行。

3. 电子货币是以电子计算机技术和通信技术为手段,以金融电子化网络为基础,以商用电子化设备和各类安全电子支付工具为媒介,以电子数据形式存储在银行的计算机系统中,并通过计算机网络系统以电子信息传递形式实现流通和完成支付功能的货币。

4. B2C型网上电子支付方式主要用于企业与个人,政府部门与个人,个人与个人之间进行网络交易时采用的网上支付手段,比如信用卡网上支付,IC卡网上支付,电子现金网上支付,电子钱包支付等。

5. B2B型网上电子支付方式主要用于企业与企业,企业与政府之间进行交易时的网上支付方式。比如电子支票网上支付,电子汇票系统等。

6. 移动支付是指用户使用移动手持设备,通过无线网络购买实体或虚拟物品的一种新型支付方式。

7. 物流配送就是按照用户订货的要求和时间计划,在物流据点进行分拣加工和配货后,将配好的货送达收货人的过程。

8. 电子商务企业物流模式,一般有企业自营物流,第三方物流以及第四方物流等。

案例　戴尔中国公司电子商务分析

戴尔公司是商用桌面PC市场的第二大供应商,其销售额远高于该行业平均增长率。同时,戴尔公司在中国的全面业务继续实现强劲增长。在2007年出货量增长率达到30%,高于业界的平均增长率。在2007—2009年这3年中,戴尔中国公司消费者业务增长3.5倍。2008年,戴尔中国公司消费者业务营收增长达到了31%。在与渠道合作伙伴的共同努力下,戴尔中国消费业务不断拓展中国零售市场,取得不俗业绩:据IDC数据显示,第四季度的出货量与2007年同期相比,其增长量高于市场增长72%,市场份额比2007年同期增长2.6个百分点。其中家用笔记本在第四季度的增长是行业中最快的,年增长量达到行业增长的3倍。此外,合作伙伴包括神码、翰林汇、宏图三胞、美承、和雍、恒昌、五星等已达300多家,零售店面的覆盖达5 000多家。面对骄人的业绩,总裁迈克尔·戴尔简单地说,这归因于物流电子商务化的巧妙运用。

2009年以来,为满足消费者不断增长的需求,戴尔中国公司在进一步扩大了已有的强大直销业务的同时,与国美、苏宁以及宏图三胞、五星、美承、恒昌、和雍等IT连锁店结成合作伙伴;同时,戴尔还与淘宝、当当和易趣等联手扩大网络销售渠道;至此,消费者可以通过电话、零售店或网络任意一种方式买到自己喜爱的戴尔产品。

在与渠道合作伙伴的共同努力下，消费业务在2009年继续不断扩展在中国销售渠道的覆盖点，从已有的1—3级城市，发展到5—6级城市，同时提升对渠道的服务内容及加强售后服务的管理。戴尔中国公司零售渠道最大的优势是采取扁平的渠道策略，由神州数码(FA)来提供资金、物流的支持。

戴尔中国公司电子商务化物流的8个步骤如下。

(1)订单处理

戴尔要接收消费者的订单，消费者可以拨打800免费电话呼叫戴尔的网上商店进行网上订货，也可以通过浏览戴尔的网上商店进行初步检查，首先检查项目是否填写齐全，然后检查订单的付款条件，并按付款条件将订单分类。采用信用卡支付方式的订单将被优先满足，其他付款方式则要更长时间得到付款确认，只有确认支付完款项的订单才会立即自动发出零部件的订单并转入生产数据库中，订单也才会立即转到生产部门进行下一步作业。用户订货后，可以对产品的生产过程、发货日期甚至运输公司的发货状况等进行跟踪，根据用户发出订单的数量，用户需要填写单一订单或多重订单状况查询表格，表格中各有两项数据需要填写，一项是戴尔的订单号，二是校验数据，提交后，戴尔将通过互联网把查询结果传送给用户。

(2)预生产

从接收订单到正式开始生产之前，有一段等待零部件到货的时间，这段时间叫作预生产。预生产的时间因消费者所订的系统不同而不同，主要取决于供应商的仓库中是否有现成的零部件。戴尔一般要确定一个订货的前置时间，即需要等待零部件并且将订货送到消费者手中的时间，该前置时间在戴尔向消费者确认订货有效时会告诉消费者。订货确认一般通过两种方式，即电话或电子邮件。

(3)配件准备

当订单转到生产部门时，所需的零部件清单也就自动产生，相关人员将零部件备齐传送到装配线上。

(4)配置

组装人员将装配线上传来的零部件组装成计算机，然后进入测试过程。

(5)测试

检测部门对组装好的计算机用特制的测试软件进行测试，通过测试的机器被送到包装间。

(6)装箱

测试完后的计算机被放到包装箱中，同时要将鼠标、键盘、电源线、说明书及其他文档一同装入相应的卡车运送给顾客。

(7)配送准备

一般在生产过程结束的次日完成送货准备,但大订单及需要特殊装运作业的订单可能花的时间要长些。

(8)发运

这个过程是指将顾客所订货物发出,并按订单上的日期送到指定的地点。戴尔设计了几种不同的送货方式,由顾客订货时选择。一般情况下,订货将在2~5个工作日送到订单上的指定地点,即送货上门,同时提供免费安装和测试服务。

戴尔的物流从确认订货开始。确认订货是以收到货款为标志的,在收到用户的货款之前,物流过程并没有开始,收到货款之后需要2天时间进行生产准备、生产、测试、包装、发运准备等。戴尔在我国的福建厦门设厂,其产品的销售物流委托国内的一家货运公司承担。由于用户分布面广,戴尔向货运公司发出的发货通知可能分散,但戴尔承诺在款到后2~5天送货上门,同时,在中国对某些偏远地区的用户每台计算机还加收200~300元的运费。

如果将戴尔中国电子商务的物流需求仅仅理解为门到门运输、免费送货或保证所订的货物都送货的话,那就错了。因为电子商务需要的不是普通的运输和仓储服务,它需要的是物流服务。而物流与仓储运输存在比较大的差别,正是因为传统的储运服务无法全方位地为电子商务服务,才使得电子商务经营者感到物流服务不到位、太落后等。电子商务经营者需要的服务,除了传统的物流服务外,还需要增值性的物流服务。而增值性的物流服务包括以下内容。

①增加便利性的服务,即使人变懒的服务。一切能够简化手续、简化操作的服务都是增值性服务。简化是相对于消费者而言的,并不是说服务的内容简化了,而是指为了获得某种服务,以前需要消费者自己做的一些事情,现在由商品或服务提供商以各种方式代替消费者做了,从而使消费者获得这种服务变得简单。消费者获得服务或商品就像用傻瓜照相机一样简单,不仅简单而且更加好用,这当然增加了商品或服务的价值。在提供电子商务的物流服务时,推行一条龙门到门服务、提供完备的操作或作业提示、省力化设计或安装、代办业务、一张面孔接待客户、24小时营业、自动订货、传递信息和转账(利用EOS, EDI, EFT)、物流全过程追踪等都是对电子商务销售有用的增值性服务。

②加快反应速度的服务,使流通过程变快的服务。快速反应已经成为物流发展的动力之一。传统的观点和做法将加快反应速度变成单纯对快速运输的一种要求,而现代物流的观点认为,可以通过两条途径使过程变快。一是提高运输基础设施和设备的效率,比如修建高速公路、铁路提速、制订新的交通管理办法、将汽车本身的行驶速度提高等。这是一种速度的保障,但在需求方对速度的要求越来越高的情况下它也变成了一种约束,因此必须想其他的办法来提高速度。所以第二种办法,也是具有重大推广价

值的增值性物流服务方案，应该是优化电子商务的流通渠道，以此来养活物流环节、简化物流过程，提高物流系统的快速反应性能。

③降低成本的服务，即发掘第三利润源泉的服务。电子商务发展的前期，物流成本高居不下，有些企业可能会因为根本承受不了这种高成本而退出电子商务领域，或者是选择性地将电子商务的物流服务外包出去，这是很自然的事情。发展电子商务，一开始就应该寻找能够降低物流成本的物流方案。企业可以考虑的方案包括：采用第三方物流；电子商务经营者之间或电子商务经营者与普通商务经营者联合，采取物流共同化计划；同时，对于具有一定的销售量的电子商务企业，可以通过采用比较实用但投资比较少的物流技术和设施设备，或推行物流管理技术，如运筹学中的管理技术、单品管理技术、条形码技术和信息技术等，提高物流的效率和效益，降低物流成本。

④延伸服务，即将供应链集成在一起的服务。向上可以延伸到市场调查与预测、采购及订单处理；向下可以延伸到配送、物流咨询、物流方案的选择与规划、库存控制决策建议、货款回收与结算、教育与培训、物流系统设计与规范方案的制作等。

戴尔公司提供了电子商务化物流的先河，如何实现电子商务化物流是目前企业所面临的问题，而能否提供电子商务化物流增值服务现在已成为衡量一个企业物流是否真正具有竞争力的标准。

案例分析与讨论题

1. 根据网上资料，分析戴尔中国公司增值性的物流服务包括哪些内容。
2. 分析戴尔中国公司成功的经验。

复习思考题

1. 什么是电子支付？电子商务环境下的电子支付有什么特点？
2. 网上电子支付方式有哪些？
3. 什么是网上银行？
4. 现代物流和电子商务之间有什么联系？
5. 电子商务企业采取的物流模式有哪些？

第 10 章
网上创业的财务管理

📖 学习目标

• 深入了解网络营销的基本概念、特点、优势以及工作内容等问题，对网络营销有总体认识；

• 了解我国网络营销的现状、障碍与对策，对我国网络营销的发展前景有总体把握；

• 了解网络营销的起源与发展，以及网络营销产生的客观基础。

案例导入

"百度"成功登陆美国"纳斯达克"

百度在纳斯达克的成功上市，掀起两个不小的波浪：一是互联网的搜索引擎热，二是中国概念的升温。百度为纳斯达克"中国企业第一自豪股"。

一、百度 IPO 的概况

价格：发行价 27 美元，开盘价 66 美元，最高价 153.98 美元，目前市价 81 美元。

新发行股数：3 208 696 股，出售老股 831 706 股，共计 4 040 402 股。

发行后总股数：31 406 255 股。

发行后股东构成：董事会成员 14 368 198 股，占 43.5%；公众 4 040 402 股，占 12.86%；其他股东持股 12 997 655 股，占 43.64%。

2004 年摊薄后每股收益：0.05 美元。

2004 年摊薄后每股净资产：1.01 美元。

摊薄后市盈率：540 倍。

摊薄后市净率:27 倍。

二、关于百度 IPO 的分析

1. 百度简介

2000 年 1 月从美国回来的李彦宏携风险资金从硅谷回到中关村,创建百度。

2000 年 5 月百度签署第一个客户硅谷动力(enet. com),百度产品开始为用户提供服务。

2000 年 6 月百度正式推出全球最大、最快、最新的中文搜索引擎,并且宣布全面进入中国互联网技术领域。

2000 年 8 月百度开始为搜狐(sohu. com)提供服务。

2000 年 9 月百度正式推出面向企业级用户的网事通信息检索软件。

2000 年 9 月 DFJ、IDG 等国际著名风险投资公司为百度投入巨额资金。

2000 年 10 月百度开始为新浪(sina. com)提供服务。

2000 年 10 月百度深圳分公司成立。

2001 年 1 月百度为 263 提供全面搜索服务。

2001 年 2 月百度为 TOM. COM 提供全面搜索服务。

2001 年 6 月百度成立上海办事处。

2001 年 10 月百度为上海热线提供全球中文网页检索系统。

2001 年 10 月中国人民银行金融信息管理中心,采用百度“网事通数据库检索”软件。

2001 年 10 月百度推出全新商业模式——搜索引擎竞价排名。

2002 年 1 月央视国际全套引入了百度“网事通”信息检索软件。

2002 年 3 月百度全面接管 263 搜索频道。

2002 年 3 月百度启动“闪电计划”,不断保持技术领先优势。

2002 年 5 月千龙—百度中文信息检索技术实验室成立。

2002 年 6 月百度推出深受网民喜爱的“IE 搜索伴侣”。

2002 年 7 月百度推出业界首例“竞争情报系统”软件,并举办全国巡展。

2002 年 8 月百度网易深度合作,竞价排名全面提升。

2002 年 9 月神州数码、中石化签约百度企业竞争情报系统;国务院新闻办签约百度新闻监控系统。

2002 年 10 月百度竞价排名业务全国代理商大会召开;百度开始为雅虎中文提供服务。雅虎同时加入百度竞价排名阵营。

2002 年 11 月百度正式推出搜索大富翁游戏,广大网民踊跃参与。百度开始为网易提供服务。百度发布 mp3 搜索。

2002 年 12 月中国移动签约百度企业竞争情报系统;康佳、联想、可口可乐等国际知名企业成为百度竞价排名客户。

2003年6月由第三方赛迪集团下属中国电脑教育报举办的“万人公开评测”公布评测结果。百度超越Google,成为中国网民首选搜索引擎。

2003年6月据美国第三方权威统计机构Alexa统计,在最受欢迎的中文网站中百度已经位居第四,表明百度成为全球最大的中文搜索引擎。

2003年7月百度推出图片、新闻两大技术化搜索引擎,巩固了中文第一搜索引擎的行业地位。

2003年9月百度开展“9月营销革命”,在全国近百个城市展开“竞价排名”付费搜索服务的市场推广活动,取得巨大市场反响。

2003年12月1日,百度陆续推出地区搜索、“贴吧”等划时代功能,搜索引擎步入社区化时代。

2004年2月光线、百度联合打造《全球华人明星人气榜》。

2004年3月中国搜索引擎调查揭晓,百度垄断中文搜索市场。

2004年4月百度规模进一步扩大,迁入理想国际大厦。

2004年5月据Alexa最新显示百度已经成为全球第四大网站。

2004年6月百度成功融资。

2004年8月百度推出超级搜霸。

2004年9月百度广告每日每字千金,创下中国网络广告天价。

2004年9月中国第一部搜索书籍《巧用百度》正式出版。

2004年11月手机上能使用百度。

2004年12月iResearch发布《2004中国搜索引擎研究报告》,百度霸主地位凸显。

2. 百度的成功经验

借Google的东风:百度搜索概念,在国外一直被称为“中国Google”。大量投资者和分析师从中国Google这一层面上预测百度的涨跌,给百度提供了一个很好的预期。而Google与百度之间的各种传闻也为投资者带来了信心。Google作为百度的股东之一(持有相当于百度2.6%普通股的可转换优先股),加上Google对进军中国市场的兴趣让人们很容易地将百度与Google的合作甚至合并联想起来。

增长速度极快的财务数据:百度招股书显示,百度的财务增长极快,这表明百度具备极大的成长空间。2002年收入429.2万人民币,2003年收入3 177.5万人民币,2004年收入10 685.4万人民币,平均年增长率超过400%,并在2004年实现了赢利。

百度是一家纯技术公司:技术公司一直在股票市场受到追捧。百度被视作中国唯一一家纯技术的互联网公司。Google、微软、思科等股票的曾经大受追捧,这可以看作百度受宠的前兆。百度强调自己将大力投入到研发。百度专注于中文搜索并逐步建立了在中国市场的领导地位,在中国开创了竞价排名的业务模式,这些都有助于投资人建立对百度的信心。

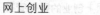

立足本土化:"百度是一家在中国本土成长的、并能切实创造出强大搜索引擎产品的公司",沃尔夫咨询集团亚洲公司执行董事David Wolf表示,在中国,众多的洋公司表现出了不同程度的水土不服,在海外战无不胜的Yahoo,在中国充其量也只能算是一个二流网站,而NASDAQ的宠儿Google,在中国的使用率也远不及百度。国际投资者由此找到了答案,中国网络的事情还得中国人自己解决。

全球第二大的互联网市场领导地位的向往:中国即将成为全球第二大互联网市场。而得益于中国庞大的人口,上网用户有望超过美国跃居第一位。互联网第二春的提前到来,预示着百度的市场就是中国的市场。

思考题:

百度的成功带给我们什么启示?

10.1 财务的基本功能

关于企业财务功能,人们是在长期的实践和总结经验基础上逐步了解和认识的。

10.1.1 财务的基本功能

1)财务的经济核算功能

(1)财务经济核算功能的含义

企业财务经济核算功能指的是对企业生产经营过程中所产生的经济资源的消耗及由此所取得的经营成果的计算和反映。这些计算往往是以实际的货币或概念中的货币为计量单位进行的,目的是了解和掌握企业资金的流向和流量,评估企业经营活动所取得的财务成果的大小,审查企业的资产状况和财务状况。经济核算功能最终可以通过反映企业偿债能力、经营能力、赢利能力、成长性、资产流动性等指标来表现。

(2)产值最大化——财务经济核算功能体现的目标

由于我国的特殊情况,在很长时间内,国有企业的财务功能也仅限于收支记账,没有起到管理的功能。在这个阶段,国有企业的财务目标就是产值最大化。以产值最大化作为财务目标虽然具有简单、直接、明确等优点,但也会给企业乃至社会带来严重的经济恶果。

2)财务的管理功能

(1)大规模生产阶段需要财务的管理功能

随着企业间竞争的兴起,企业的发展逐步步入利润导向的发展阶段。如何提高产品质量、提高生产效率、降低成本以及增强企业的竞争力以在日趋激烈的竞争中求得生存发展,成为企业经营者要面对的首要问题。企业财务关系开始复杂化,企业财务功能开始扩大。如何筹集资金、使用资金、回收资金以及补偿资金,保证生产经营各环节的资金需要,满足资金在时间上继起性和空间上并存性的要求,维持生产经营安全运行是对企业财务的进一步要求,这就使得企业财务被赋予了新的功能——管理功能。

(2)财务管理功能的含义

在企业生产经营过程中,始终存在两个基本的流程:实物流和资金流。通过对资金流的控制来实现对实物流的整个流转过程的控制,实施全面的计划、组织、指挥、协调和控制,使实物流运动尽可能做到低成本、平衡、畅通、高速运行,就是企业财务的管理层次功能。企业财务管理功能是以其经济核算功能为前提,在对所获得的财务信息进行精心细致分析的基础上,进行预测,制订出周密详尽的财务计划并将计划付诸实际工作而实现该层次功能。因此,能否取得真实可靠的财务信息是计划成败的关键,一个计划的制订和实施,既是对前一个工作循环的总结,又是后一个工作循环的开始。企业的一切活动都是以资金为起点,并以资金运动贯穿于其中。因此能否建立一个以资金管理为核心的财务管理体系是企业财务管理功能能否发挥作用及作用大小的关键。在实际工作中,因资金管理不善而导致企业失败或经营发生困难的事例很多。

(3)利润最大化——财务管理功能体现的目标

当企业以盈利作为自己的经营目的时,自然会将利润最大化作为自己的财务管理整体目标。以利润最大化作为财务管理目标,有利于将企业的投入与产出相结合,强化企业成本观念,促使企业强化管理,改进技术,提高劳动生产率,降低产品成本。并且,以利润最大化作为企业目标,使得企业必须时时关注市场需求的变化,关注宏观经济形势,将生产与销售结合起来,使企业生产经营更好地满足社会需要。从宏观因素上讲,利润最大化在一定程度上也促进了社会资源的合理配置,有利于社会经济效益的提高。

但是,利润最大化这一财务目标有其不可避免的缺点:首先,利润最大化没有考虑投入资本的多少,一味追求回报的绝对量,而不关心投入资本的盈利率如何;其次,随着竞争的加剧,企业经营风险越来越大,而利润最大化没有考虑预期利润的风险因素;第三,利润最大化往往会使企业财务决策带有短期化行为,经营者可能以牺牲后期收益为代价而求取任期内利润的最大化,这对企业的长远发展是不利的;第四,会计利润与企业财务实力之间并不存在一一对应的关系,相同的财务实力,往往会因为不同的会计方法而有不同的表现形式。

3)财务的经营功能

(1)财务经营功能概念的提出

随着资本主义发展到垄断竞争,资本主义企业的扩大再生产逐渐由依靠原始积累转向以兼并收购为主的快速成长，其组织形式由有限责任公司向股份公司转变。此时，投资人作为股东，不仅关心企业的利润，更注重其所持的股权价值。在这一阶段，如何实现企业价值的最大化成为企业各部门努力的方向，企业财务也因此被赋予了更高层次的功能——经营功能。

(2)财务经营功能的含义

企业财务经营功能是企业财务管理功能的升华，是更高层次的财务管理。财务管理主要指企业经营者以企业的长期发展战略所确定的目标为导向，以商品生产经营为依托，通过资本市场、产权交易市场和其他途径，以资本经营、资产经营和负债经营等为手段进行更大范围内的融资、兼并收购、重组等，使企业资产在流动中保持增值的同时，实现企业资本和资产的快速扩张，通过资产规模的裂变式扩张，把各种生产性和非生产性经济资源如市场份额、经销渠道、技术及经营管理技术等尽可能快地聚集到企业手中来，以实现企业生产经营的极大化、多元化，迅速提高在市场上的竞争力和影响力。

原有的企业财务观念往往以企业经营过程中的物流为转移，人们根据企业的产量、销售额来进行投资，生产过程中的资金流就是以保障生产过程中物流的平衡畅通为己任。因而，即使是在企业资产处于总量失衡、结构失调，企业运营效率低下时，人们考虑得更多的是应用限产、压库、改造设备、调整投资方向等手段加以调节，往往不会考虑到利用资产经营和资本经营来进行调整。而企业财务经营观念认为，企业的发展规模达到一定的程度之后，企业经营过程中所形成的价值除了具有保障企业生产经营的安全运营的功能外，它还具有自身的运动规律，对生产经营发展具有能动性的推动作用。通过对资本运作方式的创新，企业有形和无形的存量资产都可变成一定的资本加以运用，完全有可能创造出新的生产力，进一步加速企业的发展，提高企业市场竞争力和市场控制能力。

(3)财务经营的对象

企业财务经营的对象按照其经营的场所和方式的不同可以分为三类：

第一类，以企业内部控制的各种实物资产，如流动资产、固定资产、无形资产为经营对象。目的是服务于企业的生产经营活动，通过计划、预算，对企业资金运动的速度、方向、规模和结构进行控制。在保证生产经营需要的前提下，尽可能减少资金占用，降低成本，提高企业经济效益。

第二类，在金融市场以金融资产为经营对象，包括各种短期票据、资本证券（如各种债券、股票）和衍生证券（如各种金融期货、期权合约等）三大类。金融市场的各种金融资产按期限长短，又可分为短期金融资产和中长期金融资产；按其职能作用，还可分为基本的投资筹资性金融资产（如股票、债券）和衍生的保值投机性金融资产（如期货、期权、互换）等。

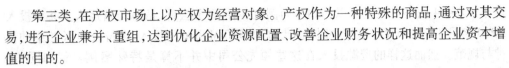

第三类,在产权市场上以产权为经营对象。产权作为一种特殊的商品,通过对其交易,进行企业兼并、重组,达到优化企业资源配置、改善企业财务状况和提高企业资本增值的目的。

(4)企业价值最大化成为企业新的理财目标

当企业财务被赋予经营功能后,企业财务理念便被提升到了一个更高的境界。企业作为一个理财主体,不仅可以对企业内部的实物资产进行管理以发挥其最大作用,还可以对金融市场上的金融资产以及产权市场上的产权进行运营,通过对这些资本资产进行组合运营,最大可能地提高企业的整体价值。企业价值实际上就是持续期内现金流量的现值之和,现金流越大、贴现率越小,企业价值越大。现金流与企业的财务活动有关,不仅包括产品经营活动,还包括在金融市场和产权市场上进行的各种资产经营、资本经营等财务经营活动;贴现率与企业财务经营所冒风险有关,企业进行的项目风险越小,贴现率越小,企业价值越大。企业所需进行筹划的就是如何在运用各种经营手段有效增加企业现金流的基础上,有力地控制企业所面临的综合风险,以最大限度地提高企业的整体价值。

企业一旦能树立起财务经营的观念,确立企业价值最大化这一经营目标,便会走出产品、商品生产经营的小天地,积极盘活企业存量资产,调整产业结构和资本结构,快速提高企业竞争力,提升企业的整体价值。

4)财务三层次功能之间关系

企业财务的经济核算功能、管理功能和经营功能作用各不相同,其功能内涵依次提高。但三者并不是泾渭分明、截然分开的,而是相互作用,相互依赖,三位一体,统一于企业的财务活动中。三者的关系可以归纳成这样一句话:经济核算功能是基础,管理功能是核心,经营功能是目标,经营功能是经济核算功能与管理功能的集中体现。

需要提出的是,在企业的不同发展时期,企业对不同层次的财务功能的依赖是不同的。在企业发展初期,由于企业还比较弱小,企业的各项工作都还在完善之中,产品、市场尚在培养之中,这一阶段的企业所抓的是产品产量和质量,是节能降耗。因此需要强调的是企业财务的核算功能。随着生产的扩大,能否筹措到足够的资金满足生产扩大的需要,能否保证资金流转顺利进行、资金的补偿得到满足是这一时期财务工作的焦点问题,更加要强调企业财务的管理功能。

10.1.2 财务功能转变与企业价值的提升

1)财务功能的转变:从“账房先生”到“企业策略伙伴”

2002年,在经历了安然风暴后,最有挑战的变革行动就是在美国上市的企业必须遵守 SOX404 法案之规范。以 FedEx 为例，在内部财务会计、信息与营运人员共计投入 1 200 名员工与 100 000 工作小时，总计约 US $30 Million 的投入，以符合 SOX 法案的精神与规范。然而这样的资源投入在这些领先公司中并不算是特殊案例。就如同 GE 的高阶主管说道："虽然因为遵循法规，我们必须投入相当的资源，但我们仍同时努力创造股东的价值，因为我们认为这是做对的事情，这件事让我们对我们的各项业务、作业与系统重新进行检视，不仅从内部控制的角度出发，也从创造价值的角度出发。"在这一重大变革中，财务人员扮演了什么样的角色，它在企业组织中应发挥什么样的功能？

就上述问题，从 2005 年底到 2006 年初间，台湾 CFO Research Services（隶属于 CFO Publishing Corp. 之下）和 Deloitte Consulting（在台湾为勤业众信管理顾问公司）共同进行了一项研究调查活动，该项研究计划是找一对分别位于北美与欧洲地区居于领导地位的企业，对在执行营运策略时，财务功能所提供的贡献进行调查。从北美与欧洲在不同产业中的领导企业，根据获利、资本使用效率与资产成长等指标，挑选出在过去数年中，表现持续超越同业的代表性公司，如北美的 Cisco，Costco，Dell，FedEx 及欧洲的 ABN，BHP Billiton 等著名公司。该研究中所挑选的企业其经济利润较同业平均水平高出约 88%，通过与这些公司的高阶财务主管的深度访谈，得出目前财务功能在企业组织中不仅应扮演"看守者"的角色，更重要的是应发挥"企业策略伙伴"的功能。Rohm and Hass 的财务长提到，"财务组织基本上可划分为两大功能，一个功能是信息的产生与交付，在这一功能中最重要的目标便是如何快速、正确地、实时地将财务信息交付到管理者手上。另一功能则是运用这些信息帮助管理决策。在这一功能中，财务人员必须扮演营运主管的角色，尽可能在各项管理决策上提供专业的支持。当财务人员成功地转换为有效帮助营运者执行决策的角色时，财务人员与营运单位间将不再是对立的，而应该是受各营运单位所欢迎的"。可见，在访谈报告中所看到的财务功能，主要扮演了与营运部门共同合作的角色，而非扮演公司的警察角色。

那么我国大陆企业财务功能的现状是怎样的呢？

尽管现在很多中国企业都设置了首席财务官（CFO）一职，但正如在中国长达二十多年的企业改制中曾出现过许多翻牌公司一样，许多企业的首席财务官不过是"账房先生"的翻版。在普华永道联合专业机构对亚太区 400 名 CFO 所做的一次调查中发现，中国企业的 CFO 在对管理层决策支持、交易处理时间等方面均逊于亚太区平均水平。普华永道发布的这项调查显示，除了一些著名的跨国公司以外，大多数中国企业的财务职能仍停留在传统的记账阶段，大多数中国企业首席财务官仍停留在"账房先生"阶段，正面临着急迫的角色转换。

造成这一现状的根源可以归为我国市场经济是由计划经济脱胎而来，市场经济下企业管理经验还严重缺乏。在股权分置时代，上市公司的财务与会计基本合二为一，财务管理附着在会计上，理财职能相对薄弱，没有在整体财务运作中发挥应有的作用。但我们不能怨天尤人，财务职能不能不随经济环境变化而自我调整。在股权全流通以后，由于市场越来越规范，资本运作、并购重组日益活跃，股权质押担保、资产证券化等各类新型理财品种也应运而生，财务管理职能将凸显出前所未有的重要性。因此，在大的财务观下，上市公司财务管理的工作重心也将由传统的会计核算、生产经营分析转向企业理财，并完善融资、投资等各种财务管理职能，优化企业战略，促进企业价值的不断提升。

2）财务功能的转变与企业价值的关系

财务功能在“账房先生”阶段，主要特点是“顺从”，主要职能是核算、反映企业业务；财务功能在“警察”阶段，主要特点是“控制”，主要职能是确保报表真实公允，股东资产安全、业务活动规范可靠；财务功能在“业务伙伴”阶段，主要特点是“决策支持和利润管理”，财务被完全整合到业务中的每个部分，财务开始影响业务，要求财务人员必须了解业务，财务管理以业务为导向，服务于经营活动；财务功能在“企业策略合伙人”阶段，主要特点是财务成为企业利润的提升者甚至直接创造者，主要职能是以产业经营为基础，以资本经营为手段，通过有效的内部资源配置，实现股东价值最大化。可以清晰地看出，随着企业财务功能由“账房先生”到“企业策略合伙人”的转变，企业价值得到越来越大的提升。

3）新型财务功能下财务提升企业价值的具体体现

现代企业理论认为，企业是多边契约关系的总和，股东、债权人、经理阶层、一般员工等缺一不可。各方都有各自的利益，共同参与构成企业的利益制衡机制。实际上，这里的企业价值是以股东（所有者）价值为主体的，是多方利益主体价值的总和。企业价值等于股权价值与债权价值之和，因此企业价值最大化目标模式兼顾了债权人和股东两者的利益。企业价值最大化的财务管理目标考虑了除股东以外的各相关利益主体，使企业总价值更大，这有利于企业可持续发展或长期稳定发展，因而更具合理性。

那么企业价值如何量化？企业价值是指企业当前的市场价值，理论上等于企业未来各年的净收益按投资者要求的收益率贴现的现值之和。可见，影响企业价值的因素有两个：企业未来的收益和投资者要求的收益率。投资者预期的收益率不变时，企业未来的收益（一般用现金流量来表小）越大，企业价值越大；在企业未来收益不变时，投资者要求的收益率越小，企业价值越大。投资者预期收益率的高低，主要由企业的风险大小来决定。因此，企业的价值，与预期的报酬成正比，与预期的风险成反比。但一般情况下，报酬和风险又是同增的，即报酬越大，风险越大。报酬的增加是以风险的增加为代价的，而风险的增加将会直接威胁企业的生存。因此，企业的价值只有在风险和报酬达到比较好的均衡时才能达到最大。

在财务功能转变后，财务部门更多地担负着企业管家、企业智囊团的角色。比如在筹资管理中，不仅需要从数量上满足生产经营的需要，而且需要考虑各种筹资方式资金成本的高低、财务风险的大小。通过降低企业风险，降低资金成本从而提高企业价值。在投资管理中选择新增项目时，需要对项目的报酬和风险加以权衡，从而达到企业价值最大化。又比如对营运资金管理得好，在一既定时期内资金周转得快，利用相同数量的资金，生产出更多产品、取得更多收入、获得更多报酬，自然也提高了企业价值。而对于企业财务总监和CFO们来说，更是要从财务战略的高度制定与企业战略相匹配的适应企业不同发展阶段的有效的财务政策，比如在企业的产品处于投入期时，产品在市场上的认知度较低，市场份额小，企业发生巨额营销费，经营活动现金流通常为负数，利润较少甚至亏损，企业经营风险非常高，这时为了将企业整体风险（企业风险由经营风险和财务风险组成）降下来，必须降低财务风险，因此这一阶段就需采取"吸收风险资本、较低的财务杠杆和股利不分配"的稳健成长型财务战略。而当企业的产品处于成长期时，这时企业经营风险有所降低，又应采取"吸引权益资本、低财务杠杆和少分配股利"的快速扩张型财务战略。

具体来说，财务提升企业价值主要体现在三大方面：①创造企业价值的活动，包括税收筹划、集中化管理（尤其是资金）、盈余管理、融资管理、投资并购、成本控制等；②支持企业价值的活动，包括全面预算管理、财务流程再造、运营资本管理、利润管理、绩效管理、薪酬管理、风险管理等；③保持企业价值的活动，包括财务管理系统建设、会计管理、会计信息管理、会计制度与组织管理等。

创造价值的活动也可以套用木桶理论，木桶板的高低决定创造价值的高低，最短的板决定了你的价值；保持企业价值的活动，则像水桶的底一样，没有它就没办法成功，企业成立首先就需要财务做运行的基本保证。支持企业价值的活动相当于木桶上的一个箍，有了箍水不会流失，而且增加了它的安全性，这就是财务管理提升企业价值。

10.2 财务报表的解读

一般而言，财务报表是由公司会计部门提供的反映该公司某一时期（或时点）财务状况与经营成果的书面文件。从基本财务报表的发展、演变过程来看，世界各国的报表体系逐渐趋于形式上的一致（尽管其概念内涵、指标口径等在各国间有不同程度的差异）。目前，世界各国的基本财务报表一般包括资产负债表（Balance Sheet）、利润表（Income Statement 或 Profit and Loss Account）以及现金流量表（Statement of Cash Flows 或 Cash Flow Statement）。

10.2.1 资产负债表

资产负债表是反映公司会计期末全部资产、负债和所有者权益情况的报表，其平衡关系是“资产 = 负债 + 所有者权益”。通过资产负债表，能了解企业在报表日的财务状况，长短期的偿债能力，资产、负债、权益和结构等重要信息。其作用如下：

第一，资产负债表向人们揭示了公司拥有或控制的能用货币表现的经济资源即资产的总规模及具体的分布形态。由于不同形态的资产对公司的经营活动有不同的影响。因而对公司资产结构的分析可以对公司的资产质量作出一定的判断。

第二，把流动资产（Current Assets，一年内可以或准备转化为现金的资产）、速动资产（Quick Assets，流动资产中变现能力较强的货币资金、债权、短期投资等）与流动负债（一年内应清偿的债务责任）联系起来分析，可以评价公司的短期偿债能力。这种能力对公司的短期债权人尤为重要。

第三，通过对公司债务规模、债务结构及与所有者权益的对比，可以对公司的长期偿债能力及举债能力（潜力）作出评价。一般而言，公司的所有者权益占负债与所有者权益的比重越大，公司清偿长期债务的能力越强，公司进一步举借债务的潜力就越大。

第四，通过对公司不同时点资产负债表的比较，可以对上市公司财务状况的发展趋势作出判断。可以肯定地说，公司某一特定日期（时点）的资产负债表对信息使用者的作用极其有限。只有把不同时点的资产负债表结合起来分析，才能把握公司财务状况的发展趋势。同样，将不同公司同一时点的资产负债表进行对比，还可对不同公司的相对财务状况作出评价。

第五，通过对资产负债表与利润表有关项目的比较，可以对公司各种资源的利用情况作出评价。如可以考察资产利润率，运用资本报酬率、存货周转率、债权周转率等。

第六，通过将资产负债表与利润表、现金流量表联系起来分析，可以对公司的财务状况和经营成果作出整体评价。

1）资产

资产是公司因过去的交易或事项而获得或控制的能以货币计量的经济资源，包括财产、债权和其他权利。资产具有如下特征：

第一，资产是由过去的交易所获得的。公司所能利用的经济资源能否列为资产，其区分标志之一就是是否由已发生的交易所引起。

第二，资产应能为公司所实际控制或拥有。在这里拥有是指公司拥有资产的所有权；“控制”则是指公司虽然没有某些资产的所有权，但实际上可以对其自由支配和使用，例如融资租入固定资产。

第三，资产必须能以货币计量。这就是说，会计报表上列示的资产并不是公司的所有资源，能用货币计量的资源才予以在报表中列示。而对公司的某些资源，如人力资源等，由于无法用货币计量，目前的会计实务并不在会计系统中处理。

第四，资产应能为公司带来未来经济利益。在这里，所谓"未来经济利益"，是指直接或间接地为未来的现金净流入作出贡献的能力。这种贡献，可以是直接增加未来的现金流入，也可以是因耗用（如材料存货）或提供经济效用（如对各种非流动资产的使用）而节约的未来的现金流出。

资产通常分为流动资产和长期资产两大类。前者如货币资产、存货、应收账款等，后者如长期投资、房屋设备等；根据经济周转特性的不同，可以分为流动资产、长期投资、固定资产、无形资产和递延资产等。

（1）流动资产分析

流动资产在周转过渡中，从货币形态开始，依次改变其形态，最后又回到货币形态（货币资金 →储备资金、固定资金→生产资金→成品资金→货币资金），各种形态的资金与生产流通紧密相结合，周转速度快，变现能力强。加强对流动资产业务的审计，有利于确定流动资产业务的合法性、合规性，有利于检查流动资产业务账务处理的正确性，揭露其存在的弊端，提高流动资产的使用效益。

流动资产的内容一般包括货币资金、短期投资、应收票据、应收账款和存货等。同时按照流动性大小可分为速动资产和非速动资产。其中，速动资产是指在很短时间内可以变现的流动资产，如货币资金、交易性金融资产和各种应收款项；非速动资产包括存货、待摊费用、预付款、一年内到期的非流动资产以及其他流动资产。

流动资产分析主要包括具体资产的分析和流动资产的周转。其中具体资产的分析有：

①货币资金分析。

好公司由于具有较强的实力和经济商誉，一般货币资金项目占资产比例较高。分析货币资金项目，主要是要结合现金流量表，看货币资金在过去一期中发生了怎样的变动，这些货币资金变动主要是哪一项活动带来的，如茅台的货币资金项目很多，主要是账面上有大量的预收款，这是一种很强的商业势力和经济商誉的表现；而对于地产公司万科，这方面则逊色多了，其较大的货币资金主要是"筹资活动现金流量"带来的，并非"经营活动现金流量"带来的。优秀的企业，一般都有不俗的长期现金存量，这本身就是公司实力的一种展现。当然，如果货币资金占比过大，也反映企业现金利用效率不太高。

②存货分析。

存货的占比在各行业有所不同，像地产公司一般此项余额占总资产的比重就较高，传统制造业的公司、零售业的公司一般存货占比也较高。

存货一般可分为很多项，不同的行业一般分类大不相同，拿典型的工业公司来说，存货可分为原材料、半成品、产成品。通常来说,存货增加不是好消息,表明企业的资金占用水平增加了,尤其是一些电子行业、食品行业的产成品存货积压通常是危险信号,不过对于白酒行业则是一个例外,白酒行业是最不怕存货积压的行业,存货越存越值钱。

如果发现存货余额大量增加,一定要翻阅报表附注,看看是哪一项存货增加了,这里就主要考察以下几点:

a.产成品存货增加:这通常是企业需求量下降的信号,表现企业在未来可能被迫削价并计提减值准备;b.半成品存货增加:通常是好消息,可能标志着管理人员对未来的市场前景有较好的预期,期望销售增长;c.原材料增加:通常表明生产和采购的效率低下,将导致销售费用增加;也有可能是企业预期未来原材料将上涨,提前储备原材料。对于存货占用水平较高的行业,存货减值准备的计提则构成一项关键会计政策。

③预付账款。

预付账款一般是企业材料采购造成的,该项流动资产也是企业经营现金流的减项。对于金额过大的预付账款,如果是与关联企业发生的采购,要当心这可能是资金拆借的信号。

④应收账款和应收票据。

应收账款和应收票据一般是基于商业竞争的考虑,需要对客户放宽销售政策。对于这两项商业债权,要注意相应的减值准备的政策。

流动资金的周转主要在于流动资产周转率,流动资产周转率指一定时期内流动资产平均占用额完成产品销售额的周转次数,是主营业务收入净额与全部流动资产的平均余额的比值,反映流动资产周转速度和流动资产利用效果。周转速度快,会相对节约流动资产,等于相对扩大资产投入,增强企业盈利能力;而延缓周转速度,需要补充流动资产参加周转,形成资金浪费,降低企业盈利能力。流动资产周转率=主营业务收入净额÷流动资产平均占用额。

(2)长期投资分析

长期投资(long-term investments)是指不满足短期投资条件的投资,即不准备在一年或长于一年的经营周期之内转变为现金的投资。企业管理层取得长期投资的目的在于持有而不在于出售,这是与短期投资的一个重要区别。

长期投资按其性质分为长期股权投资、长期债券投资和其他长期投资。长期股票投资是购买并持有其他公司的普通股、优先股。以现金取得时,按取得时的计价成本(包括买价、佣金和税费等);以非现金交易取得时,按照交易物品或取得股票的公允市价计价。

①长期股权投资是指通过对外出让资产(包括有形资产和无形资产)而获得的被投资方的股权。长期股权投资按照持股的对象又可以分为股票投资和非股票投资。股

票投资是指公司以购买并持有受资方的股票的方式,从而对受资方进行的投资。非股票投资是指公司以购买股权但不持有股票的方式对受资方进行的投资。投资方因拥有股权而成为受资方的股东。股东对公司经营决策等方面的影响大小,取决于其持有股份的份额。

②长期债权投资是指公司持有的不准备随时变现、持有期超过1年以上、因对外出让资产而形成的债权。按照投资的对象,长期债权投资又可以分为长期债券投资和其他长期债权投资。长期债券投资是指上市公司以购买并长期持有受资方债券(包括国家或上市公司等单位)的方式,对受资方进行的投资,其他长期债权投资是指除了长期债券投资以外的长期债权投资。公司因拥有债权而成为受资方的债权人,定期收取利息和本金。一般条件下,债权人无权参与公司的管理和经营决策。

长期投资运用的资产形态:一般而言,公司的对外长期投资所运用的资产形态,主要有下列几类:

①货币资产。

公司可以用自己的货币资产对外长期投资。在利用货币资产对外投资时,不存在对货币资产估价的问题,即公司付出的货币资产金额即为公司形成的投资数额。

②非货币资产。

公司除用货币资产对外投资外,还可以用非货币资产对外投资。可以用于对外投资的非货币资产包括存货、固定资产和无形资产。在用非货币资产对外投资时,公司要对转出的资产进行价值评估。评估的价值与原资产的账面价值的差异将作增减资本公积处理。

(3)固定资产分析

①固定资产的定义和分类。

新《企业所得税实施条例》规定,固定资产,是指企业为生产产品、提供劳务、出租或者经营管理而持有的、使用时间超过12个月的非货币性资产,包括房屋、建筑物、机器、机械、运输工具以及其他与生产经营活动有关的设备、器具、工具等。财务会计将固定资产分为7类:生产经营用固定资产,非生产经营用固定资产,租出固定资产,不需用固定资产,未使用固定资产,土地和融资租入固定资产。税法将固定资产主要分为3类:房屋、建筑物,火车、轮船、机器、机械和其他生产设备,电子设备和火车、轮船以外的运输工具以及与生产、经营业务有关的器具、工具、家具等。二者对固定资产的定义完全相同,都是指使用期限超过一年的房屋、建筑物、机器、机械、运输工具以及其他与生产经营有关的设备、器具、工具等。

②固定资产的计价。

财务会计和所得税会计对固定资产的计价基本相同,《企业所得税法实施条例》第五十六条规定,企业的各项资产,包括固定资产、生物资产、无形资产、长期待摊费用、投资资产、存货等,以历史成本为计税基础。企业持有各项资产期间资产增值或者减值,除国务院财政、税务主管部门规定可以确认损益外,不得调整该资产的计税基础。财务会计和所得税会计对固定资产的计价都是以历史成本为基础:

a. 融资租入的固定资产。税法规定,融资租入的固定资产,以租赁合同约定的付款总额和承租人在签订租赁合同过程中发生的相关费用为计税基础,租赁合同未约定付款总额的,以该资产的公允价值和承租人在签订租赁合同过程中发生的相关费用为计税基础;财务会计也体现融资租入固定资产作为资产的特性,并遵循谨慎性原则。在《财务会计制度》中规定:融资租入的固定资产,按租赁开始日租赁资产的原账面价值与最低租赁付款额的现值两者中较低者,作为入账价值。按照重要性原则,如果融资租赁资产占企业资产总额比例等于或低于30%的,在租赁开始时,企业也可按最低租赁付款额,作为固定资产的入账价值。最低租赁付款额是指在租赁期内,企业应支付或可能要求被支付的各种款项(不包括或有租金和履约成本),加上由企业或与其有关的第三方担保的资产余值,在一定情况下还加上购买价格。两者对固定资产的计价基本相同。

b. 接受捐赠的固定资产。税法规定:通过捐赠、投资、非货币性资产交换、债务重组等方式取得的固定资产,以该资产的公允价值和支付的相关税费为计税基础;在《财务会计制度》中规定:接受捐赠的固定资产,捐赠方提供了有关凭据的,按凭据上标明的金额加上应支付的相关税费,作为入账价值;捐赠方没有提供有关凭据的,而同类或类似固定资产存在活跃市场的,按同类或类似固定资产的市场价格估计的金额,加上应支付的相关税费,作为入账价值;同类或类似固定资产不存在活跃市场的,按该接受捐赠的固定资产的预计未来现金流量现值,作为入账价值。这是因为捐赠固定资产作为企业生产经营的设备工具,符合《财务会计制度》对资产的定义、按照公允价值列示为企业的资产并计提折旧。两者对固定资产的计价也基本相同。

c. 固定资产改良支出。固定资产改良是指企业为了扩大固定资产规模或提高固定资产性能而发生的支出。《企业所得税法实施条例》第五十八条规定改建的固定资产,除企业所得税法第十三条第(一)项、第(二)项规定外,以改建过程中发生的改建支出增加计税基础;财务会计制度和税法对固定资产改良的确认,从本质上来说是基本相同的。

(4)固定资产的折旧

①折旧范围在财务会计和所得税会计中对固定资产准许计提折旧的规定范围完全相同。

②折旧年限和折旧方法基本相同。在《企业所得税法实施条例》第五十九条规定,固定资产按照直线法计算的折旧,准予扣除,第六十条规定,除国务院财政、税务主管部门另有规定外,固定资产计算折旧的最低年限如下:(一)房屋、建筑物,为20年;

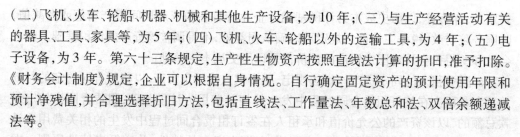

(二)飞机、火车、轮船、机器、机械和其他生产设备,为10年;(三)与生产经营活动有关的器具、工具、家具等,为5年;(四)飞机、火车、轮船以外的运输工具,为4年;(五)电子设备,为3年。第六十三条规定,生产性生物资产按照直线法计算的折旧,准予扣除。《财务会计制度》规定,企业可以根据自身情况。自行确定固定资产的预计使用年限和预计净残值,并合理选择折旧方法,包括直线法、工作量法、年数总和法、双倍余额递减法等。

2)负债

负债是指公司由于过去的交易或事项而引起,在现在承担的将在未来向其他经济组织或个人交付资产或提供劳务的责任。负债具有如下基本特征:

①与资产一样,负债应由公司过去的交易引起。

②负债必须在未来某个时点(且通常有明确的收款人和偿付日期)通过转让资产或提供劳务来清偿。

③负债应是能用货币进行计量的债务责任。

一般而言,负债分为流动负债、长期负债和或有负债。

(1)流动负债

流动负债是指将在1年或超过1年的一个营业周期内偿还的债务。企业的流动负债,一般包括短期借款、应付票据、应付账款、预收货款、其他应付款、应付工资、应付福利费、未交税金、未付利润、预提费用、一年内到期的长期负债和其他流动负债等项目。

(2)长期负债

流动负债以外的负债为长期负债。长期负债通常包括长期借款、应付债券、长期应付款等。根据《企业会计准则第22号——金融工具确认和计量》的规定,长期负债应当按照公允价值进行初始计量,采用摊余成本进行后续计量。实际利率与合同利率差别较小的,也可按合同利率计算利息费用。

①长期借款。

长期借款,是指企业从银行或其他金融机构借入的期限在一年以上(不含一年)的借款。长期借款的有关账务处理如下:

企业借入各种长期借款,按实际收到的款项,借记"银行存款"科目,贷记"长期借款——本金"科目;按其差额,借记"长期借款——利息调整"科目。在资产负债表日,企业应按长期借款的摊余成本和实际利率计算确定的长期借款的利息费用,借记"在建工程""财务费用""制造费用"等科目;按借款本金和合同利率计算确定的应付未付利息,贷记"应付利息"科目(对于一次还本付息的长期借款,贷记"长期借款——应计利息"科目);按其差额,贷记"长期借款——利息调整"科目。

企业归还长期借款,按归还的长期借款本金,借记"长期借款——本金"科目;按转销的利息调整金额，贷记“长期借款——利息调整”科目；按实际归还的款项，贷记“银行存款”科目；按其差额，借记“在建工程”“财务费用”“制造费用”等科目。

②应付债券

企业根据国家有关规定，在符合条件的前提下，经批准可以发行公司债券、可转换公司债券、认股权和债券分离交易的可转换公司债券。

③长期应付款。

长期应付款，是企业除长期借款和应付债券以外的其他各种长期应付款项，包括应付融资租入固定资产的租赁费、具有融资性质的延期付款购买资产发生的应付款项等。

a. 应付融资租入固定资产的租赁费。租赁，是指在约定的期间内，出租人将资产使用权让与承租人，以获取租金的协议。租赁的主要特征是转移资产的使用权，而不是转移资产的所有权，并且这种转移是有偿的，取得使用权以支付租金为代价，从而使租赁有别于资产购置和不把资产的使用权从合同的一方转移给另一方的服务性合同，如劳务合同、运输合同、保管合同、仓储合同等以及无偿提供使用权的借用合同。

b. 具有融资性质的延期付款购买资产。企业购买资产有可能延期支付有关价款。如果延期支付的购买价款超过正常信用条件，实质上具有融资性质的，所购资产的成本应当以延期支付购买价款的现值为基础确定。实际支付的价款与购买价款的现值之间的差额，应当在信用期间内采用实际利率法进行摊销，符合资本化条件的，计入相关资产成本，否则计入当期损益。其账务处理为：企业购入资产超过正常信用条件延期付款实质上具有融资性质时，应按购买价款的现值，借记“固定资产”“在建工程”等科目，按应支付的价款总额，贷记“长期应付款”科目，按其差额，借记“未确认融资费用”科目。按期支付价款，借记“长期应付款”科目，贷记“银行存款”科目。

(3)或有负债

或有负债，指过去的交易或事项形成的潜在义务，其存在须通过未来不确定事项的发生或不发生予以证实；或过去的交易或事项形成的现时义务，履行该义务不是很可能导致经济利益流出企业或该义务的金额不能可靠地计量。或有负债是指其最终结果如何目前尚难确定，须视某种事项是否发生而定的债务。它是由过去的某种约定，承诺或某些情况而引起的，其结果尚难确定，可能是要企业负责偿还的真正债务，也可能不构成企业的债务。因此，或有负债只是一种潜在的债务，并不是企业目前真正的负债。

①或有负债的种类。

企业面临的主要的或有负债有：担保、未决诉讼、应收票据贴现、应收账款抵借。

担保(warranties)：此类负债包括为其他企业等单位提供贷款担保和为自己的产品提供的产品或服务担保或承诺。前者负债是否发生，取决于被担保者在其贷款期满时能否付清其债务：如果被担保者在贷款到期时不能清偿其债务，担保企业就要代被担保人清偿债务。此时或有负债就成了真实负债。反之,企业的或有负债将不会转化成实际负债。后者负债是否发生,则取决于在质量担保期内企业售出的产品或提供的劳务是否出现质量问题:如果出现质量问题,企业由或有负债转化为实际负债。

未决诉讼(Pending Litigation):企业的诉讼有时会经历较长时间。当诉讼跨会计年度时,这种未决诉讼就成为企业的一项或有事项。企业进行诉讼活动的目的主要有两个:一是想赢,二是少输。但法院的判决则不以原、被告的意志为转移。有些判决对企业也许是灭顶之灾。

应收票据贴现(Discounted Notes Receivale):票据贴现是企业以转让票据的办法从银行或金融公司获取借款的一种方式。如果在票据到期日出票人或付款人不能如数付款,企业作为票据的背书人负有连带的、代为偿还的责任。实际上就是企业在持票据向银行贴现后,就要承担或有负债的责任。

应收账款抵借(Discountrd Accounts Receivable):在一些国家中,为了筹措资金,企业可以用应收账款作为抵押,向银行或金融机构借入现款。当抵借期限过后,如果银行或金融机构无法向债务人收回联款,则有权向借款企业索取现款,企业负有代为如数偿还的责任。

②或有负债披露的一股会计惯例。

或有负债的披露问题上,一般遵循稳健原则。我国在2000年7月1日开始实施的《会计法》中,明确要求,“单位提供的担保、未决诉讼等或有事项,应当按照国家统一会计制度的规定,在财务会计报告中予以说明”。此外,我国规范或有事项的会计准则《企业会计准则——或有事项》也已经于2000年7月1日起开始实施。企业按照规定的预计项目和预计金额确定的预计负债,会引起管理费用营业外支出的增加。报表使用者应对企业披露的或有负债予以足够的关注。

10.2.2 利润表及其分析

1)概述

利润表是反映企业在一定时期(月份、季度、年度)经营成果的会计报表。它是依据“收入－费用＝利润”的关系,按照其重要性,将收入、费用和利润项目依次排列,并根据会计账簿日常记录的大量数据累计整理后编制而成,是一种动态报表。运用利润表,可以分析、预测企业的经营成果和获利能力、偿债能力,分析、预测未来的现金流动状况,分析、考核经营管理人员的业绩,为利润分配提供重要依据。

利润表的格式为报告式,报告式利润表又可以分为单步式和多步式。单步式利润表是将当期所有的收入列在一起,然后将所有的费用列在一起,两者相减得出当期净损益。

多步式利润表是通过对当期的收入、费用、支出项目按性质加以归类,按利润形成的主要环节列示一些中间性利润指标,分步计算当期净损益。我国会计制度规定企业采用多步式利润表。

在我国,企业利润表采用的是多步式结构,将不同性质的收入和费用类别进行对比,从而可以得出一些中间性的利润数据,便于使用者理解企业经营成果的不同来源。

2)作用

①可以反映企业一定会计期间收入的实现情况,如实现的营业收入有多少、实现的投资收益有多少、实现的营业外收入有多少,等等; ②可以反映一定会计期间的费用耗费情况,如耗费的营业成本有多少、营业税金及附加有多少及销售费用、管理费用、财务费用各有多少、营业外支出有多少,等等; ③可以反映企业生产经营活动的成果,即净利润的实现情况,据以判断资本保值、增值等情况。

3)一般企业利润表的列报方法

①利润表"本期金额"栏和"上期金额"栏的列报方法。

利润表中的栏目分为"本期金额"栏和"上期金额"栏。"本期金额"栏根据"营业收入""营业成本""营业税金及附加""销售费用""管理费用""财务费用""资产减值损失""公允价值变动收益""营业外收入""营业外支出""所得税费用"等损益类科目的发生额分析填列。其中,"营业利润""利润总额""净利润"项目根据本表中相关项目计算填列。

利润表中的"上期金额"栏应根据上年该期利润表"本期金额"栏内所列数字填列。如果上年该期利润表规定的各个项目的名称和内容同本期不相一致,应对上年该期利润表各项目的名称和数字按本期的规定进行调整,填入利润表"上期金额"栏内。

②利润表可以生成的经济指标。

利用利润表本期和上期净利润可以计算生成净利润增长率,反映企业获利能力的增长情况和长期的盈利能力趋势;利用净利润和营业收入可以计算生成销售利润率,反映企业经营的获利能力;利用净利润、营业成本、销售费用、管理费用和财务费用可以计算生成成本费用利润率,反映企业投入产出情况。

利用本表数据与其他报表或有关资料,可以生成反映企业投资回报等有关情况的指标。比如,利用净利润和净资产可以计算净资产收益率,利用普通股每股市价与每股收益可以计算出盈利率等。

③关于"基本每股收益"和"稀释每股收益"指标。

上述两个指标是向资本市场广大投资者反映上市公司(公众公司)每一股普通股所创造的收益水平。对资本市场广大投资者(股民)而言,是反映投资价值的重要指标,是投资决策最直观最重要的参考依据,是广大投资者关注的重点。鉴于此,将这两项指标作为利润表的表内项目列示，同时要求在附注中详细披露计算过程，以供投资者投资决策参考。这两项指标应当按照《企业会计准则第34号——每股收益》规定计算填列。

4）利润结构与利润质量分析

利润结构可以从三个方面来分析，即收支结构、业务结构、主要项目结构。通过利润结构的分析，可以判断利润的质量，进而为预测未来的获利能力提供依据。

①收支结构分析。

收支结构有两个层次。第一个层次是总收入与总支出的差额及比例，按照"收入－支出＝利润"来构建、分析。很明显，利润与收入（或成本）的比值越高，利润质量就越高，企业抗风险的能力也越强。

第二个层次是总收入和总支出各自的内部构成。显然，正常的企业，应以主营业务收入为主，而其他业务收入上升可能预示企业新的经营方向；营业外收入为偶然的、不稳定的收入；靠反常压缩酌量性成本、各种减值准备计提过低、预提费用过低而获得的利润，是暂时的、低质量的利润。

②业务结构分析。

利润的业务结构就是各种性质的业务所形成的利润占利润总额的比重。

利润总额由营业利润、投资收益、营业外净收入构成，营业利润又由主营业务利润和其他业务利润构成。

对于生产经营企业，应以营业利润为主，主营业务利润的下降可能预示危机，其他业务利润、投资收益的上升可能预示新的利润点的出现，高额的营业外净收入只不过是昙花一现，甚至可能是造假。

在财务报表中，企业的盈亏情况是通过利润表来反映的。利润表是反映企业一定时期的经营成果和经营成果的分配关系。它是企业生产经营成果的集中反映，是衡量企业生存和发展能力的主要尺度。

将企业的利润表按照其收益来源构成可以划分为经营性利润、投资收益、营业外业务收入（营业外业务＝补贴收入＋营业外收入－营业外支出）。通过上述收益的划分，我们将企业的利润构成情况大致分为以下六种类型，从而可以判定企业盈利能力的稳定性。

在正常情况下：企业的经营性利润、投资收益、营业外业务都为正，或者经营性利润大于0、投资收益大于0、营业外业务小于0，致使当期收益为正。这说明企业的盈利能力比较稳定，状况比较好。

如果经营性利润、投资收益为正，而营业外业务亏损多，致使当期收益为负数，表明虽然企业的利润为负，但是是由于企业的营业外收支所导致，构不成企业的经常性利润,所以,并不影响企业的盈利能力状况,这种亏损状况是暂时的。

如果经营性利润大于0,投资收益、营业外业务小于0,致使经营性利润+投资收益小于0,当期收益小于0,说明企业的盈利情况比较差,投资业务失利导致企业的经营性利润比较差,企业的盈利能力不够稳定。

如果经营性利润小于0,投资收益大于0,营业外业务大于0,致使企业的当期收益大于0,说明企业的利润水平依赖于企业的投资业务和营业外业务,其投资项目的好坏直接关系到企业的盈利能力,投资者应该关注其项目收益的稳定性。

如果经营性利润小于0,投资收益小于0,营业外业务大于0,致使企业的当期收益大于0。说明企业的盈利状况很差,虽然当年盈利,但是其经营依赖于企业的营业外收支,持续下去会导致企业破产。

如果经营性利润小于0,投资收益小于0,营业外业务小于0,致使企业的当期收益小于0。说明企业的盈利状况非常差,企业的财务状况值得担忧。

主营业务利润 = 主营业务收入 - 折扣折让 - 主营业务成本 - 主营业务税金及附加。一般来说,公司的主营业务收入应占公司总收入的70%以上。

营业利润 = 主营业务利润 + 其他业务利润 - 存货跌价损失 - 营业费用 - 管理费用 - 财务费用

利润总额 = 营业利润 + 投资收益 + 补贴收入 + 营业外收入 - 营业外支出

净利润 = 利润总额 - 所得税

10.2.3 现金流量表及其分析

从各国会计的实践看,在企业对外编制的财务报表体系中,经历了仅包括资产负债表与利润表,包括资产负债表、利润表和财务状况变动表到包括资产负债表、利润表和现金流量表的过程。英美等主要资本主义国家对外编制的报表中已用现金额量表代替了以营运资金为基础编制的财务状况变动表。

我国《企业会计准则》规定,企业可以编制以营运资金为基础的财务状况变动表,也可以编制现金流量表。财政部发布的《企业会计准则——现金流量表》,也已于1998年1月1日起开始实施。这意味着,我国企业财务报告体系中已经包括了现金流量表。

现金流量表,是反映企业会计期间内经营活动、投资活动和筹资活动等对现金及现金等价物产生影响的会计报表。其主要目的是为报表使用者提供企业一定会计期间内现金流入与流出的有关信息。

1)现金

现金是指企业的库存现金以及可以随时用于支付的存款。会计上所说的现金通常指企业的库存现金,而现金流量表中的"现金"不仅包括"现金"账户核算的库存现金,还包括企业“银行存款”账户核算的存入金融企业、随时可以用于支付的存款,也包括“其他货币资金”账户核算的外埠存款、银行汇票存款,银行本票存款和在途货币资金等其他货币资金。要注意的是,银行存放和其他货币资金中有些不能随时用于支付的存款,如不能随时支取的定期存款等,不应作为现金,而应列作投资;提前通知金融企业便可支取的定期存款,则应包括在现金范围内。

2)现金等价物(Cash equivalents)

现金等价物的含义在各国会计准则之间存在着一定差异。在我国会计准则中,现金等价物是指企业持有的期限短、流动性强、易于转换为已知金额现金,价值变动风险很小的投资。现金等价物虽然不是现金,但其支付能力与现金的差别不大,可视为现金。如:企业为保证支付能力,手持必要的现金,为了不使现金闲置,可以购买短期债券,在需要现金时,随时可以变现。

按照我国《企业会计准则——现金流量表》及其指南的要求,一项投资被确认为现金等价物必须同时具备四个条件:期限短、流动性强、易于转换为已知金额现金、价值变动风险很小。其中,期限较短,一般是指从购买日起 3 个月内到期,例如可在证券市场上流通的 3 个月内到期的短期债券投资等。

3)现金流量

现金流量是某一段时期内企业现金和现金等价物流入和流出的数量,如企业销售商品、提供劳务、出售固定资产、向银行借款等取得现金,形成企业的现金流入;购买原材料、接受劳务、购建固定资产、对外投资、偿还债务等而支付现金,形成企业的现金流出。现金流量信息能够表明企业经营状况是否良好,资金是否紧张以及企业偿付能力大小等,从而为投资者、债权人、企业管理者提供非常有用的信息。

应该注意的是,企业货币资金不同形态之间的转换不会产生现金的流入和流出。如:企业从银行提取现金,是企业现金存放形式的转换,并未流出企业,不构成现金流量;同样,现金与现金等价物之间的转换也不构成现金流量,比如,企业用现金购买将于 3 个月内到期的国库券。

4)现金流量的分类

在编制现金流量表时,现金流量可分为三类:

①经营活动产生的现金流量,主要包括现金流入与现金流出两部分。

②投资活动产生的现金流量,主要包括现金流入与现金流出两部分。

③筹资活动产生的现金流量,主要包括现金流入与现金流出两部分。

5)现金流量表的结构

现金流量表由表头、主表和补充资料等组成。补充资料的作用是:反映企业在一定会计期间按权责发生制计算的净利润与经营活动产生的现金流量净额之间的差额以及产生的具体原因；有效补充现金流量表主表项目，揭示企业不涉及现金及收支的投资和筹资活动，并与主表项目实现表内衔接，确保报表项目准确。

6）现金流量表分析

现金流量表分析就是对现金流量表所提供的有关数据进行比较、分析、研究，了解企业一定时期现金流入、流出、净流量的分布状况，揭示其形成的原因，便于决策人及时采取有效措施优化现金结构。其内容主要包括：现金流量结构分析、比率分析和趋势分析等。

这里重点介绍一下现金流量结构分析，主要从三个方面，即现金流入结构分析、现金流出结构分析、现金净流量结构分析。

①现金流出结构分析。

企业现金流出量由三部分构成：经营活动产生的现金流出量、投资活动产生的现金流出量、筹资活动产生的现金流出量。

分析主要通过结构百分比来进行，其计算公式为：

a.经营活动产生的现金流出量占全部现金流出量的比重＝
经营活动产生的现金流出量/全部现金流出量×100%

b.投资活动产生的现金流出量占全部现金流出量的比重＝
投资活动产生的现金流出量/全部现金流出量×100%

c.筹资活动产生的现金流出量占全部现金流出量的比重＝
筹资活动产生的现金流出量/全部现金流出量×100%

②现金流入结构分析。

企业现金流入量由三部分构成：经营活动产生的现金流入量、投资活动产生的现金流入量、筹资活动产生的现金流入量。

a.经营活动产生的现金流入量占全部现金流入量的比重＝
经营活动产生的现金流入量/全部现金流入量×100%

b.投资活动产生的现金流入量占全部现金流入量的比重＝
投资活动产生的现金流入量/全部现金流入量×100%

c.筹资活动产生的现金流入量占全部现金流入量的比重＝
筹资活动产生的现金流入量/全部现金流入量×100%

③现金净流量净额分析。

企业现金流量净额由三部分构成：经营活动产生的现金流量净额、投资活动产生的现金流量净额、筹资活动产生的现金流量净额。

10.3 财务计划

10.3.1 企业财务计划是企业财务管理的核心

在建立现代企业制度中,加强财务管理已经成为企业强化管理的核心。在企业的经营活动中,为使企业财务管理更为具体和规范化,并能顺利完成企业短期、长期目标,必须编制财务计划。

1)财务计划的内容

①现金流量计划:是规定企业在一定创期内现金的收入,现金的支出以及组织现金供应的计划。

在现金预算中概括了企业在预算期内现金收入和现金支出的情况,是企业财务管理人员了解现金供应和支出情况,判断现金是溢余还是短缺,便于做出合理投资和筹资决策的依据。

②资本支出计划:是关于企业长期投资和资产购入、改造的计划。

资本支出预算的目的是对各个长期投资计划风险与收益的对比分析、配合可运用的资金,从众多投资方案中,最终做出最佳的选择。

③利润计划:是根据企业经营决策、投资决策的需要,对企业在一定时间内的收入、成本和净利做出规划。

它是企业利润总额预测的具体化,是提供未来一定时间内成本、收入、利润等方面的资料。

④资产负债计划(预计资产负债表):它是通过一定时间的资产、负债和股东权益情况,以反映企业预计财务状况的一种报表。

现金计划和利润计划都是编制预计资产负债表的重要资料:其基本公式为:

资产 = 负债 + 所有者权益 + (应筹资金)

上式中,应筹资金是根据资产预计数与所有者权益和负债预计数之和的差额,把一数字加到负债与所有者权益之中,资产负债表两方才得到平衡。

2)财务计划的作用

财务计划对保证企业财务目标的实现有以下三个作用:

(1)使企业目标具体化

在企业的总体目标或规划中,对企业在未来若干年内就达到的各项目标的规定的概括和抽象,都比较原则和笼统。企业要完成其规定的经营目标,还要将其目标分解成各部门、各责任人应完成的具体指标。为保证这些具体指标的实施,各部门就要做好反复的预算平衡工作,明确各部门应完成的奋斗目标,以便合理地安排财务活动,做好财务工作。

(2)企业控制的标准和依据

财务计划的编制目的是为了约束和控制企业的财务行为。企业的财务部门需要把实际执行情况和计划进行对比后发现差异,找出原因,并采取必要的措施,保证计划的完成。因此,计划是控制日常财务活动的主要纲领。

(3)考核各部门工作业绩的依据

财务计划不仅可以约束和控制企业的各项活动,而且还可用于作为评判企业各部门工作业绩的标准和依据。

10.3.2 财务计划的起点、循环与机制

在建立现代企业制度的过程中,企业财务计划不仅对于指导企业的经营活动(尤其是财务活动)十分重要,而且对于协调出资人与经营者抑或企业的关系,确保出资人投资利益的充分、有效实现有着不可替代的作用。但是,至今财务计划理论与方法主要是以企业抑或经营者为出发点构造,不能适应建立现代企业制度的需要,不能充分反映出资人的要求,难以充分保证出资人要求的实现,财务计划的激励和约束机制作用不明显。基于此,我们有必要重新进行财务计划的理论与方法的研究。

1)财务计划的起点

财务计划的起点涉及三个方面的问题:一是谁提出财务计划的目标;二是提出什么样的目标;三是以什么为依据提出目标。历史上看,财务计划的起点主要有两种基本模式:

(1)以生产为起点的财务计划模式

这种模式存在于我国实行计划经济体制的时期。它的特点是:①提出财务计划目标的主体是国家或上级主管部门。提出财务计划目标的主体终极地看是国家最高行政当局,但是,就各个具体企业的财务计划目标而言,由于整个计划体制采取按行政归属层层落实计划指标的形式,提出财务计划目标的主体就是各企业的上级主管部门。在计划经济体制下,提出财务计划目标的主体具有行政性、层次性和外部性(即不是企业自身提出)的特点。②财务计划目标是实物产量目标和成本降低目标。我国过去的计划经济是实物型计划经济,宏观总量和结构的平衡是通过实物计划来实现的。因此,微观企业必须按实物计划目标组织生产经营活动。由于售价或进价都是国家预先行政确定的,企业不能改变产品或劳务的单位价值,只能改变产品或劳务的价值总量,而这是由产品或劳务的实物数量决定的。由此,国家则向企业提出完成实物数量的最低目标,企业也只能在这一最低目标的基础上争取超量完成目标。除了实物产量的多少取决于

企业的生产经营努力外,实物耗量的多少也取决于企业的技术革新和生产经营的组织程度。购进价格是计划确定的,企业只能改变生产产品或提供劳务所消耗的实物数量。由于国家向企业提出了成本降低的最低目标,所以企业必须在这一最低目标的基础上进一步采取降低成本的措施。上述两个目标确定的结果,相应会形成当期计划利润。可以说利润是计划的结果而不是计划的前提。③财务计划目标提出的依据是国家当年的国民经济计划。国家提出当年宏观经济的总目标,并通过计划分解落实到国家各部门、各层次,最终贯彻在企业的各项计划之中。尽管国家的宏观计划是实物量计划,但由于价格是事先确定的,企业可以直接以实物量计划转换成价值量计划,相应形成财务计划体系。可见,财务计划是以国家计划(或上级主管部门计划)和实物计划为依据编制的,整个财务计划是一个被动计划。

(2)以销售(或市场)为起点的财务计划模式

它是我国改革开放至今所实行的一种模式。它的特点是:①提出财务计划目标的主体是企业。随着政企分开,企业自主经营、自负盈亏的改革进程,政府不再给企业直接下达生产经营计划,财务计划目标的提出主体是企业或经营者自身,这就使财务计划制定主体与财务计划目标的提出主体合二为一。在以销售(或市场)为起点的财务计划模式下,财务计划目标的提出主体具有微观性、经济性和内部性的特点。②财务计划目标是销售额目标。在以销售(或市场)为起点的财务计划模式下,通常按"销售量×(售价-成本价)=利润"的公式编制财务计划,尤其是编制盈利计划。这里,每个企业的产品或劳务在市场中实现的价值份额是整个财务计划的出发点。企业必须面对市场,不仅要预计销售量,而且要预计销售价。没有一定的销售量份额和能抵偿成本并有盈余的销售价格,企业就难以在竞争中取胜和持续发展,销售往往成为企业生存的基础。在企业编制财务计划的实践中,也常常出现以利润作为目标的情况,但是,这种利润目标一旦与市场可能实现的销售情况不一致时,利润目标就有不得不被修正而服从销售的可能性,此时利润仍然不是起点而是结果。在以销售为起点的财务计划模式下,企业也要制订成本降低计划,这一计划不仅涉及如何通过技术革新和有效的管理组织以降低物耗数量,也涉及如何通过合理选择进货方式和渠道以降低物耗单位成本。不过,这种成本降低计划一般是从成本自身出发的,它并不是以利润目标为基准确定成本降低的数量和价值额,成本自身就是计划的起点,利润相对于成本只是成本降低的必然结果。③财务计划目标提出的依据是市场供求状况和企业的市场份额。一旦企业面向市场经营,企业销售额的大小就取决于市场的供求关系,一个企业销售额的最终份额还取决于其竞争力及其由此决定的市场份额。总之,而对市场,以销售实现为起点是这种财务计划模式的特点。

(3)以利润(或出资者权益)为起点的财务计划模式

随着产权主体的明晰化以及出资人对经营者约束的强化,以利润(或出资者权益)

为起点的财务计划模式将被最终确立。它的特点是:①提出财务计划目标的主体是出资人。从理论上讲,任何出资人投出资本都有其风险偏好及其相应的报酬预期,否则投资将失去目的,在两权分清后,出资人的风险偏好和报酬预期是通过经营者的经营范围和经营成果得以体现的,只有当经营者按照出资人的意愿经营并实现其预计报酬时,经营者才会被聘用或续聘。不难看出,出资人是两权分离企业财务计划目标的提出者,这不仅反映了出资人进行投资的目的,也体现了出资人的基本权益以及对经营者的约束,同时,也表明了经营者对出资人的责任。经营者的基本职责就是通过面对市场,参与竞争,以实现出资人的投资报酬预计。结果,在市场经济条件下,经营者抑或企业不仅要面对市场从事经营,而且要面对出资人承担责任。出资人作为企业财务计划目标的提出者经历了一个直接提出主体向间接提出主体的转换过程。在采取直接实物投资的场合,出资人直接给经营者提出应达到的投资回报率;在采取间接证券投资的场合,出资人通过对证券的买卖间接限制经营者必须达到的最低投资回报率。当低于该回报率时,将证券出售;当高于该回报率时,则长期持有。在以利润为起点的财务计划模式下,财务计划目标提出主体具有微观性、经营性和外部性的特点。②财务计划目标是利润(或出资者权益)。这里利润是指资本利润率或每股净收益。从长期观点看,出资人追求自身财富最大化,表现为企业的市场价值(或股份)最大化。但就每一个财务计划期而言,则必须是在保证资产质量优良的条件下,资本利润率或每股净收益尽可能最大化,如果持续地看,每一期的资本利润率或每股净收益最大,则企业的市场份值(或股份)最大。以利润作为财务计划目标,不仅要求企业追求销售额最大、成本费用最低,而且要求尽可能减少资本投入。同时,由于利润作为财务计划编制的起点,就使得利润不再是计划的结果,而是计划的前提;利润不再是追求销售和成本目标的结果,表现为一种被动性,而是为了追求利润目标,销售和成本必须保持怎样的水平,表现为一种主动性。③财务计划目标提出的依据是市场平均利润。任何出资人和企业都必须至少获得平均利润。基于市场经济中存在自然垄断,平均利润就采取了三种形式:一是以平均市场利率为标准的整个自由竞争市场所形成的平均利润;二是以行业垄断为基础所形成的行业平均利润;三是以地区优势或垄断为基础所形成的地区平均利润,该利润表明了不同地区的资源和环境差异。理论上讲,任何投资行为都必须取得平均市场利率,否则,人们就会储蓄,而不会把资本投入企业。但就一次具体的投资而言,因投资所处的行业和地区不同,所应达到的投资回报应与相应行业和地区的平均利润一致,抑或为最基本的水准。市场平均利润可以分为实际和预期两种标准,财务计划目标的制定应以实际标准为基础,考虑到计划期的情况变化进行适当调整,以形成预期标准。随着货币市场和资本市场的建立和完善,这种预期逐渐表现为一个投资大众的共同预期过程。结果使得财务计划目标的依据更具市场化和客观性的特征。

2)财务计划的循环

以平均利润为起点的财务计划是两权分离条件下所必须采取的财务计划模式,这种计划表现为一个循环过程,其环节如下:

(1)以平均利润为起点确定目标利润

出资人通过预期平均利润确定平均市场利率、或行业平均利润、或地区的相应行业的平均利润,以此为基本依据,经过与经营者的讨价还价(主要是对预期的准确性的判断)最终确定某一企业的预期资本净利润率。以该资本净利润率乘以计划年度的期初所有者权益总额,得到应该实现的目标利润总额。如果当期追加了资本金时,也应将投入时间折算列入所有者权益总额之中。值得说明的是,计划年度所获得的利润不能作为预测期的所有者权益,因为它尚处于未分配的盈利状态,是期初资本和追加资本运用的结果,而不是形成当期利润的动因,只有分配后的利润方可作为所有者权益的计算项。在我国不少企业高额负债经营,资本金极少,在确定财务计划目标时,可以采用总资产利息税前利润率指标,以利息税前利润总额作为目标利润。

(2)以市场需求为基础编制销售计划

目标利润的实现只能通过市场销售达成,在确定了目标利润的基础上,应通过市场需求预测,制订销售计划,这是由经营者进行的。制订销售计划应满足以下要求:①销售计划的制订是以生产成本或销售成本以及相关的费率不变为前提的。因此,这一计划关键是确定企业已经营的产品或商品的市场销量和售价。②销售计划应该确保在成本和费率不变的情况下,通过扩大销量争取价格优势,以最大限度地保证目标利润的实现。③销售计划一经确定,就应按不变成本和不变费率计算预期可能实现的税后净利或利息税前利润,在与目标值比较后,其差额在剔除税收的影响后就是成本和费用应该降低的最小目标值。它意味着企业要达成目标利润就不得不降低的成本费用数额。如果编制销售计划的结果是达成目标利润,成本费用的降低就不是一个被迫降低的过程,而是一个主动寻求降低的过程。

在确定了目标利润后就转向销售计划,意味着使目标利润转化为一个市场可实现过程,在此基础上再制订成本费用计划就意味着使目标利润转化为一个企业内部管理可实现过程。

(3)以内部管理改善为基础编制成本费用计划

如上所述,编制成本费用计划存在两种可能前提:一是销售计划无法达成目标利润,其差额成为成本费用计划所必须考虑的降低目标,这一目标也称为目标成本费用。实际上,在成本费用计划中,企业通过技术革新和改善管理,所降低的成本费用可能大于目标成本费用,但不得低于它。在一般情况下,企业往往要为达成目标成本费用做出努力。二是销售计划已达成目标利润。这时,成本费用计划就不存在一个目标降低值即目标成本费用。尽管如此,企业仍然必须通过技术革新和改善管理尽可能降低成本费用。因此,不断降低成本费用是企业管理中的一项经常性工作。

企业通过编制销售计划和成本费用计划,就可以确定在现有的资产规模和经营结构下,预计实际可望达到的利润,将其与目标利润比较,可以得到两种可能的结果:一是预计实际利润不能达到目标利润,这意味着企业在现有资产规模和经营结构下,不能达成出资人提出的目标利润,因而应该通过扩大资产规模,改善经营结构以增加利润,相应必然要增加投资;二是预计实际利润能达到目标利润,即使如此,企业也不能放弃任何一个投资机会。首先,在市场竞争的条件下,企业必须把经营结构的调整作为一个渐进的过程,为此必须要进行投资。其次,在市场需求的变动中,市场上总是存在潜在的投资机会,企业不能错失良机。因此,企业寻找投资机会也就区分为主动寻找和被迫寻找两种。

(4)以寻求潜在的获利机会为基础提出投资计划

在销售计划和成本费用计划的基础上提出投资计划,意味着投资计划涉及两个方面。一是企业是否存在扩大投资而增加销售的潜力,包括在原有经营结构基础上增加投资和扩大经营范围以增加销售;二是企业是否存在扩大投资而降低成本费用的潜力,成本费用的降低可能不需要增加投资,也可能要增加投资,后者必然要提出投资计划。

从理论上讲,投资计划无论是通过增加销售,还是通过降低成本,以达到目标利润,都必然要求投资项目所取得的税后净利既补偿目标利润的未实现部分,也应为新增投入资本(不含负债)提供按目标资本利润率计算的利润。这样,才能保证企业资本净利润率不降低。由于资本利润率是按年计算的,所以,新增投入资本取得的平均资本利润率也应按实际投入时间换算为年度利润率,即新增投入资本投入时点至年底的月份数除以 12 个月,再乘以出资人要求的资本利润率,就是投入资本当年要实现的利润率。值得说明的是,通过投资新增的利润,可能是销售扩大的结果,也可能是成本费用节约的结果。

当投资计划并不能在当年见效时,就应根据资金时间价值的要求,计算整个投资期的平均投资报酬率(年度报酬率),换算成利润额后,加入到计划年度的利润中,一并判断是否达到目标利润。同时,在实际考核经营者业绩时,也应将考核期进行相应延长,或者按不含该投资利润的目标利润进行考核。

(5)以寻求现金收支平衡制订筹资计划和现金流量计划

销售计划、成本费用计划、投资计划必然带来现金的流入和现金的流出。一般情况下,当企业的现金流入小于现金流出时,企业必然要进行筹资以弥补现金短缺;当企业的现金流入大于现金流出时,企业必然要将多余现金进行投资以避免现金沉淀。不难看出,投资计划有两种:一是企业为确保目标利润实现和寻求投资机会而进行的投资计划,该计划是在现金流量计划之前编制的,所需投资额成为现金流出的一部分;二是由于现金盈余,企业为防止现金沉淀而将盈余资金投放出去所编制的投资计划,它是在现金流量计划之后编制的,通常是短期投资计划。从企业发展的一般趋势看,企业新增投资以扩大经营规模的过程必然伴随着筹资行为的发生,从这个意义来讲,筹资是企业的一项经营风险行为,因而筹资计划的制订也是企业的一种经常性计划活动。尽管如此,企业也会出现现金流入大于现金流出产生净现金流量的现象,这时企业并不需要筹资,因而无需编制筹资计划。

企业都将不断产生现金流入和现金流出,它构成编制现金流量计划的基础。①当企业发生现金盈余时,企业应将盈余现金投放出去,所以现金流量计划中只包含投资计划,而不包含筹资计划。在这里,我们有必要进一步把投资按其资金的来源,分成由追加资本形成的投资;由追加负债形成的投资;由企业内部盈余所形成的投资。凡投资是通过追加资本和负债取得资金来源时,就会产生筹资计划;凡投资是通过企业内部盈余取得资金来源时,就不需要产生筹资计划。并且,正如前述,如果追加资本以投资,为保证目标利润的实现,该投资获得的利润不仅要保证追加资本取得的资本净利润率与目标利润一致,而且至少保证企业原投入资本所获得的净利润率也达到目标利润的要求;如果追加负债以投资,为保证目标利润的实现,该投资在补偿利息支出后所获得的净利润,也至少要保证企业原投入资本所获得的净利润率要达到目标利润的要求;如果是内部盈余用于投资,则该投资至少要保证企业原投入资本所获得的净利润率要达到目标利润的要求。②当企业发生现金短缺时,不论这种短缺是由于追加投资所致,还是经营周转所致,都需要对外筹资,或是资本筹资,或是负债筹资,相应这些筹资的追加必须保证原投入资本和新投入资本所获净利润率达到目标利润的要求。

现金流量计划是一个把企业的目标利润与筹资或投资计划衔接起来的计划。如果企业各项计划编制的结果是计划利润超出目标利润,则现金流量计划是一个把企业的计划利润与筹资计划或投资计划衔接起来的计划。当企业内部有盈余资金而无需对外筹资时,该计划与投资计划衔接,当企业需外部筹资时则与筹资计划衔接。我们把这种通过现金流量计划而使起点的目标利润或计划利润与终点的投资或筹资计划相衔接的财务计划的内在关系称为财务计划循环,现金流量计划既是循环的终点又是循环的起点。

财务计划循环包含着以下内涵:①财务计划是一个由若干子计划组成的体系,各子计划之间存在着一定的顺序关系,不可颠倒。②各子计划既是下一计划的起点,又是上一计划的终点,它们在质上表现为一种循序渐进关系,在量上表现为一种因量与变量的依存关系。③财务计划是一个过程,它由若干环节组成,只有经过这些环节,财务计划的体系才能形成。④财务计划循环过程既是收支流的过程(按权责发生制),也是现金流的过程(按收付实现制),前者形成目标利润,后者形成投资或筹资计划,并通过现金流量计划将两者联结起来。

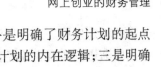

与以前的财务计划相比较，财务计划循环有以下不同：一是明确了财务计划的起点和终点；二是明确了财务计划中各要素的因果关系抑或财务计划的内在逻辑；三是明确了财务计划在质上是由收支计划和现金流量计划组成，而预计资产负债表（或称资产负债计划）是两个计划的必然结果。

3）财务计划的机制作用

在经济学中，计划通常被作为一种机制称为计划机制，它运用在宏观调控意义上。在微观企业的管理中也需要计划，尤其是具有综合性的财务计划，这种计划也具有机制作用，它只是在微观企业中发生作用。财务计划以上述循环的形式而存在，其机制作用表现在哪些方面呢？

（1）它能把出资人的需要与经营者的经营责任联结起来

透过财务计划循环，我们可以看到目标利润是由出资人提出，而销售计划、成本费用计划、投资计划、筹资计划和现金流量计划是经营者根据出资人的目标利润提出的，它表明经营者将以何种方式或途径履行出资人提出的责任目标。它不仅表明经营者能完成出资人的目标利润，而且有着具体的完成过程和完成方式。这一方面为出资人确信经营者能履行职责提供了依据，另一方面也把出资人的目标利润转化为一个企业的预计实际的经营过程。

在两权分离的企业，始终存在的问题是如何把出资人的意愿变成经营者的行为计划，把一个总括的目标变成企业内部各部门、各人员的具体行动计划，只有解决这两个问题，出资人的目标利润抑或投资回报才能真正实现。通过财务计划循环就可以解决第一个问题，而通过企业内部的预算体系，即将财务计划各指标分解落实到各部门、各人员，就可以解决第二个问题。总之，出资人的目标利润只有转化为企业各部门、各人员的行动纲领时，其实现才有现实和客观基础。

（2）它能把出资人的需要与市场可能和企业内部资源的利用结合起来

由前述内容可知，在财务计划循环中，销售计划意味着目标利润实现的市场可能性，成本费用计划意味着实现目标利润对资源利用的最大效率性，而现金流量计划则是意味着实现目标利润对企业内部资金的最大利用程度。归结起来，这些方面从根本上解决了两个问题：一是出资人的需要与市场可能和企业内部资源的可利用性是否一致的问题，这就使出资人的目标利润的提出、实现建立在客观可能的基础上；二是企业外部的市场潜力与企业内部资源的利用问题，这不仅使市场潜力与内部资源都能充分利用，而且使两者能协同利用。

（3）它能把企业的现实经营与未来战略发展衔接起来

在财务计划循环中，无论销售计划和成本费用计划能否实现计划期目标利润，企业都必须制订投资计划，企业必须寻找每一个投资机会，既保证现在获利的稳定，又保证

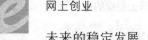

未来的稳定发展。通过投资计划必然带来企业经营规模的扩展和经营结构的改善,它会循序渐进的实现企业经营的战略转移和经营规模的不断扩张,而防止企业经营突发性转移和突发性收缩和扩张所造成的不必要损失,甚至终止企业经营。这正是财务计划战略性的根本体现。

(4)它能把企业的各项具体经营和理财业务与目标利润联系起来,形成一个有机体系

整个财务计划循环以目标利润为中心,把企业各项具体经营和理财业务计划连成一体;以目标利润为起点,拓展出其他各项计划,从而使财务计划成为一个有机体系。财务计划的这种系统性,必然要求经营者进行系统管理,不仅要全面、系统地考虑企业经营和理财的各个方面,而且也要协同各方面的关系。可以认为财务计划循环是实现企业系统管理的基本形式。

(5)财务计划循环过程本身是具有激励性和约束性的过程

通常认为计划具有对计划执行主体的行为进行激励和约束的作用,财务计划也不例外。除此之外,财务计划循环过程也具有激励性和约束性,表现在:①当企业现有的销售和成本费用计划不能保证目标利润的实现时,应寻求新的投资计划,在有资本筹资的情况下,新投资项目所获得的资本净利润率一定比原资本的净利润率高。显然,这样的计划具有激励性,它要求企业不断追求一个更高的投资回报。②整个财务计划的循环过程都受制于目标利润的约束,紧紧围绕目标利润的实现组织财务计划的制订,是贯穿财务计划循环始终的。

4)财务计划的编制

计划是指预先决定做什么、何时做、怎样做和谁去做。财务规划是一个过程,通过调整经营活动的规模和水平,使企业的资金、可能取得的收益、未来发生的成本费用相互协调,以保证实现财务目标。财务规划受财务目标、战略、政策、程序和规划等决策的限制,为编制财务预算提供基础。财务规划的主要工具是财务预算和流量分析。规划工作主要强调部分活动的协调,因为规划的好坏是由其最薄弱的环节决定的。

财务预算是以货币表示的预期结果,是计划工作的终点,也是控制工作的起点,它把计划和控制联系起来,使各企业预算的精密度、实施和编制方式有很大差异。财务预算工作的主要好处是促使各级主管人员对自己的工作进行详细确切的计划。

财务经理要制订这一系列决策的计划,以保证有足够的资金偿还到期债务,并能够充分利用投资机会,即通过财务计划为公司建立一张蓝图。财务计划内容包括:明确的战略,经营和财务目标,基本假设,战略描述,应付偶然情况的计划,按时间、部门和类型等编制的各种预算,按来源和类型等划分的筹资计划,逐期预计的财务报表。

财务计划的作用:假定标准化;积极进取,定位未来;提高组织目标的客观性;提高

职工的合作性;增加债权人、股东投资信心;提供评价标准;准备或有事项。

财务计划的制订过程首先是要输入各种数据,如销售额、同收款、成本、利率、汇率的预计数、当前的财务状况和可供选择的方案。然后通过数学模型确定输入与输出间的关系,模型分长、短期,短期在 1 年内,长期为 5 ~ 10 年。最后输出预计财务报表和预算。

财务计划的编制程序一般是采取自下而上、自上而下或者两种互补的方式。自下而上是下层对上层的承诺,自上而下是上层根据下层的承诺来约束下层。

编制财务计划,首先从现金预算着手,以销售为基础,考虑现销、赊销比例、信用条件、收款时间、支付方式做出时间与流量相匹配的预算表,再根据销售情况考虑购进、生产耗费、工资、费用等现金流出量及时间。最后考虑与销售无关的其他现金流量、完成现金预算的编制。其次是编制预计损益表,在现金预算的基础上,考虑其他会计调整惯例,如摊销无形资产、待摊费用、折旧等期末会计调整项目,按照权责发生制原则编制预测损益表。最后根据现金流量表、销售预算、生产预算、采购预算、资本预算、费用预算等编制预测资产负债表。

财务计划是对公司财务流量的分析。通过财务计划,可以预见公司各项投资、筹资决策以及股利决策的可能后果,权衡其利弊得失。财务计划的要领是分析企业的过去、现在以及未来,不仅要预测可能发生结果,而且还要分析偏离可能结果的程度。财务计划的优点在于它能促使管理部门考虑到偏离计划的种种可能。

不同企业所选择的计划期间长短不一,大多数企业的计划在一年以上。年度计划较为详细,而 3 ~ 5 年的计划相对粗略,有的企业甚至还要编制 10 年的计划。

以下我们详细介绍财务计划的编制方法。最有效的手段是制定资金流量表,即由财务经理或者投资者分析企业资金的用途及其来源。分析者除了对过去的资金流量进行分析外,也可以在预测分析的基础上,编制反映未来资金流量的报表,以便使财务经理估测公司未来有无成长性、有哪些财务需求以及如何满足这些财务需求等。

现金预算和预计财务报表是进行资金流量分析的重要手段。财务经理在了解企业短期的现金支出需求以及编制相应的筹资计划时,必须借助现金预算,才可以编制一定范围内多种业务水平的现金预算,便于财务经理评价公司的财务风险和流动性,促使企业适时调整流动结构和债务期限结构,与银行共同商定贷款限额,最终选择切实可行的安全边际水平。多种业务量水平的现金预算还可以评价企业对可预见现金收支的承受能力。编制预计资产负债表和预计利润表则有利于财务经理分析各项财务政策以及对企业未来财务状况和经营成果的影响。

企业的资金流量是一个连续不断的过程,每一项资金运用都对应一项特定的资金来源。企业资产代表着资金运用,而负债和股东权益则代表着资金来源。资金流量表是用来分析一定时期资金净流量的有效手段,需要强调的是资金流量表仅对不同试点财务报表所反映的资金流量净额进行分析而并非资金流量总额。根据不同的分析目的,对资金也会有多种理解。目前现金和营运资金两种概念应用比较而言,我们将以现金为基础,介绍两种不同的资金流量分析方法;一种是财务分析人员采用的传统方法;一种是作为资产负债表和利润表补充报表的对外报告的现金流量表。

以现金为基础进行资金流量分析,通常是将资产负债表各项目的增加分为两类,即引起现金增加的项目与引起现金减少的项目;将利润表和股东权益状况表也分为增加现金的项目与减少现金的项目两类;综合以上分类,将其表述为资金来源和资金运用,从而形成资金流量表。

反映现金增加的资金来源项目有:除现金和固定资产外的各项资产项目本期净减少数 = 固定资产本期减少数 = 全部负债的本期净增加数 = 出售优先股或流通股而收到的现金 = 经营活动提供的现金。

经营活动提供的现金通常不能直接体现在利润表中,我们可以将其定义为税后净利润加折旧,由于经营活动提供的现金应来自于经营活动,因此折旧不能视为资金来源,如果企业未扣除折旧的经营利润是一个亏损数,则无论怎样计提折旧,经营活动都不可能为企业提供现金。

资金运用包括:除现金和固定资产外的各项资产项目本期净增加数 = 固定资产本期增加总额 = 全部负债的本期净减少数 = 为减少资本或股票回购而支出的现金 = 支付现金股利。

为避免重复计算,在计算固定资产总额的增减变化时,期末固定资产净额与折旧之和应扣除起初相应项目的金额,差额为正数表示资金运用,反之表示资金来源。

除了通过对现金预算进行财务计划外,企业还可以编制预计财务报表,包括预计资产负债表、预计利润表。现金预算只能对企业未来的现金状况做出估计,而预计财务报表则反映企业资产、负债以及利润表各项目的预算数。编制现金预算的许多资料同时也可以用于编制预计财务报表。当然,如同现金预算一样,决定准确程度的关键因素是销售预测。

预计利润表是对未来某一时期的收益进行预算。同现金预算一样,销售预测是编制预计利润表的关键,它决定企业的生产以及各项成本消耗。接本来需要估计销售和行政管理费用,我们可以从事先编制的预算中得到有关这类费用的准确数额。销售和行政管理费用一般不会随销售量的变化而变化,也就是说这类费用不会在短期内随之减少。另外就是预测其他收入、其他费用以及利息费用,从而计算出税前利润,并从税前利润扣除所得税,最终得到税后净利润,形成我们所要获得的预计利润表。

预计利润表并非一定要结合现金预算进行编制,相反我们完全可以直接对利润表中的各项目进行预测。首先预测销售收入水平,然后根据历史数据计算出销售成本和各项费用与销售收入的比率,再用这些比率分别去乘以预计销售收入,即可得出预计利润表。

预计资产负债表,可根据资产、负债、权益项目分别预测汇总,包括根据资产周转率进行的预算、固定资产净额的预算、负债项目的预算、股东权益、现金和银行借款的预算,汇总以上分析,就构成了预计资产负债表。如上所述,现金预算法也并非编制预计资产负债表的唯一方法,我们还可以先预计资产负债表各项目的有关比率,然后根据这些比率计算各项目的预算数。

预计财务报表向我们展示了企业未来资产负债表的构成内容,我们可以据此测算有关的财务比率,并将这些比率及其报表中的数据与当前或过去的资产负债表进行比较,从而有助于财务经理把握企业过去、现在以及将来的财务状况和经营成果的发展方向。一旦企业形成准确的预算机制后,就会通过现金预算和预计财务报表将各项计划具体化,以便协调企业的各项业务活动。

本章小结

经济体制的转换要求网上创业者的思想和观念也随之更新,尤其是在我国社会主义市场经济的巨大作用下,网上创业者逐渐形成了这样一个共识,那就是现代企业必须重视管理,管理应以财务管理为中心。财务管理的目标是企业价值最大化;财务管理不能简单地强调降低成本、费用和支出;以财务管理为中心不能忽视和否定其他管理工作;财务管理不单是财务部门的事。

案例 "百度"是怎么融资的

对于百度的早期投资者而言,2005年8月8日无疑是一个美好的日子。根据百度向美国证券交易委员会提交的招股说明书,该公司主要投资者包括IDG(INTERNATIONAL DIGITAL GROUP)、Draper Fisher Jurvetson、Peninsula Capital以及Integrity Partners,此外Google也持有百度2.6%的股份。按照百度2005年8月8日的收盘价,IDG几年前在百度投资的100万美元如今已经价值1.5亿美元,Draper Fisher Jurvetson当年以1 200万美元收购的28%百度股份如今价值10亿美元,甚至Google去年以500万美元收购的2.6%百度股份如今的价值也超过9 000万美元。回顾历史,值得深刻思考的是:如此投资机会,为什么我们无法把握住?

百度的第一期融资

1999年底,李彦宏凭着那一纸规划之中的宏图,从硅谷两家风险投资机构筹集到120万美元的创业资金。注意:作为投资者,让你在一个还没有诞生的公司投资,你愿意吗?为什么美国人当时勇于投资?可以分析,首先李彦宏拥有搜索引擎专利技术,

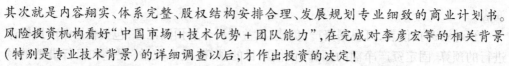

其次就是内容翔实、体系完整、股权结构安排合理、发展规划专业细致的商业计划书。风险投资机构看好"中国市场+技术优势+团队能力",在完成对李彦宏等的相关背景(特别是专业技术背景)的详细调查以后,才作出投资的决定!

百度的第二期融资

2000年10月,以世界著名风险投资商DFJ为主,包括IDG,INTEGRITY PARTNERS,PENINSULA CAPITAL等四家风险投资公司联合向百度注资1 000万美金。是什么促使这些世界著名的风险投资公司联手对成立刚刚9个月的百度投入如此巨大的资金?DFJ的代表陈诚锦先生说:"任何一个风险投资商在选择投资项目时,最注重的是'人'——管理者。他们要清楚地知道自己在做什么,要将企业如何发展。与百度两位先生谈完后,我在他们身上发现了这一点,这是其一。第二,他们面对的是一个巨大的市场。在美国,信息检索以及传递技术领域的公司市场价值总和是1 000亿至1 500亿美金,在这个领域做得杰出的公司将会具有巨大的生命力。第三,就是他们的技术,他们有很好的核心技术,这种技术是属于他们自己的,与本地市场相结合的,具有强大的动力源泉,不会轻易地被别人取代。"成立9个月的时间是对当初商业计划书的考验,也是对公司创业者的考验。当然,最初的风险投资机构不会直接参与企业管理,但是会把自身积攒多年的资源、人脉以及经验全都毫无保留地用在有需要的企业身上,不断地为企业做业务的评估和计划,不断地介绍各种各样的合作伙伴,不断地帮着处理各种大大小小的日常危机攻关,不断帮助企业引进新的战略投资者。这里设想一下,如果我们在此阶段介入投资,风险考虑:一是技术没有完全成熟,二是市场也没有完全成熟,三是多层次的管理者经验仍需考验,但优势已经显现,关键是可以作出判断。另外,站在前期的风险投资机构的肩膀上,同样,也可以得到很高的回报。

百度的第三期融资

2004年6月,Google、DFJ、China Value、Integrity Partners、Penninsula Capita、Venture TDF、China Equity、Bridger Management 等八家风险投资机构对百度进行了策略融资1 500万美金。对于上述风险投资机构而言,这次出钱纯粹是为了上市变现,最典型的就是Google,借助著名的风险投资机构的多年辅导上市经验,一年时间轻松地得到了十几倍的投资回报。此时投资介入相对风险降得很低了,利润相对也降得很少了。

目前国内有不少有识之士早已介入风险投资领域,但是真正的民间资本参与不多,这不仅仅是因为认知不够的原因,还有资本市场建立不完善的原因。

案例分析与讨论题

1. 如果没有融资,百度能否发展如此迅速?请谈谈你的看法。

2. 如果你是投资人,在百度发展早期,你会对百度进行风险投资吗?谈谈你的看法。

复习思考题

1. 如何寻找合适的融资渠道?
2. 如果没有外界资本的介入,网上创业能否顺利发展?

第 11 章 网上创业的风险管理

风险是一种不以人的意志为转移，独立于人的意识之外的客观存在。因为无论是自然界的物质运动，还是社会发展的规律，都由事物的内部因素超过人们主观意识所存在的客观规律所决定。而人在一定时期、条件下的认识水平是有限的，于是主观与客观的差异性就极易导致人们在实践活动中出现偏差，从而产生风险。本章简要介绍风险的种类特征，阐述网上创业者在创业过程中可能遭遇的风险，以及怎样规避风险，最大程度上减少损失。

学习目标

- 了解风险的种类与特征；
- 认识创业中的风险；
- 掌握风险管理的基本方法。

案例导入

三鹿集团败于管理失控

2008 年 12 月 25 日，河北省石家庄市政府举行新闻发布会，通报三鹿集团股份有限公司破产案处理情况。三鹿牌婴幼儿配方奶粉重大食品安全事故发生后，三鹿集团于 2008 年 9 月 12 日全面停产。截至 2008 年 10 月 31 日财务审计和资产评估，三鹿集团资产总额为 15.61 亿元，总负债 17.62 亿元，净资产 -2.01 亿元，12 月 19 日三鹿集团又借款 9.02 亿元付给全国奶协，用于支付患病婴幼儿的治疗和赔偿费用。此时，三鹿集团净资产为 -11.03 亿元（不包括 2008 年 10 月 31 日后企业新发生的各种费用），已经严重资不抵债。至此，经中国品牌资产评价中心评定，价值高达 149.07 亿元的三

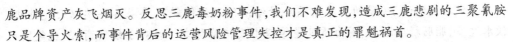

鹿品牌资产灰飞烟灭。反思三鹿毒奶粉事件,我们不难发现,造成三鹿悲剧的三聚氰胺只是个导火索,而事件背后的运营风险管理失控才是真正的罪魁祸首。

一、醉心于规模扩张,高层管理人员风险意识淡薄

对于乳业而言,要实现产能的扩张,就要实现奶源的控制。为了不丧失奶源的控制,三鹿在有些时候接受了质量低下的原奶。据了解,三鹿集团在石家庄收奶时对原奶要求比其他企业低。对于奶源质量的要求,乳制品行业一般认为巴氏奶和酸奶对奶源质量要求较高,UHT奶次之,奶粉对奶源质量要求较低,冰激凌等产品更次之。因此,三鹿集团祸起奶粉,也就不足为奇。另外,三鹿集团大打价格战以提高销售额,以挤压没有话语权的产业链前端环节利润。尽管三鹿的销售额从2005年的74.53亿元激增到2007年的103亿元,但是三鹿从未将公司与上游环节进行有效的利益捆绑。因此,上游企业要想保住利润,就必然会牺牲奶源质量。河北省一位退休高层领导如此评价田文华:"随着企业的快速扩张,田文华头脑开始发热,出事就出在管理上。"

二、企业快速增长,管理存在巨大风险

作为与人们生活饮食息息相关的乳制品企业,本应加强奶源建设,充分保证原奶质量,然而在实际执行中,三鹿仍将大部分资源聚焦到了保证原奶供应上。

三鹿集团"奶牛+农户"饲养管理模式在执行中存在重大风险。乳业在原奶及原料的采购上主要有四种模式,分别是牧场模式(集中饲养百头以上奶牛统一采奶运送)、奶牛养殖小区模式(由小区业主提供场地,奶农在小区内各自喂养自己的奶牛,由小区统一采奶配送)、挤奶厅模式(由奶农各自散养奶牛,到挤奶厅统一采奶运送)、交叉模式(是前面三种方式交叉)。三鹿的散户奶源比例占到一半,且形式多样,要实现对数百个奶站在原奶生产、收购、运输环节实时监控已是不可能的任务,只能依靠最后一关的严格检查,加强对蛋白质等指标的检测,但如此一来,反而滋生了层出不穷的作弊手段。但是三鹿集团的反舞弊监管却不力。企业负责奶源收购的工作人员往往被奶站"搞"定了,这样就形成了行业"潜规则"。不合格的奶制品就在商业腐败中流向市场。另外,三鹿集团对贴牌生产的合作企业监控不严,产品质量风险巨大。贴牌生产,能迅速带来规模的扩张,也给三鹿产品质量控制带来了风险。至少在个别贴牌企业的管理上,三鹿的管理并不严格。

三、危机处理不当导致风险失控

2007年底,三鹿已经先后接到农村偏远地区反映,称食用三鹿婴幼儿奶粉后,婴儿出现尿液中有颗粒现象。到2008年6月中旬,又收到婴幼儿患肾结石去医院治疗的消息。于是三鹿于7月24日将16个样品委托河北出入境检验检疫技术中心进行检测,并在8月1日得到了令人胆寒的结果。与此同时,三鹿并没有对奶粉问题进行公开,而其原奶事业部、销售部、传媒部各自分工,试图通过奶源检查、产品调换、加大品牌广告投放和宣传软文,将"三鹿""肾结石"的关联封杀于无形。2008年7月29日,三鹿集团

向各地代理商发送了《婴幼儿尿结晶和肾结石问题的解释》,要求各终端以天气过热、饮水过多、脂肪摄取过多、蛋白质过量等理由安抚消费者。而对于经销商,三鹿集团也同样采取了糊弄的手法,对经销商隐瞒事实造成不可挽回的局面。从2008年7月10日到8月底的几轮回收过程中,三鹿集团从未向经销商公开产品质量问题,而是以更换包装和新标识进行促销为理由,导致经销商响应者寥寥。正是召回的迟缓与隐瞒真相耽搁了大量时间。大规模调货引起了部分经销商对产品质量的极大怀疑,可销售代表拍着胸脯说,质量绝对没有问题。在2008年8月18日,一份标注为"重要、精确、紧急"传达给经销商的《通知》中,三鹿严令各地终端货架与仓库在8月23日前将产品调换完毕,但仍未说明换货原因。调货效果依然不佳,毒奶粉仍在流通。

而三鹿集团的外资股东新西兰恒天然在2008年8月2日得知情况后,要求三鹿在最短时间内召回市场上销售的受污染奶粉,并立即向中国政府有关部门报告。三鹿以秘密方式缓慢从市场上换货的方式引起了恒天然的极大不满。恒天然将此事上报新西兰总理海伦·克拉克,克拉克于9月8日绕过河北省政府直接将消息通知中国中央政府。

另外,三鹿集团缺乏足够的协调应对危机的能力。在危机发生后,面对外界的质疑和媒体的一再质问,仍不将真实情况公布,引发了媒体的继续深挖曝光和曝光后消费者对其不可恢复的消费信心。

思考题:

1. 三鹿企业倒闭的内在原因是什么?
2. 如何加强企业的风险意识?

11.1 风险的种类与特征

11.1.1 风险的概述

1)"风险"的由来

"风险"一词的由来说法有很多,而最为普遍的一种说法是,在远古时期,以打渔捕捞为生的渔民们,每次出海前都要祈祷,祈求神灵保佑自己能够平安归来,其中主要的祈祷内容就是让神灵保佑自己在出海时能够风平浪静、满载而归,他们在长期的捕捞实践中,深深地体会到"风"给他们带来的无法预测无法确定的危险。他们认识到,在出海捕捞打鱼的生活中,"风"即意味着"险",因此有了"风险"一词的由来。

而另一种说法据说经过多位学者论证的"风险"一词的"源出说"称,风险(RISK)一词是外来词,有人认为来自阿拉伯语、有人认为来源于西班牙语或拉丁语,但比较权威的说法是来源于意大利语的"RISQUE"一词。在早期的运用中,也是被理解为客观的危险,体现为自然现象或者航海遇到礁石、风暴等事件。大约到了 19 世纪,在英文的使用中,风险一词常常用法文拼写,主要是用于与保险有关的事情上。

现代意义上的风险一词,已经大大超越了"遇到危险"的狭义含义,而是"遇到破坏或损失的机会或危险",可以说,经过两百多年的演义,风险一词越来越被概念化,并随着人类活动的复杂性和深刻性而逐步深化,并被赋予了从哲学、经济学、社会学、统计学甚至到文化艺术领域的更广泛更深层次的含义,且与人类的决策和行为后果联系越来越紧密,风险一词也成为人们生活中出现频率很高的词汇。

2)风险的定义

目前,学术界对风险的内涵还没有统一的定义,由于对风险的理解和认识程度不同,或对风险的研究的角度不同,不同的学者对风险概念有着不同的解释,但可以归纳为以下几种代表性观点。

(1)风险是事件未来可能结果发生的不确定性

H. Mowbray(1995)称风险为不确定性;C. A. Williams(1985)将风险定义为在给定的条件和某一特定的时期,未来结果的变动;March 和 Shapira 认为风险是事物可能结果的不确定性,可由收益分布的方差测度;Brnmiley 认为风险是公司收入流的不确定性;Markowitz 和 Sharp 等将证券投资的风险定义为该证券资产的各种可能收益率的变动程度,并用收益率的方差来度量证券投资的风险,通过量化风险的概念改变了投资大众对风险的认识。由于方差计算的方便性,风险的这种定义在实际中得到了广泛的应用。

(2)风险是损失发生的不确定性

J. S. Rosenb(1972)将风险定义为损失的不确定性,F. G. Crane(1984)认为风险意味着未来损失的不确定性。Ruefli 等将风险定义为不利事件或事件集发生的机会,并用这种观点又分为主观学说和客观学说两类。主观学说认为不确定性是主观的、个人的和心理上的一种观念,是个人对客观事物的主观估计,而不能以客观的尺度予以衡量,不确定性的范围包括发生与否的不确定性、发生时间的不确定性、发生状况的不确定性以及发生结果严重程度的不确定性。客观学说则是以风险客观存在为前提,以风险事故观察为基础,以数学和统计学观点加以定义,认为风险可用客观的尺度来度量。例如,佩费尔将风险定义为可测度的客观概率的大小;F. H. 奈特认为风险是可测定的不确定性。

(3)风险是指可能发生损失的损害程度的大小

段开龄认为,风险可以引申定义为预期损失的不利偏差,这里的所谓不利是指对保险公司或被保险企业而言的。例如,若实际损失率大于预期损失率,则此正偏差对保险公司而言即为不利偏差,也就是保险公司所面临的风险(胡宜达等,2001)。Markowitz 在别人质疑的基础上,排除可能收益率高于期望收益率的情况,提出了下方风险(Downsiderisk)的概念,即实现的收益率低于期望收益率的风险,并用半方差(Sernivaviance)来计量下方风险(周刚等译,1999)。

(4)风险是指损失的大小和发生的可能性

朱淑珍(2002)在总结各种风险描述的基础上,把风险定义为:风险是指在一定条件下和一定时期内,由于各种结果发生的不确定性而导致行为主体遭受损失的大小以及这种损失发生可能性的大小,风险是一个二维概念,风险以损失发生的大小与损失发生的概率两个指标进行衡量。王明涛(2003)在总结各种风险描述的基础上,把风险定义为:所谓风险是指在决策过程中,由于各种不确定性因素的作用,决策方案在一定时间内出现不利结果的可能性以及可能损失的程度。它包括损失的概率、可能损失的数量以及损失的易变性三方面内容,其中可能损失的程度处于最重要的位置。

(5)风险是由风险构成要素相互作用的结果

风险因素、风险事件和风险结果是风险的基本构成要素,风险因素是风险形成的必要条件,是风险产生和存在的前提。风险事件是外界环境变量发生预料未及的变动从而导致风险结果的事件,它是风险存在的充分条件,在整个风险中占据核心地位。风险事件是连接风险因素与风险结果的桥梁,是可能性转化为现实性的媒介。根据风险的形成机理,郭晓亭、蒲勇健等(2002)将风险定义为:风险是在一定时间内,以相应的风险因素为必要条件,以相应的风险事件为充分条件,有关行为主体承受相应的风险结果的可能性。叶青、易丹辉(2000)认为,风险的内涵在于它是在一定时间内,由风险因素、风险事故和风险结果递进联系而呈现的可能性。

(6)利用不确定性的随机性特征来定义风险

风险的不确定性包括模糊性与随机性两类。模糊性的不确定性,主要取决于风险本身所固有的模糊属性,要采用模糊数学的方法来刻画与研究;而随机性的不确定性,主要是由于风险外部的多因性(即各种随机因素的影响)造成的必然反映,要采用概率论与数理统计的方法来刻画与研究。根据不确定性的随机性特征,为了衡量某一风险单位的相对风险程度,胡宜达、沈厚才等提出了风险度的概念,即在特定的客观条件下、特定的时间内,实际损失与预测损失之间的均方误差与预测损失的数学期望之比。它表示风险损失的相对变异程度(即不可预测程度)的一个无量纲(或以百分比表示)的量。

我们认为:风险的定义分为广义、狭义两种,广义的风险定义强调风险表现为损失的不确定性;而狭义的风险定义则强调风险表现为不确定性。若风险表现为不确定性,说明风险只能表现出损失,没有从风险中获利的可能性,属于狭义风险。而风险表现为损失的不确定性，说明风险产生的结果可能带来损失、获利或是无损失也无获利，属于广义风险。

无论如何定义风险一词，其基本的核心含义是“未来结果的不确定性或损失”，也有人进一步定义为“个人和群体在未来遇到伤害的可能性以及对这种可能性的判断与认知”。如果采取适当的措施使破坏或损失的概率不出现，或者说智慧的认知，理性的判断，继而采取及时而有效的防范措施，那么风险可能带来机会，由此进一步延伸的意义，不仅仅是规避了风险，可能还会带来比例不等的收益，有时风险越大，回报越高、机会越大。因此我们说，风险往往和收益成正比：一般获利较大的风险也大，反之，风险小的获利也相对较小。

如何判断风险、选择风险、规避风险继而运用风险，在风险中寻求机会创造收益，意义更加深远而重大。

3）风险的组成要素

风险的组成要素包括风险因素、风险事故和损失。

（1）风险因素

风险因素是指引起或增加风险事故的机会或扩大损失幅度的原因和条件，是风险事故发生的潜在原因，是造成损失的内在的或间接的原因。如酒后驾车、疲劳驾驶、车辆制动系统有故障等是导致车祸的原因。根据风险的性质，风险因素的分类如下。

物质风险因素：物质风险因素是指有形的，并能直接影响事物物理功能的因素，即某一标的本身所具有的足以引起或增加损失机会和损失幅度的客观原因和条件。如汽车的超速行驶、地壳的异常变化、恶劣的气候、疾病传染、环境污染等。

道德风险因素：道德风险因素是指与人的品德有关的无形的因素，即是指由于个人不诚实、不正直或不轨企图，促使风险事故发生，以致引起社会财富损毁和人身伤亡的原因和条件。如有人对社会或他人心怀不满，故而蓄意进行破坏活动，比如，纵火、抢劫、欺诈，造成社会财产或他人财产及生命蒙受损失。

心理风险因素：心理风险因素是与人的心理状态有关的无形的因素，即是指由于人的不注意、不关心、侥幸或存在依赖保险的心理，以致增加风险事故发生的概率和损失幅度的因素。例如，酒后驾车、驾驶有故障车辆、企业或个人投保财产保险后放松对财物的保护措施、投保人身保险后忽视自己的身体健康等。

（2）风险事故

风险事故是指造成生命、财产损害的偶发事件，是造成损害的外在的和直接的原因，损失都是由风险事故所造成的。风险事故使风险的可能性转化为现实，即风险的发生。如刹车系统失灵酿成车祸而导致人员伤亡，其中，刹车系统失灵是风险因素；车祸是风险事故；人员伤亡是损失。如果仅有刹车系统失灵，而未导致车祸，则不会导致人员伤亡。

对于某一事件，在一定条件下，可能是造成损失的直接原因，则它成为风险事故。而在其他条件下，可能是造成损失的间接原因，则它便成为风险因素。如下冰雹使得路滑而造成车祸，造成人员伤亡，这时冰雹是风险因素，车祸是风险事故；若冰雹直接击伤行人，则它是风险事故。

(3)损失

在风险管理中，损失是指非故意的、非预期的和非计划的经济价值的减少，这一定义是狭义损失的定义。显然，风险管理中的损失包括两个方面的条件：一为非故意的、非预期的和非计划的观念；二为经济价值的观念，即经济损失必须以货币来衡量，二者缺一不可。如有人因病使其智力下降，虽然符合第一个条件，但不符合第二个条件，不能把智力下降定为损失。

广义的损失既包括精神上的耗损，又包括物质上的损失。例如记忆力减退、时间的耗费、车辆的折旧和报废等属于广义的损失，不能作为风险管理中所涉及的损失，因为它们是必然发生的或是计划安排的。

在保险实务中，损失分为直接损失和间接损失，前者是直接的、实质的损失；后者包括额外费用损失、收入损失和责任损失。

(4)风险因素、风险事故和损失三者之间的关系

风险是由风险因素、风险事故和损失三者构成的统一体，它们之间存在着一种因果关系，简单表述如图 11.1 所示：

图 11.1　风险组成要素之间的关系

11.1.2　风险的种类

风险以多种形态存在。风险类型相互交叉和交融，犹如飘荡在天空上的云，不可捉摸。根据风险对目标的实质影响，可以分成泾渭分明的两类，称为“好风险”与“坏风险”。所谓“坏风险”，是指只能带来危害和损失的纯粹风险，如自然灾害、触犯法律、信用丧失等；“好风险”指既可能带来损失又可能带来收益或有利于目标的机会风险，例如炒股、新产品研究开发、项目投资等。

还可以根据风险随时间的变化程度分为静态风险和动态风险；根据风险损失的后果分为人身风险、财产风险、责任风险和信用风险；根据风险引发的根源分为主观风险和客观风险；根据风险的发生要素分为：环境风险、市场风险、客户风险、质量风险、法律风险、政策风险、人员风险、财务风险等。

可见，风险分类并无绝对的标准。既然分类的目的是为了认知、评估和控制风险，

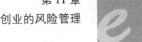

那么,只要有利于风险认知和管理需要的分类即可确定。⑤

常见的风险种类划分有以下几种。

1)按照风险来源和影响的可控制程度划分

(1)自生性风险

自生性风险是指由个体自身问题、人为操作、自我制造、自发形成的风险。引发之后,个人对风险的发展趋势及损失后果可以通过应对行动控制和左右的风险。譬如:战略决策失误、财务现金流不畅、产品质量下降、生产中断、人员流失严重等。

(2)他生性风险

他生性风险是指由他人引发的,个体无法控制其发生,但对风险引发后的发展趋势及损失后果具有一定可为性和控制空间的风险。如:供应商停产导致生产中断、客户投诉、股东纠纷、国家强制政策对行业发展的影响、新技术替代威胁等。

(3)天生性风险

天生性风险是指那些非个体人为,也非他人控制,由环境因素产生,并且个体对风险发生以及局势的发展和损失都无法预测、无法控制的系统性风险。如:"911"事件、SARS、禽流感、飓风、印度洋海啸、社会动乱、人民币汇率调整、股价波动等。

(4)地生性风险

地生性风险是指由个体触及产生,并且风险一经触发,个体对事态局势的发展和损失失去控制能力,无法应对的风险。譬如:由于企业的行业特殊性必须接受行政行业的监管、上市公司违规、违反国家法律法规招致执法处罚、法律纠纷和诉讼等。

2)按照风险的性质划分

(1)纯粹风险

纯粹风险是指只有损失机会而没有获利可能的风险。这种风险可能造成的结果只有两个:没有损失或造成损失。例如,自然灾害、人的生老病死等。

(2)投机风险

投机风险是指既可能产生收益也可能造成损失的不确定性。这类风险的结果有三种可能:没有损失、有损失、盈利。比如股票投资,投资者购买某种股票后,可能会由于股票价格上升而获得收益,也可能由于股票价格下降而蒙受损失,但股票的价格到底是上升还是下降,幅度有多大,这些都是不确定的。

(3)收益风险

这是指只会产生收益而不会导致损失的风险,例如接受教育可使人终身受益,但对受教育的得益程度是无法进行精确计算的。而且,这也与不同的个人因素、客观条件和

---

⑤钟林.攀登企业如何赢在风险[M].北京:清华大学出版社,2006.

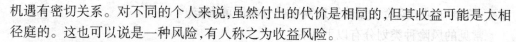

机遇有密切关系。对不同的个人来说,虽然付出的代价是相同的,但其收益可能是大相径庭的。这也可以说是一种风险,有人称之为收益风险。

3)按照产生风险的环境划分

(1)静态风险

静态风险是指在社会政治经济环境正常的情况下,由于自然力的不规则变动和人们的错误判断和错误行为所导致的风险。如地震、洪水、飓风等自然灾害,交通事故、火灾、工业伤害等意外事故均属静态风险。

(2)动态风险

动态风险是指与社会变动有关的风险,主要是社会经济、政治以及技术、组织机构发生变动而产生的风险。如通货膨胀、汇率风险、罢工、暴动、消费者偏好改变、国家政策变动等均属于动态风险。

4)按照风险损失的原因划分

(1)自然风险

自然风险是指因自然力的不规则变化产生的现象所导致危害经济活动、物质生产或生命安全的风险。如地震、水灾、火灾、风灾、雹灾、冻灾、旱灾、虫灾以及各种瘟疫等自然现象,在现实生活中是经常发生的。

自然风险的特征是:自然风险形成的不可控性,自然风险形成的周期性,自然风险事故引起后果的共沾性,即自然风险事故一旦发生,其涉及的对象往往很广。

(2)社会风险

社会风险是指个人或团体在社会上的行为导致的风险,是一种导致社会冲突,危及社会稳定和社会秩序的可能性。更直接地说,社会风险意味着爆发社会危机的可能性。如偷盗、战争、政治动乱等引起的风险。一旦这种可能性变成了现实性,社会风险就转变成了社会危机,对社会稳定和社会秩序都会造成灾难性的影响。

(3)经济风险

经济风险是指因经济前景的不确定性,各经济实体在从事正常的经济活动时,蒙受经济损失的可能性。它是市场经济发展过程中的必然现象。在简单商品生产条件下,商品交换范围较小,产品更新的周期较长,故生产经营者易于把握预期的收益,经济风险不太明显。随着市场经济的发展,生产规模不断扩大,产品更新加快,社会需求变化剧烈,经济风险已成为每个生产者、经营者必须正视的问题。

按经济过程的不同阶段,经济风险可分为:①投资风险:投资者在进行某一项投资时承担的风险;②生产风险:生产者在生产某种产品或提供劳务时承担的风险;③销售风险:销售者在从事商品的销售活动时承担的风险。

(4)技术风险

技术风险是指伴随着科学技术的发展、生产方式的改变而发生的风险,如核辐射、空气污染、噪声等风险。技术风险的种类很多,其主要类型是技术不足风险、技术开发风险、技术保护风险、技术使用风险、技术取得和转让风险。

(5)政治风险

政治风险是指由于政治原因,如政局的变化,政权的更替,政府法令和决定的颁布实施,以及种族和宗教冲突、叛乱、战争等引起社会动荡而造成损害的风险。

(6)法律风险

法律风险是指由于颁布新的法律和对原有法律进行修改等原因而导致经济损失的风险。

5)按照风险致损的对象划分

(1)财产风险

财产风险是指因发生自然灾害、意外事故而使个人或单位占有、控制或照看的财产遭受损失,灭失或贬值的风险。对于企业来说,财产风险不仅包括企业的建筑物、机器设备、原材料、成品、运输工具等有形财产的潜在损失,也包括企业拥有的权益、信用、运费、租金等无形财产的潜在损失。而对于个人来说,所拥有的房屋、家具、衣物、家用电器以及车辆等,可能会因为火灾、水灾等自然灾害而造成损失,也可能因为失窃或者是遭受抢劫而丢失。这些也是财产风险。

(2)人身风险

人身风险是指导致人的伤残、死亡、丧失劳动能力以及增加费用支出的风险。人身风险包括生命风险和健康程度的风险。需要说明的是,死亡是人的生命中的必然发生的事,并无不确定可言,但死亡发生的时间却是不确定的,而健康风险则具有明显的不确定性,如伤残是否发生,疾病是否发生,其损害健康的程度大小等,均是不确定的。人身风险所致的损失一般有两种:一种是收入能力损失,另一种是额外费用损失。

(3)责任风险

责任风险是指因个人或团体的疏忽或过失行为,造成他人的财产损失或人身伤亡,按照法律、契约应负法律责任或契约责任的风险。责任风险又可细分为对人的赔偿风险和对物的赔偿风险。责任风险中的"责任",少数属于合同责任,绝大部分是指法律责任,包括刑事责任,民事责任和行政责任。如由于产品设计或制造上的缺陷导致消费者的财产或人身伤害,产品的设计者,制造者、销售者依法要承担经济赔偿责任。

(4)信用风险

信用风险是指在经济交往中,权利人与义务人之间,由于一方违约或犯罪而造成对方经济损失的风险。信用风险有四个主要特征:①客观性,不以人的意志为转移;②传染性,一个或少数信用主体经营困难或破产就会导致信用链条的中断和整个信用秩序的紊乱;③可控性,其风险可以通过控制降到最低;④周期性,信用扩张与收缩交替出现。

6)按风险涉及的范围分类

(1)特定风险

特定风险是指与特定的人有因果关系的风险,即由特定的人所引起,而且损失仅涉及个人的风险。例如,盗窃、火灾等都属于特定风险。

(2)基本风险

基本风险是指其损害波及社会的风险。基本风险的起因及影响都不与特定的人有关,至少是个人所不能阻止的风险。例如,与社会或政治有关的风险、与自然灾害有关的风险,都属于基本风险。

特定风险和基本风险的界限,对某些风险来说,会因时代背景和人们观念的改变而有所不同。如失业,过去被认为是特定风险,而现在认为是基本风险。

11.1.3 风险的特征

把握风险的特征有助于理解、预测、控制和管理风险。风险有诸多特征,主要包括以下几点。

1)风险的不确定性

风险是不确定的,否则,就不能称为风险。风险的不确定性主要表现在空间上的不确定性、时间上的不确定性和损失程度的不确定性。即:

①风险是否发生的不确定性;
②风险发生地点的不确定性;
③风险发生时间的不确定性;
④风险产生的结果的不确定。

2)风险的客观性

风险是一种不以人的意志为转移,独立于人的意识之外的客观存在。因为无论是自然界的物质运动,还是社会发展的规律都是由事物的内部因素所决定,风险都是由超出人们主观意识所存在的客观规律所决定。人们只能在一定的时间和空间内改变风险存在和发生的条件,降低风险发生的频率和损失程度。但是,从总体上说,风险是不可能彻底消除的。

3)风险的普遍性

人类历史就是与各种风险相伴的历史。自从人类出现后,就面临着各种各样的风险，如自然灾害、疾病、伤残、死亡、战争等。随着科学技术的发展、生产力的提高、社会的进步、人类的进化，又产生了新的风险，且风险事故造成的损失也越来越大。在当今社会，个人面临着生、老、病、残、死、意外伤害等风险；企业面临着自然风险、市场风险、技术风险、政治风险等；甚至国家和政府机关也面临着各种风险。风险无处不在，无时不有。

4）风险的损失性

只要风险存在，就一定有产生损失的可能，这种损失有时可以用货币计量，有时却无法用货币计量。如果风险发生之后不会有损失，那么就没有必要研究风险了。风险的存在，不仅会造成人员伤亡，而且会造成生产力的破坏、社会财富的损失和经济价值的减少，因此个体或企业才会寻求应对风险的方法。

5）风险的可测定性

个别风险的发生是偶然的，不可预知的，但通过对大量风险的观察会发现，风险往往呈现出明显的规律性。根据以往大量资料，利用概率论和数理统计的方法可测算风险事故发生的概率及其损失程度，并且可构造出损失分布的模型，成为风险估测的基础。例如，在人寿保险中，根据精算原理，利用对各年龄段人群的长期观察得到的大量死亡记录，就可以测算各个年龄段的人的死亡率，进而以死亡率计算人寿保险的保险费率。

6）风险的发展性

风险的发展性即风险的可变性，是指在一定条件下风险具有可转化的特性。世界上任何事物都是互相联系、互相依存、互相制约的，而任何事物都处于变动和变化之中，这些变化必然会引起风险的变化。人类社会自身进步和发展的同时，也创造和发展了风险。尤其是当代高新科学技术的发展和应用，使风险的发展性更为突出。风险会因时间、空间因素的不断变化而不断发展变化。例如科学发明和文明进步，都可能使风险因素发生变动。

11.2 创业中的风险

创业是一条漫长而艰辛的路。创业能否成功，除了与创业资金、创业机会有关外，还与创业者是否具有防范风险的意识、是否懂得法律知识等密切相关。因此，创业者必须具有防范风险的意识，做好万全的准备，要做到这点首先必须认识创业中的风险。

11.2.1　创业风险的概念与类型

1)风险与创业风险

上一节我们介绍了风险含义及其种类,我们知道风险是与不确定性紧密联系的。而对于创业风险,目前学术界还没有统一的观点。大多数国内外学者都只针对自己所研究的领域或角度来界定,而并没有将其一般的概念提炼出来。Timmons 和 Devinney 将创业风险视为创业决策环境中的一个重要因素,其中包括处理进入新企业或新市场的决策环境以及新产品的引入。赵光辉主要从创业人才角度界定创业风险,认为创业风险就是指人才在创业中存在的风险。

在这里,我们采用赵光辉的观点,即由于创业环境的不确定性,创业机会与创业企业的复杂性,创业者、创业团队与创业投资者的能力与实力的有限性,而导致创业活动偏离预期目标的可能性及其后果,这就是创业风险。

2)创业风险的来源

创业环境的不确定性,创业机会与创业企业的复杂性,创业者、创业团队与创业投资者的能力与实力的有限性,是创业风险的根本来源。有研究表明,由于创业的过程往往是将某一构想或技术转化为具体的产品或服务的过程,在这一过程中,存在着几个基本的、相互联系的缺口,它们是上述不确定性、复杂性和有限性的主要来源。也就是说,创业风险在给定的宏观条件下,往往就直接来源于这些缺口,创业风险的来源主要分为以下几个方面:

(1)融资缺口

融资缺口存在于学术支持和商业支持之间,是研究基金和投资基金之间存在的断层。其中,研究基金通常来自个人、政府机构或公司研究机构,它既支持概念的创建,还支持概念可行性的最初证实;投资基金则将概念转化为有市场的产品原型(这种产品原型有令人满意的性能,投资者对其生产成本有足够的了解并且能够识别其是否有足够的市场)。创业者可以证明其构想的可行性,但往往没有足够的资金将其实现商品化,从而给创业带来一定的风险。通常,只有极少数基金愿意鼓励创业者跨越这个缺口,如富有的个人专门进行早期项目的风险投资以及政府资助等。

(2)研究缺口

研究缺口主要存在于仅凭个人兴趣所做的研究判断和基于市场潜力的商业判断之间。当一个创业者最初证明一个特定的科学突破或技术突破可能成为商业产品基础时,他仅仅停留在自己满意的论证程度上。然而,这种程度的论证后来不可行了,在将预想的产品真正转化为商业化产品(大量生产的产品)的过程中,即具备有效的性能、低廉的成本和高质量的产品,能在市场竞争中生存下来的过程中,需要大量复杂而且可

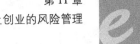

能耗资巨大的研究工作(有时需要几年时间),从而形成创业风险。

(3)信息和信任缺口

信息和信任缺口存在于技术专家和管理者(投资者)之间。也就是说,在创业中,存在两种不同类型的人:一是技术专家;二是管理者(投资者)。这两种人接受不同的教育,对创业有不同的预期、信息来源和表达方式。技术专家知道哪些内容在科学上是有研究价值的,哪些内容在技术上是可行的,哪些内容根本就是无法实现的。在失败类案例中,技术专家要承担的风险一般表现在学术上、声誉上受到影响以及没有金钱上的回报。管理者(投资者)通常比较了解将新产品引进市场的程序,但当涉及具体项目的技术部分时,他们不得不相信技术专家,可以说管理者(投资者)是在拿别人的钱冒险。如果技术专家和管理者(投资者)不能充分信任对方,或者不能够进行有效的交流,那么这一缺口将会变得更深,带来更大的风险。

(4)资源缺口

资源与创业者之间的关系就如颜料和画笔与艺术家之间的关系。没有了颜料和画笔,艺术家即使有了构思也无从实现。创业也是如此,没有所需的资源,创业者将一筹莫展,创业也就无从谈起。在大多数情况下,创业者不一定也不可能拥有所需的全部资源,这就形成了资源缺口。如果创业者没有能力弥补相应的资源缺口,要么创业将无法起步,要么在创业中受制于人。

(5)管理缺口

管理缺口是指创业者并不一定是出色的企业家,不一定具备出色的管理才能。创业活动主要有两种:一是创业者利用某一新技术进行创业,他可能是技术方面的专业人才,但却不一定具备专业的管理才能,从而形成管理缺口;二是创业者往往有某种奇思妙想,可能是新的商业点子,但在战略规划上不具备出色的才能,或不擅长管理具体的事务,从而形成管理缺口。⑥

3)创业风险的类型

(1)按创业风险产生的原因划分

①主观创业风险,是指在创业阶段,由于创业者的身体与心理素质等主观方面的因素导致创业失败的可能性。

②客观创业风险,是指在创业阶段,由于客观因素导致创业失败的可能性,如市场的变动、政策的变化、竞争对手的出现及创业资金缺乏等。

(2)按创业风险产生的内容划分

①技术风险,是指由于技术方面的因素及变化而导致的风险。

⑥张光辉,张日新.创业管理概论[M].沈阳:东北财经出版社,2006.

②市场风险，是指由于市场情况的不确定性而导致的风险。

③政治风险，是指由于战争、国际关系变化或有关国家政权更迭、政策改变而导致的风险。

④管理风险，是指因创业企业管理不善产生的风险。

⑤生产风险，是指创业企业提供的产品或服务从小批试制到大批生产的风险。

⑥经济风险，是指由于宏观经济环境发生大幅度波动或调整而导致的风险。

(3)按风险对所投入资金即创业投资的影响程度划分

按风险对所投入资金的影响程度划分，可分为安全性风险、收益性风险和流动性风险。创业投资的投资方包括专业投资者与投入自身财产的创业者。

①安全性风险，是指从创业投资的安全性角度来看，不仅预期实际收益有损失的可能，而且专业投资者与创业者自身投入的其他财产也可能蒙受损失，即投资方财产的安全存在危险。

②收益性风险，是指创业投资的投资方的资本和其他财产不会蒙受损失，但预期实际收益有损失的可能性。

③流动性风险，是指投资方的资本、其他财产以及预期实际收益不会蒙受损失，但资金有可能不能按期转移或支付，造成资金运营的停滞，使投资方蒙受损失的可能性。

(4)按创业过程划分

①机会的识别与评估风险，是指在机会的识别与评估过程中，由于各种主客观因素，如信息获取量不足、把握不准确或推理偏误等使创业一开始就面临方向错误的风险。另外，由于创业而放弃了原有的职业所面临的机会成本，也是该阶段的风险之一。

②准备与撰写创业计划风险，是指创业计划制订过程中，各种不确定性因素与制订者自身能力的限制，给创业活动带来风险。

③确定并获取资源风险，是指由于存在资源缺口，无法获得所需的关键资源，或即使可获得，但获得的成本较高，从而给创业活动带来一定风险。

④新创企业管理风险，主要包括管理方式，企业文化的选取与创建，发展战略的制定、组织、技术及营销等各方面的管理中存在的风险。

(5)按创业与市场和技术的关系划分

①改良型风险，是指利用现有的市场、技术进行创业所存在的风险。这种创业风险最低，但经济回报有限。

②杠杆型风险，是指利用新的市场、现有的技术进行创业存在的风险。该风险稍高，常见于挖掘未开辟的市场，如彩电行业利用原有技术进入农村市场。

③跨越型风险，是指利用现有市场、新的技术进行创业存在的风险。该风险主要体现在创新技术的应用方面，往往反映了技术的替代，这是一种较常见的情况，常见于企业的二次创业，领先者可获得一定的竞争优势，但模仿者会很快跟上。

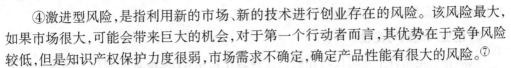

④激进型风险，是指利用新的市场、新的技术进行创业存在的风险。该风险最大，如果市场很大，可能会带来巨大的机会，对于第一个行动者而言，其优势在于竞争风险较低，但是知识产权保护力度很弱，市场需求不确定，确定产品性能有很大的风险。⑦

此外，按创业中技术因素、市场因素与管理因素的关系，创业风险可分为技术风险、市场风险和代理风险。

11.2.2 创业风险的特征

1）创业风险的客观存在性

地震、台风、洪水、瘟疫、意外事故的发生等，都不以人的意志为转移，它们是独立于人的意识之外的客观现象。人们只能在一定的时间和空间内改变风险存在和发生的条件，降低风险发生的频率和损失程度，而不能彻底消除风险。客观性要求我们正视创业风险，并积极对待创业风险。

2）创业风险的不确定性

影响创业的各种因素是不断变化、难以预测的，这就造成了创业风险的不确定性。这种不确定性是风险的本质，但这种不确定性并不是指对客观事物的全然无知。人们可以根据以往发生的一系列类似事件的统计资料，经过分析，对某种投资风险发生的频率及造成的经济损失程度作出主观上的判断，从而对可能发生的风险进行预测和衡量。风险的测量过程就是对风险的分析过程。它对风险的控制与防范、决策与管理具有举足轻重的影响。

3）创业风险的损益双重性

如果能正确认识并充分利用风险，反而会使收益有很大程度的增加。例如，开发一个房地产项目，若预期收益很大，那么风险也必定大，如果形势不好，极有可能发生亏损。若形势转为有利，收益也会大为增加，这就是损益的双重性。风险结果的双重性说明对待风险不应该消极地预防，更不应该惧怕，而是要将风险当作一种经营机会，敢于承担风险，并在同风险斗争中战胜风险。

4）创业风险的相关性

相关性是指投资者面临的风险与其投资行为及决策是紧密相连的。同一风险事件对不同的投资者会产生不同的风险；同一投资者由于其决策或采用的策略不同，会面临不同的风险结果。实质上，风险空间是由决策空间和状态空间结合而成的。状态空间是客观必然，人们无法自由选择；而决策空间是人们根据状态空间自主选择的结果，决

---

⑦陈震红，董俊武．创业风险的来源和分类[J]．经济与管理，2003（B12）．

策正确与否，直接影响人们面临的风险及其程度。

5）创业风险的可变性

风险在一定条件下是可以转化的。这种转化包括：①风险量的变化。随着人们风险意识的增强和风险管理方法的完善，某些风险在一定程度上可以控制，其发生频率和损失程度是可以降低的。②某些风险在一定的空间和时间范围内被消除。③新的风险产生。④创业风险的可测性。个别风险的发生是偶然的，不可预知的，但通过对大量风险事件的观察，则可以发现其规律。根据大量资料，利用概论概率和数理统计的方法可测算风险事故发生的概率及损失程度，并构造出损失分布模型，作为风险估测的基础。

11.2.3 创业中的主要风险

1）资金风险

资金风险是创业者创业初期遇到的第一个问题。店面开张后，创业者必须考虑是否有足够的资金支持日常运作。对于任何创业者来说，如果连续几个月入不敷出或者因为其他突发原因导致现金流中断，都会给创业者带来极大的威胁。相当多的创业者在创业初期因资金紧缺而使业务拓展受到严重影响，甚至错失商机而不得不关门大吉。

2）竞争风险

有竞争才有发展，但竞争是残酷的，毕竟在竞争中取胜的是少数。如何面对竞争，是每个创业者都要考虑的事。如果创业者选择的是一个竞争非常激烈的行业，那么在创业之初极有可能受到同行的强烈排挤。那些实力雄厚的从业者，为了把新入行者挤垮，常会采用低价销售的手段。对于实力雄厚者来说，短时间的降价并不会对他造成致命的伤害，而创业者如果没有足够的周转资金，就有可能在同行的打压下彻底毁灭。创业者在创业之初一定要考虑好自己所面对的各种竞争风险，这样才能在面对同行的竞争时采取有效的应对措施。

3）管理风险

有些创业者虽然技术出类拔萃，但理财、营销、沟通、管理方面的能力普遍不足。要想创业成功，创业者必须技术、经营两手抓，可从合伙创业、家庭创业或从虚拟店铺开始，锻炼创业能力，也可以聘用职业经理人负责企业的日常运作。创业失败者，基本上都是管理方面出了问题，其中包括：决策随意、信息不通、理念不清、患得患失、用人不当、忽视创新、急功近利、盲目跟风、意志薄弱，等等。特别是现在大学生知识单一、经验不足、资金实力和心理素质明显不足，更会增加在管理上的风险。

4）团队分歧的风险

现代企业越来越重视团队的力量。企业在诞生或成长过程中最主要的力量来源一般都是创业团队,一个优秀的创业团队能使创业企业迅速地发展起来。但与此同时,风险也就蕴含在其中,团队的力量越大,产生的风险也就越大。一旦创业团队的核心成员在某些问题上产生分歧不能达到统一时,极有可能会对企业造成强烈的冲击。

事实上,做好团队的协作并非易事。特别是与股权、利益相关联时,很多初创时很好的伙伴都很容易闹得不欢而散。

5)人力资源流失风险

一些研发、生产或经营性企业需要面向市场,大量的高素质专业人才或业务队伍是这类企业成长的重要基础。防止专业人才及业务骨干流失应当是创业者时刻注意的问题,在那些依靠某种技术或专利创业的企业中,拥有或掌握这一关键技术的业务骨干的流失是创业失败的最主要风险源。

6)意识上的风险

意识上的风险是创业团队最内在的风险。这种风险来自于无形,却有强大的毁灭力。风险性较大的意识有:投机的心态、侥幸心理、试试看的心态、过分依赖他人、回本的心理等。

7)缺乏核心竞争力的风险

不论选择何种行业,何种创业方式,都必然要有长远发展的打算,是否具有核心竞争力就是那些有长远打算的人必须考虑的。核心竞争力在创业之初可能不是最重要的问题,但要谋求长远发展的话,就是最不可忽视的问题。没有核心竞争力的创业者终究会被淘汰出局。

对于任何一个创业者来说,竞争优势都是阶段性的,是需要不断更新的。因此,创业者在创业的过程中一定要学会保护自己的竞争优势,有策略地为同行设置模仿障碍。创业者只有具备了竞争对手不能轻易模仿的优势,才能在创业之路上走得更远、更成功。⑧

当然,我们在创业中可能遇到的风险远不止这些,这就需要我们提高警惕,加强学习,一步一个脚印,才能在创业之路上走得更远。

11.3 风险管理

实施风险管理,是对可能发生的风险采取充分和科学的方法与措施进行规避、控制,以减损或化解风险。风险管理并不意味着风险可以避免,而是进行有准备的"冒险""探险",并最大限度地减少风险的影响或损失。风险管理是对风险进行分析从而

⑧于富荣,吴玉梅.草根创业服装业创业路线图[M].北京:中国经济出版社,2010.

有准备、有措施地规避、防范、减损或化解可能的风险。其核心是积极防范,而不被动等待。

11.3.1 树立科学的风险意识

既然创业风险是创业过程中不可避免的现象,那么,直面风险并将其化解,是创业过程中的重要任务。风险意识是进行风险管理的起点。树立科学的风险意识就是让公司内每个人都知道企业在经营过程中时刻都存在着风险,要保证公司的每一个人都能够做到以下几点:

①承认并意识到风险永远存在,将风险管理作为企业的一项永恒任务。人类社会的发展过程就是一个面对风险,努力处理风险,管理风险的历程。我们的祖先不断实践着风险管理以求生存。人类能够发展到今天也证明了我们祖先在应用风险管理时所取得的成功。

②辩证地看待风险并积极地利用风险。风险既有负面破坏的可能性,也给人们提供了选择自己的生活方式和发展道路的可能和机会;商界普遍接受这样的一些概念,如"没有风险就没有成功""高风险意味着高回报"等。

③以理智的态度应对风险,在风险面前保持冷静和乐观。当风险发生时,不惊慌失措,坚信自己有能力、有资源去应对风险,甚至化解风险。

④以科学的行为去规避、控制或化解风险。对于风险的科学认识直接决定组织管理者的决策。对于风险的良好管理是保证组织健康发展的要素之一。现代风险管理以风险为中心,强调整体性和综合性,并试图在风险和控制水平间获得平衡,以达到既有活力,又限制风险的效果,如图 11.2 所示。

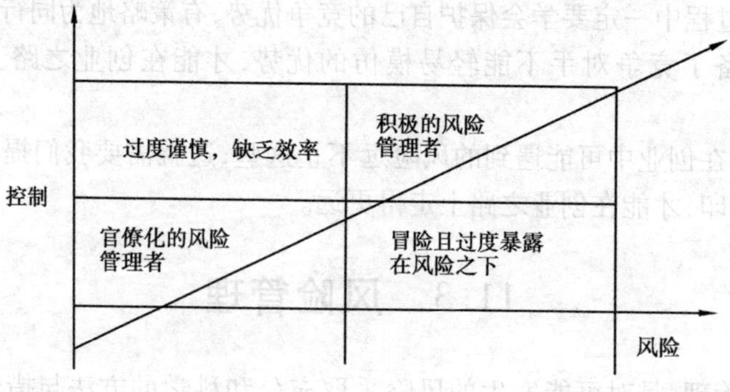

图 11.2 风险控制平衡

11.3.2 风险管理的基本原则

良好的风险管理,应了解风险发生、发展的规律,并遵循以下原则。

1）认识准确原则

解决风险问题的基本前提是对于风险有一个准确、全面、充分的认识，包括对于风险的发生、发展的路径、其影响的程度及造成风险的因素都有较准确的把握。这样才能防范风险和应对风险。

2）综合控制原则

把风险管理、内部控制和组织目标联系起来。风险的管理涉及组织的各个方面及各种资源的调度与使用，必须采取综合的方式，否则只是治标不治本。

3）全面预防原则

在组织里，风险管理人人有责。风险管理应采用全面质量管理的原则，做到全方位、全过程管理和全员参与。

4）制度优先原则

仔细检查组织制度的有效性，确保风险管理流程成为组织日常程序的一部分，并能够在遇到风险时作出快速反应。

5）定期审查原则

组织要考虑定期进行内部审查（如年审制）以确保组织经营目标的实现。审查的内容包括风险意识、风险管理制度、风险管理预案、风险沟通渠道等。

6）行为科学原则

风险管理应严格按照科学的规划、程序、方法进行，以保证对于风险的认识、预防、控制等的恰当性和合理性。

11.3.3 风险管理的步骤与方法

风险管理过程主要包含五个步骤：风险的识别、风险的预测、风险的沟通、风险的处理及总结与反馈，如图11.3所示。

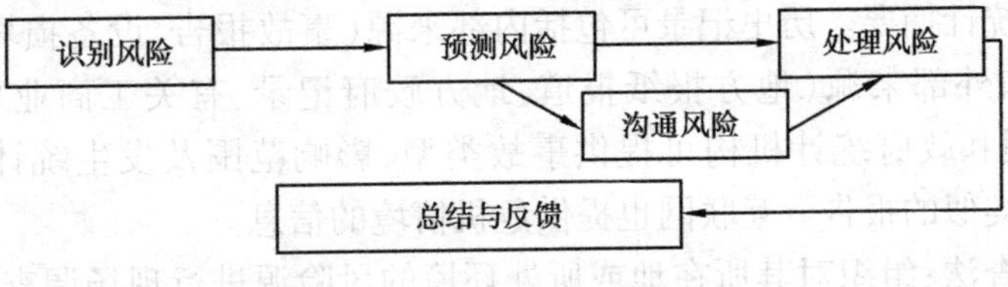

图11.3 风险管理基本流程

1）风险识别与方法

（1）认识风险的来源

创业风险的识别途径，重点应从风险的来源上入手，即自然因素和人为因素两大方面。

①自然因素。比如说，地震多发区、台风多发区和炎热地区，这与企业的选址、项目有着密切关系。又如对于许多行业来说，必须注意到影响到原材料供应的矿产、能源、农产品以及交通问题。

②人为因素。主要应了解企业周边的营运环境以及国家或者地区的政经制度、法律政策及风情民俗等。

(2)了解识别风险的方法和步骤

在风险识别之后，就必须进行风险评估，这需要一定的专业知识，必须根据不同性质与条件，按照一定的途径，运用一定的方法或者借助一定的工具来实施。

①基本方法。常用的风险识别方法包括以下几方面。

a. 流程分析法：考察分析组织的工作流程，以期找出其可能产生风险的地方，包括流程各部分的合理性、流程之间的衔接性、流程的整体统一性和流程出错的影响性等。

b. 试错防范法：组织对于可能引发重大风险的因素或环境及其后果进行设定，然后对组织进行模拟测试，找出关键引发因素以及关键控制因素，以便防止所设定的风险的发生，或者在遇到无法阻止风险发生的情况时，可以有效地对风险进行控制，把损失压到最低程度。

c. 风险列举法：列出可能的风险及其来源。这个过程可以包括把风险源按起因和影响而进行某种分类。据此，水灾、暴风雨、海啸、台风可根据起因(水和恶劣天气)相似而归入一类，而地震、战争、火灾和山崩可因影响(建筑物倒塌和组织财产损失)相近而列在一起。风险列举法综合不同来源的信息。这些信息源提供的信息可能是各式各样的，从定性的(言辞描述，如来自某个人的评估)到定量的(事件发生的频率和概率)。列举法主要的工具是头脑风暴法。头脑风暴法是有效的，且富有创造性的方式。把许多人聚拢到一起，共同挖掘可能的风险源很快就会列出一份长长的目录。

d. 统计审查法：通过统计数据来获得风险的信息。所需的统计信息主要来自企业内(或类似组织的协会或研究机构内)，风险来源事故的历史记录和政府统计机构及保险公司提供的统计摘要。历史记录可包括内部来源(事故报告、设备损坏报告、劳动力变动和产量)和外部来源(地方报纸报道、地方政府记录、有关工商业事故的公共信息)。保险公司和政府统计机构可提供事故类型、影响范围及发生统计概率的信息。行业协会也有类似的报告。互联网也提供危机情境的信息。

e. 现场调查法：组织对其所在地或所处环境的风险源进行现场调查。通过现场调查组织的场所和运行，就可发现一些威胁和风险来源。该过程也允许调查者同风险利益攸关者——职员、用户、供应商、债权人、消费者和股东——进行交谈。现场调查使得管理者能看到组织的日常运作，对组织的环境和风险利益攸关者有更深入的了解。评估顾问的建议是否有效的一种方法就是看他对于相关组织是否进行过现场调查。现场调查的价值对危机管理者而言，无论如何强调也不为过。组织的风险共享者看到问题被认真对待，而且他们的意见有人倾听时，就会加入到这个过程中来。现场调查能使危机管理者了解组织，常常很快就会发现可能的风险。

f. 计算机模拟法：根据过去的经验确定可能引发风险的主要因素并建立相应的计算公式和计算机应用模型。当某一个或几个因素达到一定的值时，计算机就会发出警报，提醒人们注意可能的风险。随着计算机功能的不断加强和计算机软件应用的不断发展，计算机模拟法的应用范围将越来越广，其准确性也将越来越高。

此外，具体的方法还有，信息源调查法、数据对照法、资产损失分析法、环境扫描法、风险树分析法、情景分析法及风险清单法。有能力的企业也可以自行设计识别的方法，比如专家调查法、流程图分析法、财务报表分析法及 SWOT 分析法等。

②实施步骤。

a. 信息收集。首先要通过调查、问讯及现场考察等途径获得；其次，需要敏锐的观察和科学的分析对各类数据及现象做出处理。

b. 风险识别。根据对于信息的分析结果，确定风险或潜在风险的范围。

c. 重点评估。根据量化结果，运用定量分析、定性分析、假设和模拟等方法，进行风险影响评估，预计可能发生的后果，提出选择方案。

d. 拟订计划。提出处理风险的方法和行动方案。

③实施中要注意的问题。

a. 信息收集要全面。收集信息可以通过两个途径，一是内部积累或者专人负责；二是借助外部专业机构的力量。后者可获得足够多的信息资料，有助于较全面、较好地识别面临的潜在风险。

b. 因素罗列要全面。根据企业在运营过程中可能遇到的风险，逐步找出一级风险因素，然后再进行细化，延伸到二级风险因素，再延伸到三级风险因素。例如管理风险属于一级风险因素、管理者素质属于二级风险因素。

c. 最终分析要进行综合。既要进行定性分析，也要进行定量分析。

2）风险预测与方法

风险预测指衡量风险，由风险管理人运用科学的方法，对其掌握的统计资料、风险的信息及风险的性质进行系统的分析和研究，进而确定各项风险的频度和强度，为选择适当的风险处理方法提供依据。

任何风险预测都需要把量化过程同研究风险利益攸关者（包括组织成员、用户、投资者、供应商、顾客、消费者和其他受组织活动影响的人）预想的风险来源及性质的定性过程作对比。任何没有定性化过程的评估不但有使人们过分信赖统计预测之险，而且会失去同企业形象与感觉的联系。

从每项已确认的风险管理的成功或失败而造成的得失结果角度来考虑给组织增加的费用,也可帮助我们确定各项风险的优先等级。可使用权值的形式把风险等级(以及我们管理能力的高、中、低)数字化。然而,这样做时需要把问题分成两个相互独立的面,即管理成功和管理失败。

此外,仅在可能性方面做出预测的风险具有欺骗性。有关认知偏见存在的调查和概率的不精确计算都表明,专家和决策者对风险的主观预测可能存有缺陷。人们对其最近所经历过的风险容易做出强烈的、极危险的过度预测。

专家预测也可能不准确,从对许多自然灾害的统计评估中可略见一斑。这种不准确可能来自于不完整或不准确的历史信息,或由因缺少有关的专业知识而使预测模式不完整引起。我们需慎重对待专家对某个事件发生率的评估,宁可信其有,不可信其无。

管理者可以通过审查以下几点,提高风险预测的可信性。

①风险情况能够运用统计方法进行频率或概率评估。

②所有的部门、项目、案例或事故都已考虑在内。

③使用者意识到任何概率估值只有在使用大量样本数据的基础上才能保证高准确度。

在获得所有风险原项之后,并不能对其做相同的处理,因为它们发生的概率及重要性是不一样的。因此需要决定哪些项应先于其他项得到处理。可以根据各项发生概率的大小和影响程度对其给予权值。对风险利益攸关者的调查而获得的意见能引出有用的权值。

3)风险沟通与方法

除非把风险预测结果及时传递给处理导致风险的体制或过程的人,以及面临风险的人,否则任何风险管理方法都没有价值。风险的有效沟通既容易获得而又难以做到。显而易见,用简单的语言告诉人们存在什么样的固有风险是很容易做到的。其困难在于如何把抽象的参照术语(频率、概率和技术术语)转换成易于理解的参照构架。例如,只有在作出“较之我们 1992 年遇到的更大的水灾”之类更简单更明确的解释后,“百年一遇”的水灾才有实际意义。这种简化风险预测的方法存有一个问题,即其适用环境有限,以致有时会导致过度的自信。

风险沟通的方法主要分为两种——内部的(组织内)和外部的(对组织外的人)。

(1)内部沟通

内部信息需要真实,要明确表明如何避免或缓解风险,阐明如果情况变糟应做什么,并且在员工看来,这种信息受到所有高级和中级管理层的坚决支持。新成员和内部提升人员应接受所涉及的风险及如何管理这些风险的培训。组织的措施需要反映风险评价和评估以及员工的风险培训及风险管理不断向前发展的趋势。

(2)外部沟通

传统上,组织对外界只作最低限度的不充分的风险沟通。然而,正确的和连续的风险沟通会减少组织相关单位对于其所涉及的风险的性质和可能性的恐惧。组织的管理者和负责人可采取以下步骤来对外界进行有效的风险沟通。

①确定风险利益攸关者及其对风险的看法。

如果漫无目标地进行交流,这种交流是不会成功的。通过确定谁是风险利益攸关者(面对潜在风险的人,包括组织内的人员),风险交流就会以满足他们的需要,选择符合他们对风险及风险含义的理解能力的方式进行。

②双向公开的交流。

首先查明什么是被风险利益攸关者看作是可能涉及的风险,然后倾听这些人的谈话。在交流理性事实和数字前,先处理他们的感性反应。

③坦率和诚实地向公众提供相关信息。

风险交流依靠来源的可信度。如果人们怀疑组织的可信性,那么它的所行所言就会被认为是一种愚弄和欺骗。因此要确保所提供的事实是坦诚的和可自由获得的。

④使用简单清晰的方式。

确保所使用的科学和专业建议要用简单的形式表现。可能的话,此类信息中需要避免出现任何行内的、专业的或技术的缩写词和术语。解释所使用的术语,以便于目标听众能够理解。

⑤让公众参与风险管理。

在已听取了各种各样的风险利益攸关者的意见,提出了组织所面临风险的评估后,最重要的一步,是让风险利益攸关者参与到风险管理过程。让风险利益攸关者与组织管理者一起评估评价所涉及的风险,如何阻止风险发展成为危机以及如果风险成为危机应该如何应对等。

⑥获得反馈。

查明信息及人们对该信息的理解是否在传递。在第①—⑤步的每一步中,都要收集使用反馈,以确定组织所采取的行动是否取得了预期的效果,并且对于未达到预期的方面采取进一步措施。

4)风险应对方法

风险应对是指针对不同类型、不同规模、不同概率的风险采取相应的对策、措施或方法,目的是使风险损失对于组织及其活动的影响降到最小。风险处理过程包括确认可供选择的控制与管理措施,对其进行评价并选出最合适的措施,最后为所选择的控制或管理手段作计划并执行。

风险应对的具体方法包括风险承受、风险预防、风险规避、风险分散、风险转嫁、风险抑制、风险消除和风险补偿等。

风险预防指对风险设置各层预防线的办法。其最主要的方式是分析找出可能引发风险的方面与因素，确定其引发点，以便在此之前将问题解决。

风险规避指对风险明显的活动采取避重就轻的处理方式，或是开发可以避开风险的方法，减少或取消产生风险的活动等。

风险分散指将具有不同风险的业务或活动进行组合，使风险不至于集中在某项活动、某个领域或某一部门，以减小风险出现时的影响和压力程度。

风险转嫁指通过合法的方式和手段将风险责任转移到其他人或领域。如将一些涉及风险的业务外包，或者参加各种保险等。

风险抑制指加强内部控制，加强对于风险的监督，发现问题及时处理，争取在损失发生之前阻止情况恶化，或是提前采取措施减少风险造成的损失。

风险控制指采用各种有效手段使风险不再继续恶化，或者使风险的发展速度放缓，使风险的影响面在组织期望的范围内。

风险化解包括排除从体制和运作中的缺陷到工作环境中的危险等为消除风险而进行的任何行为，如采用退出计划。

风险补偿指用资金补偿在某种风险上遭受的损失。

组织风险应对的一个重要方面是组织风险内部控制制度。

内部控制制度包括了政策、流程、任务、行为以及组织采取的其他方面的措施，它具有重要的意义，主要表现在以下几方面：

①使组织能够对阻碍组织实现其目标的重大的商业风险、经营风险、财务风险、合规性风险以及其他风险作出反应，同时还要防止公司资产被人滥用、丢失、欺诈，并且要保证组织负债的确认和管理。

②保持准确的记录和流程有助于保证组织内部和外部报告的质量，这些记录和流程可以从内部和外部资源中获得及时相关、可靠的信息。

③有助于保证组织的活动不与现行法律法规相抵触，并且与其内部政策也保持完全一致。

一个健全的内部控制制度应当体现以下特征：

①这项制度应当融入到组织的经营活动中去，成为现有组织文化的一部分。

②这项制度应当能对组织内外可能发生的变化的风险迅速作出反应。

③这项制度还应当包括这样的程序，即向管理层报告控制过程中已经确认的重大失误，或控制制度存在的明显缺陷以及将要采取的补救措施。

虽然一套健全的内部控制制度能减轻风险对组织的不良影响，但它并不能消除风险，如决策中拙劣的判断、人为的过失、被故意忽视的内部控制或者不可预知的环境变化等。任何内部控制制度都不能为公司的实质性过失、亏损、欺诈、违规等提供绝对的保护。

对于风险的处理在很大程度上就是为减少组织出现的危机所需做的一切。其能力取决于组织可得到的资源,这种资源常常是有限的。限制会是多种多样的,包括预算、人员和反应能力等。

一旦一个组织处理已确认风险的能力有限,或者风险来源数量很多以至于组织穷于同时应付,那么管理者就需要建立一个优先序列。

风险的来源常常不能得以充分确认,是因为许多管理者只倾向于密切注意出现在组织内部、组织结构或所处场地的一系列显而易见的风险。

随着风险的来源从内部向外部的转移,组织对其大小、性质和影响的管理能力逐渐降低。

本章小结

风险的普遍性与客观性决定了风险的不可避免,但是通过对风险的识别、把握和管理却能够有效地减少甚至避免损失。通过本章的学习,我们需对风险有一个清晰的认识,了解其特征和类型,在创业过程中,要有风险意识,注意对可能存在的风险进行预测,并运用风险承受、风险预防、风险规避、风险分散、风险转嫁、风险抑制、风险消除和风险补偿等方法妥善应对。

案例　摩托罗拉陷入战略迷途

摩托罗拉在中国的市场占有率由 1995 年超过 60% 跌至 2007 年的 12%!

10 年前,摩托罗拉还一直是引领尖端技术和卓越典范的代表,享有着全球最受尊敬公司之一的尊崇地位。它一度前无古人地每隔 10 年便开创一个工业领域,有的 10 年还开创了两个。成立 80 年来,摩托罗拉发明过车载收音机、彩电显像管、全晶体管彩色电视机、半导体微处理器、对讲机、寻呼机、大哥大(蜂窝电话)以及"六西格玛"质量管理体系认证,它先后开创了汽车电子、晶体管彩电、集群通信、半导体、移动通信、手机等多个产业,并长时间在各个领域中找不到对手。

但是这样一家有着煊赫历史的企业,在 2003 年手机的品牌竞争力排在第一位,2004 年被诺基亚超过排在了第二位,而到了 2005 年,则又被三星超过,排到了第三位。

而在 2008 年 5 月,市场调研厂商 IDC 和战略分析公司 Strategy Analytics 表示,摩托罗拉在 2008 年年底之前失去北美市场占有率第一的位置。摩托罗拉的当季报也显示,2008 年第一季度全球手机销量下降 39%,手机部门亏损 4.18 亿美元,与上年同期相比亏损额增加了80%。

一、败于“铱星计划”

为了夺得对世界移动通信市场的主动权,并实现在世界任何地方使用无线手机通信,以摩托罗拉为首的美国一些公司在政府的帮助下,于1987年提出新一代卫星移动通信星座系统——铱星。

铱星系统技术上的先进性在目前的卫星通信系统中处于领先地位。铱星系统卫星之间可通过星际链路直接传送信息,这使得铱星系统用户可以不依赖地面网而直接通信,但这也恰恰造成了系统风险大、成本过高、维护成本相对于地面也高出许多。整个卫星系统的维护费一年就需几亿美元之巨。

谁也不能否认铱星的高科技含量,但用66颗高技术卫星编织起来的世纪末科技童话在商用之初却将自己定位在了“贵族科技”。铱星手机价格每部高达3 000美元,加上高昂的通话费用,它开业的前两个季度,在全球只发展了1万用户,这使得铱星公司前两个季度的亏损即达10亿美元。尽管铱星手机后来降低了收费,但仍未能扭转颓势。

营销战略失误:

1. 迷失了产品开发方向

不考虑手机的细分发展,3年时间仅依赖V3一个机型。没有人会否认V3作为一款经典手机的地位,正是依靠V3,摩托罗拉2005年全年利润提高了102%,手机发货量增长40%,摩托罗拉品牌也重焕生机。V3让摩托罗拉重新复苏,更让摩托罗拉看到了夺回市场老大的希望。然而,摩托罗拉过分陶醉于V3带来的市场成功。赛迪顾问研究显示,2005年以前是明星机型的天下,一款明星手机平均可以畅销2～3年;而过了2005年,手机市场已成了细分市场的天下,手机行业已经朝着智能化、专业拍照、娱乐等方向极度细分,而摩托罗拉似乎对此视而不见。在中国市场,2007年摩托罗拉仅仅推出13款新机型,而其竞争对手三星推出了54款机型,诺基亚也有37款。

2. 价格跳水快,自毁品牌形象

在新品跟不上的情况下,降价成了摩托罗拉提高销量不得不采取的手段。许多摩托罗拉的忠实用户把摩托罗拉的手机称为“(价格)跳水冠军”。以V3为例,从刚上市时的6 000多元的高端时尚机型跌入4 000多元的白领消费群,再到2 000多元的普通时尚消费群,直到停产前的1 200多元。短期的大幅降价让不少高端用户无法接受,同时也对V3的定位产生了质疑,后果就是公众对摩托罗拉品牌彻底失去信任。

3. 推广没有突出卖点的产品

手机消费者在手机厂商的培育和自发发展下,需求变化日益飘忽不定。消费者对手机的要求已经不仅仅局限在外观方面,苛刻的消费者更多地开始关注手机的配置、功能特色等内在技术因素。以技术见长的摩托罗拉本不应在技术方面让消费者失望,但从手机零售卖场那些列出来的一目了然的参数中,摩托罗拉的像素、屏幕分辨率、内存几乎都落后于诺基亚等竞争对手的同类机型。自从推出V3之后,摩托罗拉发布的绝大部分新品手机无论是U系还是L系,甚至是K系就再也抹不去V3的影子,尤其是其金属激光蚀刻键盘设计。V3的键盘设计的确是经典,但再经典的东西被反反复复无数次拿出来用,也会引起消费者的视觉疲劳,甚至产生抵触情绪,尤其是对于那些换机用户。

二、组织结构不能支持战略的发展需要

摩托罗拉是一个很重视产品规划的公司,此前摩托罗拉每开发一款新产品,通常先提前数月预测消费趋势。但在快速升级换代的手机行业中,制造商们试图提前数月预测消费者需求是非常困难的。

再加上摩托罗拉是一家技术主导型的公司,工程师文化非常浓厚,这种公司通常以自我为中心,唯"技术论",从而导致摩托罗拉虽然有市场部门专门负责收集消费者需求的信息,但在以技术导向型的企业文化里,消费者的需求很难被研发部门真正倾听,研发部门更愿意花费大量精力在那些复杂系统的开发上,从而导致研发与市场需求的脱节。

另外,摩托罗拉内部产品规划战略上的不统一、不稳定,还使得上游的元器件采购成本一直降不下来。摩托罗拉每一个型号都有一个全新的平台,平台之间大多不通用,这就带来生产、采购、规划上的难度。对于全球顶级通信设备商而言,同时运营好系统设备和手机终端两块业务,似乎是一项"不可能完成的任务"。

摩托罗拉资深副总裁吉尔莫曾说:"摩托罗拉内部有一种亟须改变的'孤岛传统',外界环境的变化如此迅捷,用户的需求越来越苛刻,现在你需要成为整个反应系统的一个环节。"

三、滥用福利

当外部环境使得摩托罗拉进入战略收缩期,赢利空间不再,高福利的企业传统便有些不合时宜。

据了解,美国摩托罗拉公司在每年的薪资福利调整前,都对市场价格因素及相关的、有代表性企业的薪资福利状况进行比较调查,以便使公司在制定薪资福利政策时,与其他企业相比能保持优势和具有竞争力。

案例分析与讨论题

1. 摩托罗拉所面临的风险主要是哪一类型?
2. 怎样运用风险管理的方法来减少风险带来的损失?

复习思考题

1. 创业中主要面临哪些类型的风险？简要叙述创业风险的特征。

2. 简要叙述风险管理的步骤与方法。

参考文献

[1] 陈聂.电子商务引领大学生网上创业[J].商场现代化,2008(17).
[2] 初明利,于俊如,等.创业学导论[M].北京:经济科学出版社,2006.
[3] 曹彩杰.电子商务案例分析[M].北京:北京大学出版社,2010.
[4] Donald F. Kurato,Richard M. Hodgetts.创业学[M].北京:清华大学出版社,2006.
[5] 戴建忠.网络营销与创业[M].北京:清华大学出版社,2008 .
[6] 邓平,成志军.网上开店模式分析[J].中国管理信息化(综合版),2006(2).
[7] 邓顺国.网上创业[M].北京:高等教育出版社,2008.
[8] 东方讲堂编委会.创业之路[M].上海:三联书店,2009.
[9] 付首清,熊飞.创业英豪[M].北京:科学出版社,2004.
[10] 傅兆麟,谢红霞,兰系秀.普通高校大学生创业与成功教育教程[M].合肥:中国科学技术大学出版社,2009.
[11] 胡礼祥.大学生创业导论[M].杭州:浙江人民出版社,2010.
[12] 姜彦福,张帏.创业管理学[M].北京:清华大学出版社,2005.
[13] 蒋先玲.项目融资法律与实务[M].北京:对外经济贸易大学出版社,2004.
[14] 刘光明.诚信[M].北京:经济管理出版社,2006.
[15] 刘克强.电子交易与支付[M].北京:人民邮电出版社,2007.
[16] 刘英卓.电子商务安全与网上支付[M].北京:电子工业出版社,2010.
[17] 罗公利.大学生择业与创业指导[M]. 北京:科学出版社,2010.
[18] 罗小芳,祝美芳,邹维,等.电子商务网站盈利模式研究[J].时代经贸,2007.
[19] 李时椿,常建坤.创业与创新管理[M]. 南京:南京大学出版社,2008.
[20] 李蔚田.网络营销实务[M].北京:北京大学出版社,2009 .
[21] 李应全,黄立,周斌.淘宝网开店做赢家[M].杭州:人民邮电出版社,2007 .

[22] 理查德·多尔夫,托马斯·拜尔斯.创业的轨迹[M].北京:中国人民大学出版社,2011.
[23] 陆彩荣.网上创业将成为大学生就业新途径[J].世界教育信息,2004(10).
[24] 孟杨洁,林洁.大学生网上创业探讨[J].科技创业月刊,2010(12).
[25] 倪娟.电子商务盈利模式的研究[D].南京:南京理工大学,2005.
[26] 孙文素.网络创业者创业决策研究浅析[J].商业现代化,2001.
[27] 孙振国.创业常识速查速用大全集[M].北京:中国法制出版社,2011.
[28] 王晨昀.网上开店实战宝典[M].上海:上海远东出版社,2006.
[29] 王苏生,邓运盛.创业金融学[M].北京:清华大学出版社,2006.
[30] 王毅武,康星华.现代管理学教程[M].北京:清华大学出版社,2008.
[31] 韦建黎.创业策划与操作[M].北京:中国工人出版社,2007.
[32] 吴军.电子商务物流管理[M].杭州:浙江大学出版社,2009.
[33] 习小林,郭启金.创业者所需要的特殊思维与特殊素质初探[J].山东商业职业技术学院学报,2003.
[34] 许多顶.电子商务概论[M].北京:高等教育出版社,2008.
[35] 许群.会计法教程[M].北京:中国人民大学出版社,2008.
[36] 杨立军.网络营销实务全案[M].北京:电子工业出版社,2011.
[37] 杨梅英,熊飞.创业管理概论[M].北京:机械工业出版社,2008.
[38] 杨天翔.电子商务概论[M].上海:上海复旦大学出版社,2006.
[39] 燕春容.电子商务与物流[M].上海:上海财经大学出版社,2010.
[40] 应若平.我国电子商务网站的赢利模式分析[J].湖南社会科学,2003.
[41] 轶男.俞敏洪创业思维[M].北京:新世界出版社,2009.
[42] 于富荣,吴玉梅.草根创业服装业创业路线图[M].北京:中国经济出版社,2010.
[43] 于守华.我国注册会计的法律责任[M].北京:知识产权出版社,2010.
[44] 虞益诚.电子商务概论[M].北京:中国铁道出版社,2006.
[45] 张朝兵.项目融资理论与实务[M].北京:经济管理出版社,2006.
[46] 张光辉.现创业管理概论[M].沈阳:东北财经出版社,2006.
[47] 张宽海.电子商务概论[M].北京:机械工业出版社,2008.
[48] 张琳.电子商务网站经营模式分析[J].现代商贸工业,2010.
[49] 张永成.创业与营业[M].北京:京华出版社,2008.
[50] 张震红,董俊武.创业风险的来源和分类[J].经济与管理,2002(B12).
[51] 钟林.攀登企业如何赢在风险[M].北京:清华大学出版社,2006.
[52] 周常青.大学生网上创业的机会与风险分析[J].科技创业月刊,2007(8).

[53] 郭军明. 网站型企业的盈利模式研究[J]. 商场现代化,2008.
[54] 郭文敏,徐根深. 新会计法规知识问答[M]. 北京:中国政治经济出版社,2001.
[55] 戈丁. 喷嚏营销[M]. 赵恒,等,译. 北京:中信出版社,2003.
[56] 葛建新. 创业学[M]. 北京:清华大学出版社,2004.